狄娟 陈芳 柳心欢 ◎编著

AIR FREIGHT
Marketing

空运市场营销

人民交通出版社股份有限公司

北京

内 容 提 要

本书共分十一章,从市场、市场学和市场营销概念,运输市场和空运(航空运输)市场,空运市场需求分析,空运市场细分和目标市场选择,空运产品策略,营销渠道策略,促销组合策略,民航运价和定价策略,航空服务营销策略,航空货运与现代物流,机场营销方面全面介绍了空运市场营销知识。

本书可作为大专院校相关专业的教学用书,还可供国内外空运市场营销人员参考使用。

图书在版编目(CIP)数据

空运市场营销/狄娟,陈芳,柳心欢编著.—4版.—北京:人民交通出版社股份有限公司,2021.12
ISBN 978-7-114-17707-1

Ⅰ.①空… Ⅱ.①狄… ②陈… ③柳… Ⅲ.①航空运输—市场营销学 Ⅳ.①F560.6

中国版本图书馆 CIP 数据核字(2021)第 233567 号

Kongyun Shichang Yingxiao

书　　名:	空运市场营销(第4版)
著 作 者:	狄　娟　陈　芳　柳心欢
策划编辑:	董　倩
责任编辑:	张　琼
责任校对:	孙国靖　龙　雪
责任印制:	张　凯
出版发行:	人民交通出版社股份有限公司
地　　址:	(100011)北京市朝阳区安定门外外馆斜街3号
网　　址:	http://www.ccpcl.com.cn
销售电话:	(010)59757973
总 经 销:	人民交通出版社股份有限公司发行部
经　　销:	各地新华书店
印　　刷:	北京虎彩文化传播有限公司
开　　本:	787×1092　1/16
印　　张:	16.25
字　　数:	381 千
版　　次:	2003 年 10 月　第 1 版
	2008 年 8 月　第 2 版
	2010 年 8 月　第 3 版
印　　次:	2021 年 12 月　第 4 版　第 1 次印刷　累计第 11 次印刷
书　　号:	ISBN 978-7-114-17707-1
定　　价:	48.00 元

(有印刷、装订质量问题的图书由公司负责调换)

第4版前言

2010年8月,《空运市场营销》(第3版)正式出版,从2010年到2020年,经过10余年的发展,我国民航市场空间越发广阔,航空公司竞争力不断增强,机场网络布局日趋合理,空管服务能力稳步提升,空运安保水平世界领先,技术保障水平显著进步,通用航空产业化发展蓄势待发,参与国际民航合作和交流程度愈加深入,民航自主创新发展体系初步形成。这标志着自2005年我国民航运输规模世界排名第二以来,经过15年的接续奋斗,我国已经基本实现了从航空运输大国向航空运输强国的"转段进阶"。

同时,全球进入第四次技术革命时代,新技术日新月异,依托大数据、人工智能、5G等"新基建"信息要素进行数字化转型,是实现民航高质量发展的关键环节和必然趋势。2021年全国民航工作会议公布的相关生产数据显示,民航旅客周转量在国家综合交通运输体系中占比近1/3且增幅明显,重要性凸显。尤其是2020年,在新冠肺炎疫情对全球航空市场造成巨大冲击的情况下,中国民航率先触底反弹,成为全球恢复最快、运行最好的航空市场。当然,这样的成绩不仅是数字上的增长,更重要的是技术、管理和质量上的跨越,使得市场更完善,运输量保持多年快速增长。《空运市场营销》(第4版)在此背景下完成。本书第一章、第四章、第五章和第九章由柳心欢编写;第六章、第七章、第八章和第十章由陈芳编写;第二章、第三章、第十一章和综合习题由狄娟编写;全书统稿由狄娟完成。

随着我国发展阶段、外部环境条件的变化,习近平总书记提出,要推动形成以国内大循环为主体、国内国际双循环相互促进的新发展格局。对于民航运输业来说,服务好"双循环"国家战略,既是适应新时代我国社会主要矛盾转变、适应国际环境复杂深刻变化的迫切需要,也是在后疫情时代走出危机的必然选择。在"双循环"格局中,内需尤其是消费成为拉动经济增长的重要引擎。我国具备14亿人口所形成的超大规模消费市场,但数据显示,我国只有1.8亿人搭乘过飞机,这表明我国民航市场仍有巨大的潜力有待挖掘。如何挖掘空运市场人口潜力,需要民航运输企业以消费者为中心创新服务供给。

此外,新冠肺炎疫情凸显了我国航空货运发展的紧迫性和重要性。在双循环新发展格局下,民航运输业应提升航空物流对产业链和供应链的服务能力,加快扩大全货运机队规模,建立以大型远程货机为主的机队结构。推动传统航空货运向航空物流转型,增强主要航空货运企业市场整合能力和国际竞争力,强化在构建自主可控的航空物流体系中的主力军作用。

根据国际航空运输协会的预测,最快到2024年国际航空运输量才能恢复到新冠肺炎疫情以前的水平,在这期间,我们要以国内市场为战略支点,持续增强自身实力,为提升全球航空市场竞争能力练好"内功"。期待我国的民航运输企业能够在未来国际航空运输市场上发挥更重要的作用,助力中国的民航强国发展战略。

由于编者水平有限,书中难免有诸多不足之处,真诚希望广大读者批评指正。

编 者
2021 年 10 月

第3版前言

2008年8月,《空运市场营销》(第2版)在第1版的基础上,增加了民航业发展的最新动态和案例,同时也删减了部分内容,希望能够更全面、准确地反映现代营销理论在空运市场中的应用和探索。

2008年到2010年的两年时间里,全球经济发展可谓风波不断,油价高涨,美国次贷危机引发的金融危机带来的全球经济低迷,都让航空业的发展陷入了困境,中国民航业也遇到了前所未有的困难和挑战。进入2010年,随着经济的复苏,国内市场需求进一步扩大,国际市场需求也开始恢复,中国航空业又迎来了新的发展机遇,同时,竞争日趋激烈。国航整合深圳航空公司,东航、上航合并,东航在2010年4月加入"天合联盟"等,使得航空公司的竞争格局发生了很大变化。社会经济的发展、机场等民航基础设施的不断完善,使得空运需求的潜力得到进一步释放。同时,我国高速铁路的快速发展对国内民航运输形成挑战,国外航空业巨头在国际航线上的"虎视眈眈",也对中国的航空公司提出了更高的要求。《空运市场营销》(第3版)在此背景下完成。本书第一章、第七章、第十一章由梁炜编写;第四章、第五章、第九章由柳心欢编写;第六章、第八章、第十章由陈芳编写;第二章、第三章和综合习题由狄娟编写;总纂定稿由刘敏文完成。

经济危机改变了全球的经济格局,也影响着航空业的营销策略,传统的骨干航空公司与低成本航空公司之间的界限不再那么泾渭分明,航空公司新一轮的合并重组开始,美国联合航空公司和美国大陆航空公司合并成为全球最大的航空公司,中国年轻的航空公司也将在新的竞争和机遇中力争成为全球民航业的佼佼者。本书也将时时关注和记录着民航业新的发展和变化!

在此,我们向本书出版过程中给予帮助的同仁表示感谢,也感谢所有的读者。

编 者
2010年5月

第 2 版前言

《空运市场营销》是运用现代市场营销理论对空运市场实践所做的探索和研究。随着中国民航改革的不断深入，面对经验丰富的国外同行和国内不断崛起的新同行，中国的航空公司持续进行积极的实践和创新，在竞争中找到自己的定位。

在全球航空联盟、天空开放、电子商务等政策和技术的影响下，中国的航空公司要如何调整自己的营销战略和策略，才能在全球化的背景下取得竞争的有利地位，是航空公司、航空港关注的，也是我们空运市场的理论研究者和教育工作者关注的。《空运市场营销》(第 2 版)在此背景下完成。本书由刘敏文统筹总纂定稿，梁炜编写第一章、第七章、第十一章，柳心欢编写第四章、第五章、第九章，陈芳编写第六章、第八章、第十章，狄娟编写第二章、第三章和综合练习题。本书采用 20 世纪 80 年代到 21 世纪初的数据。因数据是理论论证的证据，为尊重历史，此次未对数据作改动。

第 2 版对原书中部分内容做了修改，删除了原书中一些比较陈旧的内容，新增了航空公司品牌战略、收益管理系统等内容，在习题中也增加了很多航空公司最新的案例，以期能够给学生和自学者提供最新的内容和信息。

愿在大家的共同努力下，中国民航会取得更快、更好的发展，跻身世界民航强国之列。

编　者
2008 年 7 月

第 1 版前言

1995 年,《空运市场营销概论》在立信出版社出版,本书是在此基础上修改增加内容后编撰而成的。其时,是中国经济从计划经济到有计划的商品经济到市场经济的蜕变时期。现代市场营销理论引入中国,与中国市场的实践相结合,产生了新问题。

随着改革开放,政企分开,中国民航开始走向企业化。1985 年以来,我国各地航空公司相继诞生,外国航空公司亦竞相挤入中国市场。空运市场竞争日趋激烈。面临不成熟的国内空运市场和成熟的国际空运市场,面对与自己同样初涉商海的国内同行和商场谋略老到熟稔的国外同行,新生的年轻的中国航空公司的经营者在市场实践中探索空运市场的概念、内涵和外延;空运市场与运输市场、旅游市场、服务市场、工业市场和消费市场的联系和区别;影响空运需求的因素,空运市场调查和需求预测;空运市场细分和空运企业竞争战略;空运市场产品和营销组合策略等。

从 1995 年至今,初版探讨的空运市场营销理论经历了市场实践的锤炼和扬弃。9 年中,空运市场的参与者发展和创造了丰富多彩的实践和理论,如航线联盟、航班代码共享、低成本航班、支线航空、轴心枢纽空港、世界分销网、公务机航空、现代物流等。

作为空运市场的理论研究和教育工作者,我们有责任记录上述的新发展。以为先行者志铭,以为后继者借鉴。本书由刘敏文统筹总纂定稿,梁炜编写第一章、第七章、第十一章,柳心欢编写第四章、第五章、第九章,陈芳编写第六章、第八章、第十章,狄娟编写第二章、第三章。本书采用数据从 20 世纪 80 年代到 21 世纪初。数据是理论论证的论据,为尊重历史,也为了志铭和借鉴的本意,再版时对初版的数据资料未作改动。我们时时关注着市场的创新和发展,期待着更新的志铭和借鉴。

蓝天寄托着我们的梦,航线维系着我们的心。中国民航总局推出"蓝天振兴"计划。身为中国民航人,愿为"蓝天振兴"尽我们的情和力。

中国民航大学已露一线曙光,喷薄欲出。这是中国空运市场新一轮鏖战的号角,是中国从民航大国迈向民航强国的呼唤。谨以此书作献礼,迎贺中国民航大学的诞生。

作　者
2003 年 8 月于民航上海中专

目　　录

第一章　市场、市场学和市场营销概念 …………………………………… 1
- 第一节　市场的基本概念和类型 ……………………………………… 2
- 第二节　市场学的由来和发展 ………………………………………… 9
- 第三节　市场营销观念及其演变 ……………………………………… 14
- 思考题 …………………………………………………………………… 19

第二章　运输市场和空运（航空运输）市场 …………………………… 20
- 第一节　运输业的产业特征和经济属性 ……………………………… 21
- 第二节　航空运输和空运市场的特点 ………………………………… 24
- 思考题 …………………………………………………………………… 29

第三章　空运市场需求分析 ……………………………………………… 30
- 第一节　空运市场营销环境分析 ……………………………………… 31
- 第二节　航空旅客的需求和购买行为 ………………………………… 39
- 第三节　航空运输需求变化分析 ……………………………………… 45
- 思考题 …………………………………………………………………… 50

第四章　空运市场细分和目标市场选择 ………………………………… 52
- 第一节　市场细分化 …………………………………………………… 53
- 第二节　空运市场细分 ………………………………………………… 56
- 第三节　选择目标市场 ………………………………………………… 60
- 第四节　市场竞争战略 ………………………………………………… 64
- 第五节　空运市场营销因素组合 ……………………………………… 72
- 思考题 …………………………………………………………………… 75

第五章　空运产品策略 …………………………………………………… 76
- 第一节　产品的概念 …………………………………………………… 77
- 第二节　产品组合策略 ………………………………………………… 80
- 第三节　发展新产品策略 ……………………………………………… 88
- 第四节　产品寿命周期 ………………………………………………… 95
- 第五节　航空公司品牌战略 …………………………………………… 102
- 思考题 …………………………………………………………………… 104

第六章　营销渠道策略 …………………………………………………… 105
- 第一节　营销渠道的概念和空运运力销售特点 ……………………… 106
- 第二节　空运市场的中间商 …………………………………………… 115
- 第三节　航空分销新业态分析 ………………………………………… 122

  思考题 ... 125

第七章　促销组合策略 ... 126
  第一节　人员销售——客货源组织 ... 127
  第二节　广告 ... 129
  第三节　公共关系 ... 136
  第四节　营业推广 ... 143
  思考题 ... 149

第八章　民航运价和定价策略 ... 150
  第一节　民航运价和定价策略在空运市场营销中的作用 ... 151
  第二节　航空运价的构成和影响因素 ... 155
  第三节　定价目标、方式和策略 ... 160
  思考题 ... 169

第九章　航空服务营销策略 ... 171
  第一节　航空服务概述 ... 172
  第二节　顾客满意度 ... 178
  第三节　员工忠诚度 ... 185
  思考题 ... 188

第十章　航空货运与现代物流 ... 189
  第一节　现代物流概论 ... 190
  第二节　航空货运销售 ... 195
  第三节　航空货运与现代物流的关系 ... 205
  思考题 ... 208

第十一章　机场营销 ... 210
  第一节　机场营销概述 ... 211
  第二节　机场市场竞争发展战略 ... 217
  第三节　发展机场非航空性业务 ... 228
  思考题 ... 234

综合练习题 ... 235

参考文献 ... 248

第一章

市场、市场学和市场营销概念

市场是商品经济发展的产物,在商品经济条件下,企业的一切活动都围绕着市场展开。市场学的英文是 Marketing,也称"市场营销学"。市场学是 20 世纪初从西方经济学中独立出来的新学科,是在资本主义经济迅速发展和市场竞争日益激烈的背景下产生的。随着社会经济的发展,现代市场营销学的内容越来越丰富,成为广泛吸收现代科学技术成就的一门具有完整体系的经营管理学科。

第一节 市场的基本概念和类型

一、市场和社会经济活动

市场是商品经济发展的产物,也是企业开展经营管理活动的出发点和归宿,在商品经济条件下,企业的一切经济活动都围绕着市场展开。

市场在社会经济活动中的作用如图 1-1 所示。

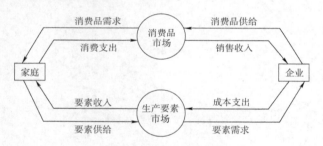

图 1-1 简单的社会经济模型

社会经济分为家庭经济和企业经济两个基本部分,而只把市场划分为消费品和生产要素两个基本市场,是简化了的生产资料私有制社会的经济活动模型。其主要表现如下。

1. 简单社会经济可划为两个部分、三种角色

两个部分,即企业和家庭;三种角色,即消费者、生产要素所有者和生产者。

所有家庭都是消费者,其经济目标是希望以有限的收入向企业购买尽可能多的商品,以满足消费的需求。

每一个家庭,一般至少有一个人是生产要素所有者。他们向企业提供劳动力、土地、房产、资本或管理者才能等生产要素,以获得工资、地租、房租、利息或年薪利润等报酬。其经济目标是追求要素收入的极大化。

企业部分的生产者,总企图以尽可能低的价格向生产要素所有者购买要素,并以尽可能高的价格向消费者出售商品。其经济目标是追求企业利润最大化。

2. 简单的社会经济至少需要两个市场

作为消费者的家庭,处于消费品市场的需求方和要素市场的供给方;作为生产者的企业,处于消费品市场的供给方和要素市场的需求方。各自的需求只有通过市场交换才能得到满足,并得到各自的均衡价格和产量。

3. 简单的社会经济至少有两个循环或流程

图 1-1 的外循环表示实物流程。从家庭开始,又以家庭结束。家庭以要素所有者身份,向要素市场提供各种生产要素;企业则从要素市场购进要素生产出各种产品,投向消费品市场;家庭又以消费者身份从消费品市场购进各种商品。这便构成了一个循环往复的实物流程。

图 1-1 的内循环表示货币流程。它是与实物流程同时产生而方向相反的流程。家庭向要素市场提供要素获得收入,向消费品市场购买商品;企业出售商品将消费者支出变成自己的销售收入,又将其作为成本支出,向要素市场购买生产要素,成本支出又转化成家庭的要素收入,如此循环往复,构成一个货币流程。

然而整个社会包含各行各业。市场与企业的关系如图 1-2 所示。

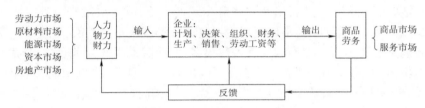

图 1-2 简单的企业经济模型

企业受到外部环境,包括政治法律、自然资源、社会经济文化,以及国内外竞争的影响,作为买方从生产要素市场上购买各种生产要素,输入人力、物力和财力。但是,在内部环境即企业特定的作用下,输出各种商品和劳务投向市场,此时企业又是卖方。市场和消费者对该企业的商品或劳务的需求,反过来制约着企业内部的经营管理和它的输入量。因此,影响企业经营销售活动的是企业购入的要素市场和企业输出的消费品市场。

二、市场的基本概念

对于市场基本概念的解释,可以有三个不同的角度。

1. 狭义的角度

市场是指在一定时间和空间的条件下商品交换的场所。其特征是具有一定的地点和设施,在一定的时间内进行交易活动。在货币成为商品交换的媒介之前,用这一定义概括市场是可以的。因为,物物交换必须要有一个场所。历史上这类市场在第二次社会大分工实现之后就出现了。如我国《易经》所载"日中为市,致天下之民,聚天下之货,交易而去,各得其所。"则是对当时市场的生动描述。

2. 广义的角度

市场是指社会商品交换关系的总和。把市场理解为商品交换关系的总和有以下三方面的含义。

(1) 当货币成为商品交换的媒介后,人们商品交换的活动已不受一时一地的限制,而是可以跨越不同的时间和空间进行商品交换。

(2) 商品交换的内容从少数几种产品,扩大到几乎所有人类劳动产品。在商品经济发达的阶段,一些非劳动成果,如土地、矿藏、森林、河流和人的劳动力等也都成为商品交换的内容。

(3)所谓总和,不是指某个市场,而是指整个的市场体系。而完整的市场体系,不仅指消费品和生产资料市场,而且包括金融市场、劳务市场、技术市场、信息市场和房地产市场等无形商品和生产要素市场。这是因为,单一的商品市场不可能很好地发挥市场机制作用。

3. 卖主的角度

市场是指某种产品所有潜在的和现实的购买者的总和。站在卖主的角度,可以从两个层次来理解这一定义:

(1)对于一家生产和销售某种产品的企业来说,判定其有没有市场的唯一标准就是看其产品有没有潜在的和实际的购买者。从这个意义上来看,任何企业的产品有没有市场取决于购买者、购买力和购买意愿三个因素。这三个因素互相制约,缺一便无法形成市场。因此,可以将市场用一个简单的公式表示:

$$市场 = 购买者 + 购买力 + 购买意愿$$

(2)在一定条件下,某企业产品有无市场和市场的大小,首先取决于有没有购买者和购买者数量的多少。购买者数量越多,市场就越大;相反,市场就越小。其次,取决于购买者所拥有的购买能力和购买力的高低。如果购买者人数很多,但购买力很低,市场就不会很大;相反,消费者人数虽然不多,但购买力却很高,市场有可能比较大。最后,取决于购买者的购买意愿。如果消费者对某企业的产品缺少购买意愿,那么,即使有较高的购买力也无法形成较大的市场。

因此,上述公式如改成相乘关系更合理些。即:

$$市场 = 购买者 \times 购买力 \times 购买意愿$$

由于市场学主要是以企业为出发点来研究企业的市场营销,因此,本书主要从卖主的角度来理解、分析和研究市场。

三、市场的类型

由于研究市场的目的不同,市场按其结构、形式、内容等各种不同的标志,可以作各种不同的分类。

按社会制度的属性,可分为资本主义市场和社会主义市场。

按商品流通范围,可分为国内市场和国际市场。

按产业性质,可分为生产资料市场、生活资料市场和服务市场。

按商品流转环节,可分为批发市场和零售市场。

按地理环境,可分为如下几种:

(1)按国别、地区,可分为国外市场,如日本、美国、法国,亚太地区、北美、西欧、东欧等市场;国内市场,如东北、华东、华南、沿海城市、内陆等市场。

(2)按城乡,可分为城镇市场和农村市场。

(3)按气候,可分为热带、温带和寒带地区等市场。

按人口构成,可分为如下几种:

(1)按年龄,可分为婴儿市场(0~4岁)、儿童市场(5~14岁)、青少年市场(15~24岁)、成年人市场(24~35岁)、中年人市场(35~54岁)和老年人市场(超过54岁)等。

(2)按性别,可分为男性市场和女性市场。

（3）按民族，可分为各种不同民族的市场。

按不同的消费水平，可分为高、中、低档商品市场。

按不同的交易内容，可分为有形商品市场和无形贸易市场。有形商品市场，即进行实物交易的市场。无形贸易市场，即没有商品实体的交易，主要指技术市场等。

按交易交割的时间，可分为现货市场和期货市场。

按不同的营销形式，可分为超级市场、连锁商店、大型百货商店、专业商品、邮购商店、流动商店、电视贸易、拍卖行、旧货商店、信托贸易和租赁贸易等形式的市场。

按市场竞争程度，可分为完全竞争市场、寡头垄断市场、垄断竞争市场和独占市场。

各种分类标志又可以相互交叉，产生各种细分市场。

本节重点介绍消费品市场、工业品市场和服务市场。

1. 消费品市场

消费品市场又称消费市场、消费资料市场。消费品这里专指生活资料，是用于满足人们物质与文化生活需要的最终产品或劳务。从事生活资料商品或劳务的交换，满足人们生活需要的经济活动领域，叫作消费品市场。生产为了消费，消费决定于生产。生产消费最终是为生活消费服务的，生产资料市场归根结底还是为生活资料市场而存在的。因此，消费市场是最终的、最根本的市场。人们一般所称的市场，如没有特别指定，都是指消费品市场。市场学研究的主要对象也是消费品市场。

消费品市场一般有以下几个特征：

(1) 消费市场经营的商品是为最终消费者使用的，不再经过任何加工或流通渠道。

(2) 消费市场的购买者人数众多、差异很大。全社会的人口，从初生婴儿到古稀老人都是消费者。各个消费者对消费品的需求不光有民族、地区和性别之差，还有年龄、喜好、习惯之异。因此，研究消费市场难度较大。

(3) 消费市场的购买者每次购买数量不大，但购买次数众多，变动频繁。

(4) 消费市场的购买属非专家购买。购买者一般不具备所购买商品的专业知识。对于所买商品的性能、使用、保管及维修方法等，有待于商品经营者的宣传、介绍、支持和帮助。因此，消费市场的购买活动容易受广告及其他促销手段的影响。

(5) 消费市场的购买力流动性较大。由于消费者购买力有限，对所需商品的购买持慎重态度，有很大的挑选性，这就造成了购买力在不同的商业企业间和不同的地区间的流动。特别是在大、中城市和交通枢纽地点，流动购买力占相当大的比例。由于商品消费有可替代性，随着供求状况与价格的变化，购买力也会在不同商品之间发生转移。

根据商品的市场经营情况、消费者的消费习惯和购买状况，一般把消费品分为日用品、选购品、特殊品、非渴求品四类。

(1) 日用品。指那些消费者在购买之前就早已熟悉或具有一定的认识，而且花很少力量就可以购买到的商品。所以，这类商品也可称为非选购品。日用品的使用范围较广，购买的频率较高，一般都是就近购买。如牙膏、牙刷、毛巾、肥皂、袜子等。

(2) 选购品。指使用期限较长，价值较高，消费者在购买时往往会到数家商店去比较同类商品的价格、品质、式样、牌名进行挑选的商品。对于选购品，消费者一般不像日用品那样经常需要购买；同时，对选购品的挑选，消费者又往往缺少充分的知识。因此，要"货比三家"。所以经营这类商品的商店宜集中,经营要有特色,以便于消费者在购买时比较和挑选。

(3)特殊品。指由于具备独特的性能,有独特的使用、保管和维修方法而能为消费者提供特殊效用的商品。如手机、家用电器、笔记本电脑等。特殊品一般价值较高,使用时间较长,消费者对其厂牌有特殊的认识和偏爱。消费者一般不具有特殊品的专业知识,但在购买前对特殊品已有充分的认识,这一点与日用品相似。所不同的是这一认识凝聚在厂牌和商标上,消费者认识的是厂牌和商标所代表的商品的性能、质量和售后服务等。所以,购买者一般在认识了特殊品的商标和厂牌后不愿意接受代用品,而愿意花较多的时间和精力去挑选购买。这一点又与选购品相似。

(4)非渴求品。指潜在消费者不想要或不知道的产品。因此,他们不会为之寻找。事实上,如果顾客们光看到它的话,他们可能并不会购买这种商品,除非促销活动展示其价值。同一产品对于不同的目标市场而言,可能属于不同类别。如航空旅行,对经常外出的商务人员可能是日用品,对难得旅行者可能是选购品或特殊品,而对不知航空为何物的人们则是非渴求品。

2. 工业品市场

工业品市场亦称工业市场,一般是指生产资料市场,但不全等同。在市场学中,是以购买者作为划分消费市场和工业市场的标志。消费市场的顾客是家庭和个人。消费市场是指为满足个人和家庭生活需要而购买商品或劳务的市场。工业市场是指工商企业或机关团体为业务用或为制造其他产品而购买商品或劳务的市场。工业市场的顾客包括制造企业、政府机关、公用事业、教育机构、医院、批发商和零售商等各种组织和团体。

与消费市场相比,工业市场的主要特征如下。

(1)工业市场的需求具有派生性。工业市场的需求,取决于消费市场的需求。消费品的生产不发展,生产资料的生产也会由于缺乏销路而停滞。"生产资料的消费归根结底都是和个人消费联系着,总是以个人消费为转移的"(《列宁全集》第4卷,第404页)。

(2)工业市场的需求受价格变动的影响较小。工业品的需求主要取决于社会生产的结构和发展速度,相对于消费品而言,工业品的市场需求受价格变动的影响较小。

(3)工业市场的购买一般是专家购买。购买工业品是为了制造产品,而工业品的质量、价格及技术指标对最终产品会产生直接影响。同时,工业品对供求双方的科技知识要求日趋提高,要求对商品有较充分的认识。因此,一般企业购买工业品都由专家购买,而工业品的供给者也采用专家推销。

(4)工业品的销售以直接销售为主要方式。这是因为:①工业品市场的购买者是企业,数量有限,地区集中,不像消费品市场的购买者为家庭或个人。工业市场客户采购货物的特点是购买次数少,但一次成交量大,单位售价高,有丰富的技术知识。直接购买对客户比较放心。②工业品,特别是大型机械设备,有特定的规格,供需双方直接接触交流,有利于了解买主的需求,满足顾客;有利于对用户提供售前、售后的服务;有利于双方技术人员的合作,共同研究产品的开发。③直接进行购买洽谈活动,能加强双方联系,便于互惠互利。

(5)除直接销售这一主要特点外,工业品的购买还有下述特点:①多数人决策。工业品购买的数量多,价值大,产品本身对科技知识要求高,购买往往由多数管理人员共同决策。②实现购买时间较长。因为购买数量多,规格要求复杂,准备工作量大,而且又需多人决策,因而购买的过程较长。③相互购买。许多企业为了互利,也为了垄断市场,经常采用互惠互利方式,相互购买对方产品。补偿贸易和来料加工,可以说是相互购买的特别方式。④按产品目录订货。许多工业品是成批生产的定型化、专业化、标准化的产品,按目录订货可节省大量人力、物力和推销费用,有利于降低价格,以刺激消费。但这仅适用于一般价廉、易损的短期使用品。⑤提供售后服务。为了工业品的销售和企业信誉,所有的企业均提供各种售后服务,如维修、提供零配件以及技术培训等。⑥租赁。租赁是工业品购买的重要形式之一,近年来发展很快、范围很广。大型设备、辅助设备以及工具类产品都可以租赁。

以上分析了工业品和消费品的特征。但对某一具体产品来说,是工业品还是消费品,有时并无显著差别。有些产品在一定条件下是工业品,在另一种条件下则为消费品。如一袋面粉,由消费者购买后作为家庭或个人食用时是消费品,但由工厂购买后作为加工食品的原料,则成为工业品。因此,区分工业品和消费品的关键是购买者及其购买目的。

工业品市场是一个复杂的、有若干不同市场的组合。制造厂商的大部分产品是供给工业品市场。发达工业国家其农产品的80%以上也是销售给工业市场。而采矿业、林业等产品,则基本上全部属于工业品。工业品市场的范围包括各行各业。按不同标志可以对工业品市场作不同的分类。

按购买者划分,包括农业、制造业、加工工业、商业和机关团体等。在美国按政府颁布的工业标准分类法,把工业分为以下十大类:

(1)农、林、渔业;

(2)服务业;

(3)零售业;

(4)包工建筑业;

(5)批发业;

(6)制造业;

(7)政府部门、单位;

(8)金融、保险、房地产业;

(9)运输、交通和其他公用事业;

(10)矿业和采掘业。

按工业品加工过程中的作用划分,包括:

(1)直接工业品市场。用来制造其他产品的货物,均称为直接工业品市场,如原材料、半成品和零配件等。

(2)间接工业品市场。不是直接用来制造其他产品,但又是制造其他产品过程中必不可少的东西,称为间接工业品市场,如设备装置和附属品、燃料、润滑油及日用品等。

按工业产品的用途划分,包括:

(1)原材料。指经过加工后可以制造成其他产品的材料,如矿产品、农产品、林产品、水产品、金属材料、原油和原煤等。

(2)半制成品和零配件。指已经加工,尚需后续加工处理才能成为实际产品的工业品,如棉纱、水泥、电动机、显像管、轮胎等。这些产品的销售,一般是通过供求双方签订长期合同来实现的。

（3）主要设备。如厂房建筑、机械设备、各种仪器仪表和电子计算机等。这一类产品所需的投资大，使用时间长，性能和价格直接关系到使用者的投资效益。顾客对设备的技术要求很高，同时要求有良好的维修服务和投资上的支持。这即是信用贷款、租赁等经营销售形式产生的原因。其销售过程比较复杂，往往是由买卖双方的高级管理人员和技术专家直接洽商后才能作出购买决策，时间较长。

（4）辅助设备。指标准化程度高，通用性强，对主要设备起辅助作用的产品，如加工工具、模具以及小型电动机、打印机等。这类产品价格较低，使用期短，通用性强，购买数量比较大，购买频率比较高，一般是通过中间商来实现购买的。

（5）日常用品、办公用品。

（6）服务。即为生产需要所提供的维修、技术咨询和运输等业务。

3. 服务市场

服务市场是指主要以劳务来满足消费者需求，但不涉及商品所有权的转移或商品所有权转移处于极不重要地位的市场。

按照马克思关于社会再生产的原理，社会生产分为两大部类：第一部类是生产资料的生产，第二部类是消费资料的生产。对应于两大部类的生产，可以将市场划分为工业品市场和消费品市场。这两大市场都包括了相应的劳务。

服务市场也有各种分类。

按服务对象（也即劳务产品的购买者）划分，有个人服务市场（即生活消费服务市场）和工商业服务市场（即生产消费服务市场）。前者是指主要为消费者个人或家庭提供的服务，如洗染、理发、摄影、裁缝和旅游等。后者是指主要为工商业经营需要或为促进工商业活动和发展提供的服务，如广告、业务咨询、设备租赁等。但就某一具体服务行业来说，往往既可为个人服务，又可为企业服务，如银行业、保险业和运输业等。

按服务市场的发展过程划分，有传统的服务行业和新兴服务行业。前者如商业、饮食、金融、保险、运输、邮政、医疗保健、洗理、修理和文化娱乐等。后者如咨询、广告、旅游、情报信息以及技术服务等。

按服务业的经营性质，可作以下分类：

（1）金融业。如银行、信托、保险业等。

（2）公用事业和交通服务业。如水、电、煤气；电话、电报；航空、铁路、公路、航海和内河运输等。

（3）个人服务。如医疗保健、文化娱乐、旅游、餐馆、照相、理发、洗澡、美容、修补及殡葬等。

（4）企业服务。如业务技术咨询、工商业情报和信息提供、广告、检验、设备租赁等。

（5）非营利服务。如教育、慈善事业、宗教等。

（6）其他专业性或特殊服务。如法律、会计事务等。

与消费品市场、工业品市场等有形市场相比，服务市场的特征是：

（1）服务是无形的。虽然某些服务项目中也包括一些物质产品所有权的转移（家用电器修理中所用的零配件），但服务的中心内容是向顾客提供效用（恢复电器的使用性能），而不是转移某一商品的所有权。

(2) 服务具有品质差异性。服务是无形的,无法大批量生产,服务内容也无法像有形产品那样标准化。同一服务,由数人操作,品质难以完全相同;即使同一人作同样的服务,每次服务的品质也不尽相同。因此,必须努力提高服务人员的技能,注意同一服务的同一品质。

(3) 服务是伴随着消费同时进行的。如理发师在承做妇女发型时,就是理发师出售其劳务,同时,消费者享受其效用。因此,直接销售是大部分服务市场的唯一销售途径。

(4) 服务具有易逝性。服务的使用价值如不及时享用就会消失。如公共汽车向乘客提供运送服务,当顾客下车后,服务就此消失。再如公共汽车的座位空着,服务的提供与其运行则同时消失。同样,旅店的空房间,闲置的维修能力,都是服务业不可弥补的损失。

第二节 市场学的由来和发展

一、市场学的由来

市场学的英文是 Marketing。在我国,这一学科有各种不同的命名,如"市场学""行销学""销售学""市场营销学"等。市场学是 20 世纪初从西方经济学中独立出来的新学科。最早产生于美国,真正大发展是近几十年的事。20 世纪 80 年代初被介绍到我国。

市场学作为一门学科,是资本主义经济迅速发展和市场竞争日益尖锐化的产物。

20 世纪初,世界主要资本主义国家先后完成了工业革命,进入了以社会化大生产为基础的垄断资本主义阶段。资本主义生产规模越来越大。市场需求和供给之间的矛盾日益尖锐,各企业之间的竞争也日益激烈。在资本主义进入垄断阶段之前,各生产企业之间的竞争是盲目的,企业主既不了解市场上同类商品的数量,也不了解市场需求的情况。资本主义进入垄断阶段以后,情况发生了新变化。由于资本的积聚和集中,社会产品迅速增加,大企业要求通过流通领域解决相对过剩的产品,便极力在市场激烈竞争中寻求自己的有利地位;又由于科学技术日益发展,企业扩大再生产后,必须扩大销路,这就迫切需要通过现代科学方法了解消费者需求;也由于世界性垄断资本的形成,企业要想占领更大的市场,就需要对市场进行预测,以制订符合需要的生产规划与市场经营战略和策略。生产的发展,科学的进步,以及经济形势的新变化,都要求经济科学加强对商品从生产到销售等各具体环节进行科学的分析研究。市场学便在垄断资本最发达的美国应运而生了。

二、美国市场学的发展

从美国对市场学研究的历史过程来看,到目前为止,市场学从产生到发展,大致经历了四个阶段。

1. 创立阶段(1900—1920 年)

美国进入垄断资本主义,由于生产的社会化,生产能力增长超过需求增长,市场矛盾日益尖锐,企业主开始重视商品推销以刺激需求,曾有"美国是推销员之国"的说法。其时,在广告、商标、包装等非价格市场,销售技术迅速发展的同时,销售技巧的研究和训练也广泛地开展起来。各地纷纷成立了销售学校,举行各种推销会议,研究怎样把商品在需要的时间,用令人满意的方法,在合适的场合提供给消费者。1902年,美国的密执安、加利福尼亚和伊利诺三所大学的经济系正式开设了市场学课程。市场学作为一门科学,第一次出现在大学讲坛上,但当时还没有正式的教科书。1911年,第一个市场调查研究机构在美国的柯的斯出版公司成立,当时称为"商情调查研究室"。1912年,哈佛大学教授赫杰特齐在走访企业主、了解他们如何进行市场销售活动的基础上,写出了第一部以"市场学"命名的教科书。此书虽然与现代市场学的原理和概念有所不同,且研究的面很窄,主要是广告和商业网点设置方面的研究,但它的问世,却是市场学作为一门独立学科出现的里程碑。此后,许多大学都相继开设市场学。1915年,A. W. 肖的《论分配问题》一书和1917年L. D. H. 威尔德的《市场经营职能与商业机构》一书,都对市场经营的理论做了探讨。但是这一时期市场学的内容主要是"分配学"和"广告学",研究的重点主要是推销的技巧和方法。

2. 发展阶段(1920—1945年)

20世纪20—40年代中期,在世界经济政治领域发生了两次重大事件,即20世纪20年代末到30年代初的资本主义经济大危机和第二次世界大战。这两次事件对资本主义经济产生了巨大的影响。

第一次世界大战后,美国消费经济结构发生了显著的变化。随着战后美国国际政治地位的提高,经济也有较大发展,国民收入增加,国民生活水平明显上升,成为世界上消费水平最高的国家。但是国内收入分配不平衡,在大多消费者中间,未满足需求的潜在市场依然存在。1929—1933年,经济危机席卷整个资本主义世界,生产严重过剩,商品销售困难,企业纷纷倒闭。此时,企业面临的已经不是求过于供的卖方市场,而是供过于求的买方市场。企业最关心的不是怎样扩大再生产和降低成本,而是如何把已生产的产品销售出去。市场学家为了帮助企业家打开市场,解决产品销路,提出了"创造需求"的概念,并重视市场调查研究、分析、预测和刺激消费者的需求。

这段时期,市场学基础知识和基本原理方面的教科书纷纷问世,初步建立了市场学的理论体系。

在组织形式上,1926年,美国成立了全国市场学和广告学教师协会。1931年,成立了美国市场学协会,专门设立了为企业管理人员讲授市场学的讲习班,之后,又与企业家共同组成了现在的美国市场学会。这些组织的建立,说明市场经营的理论研究已从个别的、分散的状况,走向有组织、有系统地探索阶段。同时,市场学的研究也传出美国,许多资本主义国家开始了对市场学的研究。

在理论上,较系统地论述了中间商的职能和作用;把商品加以分类,论述了各类商品的供求条件、销售渠道和价格策略;提出了买方市场时代必须注意面向大众的观点,"顾客是国王""消费者第一"等。虽然从探讨的范围到问题的深度都有较大的进展,但这一时期市场学的研究对象仍局限于商品的销售技巧、销售方法、销售渠道和销售广告等方面,基本上没有超越商品流通的范围。

3. 系统化阶段(1945—1960年)

第二次世界大战结束后,资本主义世界经济处在一个相对稳定的发展时期。美国大量的军工产业转向民用生产。第三次科技革命又使整个资本主义世界进入经济发展的"黄金时代",劳动生产率大幅度提高,社会产品的数量急剧增加。劳动者的消费需求虽然有所增长,但同生产无限扩大的趋势仍有尖锐的矛盾,市场上仍是供过于求。这时,原来的市场理论已不能适应新形势的要求,迫切需要新的理论来指导企业的生产和经营。

在这种情况下,美国的市场学家奥尔德逊和科克斯在对过去市场学批评的基础上,对市场赋予了一个新概念:"广义的市场概念,包括生产者和消费者之间实现商品和劳务的潜在交换的任何一种活动。"这一新概念中的新内容就是"潜在交换"。所谓潜在交换,就是生产者的产品或劳务要符合潜在消费者的需求和欲望。凡是实现这一潜在交换的一切活动,都属于市场学研究的范围。这一新概念,使市场学的研究发生了根本的变化。按照过去市场学的观点,市场是生产过程的终点,市场经营的职能是推销已经生产出来的产品和劳务。而新的概念强调了买方的需求,潜在的需求,市场则成了生产过程的起点,市场经营的职能是在调查了解消费者需求的基础上,生产出满足消费者需求的产品和劳务,以满足消费者的潜在需求,使"潜在交换"得到实现,由此而获得利润。旧的市场学强调的是生产者的要求,新的概念强调的是消费者的要求。这样,市场学就冲出了流通领域的局限,走进了企业生产管理的大门。这一概念上的变革,被西方称为市场学的一次"革命",其意义可与资本主义的工业革命相提并论,有人甚至认为这是企业经营中的哥白尼太阳中心说。

这一时期,在美国涌现出一批市场学家。

1947 年,E.A.迭迪和 D.A.雷博赞合著的《市场学——体系的形成》,克服了过去孤立地引用商品学中的产品部分和经济学中的价格论等,不考虑其内在联系,拼在一起组成市场学的缺陷,用新的体系研究了产品、价格及管理等各部分之间的有机联系,从经济、社会各个方面,综合分析了其发生、发展和变化的规律。

1948 年,菲利浦与旦坎合著的《市场学原理与方法》一书问世。此书直到现在还是为美国各大学广泛采用的教科书。其主要特点是:研究了最终消费者和工业品使用者市场分类;研究了消费品零售的作用;还讨论了销售策略、价格策略、非价格竞争策略,以及与政府有关的市场经营活动等问题。

1950 年,纽约大学的阿格纽、考纳、多尔穆斯三人合著的《市场学概论》出版。该书研究了消费者的心理和购买行为,消费者的爱好、偏见,以及消费者购买习惯等。这为以后消费市场研究的发展奠定了基础。

20 世纪 50 年代,市场学理论研究上升到一个新阶段,并出现了两位特别引人注目的市场学家,这就是 J.A.哈瓦德和 E.J.麦克塞。他们从综合的市场营销管理的观点出发,把过去的产品、价格和销售渠道等个别的市场销售策略的研究加以体系化,统一成为"市场营销组合"。这样,就把市场营销从企业经营的策略提高到战略的高度。哈瓦德称之为市场营销管理,并指出市场营销管理是关于企业销售产品各方经营管理的科学。其内容包括企业所处的社会、政治、经济环境因素(如社会需要、竞争、流通机构、市场营销关系、非市场营销费用等)及与这些因素相适应的企业内部的市场营销手段(如产品策略、价格策略、地区、销售渠道、广告和推销员销售等)。而这一学科研究的实质在于如何创造性地把它们有机地结合起来。哈瓦德市场营销管理的两部分内容可用外五边形和内六边形的图形表示(图1-3)。前者称为市场营销的不可控因素,这些外界因素是经常变动的,企业只能设法去适应这些因素,而不可能控制其变化。后者是企业可以自行掌握去适应外界因素的各种销售手段。企业要想创造最大利润,就必须十分关心各种营销手段的有机结合,并运用它去适应外界的环境。哈瓦德把这种结合称为市场营销组合,这是市场学理论的一个重大发展。

麦克塞进一步发展了哈瓦德的市场营销管理理论。他的突出见解有以下三点:①企业的营销管理首先要明确企业的目标市场,针对目标市场采取相应的市场营销战略和策略。②市场营销组合可以概括为四要素,即市场学广为应用至今的"4P"组合,即产品(Product)、价格(Price)、渠道(Place)和销售促进(Promotion)的组合。这样,市场营销组合理论形成了比较完整的体系。③进一步综合分析市场营销管理可以归纳为四项基本因素,即企业目标、外界环境、制约条件和市场营销组合。这四项基本因素形成一个有机整体(图1-4)。

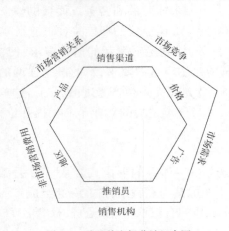
图1-3 哈瓦德市场营销组合图

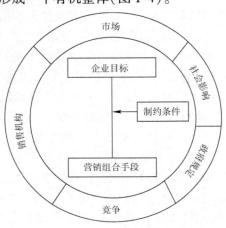
图1-4 麦克塞市场营销管理体系图

企业的根本目标是获得最大利润,但是欲达目标要受各方面的制约。企业一方面应考虑这些制约条件,同时要适应外界环境的变化,运用市场营销组合手段,以达到获取最大利润的目的,这就是市场营销管理的核心。

麦克塞的市场营销理论,可以说是20世纪50年代美国市场营销理论体系化的典范。70多年以来,市场学从创立、发展到今天,已基本上形成具有完整体系的学科。

4. 现代化阶段(1960年至今)

20世纪60年代是西方资本主义经济高速发展的年代。企业家们和政府都在设法寻求资本主义经济永远繁荣的妙计,市场学理论也随之进入现代化时期。经济学、管理学、社会学、心理学和经济计量学等学科都向市场学渗透,并紧密地结合在一起,形成一门综合性的边缘学科。目前,在资本主义国家,市场学不仅是工商管理专业的必修课,而且已成为工商企业和经济研究机构普遍研究的内容。

这一时期的主要人物有小威廉·D.佩特罗和尤金·E.麦卡锡,两人合著的《基础营销学》,从1960年第1版以来,一直在市场营销教科书中处于领先地位。菲利普·科特勒的代表作《营销管理》一书被奉为营销学的圣经,是世界范围内使用最为广泛的营销学教科书。

三、我国对市场学的研究

资本主义国家对市场学的研究,在中华人民共和国成立前就传到中国。当时,在我国一些高等院校就曾讲授过市场学,但由于商品经济不发达,对市场学的研究没有得到重视。中华人民共和国成立后,较长一段时期没有市场研究,其原因是多方面的。从经济上说,我国经历了漫长的封建社会,商品经济不发达,市场狭小而且不平衡。尽管经济有较快发展,但整个经济水平还很落后,自给自足的自然经济成分较大,商品经济比例较小,产品长期供不应求,只能实行计划定量供给。因此,市场学的研究无实际价值。从理论上说,长期以来,理论界不承认社会主义市场经济,将计划经济与商品经济对立起来,否认价值规律对社会主义生产和流通的调节作用,把与商品经济有联系的市场、市场竞争、价值规律、供求规律等,统统看作资本主义的东西。因此,也就不可能从事市场学的研究。

20世纪70年代末期,我国开始认识到在实行计划经济的同时,还要实行市场调节,明确提出社会主义经济是有计划的商品经济,要大力发展商品生产和商品交换。与此同时,我国的经济也有较大的发展,经济结构有根本的改变,市场繁荣,商品供应充足。至20世纪80年代末,结构性的买方市场已形成。市场学的研究基本具备了理论上的可能性,而且有了现实的必要性。

20世纪80年代,我国的市场学研究有一定的进展,出版了不少市场学著作。80年代末,我国几乎所有高等院校的工商管理专业都开设了市场学课程。政府部门和企业界也日渐重视市场的研究。

进入20世纪90年代,伴随着社会主义市场经济理论的确立,市场体系的形成,现代企业制度的建立,使企业真正丢掉计划经济的"拐杖"面临市场挑战,在市场中求生存。我国市场学的研究真正获得了成熟的外部环境和需求的内在动力,市场学重点由基本原理转向研究方法。尤其是我国加入世界贸易组织(WTO)以后,国际市场、国内市场的激烈竞争促使我国企业加快企业结构调整步伐,加快建立现代企业制度,并进一步探索国际联合,提高自身竞争能力。

改革开放40多年来,以中国特色社会主义市场经济、中国国情、中国市场环境为背景,以马克思主义哲学理论、经济学理论和中国特色社会主义理论体系为指导思想和理论基础,扬弃西方营销学,已经初建中国特色社会主义市场学体系。

四、市场学和空运市场营销的概念

西方市场学家对市场学的定义作了很多不同的论述。1960年,美国市场学协会定义委员会对市场学作如下定义:市场学是研究、引导商品和劳务从生产者到达消费者或使用者手中所实施的一切经营活动的科学。

20世纪60年代末期以后,许多市场学家对市场学的定义提出各自的表述。如1975年,B.玛卡思等人合著的《现代市场学》中,其定义为"市场学是供求双方为促进、刺激交换的实现,个人和集团——赢利的和非赢利的——所实施的各种活动"的科学。

1976年,科特勒在他的《市场营销管理》(第3版)一书中认为:市场学是研究"通过交换过程,以满足需求目的的人们的活动"的科学。

1977年,W.M.普莱德和O.C.费尔合著的《市场学》中,所作的定义是"市场学是在各种变动的环境内,以促进并实现交换为目的的个人和集团的一切活动"的科学。同年,B.M.艾尼思的《市场学原理》(第2版)中写道"市场学是以满足需求为目的的,由个人和集团所进行的交换活动"的科学。

英国市场学会则把市场学与生产联系起来,指出:"一个企业如果要生存、发展和盈利,就必须有意识地根据用户和消费者的现实需要和潜在需要来安排生产"。日本企业界认为:"在满足消费者利益的基础上研究如何适应市场需求而提供商品和服务的整个企业活动,就是市场学。"

1996年,科特勒在《营销管理》(第9版)序言中表述:营销是一种有序和深思熟虑地研究市场及策划的过程。这个过程开始于对市场的调查以认识其动态规律,营销者通过调研确定机会,即找到需求未被满足的个人和群体,或对某产品或服务有潜在兴趣的人们。营销过程还包括细分市场,选择公司能够提供最好满足的目标市场。公司必须形成一整套的战略,制订特定的营销组合方案和行动计划,使公司的长期业绩最优化。

可以看出,现代市场学早已超过了美国市场学协会所下定义的范围而被赋予更广阔和深远的含义。

(1) 在市场营销的指导思想上,现代市场学强调企业必须以消费者需求作为市场营销活动的中心和出发点。能否满足消费者需求,是企业能否生存和发展的关键。最大限度地满足消费者的需求与实现企业的最大利润是一致的。消费需求的满足,是企业创利的源泉和基础;企业市场营销活动的不断发展,又为满足消费者需求创造了条件。它们之间的辩证关系,是现代市场学指导思想的核心。

(2) 现代市场学研究的范围已不是过去仅限于流通领域内的市场销售活动,也不是从前那种静态地分析市场销售因素,而是研究从生产到消费,又从消费反馈到生产的整个经营活动的规律。也就是说,它不是单向地研究生产到消费的流通过程,而是研究市场交换活动的整体及其内部的能动循环。它既研究企业内部的经营活动,也研究不断变化的外界环境,并且特别注意研究消费者(购买者)市场复杂的变动因素。

(3) 现代市场学已不是单纯地作为市场销售技巧或方法的研究,它从企业的长远战略目标出发,通过市场营销组合策略,运用现代科学技术新成果,形成了组织和指导企业整体活动的应用性的管理学科。

空运市场营销是市场学在空运市场领域中的应用和发展,它的研究对象,是空运企业的整个市场营销活动及其运动过程。因此,空运市场学就是研究民航运输企业市场营销活动的矛盾及其运动规律的科学。它是从企业的角度,作为卖方来研究买方的需求,根据买方的需求决定提供的劳务,并综合应用各种营销策略组合来实现交换。它还研究空运企业如何处理同竞争者之间的关系,研究怎样比竞争者提供更好的劳务,以提高企业的竞争能力,在竞争中取胜。

第三节 市场营销观念及其演变

市场营销观念是企业从事市场经营活动的基本思维方法和指导思想。因而,又称为商业哲学。其内容和实质都是随着商品生产和商品交换的发展而发展,随着市场学的发展而发展。从一些发达资本主义国家的情况看,市场营销观点的演变大致经历了五个发展阶段。而每一次观念的演变,都会引起企业组织结构的相应变化。

一、产品观念和生产型(产品型)结构形式

从工业革命到20世纪20年代末,资本主义大工业普遍建立,并向垄断和集中发展。当时由于生产的效率还不很高,生活水平较低,商品无论从数量还是品种、花色上都还满足不了消费者的需要。市场是供不应求的卖方市场。在这种情况下,企业要解决的中心问题是尽量扩大生产规模,降低生产成本,生产更多的价廉物美的产品。企业经营的基本思想是只要产品生产出来,就不愁卖不出去。而企业经营的重点也是放在生产上,具体表现为"工厂生产什么,顾客就买什么"。这种把生产作为企业经营活动重点的观念称为产品观念或生产观念,也称"产品导向"。生产观念是一种以产定销的观念,它是以如下假设为前提的,即在相互竞争的商品中,消费者是以商品的品质和价格作为选购商品的基础。企业只有把注意力集中在生产价廉物美的产品上,才可能获得满意的销售量和利润。企业无须在经营销售上作很大努力。

在以产品为中心观念的支配下,企业领导者的主要任务是"抓生产"。在企业的组织形式上,生产部门是整个企业的首要部门,其次是财务部门,而销售部门则处于从属地位(图1-5)。

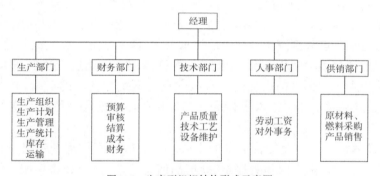

图1-5 生产型组织结构形式示意图

二、销售观念和生产经营型结构形式

第一次世界大战以后至第二次世界大战期间,由于管理科学理论的发展和推广,科学技术的进步,工业大批量生产的发展,商品供过于求,市场竞争加剧。企业为了保持市场占有率,或者打入市场,在竞争中求生存,不得不重视市场销售术,纷纷运用推销术、广告术及其他种种销售手段来招揽顾客。由此产生了销售观念,销售观念的重点在于推销产品。基本经营思想是生产什么,就销售什么,只要能把产品推销出去就行,其具体表现为"工厂销售什么,顾客就买什么"。销售观念也称营业观念或销售导向,实质上也是一种"以产定销"的观念。它的假设前提是:消费者虽不会主动地来购买商品,但是通过努力推销,消费者会接受企业推出的产品,企业也因此可以获得满意的销售量和利润。

随着观念的更新,此时企业的组织结构也发生了巨大变化,由单一生产型转变为生产经营型的组织结构形式(图1-6),成立了专门处理市场销售问题的部门,来统一组织、协调和领导市场分析预测、推销、广告、产品维修服务和推销人员的培训管理等工作。

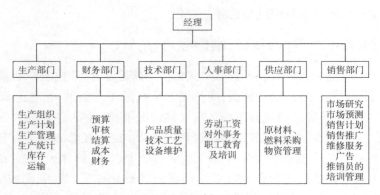

图 1-6　生产经营型组织结构形式示意图

三、市场营销观念和经营型结构形式

第二次世界大战以后,随着第三次科技革命的发展,主要发达国家的生产率空前提高,不仅商品产量急剧增加,商品的花色、品种也迅速增加,市场从卖方市场转变为买方市场,供求矛盾更加尖锐。为刺激需求,政府推行高工资、高福利和高消费的经济政策。这样,使消费者的需求和愿望也发生了很大变化。面对这种情况,企业开始意识到要想获取较大的长期利润,就必须把企业经营活动重点放到满足消费者的需求上来,就必须进行深入细致的市场调查研究,了解消费者的需求和愿望的变化情况,并积极采取措施使企业能适应消费需求的变化。由此产生了市场营销观念。市场营销观念的基本出发点是满足消费者的需求,其具体表现为"消费者需要什么,企业就生产什么,销售什么"。市场营销观念是一种以销定产的观念,其要点为:

(1) 消费者及其需求是企业经营活动的中心。企业应以满足消费者需求为出发点,确定自己的经营策略、方针计划、产品设计制造、新产品研究开发、销售和售后服务等,争取更高的市场占有率。稳定保持老顾客,吸引扩大新顾客。

(2) 企业不仅要满足消费者现实的需求,而且要满足消费者潜在的需求。发现和满足消费者潜在的需求是企业开拓市场,在竞争中获胜的重要保证。

(3) 企业的经营活动必须建立在对市场调查研究分析的基础上,而争取消费者的活动是在整体营销系统控制下进行。

(4) 满足消费者的需求和愿望是企业的责任,也是企业存在的前提。企业只有在满足消费者需求的基础上,才能获得长期的、合理的利润。

例如,美国国际商业机器公司,并不把自己看作世界最大的计算机公司,而宣称自己是为消费者"解决问题"而存在的公司。美国电话、电报公司宣称公司的经营目标是满足社会通信的需要。凯特皮纳公司是世界上最大的推土机和铲车制造公司,它们强调为顾客服务,为顾客提供方便。不管是地球上哪一个角落,只要凯特皮纳公司出产的机械坏了,公司的维修人员24小时内就能赶到现场,使顾客毫无"停产"的后顾之忧。

在市场营销观念的指导下,企业加强市场营销部门的功能和力量,使企业组织结构形式发生了根本变化,由生产型(产品型)或生产经营型转变为经营型的组织结构形式(图1-7)。

第一章 市场、市场学和市场营销概念

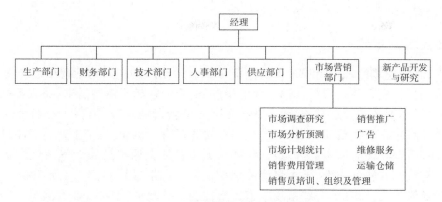

图1-7 经营型组织结构形式示意图

在组织结构形式上体现市场营销观念最彻底的是日本丰田汽车制造公司。1949年底,公司只剩2亿日元资金,银行对丰田公司的前途忧心忡忡,不愿贷款,丰田面临倒闭。经丰田首脑反复斡旋,才借到18820万日元用于重建丰田。而重建计划和实施的核心是把销售部门独立出来,整个丰田公司划分为销售公司与生产公司两个分公司。今天,丰田已成为世界上最大汽车制造公司之一。"关于丰田汽车销售公司,人们往往把它和不实行产销分开的日产公司进行比较,借以评论其优劣。姑且不谈产销是分是合哪个好,仅就丰田公司而言,正是因为让销售公司分开来独立经营,丰田汽车工业公司才有可能成长壮大为日本第一流的企业,这一点将是毋庸置疑的。"❶

四、生态营销观念

20世纪60年代末至70年代初,市场营销观念在一些发达国家的企业中已被普遍地接受和采用。但是有些企业不注意发挥自己的优势和特长,不注意企业自身的资源条件和能力,片面地强调适应消费者需求的变化,结果生产出来的产品与竞争对手相比并没有更好地满足消费者的需求,相反,还面临着在市场竞争中被淘汰的威胁。面对这种情况,有些市场学家把生态学原理运用到市场营销中来,产生了生态营销观念。

生态营销观念认为,企业与市场环境之间有一个相互作用、相互影响的关系。企业的经营活动如同生物有机体一样,要与周围的市场环境相协调。具体来说,企业要以自己有限的资源和能力去满足消费者无限的需求,就必须善于利用自己的优势,发挥自己的特长,去生产既满足消费者需要又是企业所擅长的产品(图1-8)。

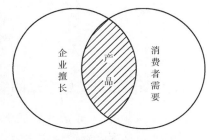

图1-8 生态营销观念示意图

图1-8中的两个圆,一个是消费者需要的集合,另一个是企业在人力、物力、财力等方面优势的集合,其重叠部分就是企业经营的目标。由于消费者需求是不断变化的,企业的优势也不是一成不变的,企业要保持自身的优势,就必须在这两个变化着的内外圆中不断地发现新的机会,建立新的目标。因

---

❶ 出自《丰田的秘密》第8页,[日]若山富士雄、山本忠明。

此，生态营销观念实质上是"产销结合"的观念。

五、社会营销观念

近年来，越来越多的国家出现了保护消费者利益运动。许多人对现代市场营销观念提出了批评和疑问。他们认为在市场营销观念的指导下，企业在满足消费需求，获取目标利润的同时，往往损害了消费者的长远利益，或者在满足部分消费者需求时，损害了社会公众的整体利益。许多产品在生产和销售时，人为地造成了浪费和污染。例如，汽车工业为了满足消费者需求，过量地生产汽车，使有限资源大量浪费，并造成更多的交通事故和大气污染。清洁剂工业满足了人们对洗涤衣物的需要，但大量清洁剂在使用后却造成水污染。纸张和家具的过度消费造成森林被滥伐等。因此，一些市场学家提出社会营销观念，主张企业在满足消费者需求的同时，必须考虑消费者的长远利益和社会公众的整体利益。对过度的需求，要减低营销；对无益的需求，实行反营销。美国西南航空公司的理念是"without a heart, it just a machine" "one heart, endless possibilities"。

社会营销观念是对市场营销观念的补充和修正。其目的在于解决企业在满足个人消费需求时同社会公众利益的矛盾，以及满足消费者眼前需求时同社会长期利益的矛盾。如要防止环境污染、保护消费者安全、维护社会公德等。

六、互联网+下的精准营销观念

在互联网得到了广泛普及，自媒体与各种移动通信应用兴起的商业环境下，市场营销也随之发生着深刻的变化，企业需要摸索出能够适应新形势和新环境的营销模式。移动互联网和传统互联网相比具有即时性、精准性和定向性的三个特性，基于大数据的精准营销也变得越来越重要，它通过目标用户的定位、潜在用户的发掘以及用户消费行为的引导，日渐成为未来营销的主要发展方向，定制营销、智慧营销、整合营销将极大提升营销效率，拓展新的商业机会（图1-9）。

图1-9 互联网+下的精准营销观念

七、新旧市场营销观念的区别

在市场学中，一般把产品观念和销售观念称为旧观念或称推销观念，把市场营销观念、生态营销观念和社会营销观念称为新观念或营销观念。其主要区别如下：

1. 营销活动的重点不同

旧观念是以产品为主，认为有了产品就有了顾客。企业的经营计划和策略的重点都放在产品的生产和推销上。

新观点是以消费者及其需要为主，认为只有满足了消费者的需求，才能开拓市场获得利润。企业营销计划和策略的重点都放在消费者需求上，企业从设计产品开始就考虑如何满足市场需求,而不是在产品生产出来后再考虑如何销售。

2. 营销活动的手段不同

新旧观念都要解决商品销售的问题。但旧观念认为销售是一种附属于生产的职能,是企业出卖商品换取现金的活动。因此,生产部门以产定销,商业部门以购定销。而新观念认为,销售活动是企业为满足消费者需要而展开的各项综合活动中的一项内容。企业必须从市场整体出发,综合运用人员推销、广告、公共关系宣传、大数据等营销手段来争取顾客,并加强市场调查和市场预测,研究消费者需求的变化,通过不断改善营销手段,使企业的市场营销能适应消费者需求的变化。

3. 营销活动的目标不同

新旧观念都要考虑利润,但如何取得利润,两者完全不同。旧观念目光短浅,急功近利,着眼于每次交易活动,缺乏长远打算。新观念从总体市场出发,不仅考虑现实的顾客,而且考虑潜在的顾客,不仅注重眼前的市场,而且注意不断开发新的市场。在经营过程中不计较一时、一地的损失,而着眼于从战略的高度力求取得顾客对企业的长期信任和支持。当眼前利润和长期占领市场发生矛盾时,宁愿放弃眼前利益而希望长期占领市场。企业追求的是最多的顾客和最大的市场占有率,因而,企业必须顾及社会的长远利益,重视社会福利事业、环境保护和维护居民安全、社会公德。只有使消费者、企业和社会三者的利益协调,企业才能长期生存和发展。

思考题

1. 简单的社会经济活动是怎样运行的?
2. 如何理解市场的基本概念?
3. 市场可以怎样分类?
4. 消费品市场、工业品市场、服务市场的含义和特征是什么?
5. 消费品、工业品、服务各包括哪些类型?
6. 市场学的发展经历了哪几个阶段?
7. 为什么说"潜在交换"的概念是市场学的革命?
8. 为什么说"市场营销组合"是市场学理论的重大发展?
9. 如何理解市场学的定义?
10. 怎样理解现代市场学的含义?
11. 市场营销观念的演变经历了哪几个阶段?各个阶段的基本特征是什么?
12. 请举例说明什么是精准营销。

CHAPTER

第二章

运输市场和空运（航空运输）市场

运输业是指使用运输工具将货物或者旅客送达目的地,使其空间位置得到转移的业务活动。根据提供运输劳务者与享用运输服务者是否同一,运输可以分为商业性运输与非商业性运输。运输劳务提供者以提供运输劳务为手段,以获取利润为目的的运输是商业运输。运输劳务提供者不是独立的法人而是隶属于某一企业,为本企业进行的客货运输是非商业性运输。运输市场的研究对象是商业运输,有运输服务的需求者,有提供运输劳务的运输企业,供求关系客观存在,而运输服务的供应和需求之间现实的和潜在的交换能否实现,则是运输企业所面临的运输市场问题。

第一节 运输业的产业特征和经济属性

一、运输产业的一般特征

运输产业与工业、农业、建筑业等物质生产部门比较,除具有一般共性外,还有本身产业特征。

1. 独特的生产过程、产品形态和消费过程

运输业为社会提供的效用不是实物形态的产品,而是一种劳务——旅客运输劳务或货物运输劳务。

运输劳务量的大小,取决于两个因素:运量(货物以质量次数为计量单位,旅客以人次为计量单位)和运距(以长度为计量单位)。其综合反映是周转量,一般以吨公里或人公里为计量单位。

运输劳务只有在特定的时间内和方向上才是被需求的。不同时间内和不同方向上的供应和需求不能相互弥补以求平衡。

运输劳务的"产品",即被运输的客货的空间位移,是与被运输的客货结合在一起的。所以,运输业的"产品"不能储存,不能调拨,只能以满足当时、当地发生的运输需求为限度。运输企业向社会提供的不是"实物产品",而是运输能力,称为运力或运能。运力只有被需求所接受,才能转化为运输产品。运输企业提供运力多了或者早了、迟了都是无效的。

因此,及时或称准点是运输品质的又一重要标准,也是运输企业赢得市场的前提。为确保运输及时,企业要有一定数量的后备运力,以适应市场需求的不均衡性。

2. 运输的先行性和附属性

运输业一般需要的投资比较多,建设周期比较长,而且往往具有公共设施性质,对一个国家(或地区)的社会经济发展和人民生活水平的提高影响较大。因此,运输业的建设应当先行于经济和社会的发展。要注意满足社会经济发展对运输的"潜在需要"。

另一方面,运输业投资的规模和结构、运输市场的需求和繁荣,以及运输投资的效益和回收,又完全依赖于经济和社会的发展、人民生活水平的提高。离开了社会对运输的需求,运输业即无存在的必要,更没有发展的可能,而运输需求本身就是一种隶属于物质产品生产和消费的派生需求。

3. 各种运输方式具有生产的连续性和产品的替代性

各种运输方式虽然输送线路、运输工具,以及技术装备各不相同,但生产的是同一"产品",即旅客和货物在空间的位移,对社会具有同样的效用,由此产生两种截然不同的结果。有时需要几种运输方式或几家运输企业(相同或不同运输方式的)共同满足一次运输需求,这种运输生产的连续性要求的是合作。一般来说,除非是公路的"门到门"运输,绝大部分的运输过程都需要多种运输方式的联合才能完成。

有时一项运输需求各种运输方式的各家运输企业都可以独立满足之,这种运输产品的可替代性使运输市场的竞争成为必然。竞争不仅在相同运输方式的不同企业之间进行,而且可以在不同运输方式的企业之间展开。铁路的提速和高速公路网的建设使得运输产品的可替代性更加明显。交通运输部发布的《2020年交通运输行业发展统计公报》显示,截至2020年底,全国铁路营业里程14.6万公里,其中高速铁路营业里程3.8万公里;全国公路总里程519.81万公里,其中高速公路里程16.10万公里。公路和铁路设施的完善使其在中短途客货运输中的优势更加明显,从而给中短距离的民航运输带来更大的竞争压力。

【案例】西成高铁通车,多家航空公司缩减航线航班

2017年12月6日,西成高铁开通运营,西成高铁自陕西省西安市引出,途径陕西省安康、汉中市,至四川省广元市、绵阳市,在江油站与绵阳至成都至乐山铁路相连,抵达成都市,全长658公里,时速为250公里/小时。开通后西安至成都的运行时间将由普快列车11小时缩短为4小时,陕川两省形成一日经济圈。

面对西成高铁的开通,航空公司也做了相应的调整策略。在2017年冬春航班换季前后,就开始减少西安至成都往返航线的座位投入。西安至成都航线由2017年上半年每日10余班,缩减至每日两班,仅有四川航空股份有限公司(以下简称川航)和中国南方航空集团有限公司(以下简称南航)继续运营该航线。

合作和竞争,可以产生各种运输形式。合作可以是自然形成的。比如货物运输,可以由货主一段一段托运,先从产地托运,汽车运到车站、码头或机场,经火车、轮船或飞机运到销售地后,再通过汽车运到最终目的地。比如,旅客运输,可以由旅客自行一段然后中转旅行。合作也可以是有关运输企业有意识地组织进行。比如,货物运输中的联合运输,旅客运输中的联程客票。而近年来兴起的"空铁通"产品则是由民航部门和铁路部门两者相互合作,组织运输合作的典范。

【案例】"铁路12306"App上可以订飞机票了

2020年8月25日,中国国家铁路集团有限公司与中国东方航空集团有限公司(以下简称东航)空铁联运项目在上海启动,"铁路12306"App和"东方航空"App全面实现系统对接,共同销售空铁联运产品。旅客可通过任一方的App,一站式购买东航、上海航空股份有限公司(以下简称上航)航班与高速铁路车次相衔接的联运客票。

区别于以往旅客需要分别在铁路、航空购票端口预订火车票、机票的购票方式,此次空铁联运产品推出后,旅客可根据意愿自行选择高速铁路与航班组合,在 App 上轻松完成全部预订流程,实现一个订单、一次支付。"铁路 12306"App 现已开通空铁联运窗口。

在覆盖区域方面,一期产品以上海虹桥站、上海虹桥国际机场为核心枢纽,开通江、浙、皖大部分城市经上海前往东航国内各通航城市的双向联运。未来,联运中转城市还将逐步拓展到北京、广州、深圳、成都、南京、杭州、武汉、西安等多个重点城市,满足旅客跨区域、多方式的出行需求。

二、运输业的经济属性

货运业"产品"的消费是生产过程中的消费,生产性的消费。货运业"产品"的购买者除个别例外,绝大多数不是消费者个人或家庭。所以,按市场学的产品属性分类,货运业"产品"实质上是一种"工业品"。货运市场是工业品市场的一个组成部分。货运市场具有工业品市场的一般特征:

(1)货运需求是一种派生需求。货运业派生于物质产品生产和流通的需要,最终派生于个人消费的需要。

(2)货运市场的需求受运价变动的影响较小。货运费用是所运货物生产销售成本的组成部分,而且是很小的一部分,分摊到所运货物的最终销售价上,影响就更小。货运市场的需求取决于社会生产的发展和经济结构的变化。

(3)货物托运的程序、手续比较复杂,需要专门知识。

(4)运输企业受理货物托运,极少委托销售代理人,一般都是直接受理,也即直接销售,而客运的销售方式正好与此相反。按"三次产业"分类法,运输业属于服务业,划归第三产业。运输市场是服务市场的一部分,服务市场与工业市场或消费市场不是相互对立的概念和范围。货运业提供的服务是用于生产性消费。因此,货运市场兼有工业品市场与服务市场的特性。

三、客运业的经济属性

客运的经济属性,一直是经济学界争论的话题。客运的需求可区分为生产需要(生产消费)和个人需要(个人消费)两种情况。

1. 生产性消费的客运需求

生产性消费的旅客运输是生产劳动的必要组成部分。如把劳动者从居住地送到生产场所。这种客运,包括上下班短途客运,从一个城市到另一个城市的长途客运。而劳务的国际输出,是航空客运中生产性消费的典型。再如,因生产需要出差的人员运输费用,也即客运生产过程中运输企业所消耗的生产资料价值,以及运输工人劳动新创造的价值,构成物质产品生产费用中的一个组成部分,而追加到物质产品中。

这部分旅客的运费可以由旅客所属的组织团体报销,即生产性消费客运的购买者是工业品的购买者。按购买者分类,可以把报销运费的客运归为这一类,称为公务旅行或公务旅客。

2. 生活性消费的客运需求

生活性消费的旅客是为了满足个人生活消费的需要,如探亲、访友、旅行、游乐、购物等。客运过程中运输企业所消耗的生产资料价值和运输工人劳动所创造的价值,伴随着客运过程的结束即客运生产的被消费回归而消失。其价值补偿来自旅客个人收入。

生活性消费客运的购买者是消费者个人或家庭。所以,生活性消费客运"产品"是一种"消费品",这是毫无疑问的。生产性消费的客运,从最终由谁花钱支付运费上可以划归为"工业品"。但是,其直接购买人和消费者是具体的、有个性生活消费需求的个人。所以,旅客运输的"产品"——人的空间移动,实质上是一种"消费品"。而其中一部分消费者又可以不用自己花钱购买,这又给客运市场增加了某些特殊性。

得益于社会经济等方面的快速发展,我国的航空运输服务正逐渐由"奢侈品"向"大众化"转身。2018年中国民航客运量达到6.1亿人次,是2008年1.92亿人次的三倍多,民航旅客量十年增长率每年超过12%;2018年内地通航机场共235个,是2008年150个的1.56倍,也呈现增长趋势。这十年的数字说明更多的老百姓选择了民航,更多的城市通民航,乘坐民航出行更方便了。2018年,民航旅客自由行比例超过90%,网络值机上升5个百分点,柜台值机下降近5个百分点,并且提前3小时值机的人群相比往年出现了上升趋势。同时从乘机群体的年龄构成来看,18岁以下和60岁以上人员占比上升,超过了20%。这些乘机习惯的改变说明民航旅客乘机群体不再仅是商务人群,出现了泛化趋势。

民航大众化后,需要服务的旅客更多,原来少量旅客不会产生或不会显现的问题,"大量"的情况下就会出现,我们需要考虑的事情、准备的工作、制定的规则也就更多。我们的目标使所有普通消费者即老百姓都能够享受到民航行业的服务,通过新行业政策、新商业模式、新技术手段为我国的经济社会发展助力。

第二节　航空运输和空运市场的特点

一、航空运输的特点

与其他运输方式比较,航空运输有其特点。掌握航空运输的特点和航空货运的经济意义,有利于空运企业的市场营销人员选择适当的营销策略。

1. 运送速度快

这是航空运输最大的优势和主要特点。现代喷气运输机,速度都在900公里/小时左右,比海轮快20~30倍,比火车快3~10倍。例如,上海至乌鲁木齐,乘火车超过40小时,而飞机只要4个多小时。航空运输与地面运输比较,运距越长,所能节约的时间越多,快速的优点也越显著。运输路程短是运送速度快的又一个因素。飞机除因航行的特殊需要以外,一般是在两点间作直线飞行,不受地面地形条件的限制。所以,两点间的航空运输路程比地面线路要短。两点间的距离越长,或者地面地形越复杂,地面线路越迂回曲折,则航空线路就显得越短,优势越大。

2. 建设周期短,投资少、收效快

航空运输的主要技术设备除飞机外,只需要修建飞机场和必要的导航点,不像地面运输需在线路建设上花费大量投资。因此,筹备开航所需要的建设时间也较短,投资少,收效快。据计算,在两个相距1000公里的城市间建一条交通线,在载客能力相同的条件下,修筑铁路的投资是开通航空线的1.6倍。铁路的基本建设周期为5~7年,收回投资需33年,而开辟航线只需2年,收回投资只需4年。

3. 灵活性大

航空运输是在广阔的空间进行运输服务,与火车、汽车或船舶要循着蜿蜒曲折的铁路、公路或航道行驶,受到线路严格制约相比,航空运输有极大的机动灵活性。飞机可以按班期飞行,也可以作不定期飞行;可以在固定的航线上飞行,也可以在非固定的航线上飞行;在现有机场的基础上,可以按照不同的联结方法,根据需要立即组成新的通航线路;飞机在必要时也可以在指定的空域内作盘旋飞行。因而,航空运输可以在短时间内完成政治、军事、经济等紧急任务。例如,灾区的物资供应、偏远地区的医药急救、近海油田的后勤支援等。

4. 舒适安全

喷气式民航飞机的飞行高度一般在1万米以上,不受低空气流的影响而颠簸,飞行平稳,旅客感觉舒适。最主要的是快速可以减少长途旅程的单调疲劳和不耐烦之情绪。特别是20世纪70年代起大型宽体客机的使用,客舱更宽敞,噪声小,机内有供膳、视听娱乐设备,舒适程度又大大提高。

至于安全,人们往往有一种错觉,以为空中飞行总不如地面旅行安全,其实不然,由于航空技术的发展,航空运输的安全性大大提高了。各国和国际上对航空器的适航性要求很严格,对不适合航行要求的航空器不发给适航证,而没有适航证的飞机是不允许飞行的。据调查,无论以时间为单位,还是以旅客旅途行程为基数来比较,航空旅行的安全系数都是各运输方式中最高的。

随着科技的进步和民航安全管理体制的不断健全,航空运输的安全性不断增强,民航运输飞行事故率持续下降。国际航空运输协会(IATA,以下简称国际航协)发布的《2019年航空运输安全报告》显示,与2018年以及2014—2018年期间的平均数据相比,2019年航空公司所有主要安全运行指标均有提升,见表2-1。

2019年与2018年及2014—2018年主要安全运行指标比较　　　　表2-1

指标	2019年	2018年	5年平均数据(2014—2018年)
总事故率 (每百万次飞行)	每884000次飞行发生1.13或1起事故	每733000次飞行发生1.36或1起事故	每640000次飞行发生1.56或1起事故
事故总数	53	62	63.2
致命事故	8起致命事故(4起喷气式飞机和4起涡轮螺旋桨飞机),240人死亡	11起致命事故,死亡523人	每年8.2起致命事故,每年平均303.4人死亡
致命风险	0.09	0.17	0.17
喷气式飞机损毁 (每百万次飞行)	0.15,即每660万次飞行发生1起重大事故	0.18,每百万次飞行发生1起重大事故	0.24,每4.1百万人次飞行发生1起重大事故
涡轮螺旋桨飞机损毁 (每百万次飞行)	0.69,每145万次飞行发生1起飞机坠毁	0.70,每142万次飞行发生1起飞机坠毁	1.40,每714,000万次飞行发生1起飞机坠毁

自2010年8月25日至2019年底,中国民航运输航空连续安全飞行112个月,累计安全飞行8068万小时。2019年,运输航空百万架次重大事故率10年滚动值为0.028(世界平均水

平为 0.292)。2019 年,全年共发生运输航空征候 570 起,同比下降 2.23%,其中运输航空严重征候 11 起,同比下降 31.25%。严重征候和认为责任原因征候万时率分别为 0.009 和 0.023,各项指标均较好控制在年度安全目标范围内。2019 年,全行业共有 39 家运输航空公司未发生责任征候。可以说,中国民航总体安全监管能力及安全水平已跨入国际先进行列。

航空运输的主要缺点是机舱容积和载质量都比较小,运输价格比地面运输高,在一定程度上,飞行还要受到气候条件的限制,从而影响运输的准确性和正常性。利用航空运输要受到航空港的限制,远离航空机场的地区无法使用航空运输。此外,航空运输速度快的优点在短途运输中难以充分发挥。因此,航空运输比较适宜于 500 公里以上的中长途客运,以及批量小、价值高、时间要求紧、运费限度宽的中长途货物运输。

中国是仅次于美国的全球第二航空大国,民航强国必须满足民航的大众化普遍服务,2019 年中国依然有超过 10 亿人没有乘坐过飞机,中国年人均乘机次数为 0.48,依然低于全球 0.59 的平均水平,中国民航的发展空间潜力巨大。

二、空运市场的特点

空运市场是整个运输市场的一个细分市场,除了具有运输市场的一般特征外,还有其特殊性。

1. 空运市场是以客运为主的市场

民用航空最初是由客运发展起来的。时至今日,航空客运,在各种运输方式中占有重要的地位(表 2-2)。

全国客货周转量中空运所占比例　　　　　　　　　　表 2-2

统 计 数 据	2016 年	2017 年	2018 年	2019 年
全国旅客周转量中民航完成的比例(%)	26.8	29.0	31.3	33.1
全国货物周转量中民航完成的比例(%)	0.1	0.1	0.1	0.1

航空客运尤其适合于长距离旅行的需求。国土辽阔,在旅客运输中,空运的比例就高。另外,把旅客周转量折算成吨公里(1 人公里 = 0.075 吨公里),与货物周转量加总后,再分别求空运总周转量中客运和货运的构成也得到空运市场是以客运为主的市场结论(表 2-3)。通过对比 2006—2008 年的数据可以发现,中国民航旅客周转量在旅客总周转量所占比例在不断增长,从 2006 年的 12.3% 增长到 2019 年的 33.1%,而民航货运周转量在货物总周转量所占的比例没有任何变化,始终是 0.1%。

中国 2016—2019 年航空运输构成　　　　　　　　　表 2-3

统 计 数 据	2016 年	2017 年	2018 年	2019 年
货运周转量(亿吨公里)	222.45	243.55	262.50	263.20
旅客周转量(亿人公里)	8387.1	9513.0	10712.3	11705.3
旅客换算周转量(亿吨公里)	629.03	713.48	803.42	877.90
客货总周转量(亿吨公里)	851.48	957.03	1065.92	1141.10
旅客周转量占总周转量比例(%)	73.9	74.5	75.4	77.0

我国航空运输"起步晚、发展快",尤其在 2007—2014 年,我国的航空货运出现"井喷

式"增长,货运周转量及货邮吞吐量增长率远高于国际平均水平。伴随着全球经济一体化,中国的经济形势进入发展"新常态",呈现出产业结构亟待调整升级、经济增速放缓、驱动方式持续转变等特征,作为国民经济的有机部分,航空货运行业伴随新常态也出现新的发展趋势:

（1）单一货运转变为一体化综合物流。航空公司越来越重视航空运输与其他运输方式的结合,从以前两个地点之间的空中运输转变为两个用户之间的完整货物输送,打造完善的运输网络。国际货运方面,航空公司尽量缩短货运的通关时间,提高航空货运的服务品质和效率。由单一货运向一体化服务的综合物流转型是航空货运业的大势所趋。

（2）快递将是最重要的增量市场。中国的快件投递市场正在进入加速发展的时期,已成为我国重要的朝阳产业。2019年全国快递业务量和业务收入分别完成630亿件和7450亿元,同比分别增长24%和23%,成为全球第一快递大国。随着我国产业结构调整与制造业转型升级不断推进,将会带来更多的个性化生产、个性化配送需求,为快递业迎来了新一轮发展机遇。快递具有的质量轻、关联度和价值量高的特点,直接为航空货运注入了新的活力。

2. 空运市场的活动舞台是航线网,一条航线就是一个细分市场

每一条航线的经济效益决定了航空公司的盈利水平,航空公司的经营不能依靠规模效应,航空公司的航线网络覆盖的范围越大、航班班次的数量越多,不能决定航空公司最终的经济效益。

飞机飞行的空中路线称为航线,航线条数是指航空运输定期航班运营的航线条数。截至2019年底,我国共有定期航班航线5521条,国内航线4568条,其中港澳台航线111条,国际航线953条。按重复距离计算的航线里程为1362.96万公里,按不重复距离计算的航线里程为948.22万公里。截至2019年底,定期航班国内通航城市234个（不含我国香港、澳门、台湾地区）。我国航空公司国际定期航班通航65个国家的167个城市,内地航空公司定期航班从30个内地城市通航澳门,大陆航空公司有49个城市通航台湾地区。

航空公司投放市场以供销售的是航班运力,开通航班的航线组成航线网。从不同的主体角度,有不同的航线网,如国家航线网、地区航线网、由公司开通航线组成的某公司的航线网。公司航线网的大小、密度反映了公司市场的大小、实力的强弱。航线的培育要经历一系列的过程,如政府的审查批准,机场起降机位的协调,培养市场知名度、美誉度、忠诚度等。航线网是航空公司的生命网。

航线网是空运市场的活动舞台,一条航线就是一个细分市场,由此产生了空运市场的灵活性和局限性。

（1）灵活性。空运市场活动不像水运要受海洋、河流、港口的限制,不像铁路、公路要受地面线路的限制,只要两点之间有物流或客流的需求,修两个机场就能提供空运服务,投资省、收益快。如果两地原先就有机场而未通航班,则开通航班更方便、灵活。而且,两点之间距离越长,投资空运的单位边际效益就越高。如果两点间物流、客流的需求增长很快,新增运力的投入更不用像地面运输那样要受地面线路通过能力的限制。

（2）局限性。地面运输的线路网上的任何点都能停靠,装卸货或上下客。航空运输的停靠只限于航线网的结点,即机场。航空网是无形的,如果两个结点之间没有直通航班,就要中转运输。旅客的中转可以自动进行,而货物的中转要经过多次的倒装、倒卸并可能由几个不同的航空公司承运,增加了货物交接和运费结算的复杂性。相比较而言,公路货运可以不必中转直接送达;铁路货运的中转通过车厢的重新分解编组即可进行而不必多次倒装,并且是由同一个承运人运送。

3. 空运市场的需求有很强的时间性

航空运输的需求,实质上是对时间节约的需求。而这种需求本身又具有很强的时间性。也就是说,这种需求存在于一个特定的时间之内,离开了这一时间范围,这种需求也就消失了。所以,空运市场的供应方应把航班的准点看作公司信誉的第一要求。

4. 空运市场的需求价格弹性差异大

需求价格弹性(Price elasticity of demand)是指需求量对价格变动的反应程度,是需求量变化的百分比除以价格变化的百分比。航空运输需求同实物产品需求及其他服务需求相比,后者需求价格弹性单一,无差异或少差异。航空运输以同一服务方式面对要求各异的顾客,因而,其需求价格弹性差异大。即对一部分顾客需求有价格弹性或弹性较大,而对另一部分顾客需求的价格弹性较小或无弹性。另外,航空需求曲线的非线性特征,使需求的价格弹性随价格的变化而变化:当价格很高时,需求价格弹性很小,因为只有公务旅客和富裕的人们才支付得起高价,在这个价格水平下,价格下降不会刺激出大量的运输需求;随着价格水平的下降,需求价格弹性逐步增加;当价格下降到非常低的水平时,需求价格弹性几乎变得无穷大,如航空公司的票价水平与替代品(火车、汽车)的价格接近,越来越多的旅客会改变他们的出行方式,由地面转向空中。

5. 空运市场供应方的活动受到更严格的国家管制

由于运输的先行性和公用性,运输的发展要先于且快于社会经济的发展。由于运输的附属性和产品的无形性,运输又不能单独的快速发展,否则只能造成社会财富的浪费和运输企业的破产。由于运输要形成线网才能运行需巨额投资,非个别企业所能承担,而且此巨额投资又不能转嫁到消费者头上即运输价格不能无限上涨,运输只能是资金利润率很低的行业,企业一般不愿投资于运输。由于上述种种原因,各国政府都采取各种优惠政策或财政补贴来扶植运输业的发展,有的则直接由国有投资经营。

因此,从运输企业的角度说,其运力的投放和运价的确定要受政府的干预或管制。而空运企业的活动则要受到更严格的国家管制。在国内空运市场上,航空公司所经营的航线都要得到政府的批准。这样,某条具体航线上的市场竞争就只限于几个取得该航线上航行权的航空公司之间。

在国际空运市场上,航空已成为国际旅行的最主要方式。任何国家都要阻止外国的飞机使用本国领空。虽然国际上对飞越领空和降落权等事宜已有国际公约和惯例可循,但在具体执行时,有关国家仍要谈判签约。具体来说,在某条国际航线上,双方国家的航空公司允许投入的运力和运价由双边协定事先确定。这就出现了航空公司之间的各种合作形式,如"代码共享"分享资源。"代码共享"指航空公司在本公司未开通航班的航线上用已开通航班的公司代码运营,有以下两种情况:

(1)双方对等交换,扩大各自航线网的覆盖面。

(2)已开航班的航空公司将其培育成熟的航线航班的品牌转让使用权。这样,航空公司可以在不投入成本的情况下,完善航线网络、扩大市场份额;旅客则能享受众多的航班和时刻选择、一体化的转机服务、优惠的环球票价、共同的休息厅、共享常旅客计划等。

思考题

1. 什么是商业性运输?什么是运输企业?商业性运输有哪几种方式?
2. 怎样理解运输的生产过程和消费过程?
3. 运输生产的产品有什么特点?
4. 为什么说运输既要先行于社会和经济的发展,又要附属于社会和经济的发展?
5. 航空运输有哪些特点?
6. 怎样理解航空货运的经济意义?
7. 为什么说货运市场具有工业品市场的一般特征?
8. 为什么说客运市场具有消费品市场的一般特征?
9. 运输市场的一般特征是什么?
10. 运输的产品都是"位移",又怎么理解具体运输需求的多样性?
11. 空运市场有哪些特殊性?
12. 怎样理解运输市场的交易场所及空运市场的航线网?

CHAPTER

第三章

空运市场需求分析

空运市场的消费需求不是孤立的,它受各种自然条件和社会的、政治的、经济的因素影响和制约。在空运市场上,购买者的需求和购买行为是企业采取何种营销策略的首要研究课题。随着社会经济的发展,航空旅行成为大众出行方式,消费者收入水平提高,消费能力增强,对航空旅行的需求也发生了很大的变化。

第一节 空运市场营销环境分析

市场营销环境是指存在于企业营销系统外部的不可控制或难以控制的因素和力量,这些因素和力量是影响企业营销活动及其目标实现的外部条件。任何企业都如生命有机体一样,生存于一定的环境中,企业的营销活动不可能脱离周围环境而独立存在,环境是企业不可控制的因素,营销活动要以环境为依据,企业要主动去适应环境。但是,企业可以了解和预测环境因素,不仅主动适应和利用环境,而且可以通过营销策略利用外部环境的有利因素,结合企业自身的优势资源,提高企业经营绩效。

航空运输业受环境的影响很大。可以说,是经济、社会的风向标,"一衰皆衰,一荣俱荣"。本节将介绍有关市场营销环境的理论基础,并从航空运输企业角度来分析各种市场营销环境因素。

一、PESTE 分析的理论基础

PESTEL 分析模型又称大环境分析,是分析宏观环境的有效工具,不仅能够分析外部环境,而且能够识别一切对组织有冲击作用的力量。它是调查组织外部影响因素的方法,其每一个字母代表一个因素,可以分为以下六大因素。

(1)政治因素(Political):是指对组织经营活动具有实际与潜在影响的政治力量和有关的政策、法律及法规等因素。

(2)经济因素(Economic):是指组织外部的经济结构、产业布局、资源状况、经济发展水平以及未来的经济走势等。

(3)社会因素(Social):是指组织所在社会中成员的历史发展、文化传统、价值观念、教育水平以及风俗习惯等因素。

(4)技术因素(Technological):不仅包括那些引起革命性变化的发明,还包括与企业生产有关的新技术、新工艺、新材料的出现和发展趋势以及应用前景。

(5)环境因素(Environmental):是指一个组织的活动、产品或服务中能与环境发生相互作用的因素。

(6)法律因素(Legal):是指组织外部的法律、法规、司法状况和公民法律意识所组成的综合系统。

在航空运输业,通常把涉及法律方面的内容都归并到了政治因素之中,因此 PESTEL 模型变成了 PESTE 模型,分为了政治(Political)、经济(Economic)、社会(Social)、技术(Technological)和环境(Environmental)五大类。这五大因素相互之间并不排斥,有时一个问题会涉及多个因素。这一模型仍不失为一个非常有用的分析工具,尤其是对分析航空运输业的运行环境。航空运输业充满了强烈的政治色彩,世界经济的好坏经常会给航空运输业带来巨大的冲击,航空公司的市场营销策略需要能够充分利用有利的经济形势,抵御不利的影响;社会因素,例如人口发展趋势等相关因素,对于航空公司也非常重要,当今的社会尤为如此;当前技术的进步与发展是一把双刃剑,既为航空公司发展提供了市场机会,也带来了困难和挑战;与环境相关的一系列问题则可能会影响到整个航空运输业的未来发展。

二、政治法律环境

政治法律环境主要包括一个国家的民用航空运输法律、法规和民用航空运输政策,国际民用航空运输公约,民用航空运输自由化,以及国际政治关系,恐怖袭击、军事冲突等突发性事件。

1. 民用航空法律、法规

为了维护国家的凌空主权和民用航空权力,保障民用航空活动安全和有秩序地进行,保护民用航空活动当事人各方的合法权益,促进民用航空事业的发展,我国国务院和中国民用航空局推出了一系列健全的法律法规。

1995 年颁布的《中华人民共和国民用航空法》是我国民航立法的里程碑,由此初步建立了中国民航法律体系。其中对民用航空器国籍、民用航空器权利、民用航空器适航管理、航空人员等民航涉及的各方面问题都做了规定。《中华人民共和国民用航空法》作为民航系统的根本法律,为维护国家的领空主权和民用航空权利,保障民用航空活动安全和有秩序地进行,保护民用航空活动当事人各方的合法权益,促进民用航空事业的发展,提供了重要的依据。截至目前,中国民航法律体系包含 1 部法律、30 部行政法规、129 部部门规章以及各地颁布的关于民航的地方性法规和规章、相关部门制定的规范性文件和对外签署、批准的多部国际公约、议定书、双边协定等。

2. 航空运输政策

航空运输政策是一个国家航空主管部门自己制定的公共航空运输政策,也属于公法范畴。国家的航空运输政策就是空运市场的政治法律环境的具体化。航空运输政策有严格管制、放松管制和居于中间状态三种基本形式。

由于民航业的特殊性,从一开始就受到政府和国际组织的严格管制。不仅在安全方面,而且在航线、运力投入、票价、起飞时间和班次、所飞城市等方面,都受到各国的民航管理部门和国际航空组织(ICAO)和国际航协的严格控制。1978 年之前,美国民航局(CAB)规定,共飞一条航线的两家航空公司票价必须一样,不管飞机或服务有无差别。如果客源少,政府则规定每家航空公司各飞几天,达到每周一个航班。国际航线则至少受起始点两个国家政府的控制和影响。1978 年,《航空公司放松管制法》在美国实施,率先放松管制,欧洲、日本等国家和地区在 20 世纪末相继采取类似政策。

我国民航运输政策也经历了从严格管制到逐步开放的发展过程。从 1949 年中华人民共和国成立直至 1979 年,我国民航运输管理都属于高度集中的计划经济模式;从 1980 年到 1995

年,中国民航业进行改革,民航管理局、航空公司、机场三者分立,初步放松进入规制,引入竞争机制,成立了一批直属航空公司与地方航空公司。从1996年到2002年,我国停止发放新的运营许可证,限制新企业进入,加强对购买飞机和航线、航班的进入管制。2002年,中国民用航空总局提出实行集团化经营,在其指导下进行了中国民航的大重组,成立了6家航空集团。从2003年至今,中国民航业进一步放松市场准入规制,允许民营企业投资经营航空公司,成立了许多民营航空公司。

3. 国际航空运输公约

航空运输业是国际性行业,为了明确国际航空运输消费者利益的重要性,以及提供公平赔偿的必要性,产生并发展了国际航空运输公约。有影响力的国际民航公约包括《国际民用航空公约》(芝加哥公约)、《关于统一国际航空运输某些规则的公约》(华沙公约)、《统一国际航空运输某些规则的公约》(蒙特利尔公约)、《制止非法劫持航空器公约》(海牙公约)、《关于在航空器内犯罪和其他某些行为的公约》(东京公约)等。广义上国际民航公约指政府间签订的、规定各自在民用航空领域内的权力和义务的多边条约。其中《国际民航公约》(芝加哥公约)为管理世界航空运输奠定了法律基础,是国际民航组织的宪法。

4. 航空运输自由化

对于航空运输业来说,国内航线和国际航线有着本质上的不同。国内航线是由一国政府控制的航空市场,而国际航线则是一个需要由两个或两个以上国家的政府协商一致,共同来管理的航空市场。国际航空运输自由化主要是指改革国际航空运输的管理体制和方法,从政府对空运企业国际航空运输经营活动的行政管理过渡到更多地依靠市场力量来调节,给予空运企业更多的经营权利和灵活性。美国称国际航空运输自由化为放松管制,国际民航组织则采用"自由化"这个提法,国际民航组织建议各国政府对像民航运输业这样高度管制的产业,应尽可能减少限制,给予航空公司、机场及相关服务业更多的自由度。这些"自由"仅限于经营上的行为,不包括安全与保安方面的"自由化"。

国际民航业区域内航空自由化和一体化不断深入,国际航空运输模式从双边航空协定向多边航空自由化、一体化模式发展成为必然趋势。

5. 突发性事件:恐怖主义活动与军事冲突等

政治法律环境包括社会的政治形势和安定状况。政治稳定、社会安定、经济发展、人民安居乐业,航空运输就发展;反之,空运市场就衰退,乃至企业倒闭。例如,海湾战争直接导致美国泛美航空公司的破产,苏联解体使苏联民航的大部分飞机停飞。

从1986年的"洛克比"空难到2001年的"9·11"恐怖袭击事件,恐怖主义活动正在成为威胁航空运输安全的重要因素,成为全球航空运输业发展面临的严峻挑战。自"9·11"事件以来,全世界安全形势并没有得到明显改善,由于航空公司常常代表了一个国家的形象,航空公司首当其冲地成为恐怖袭击的目标,另外,对民航设施的袭击可以更加引人注目,有利于恐怖分子广泛传播他们的思想和路线。为了确保航空运输的安全性,航空公司和机场都增加了安保的投入,购买更先进的安检设备,设置更多的安全管理相关岗位,这些都增加了航空运输业的运营成本。

同时地区冲突和战争、恐怖袭击等带来的威胁随时会给航空运输业带来突然的、强烈的负面影响,这些都是航空运输企业无法控制的,确会给整个行业带来毁灭性打击。

2020年蔓延全球的新冠肺炎疫情给全球航空业带来沉重打击,旅行需求不断下降,多个国家出台旅行禁令,全球航空公司裁员、破产的消息接连传出。全球航空业陷入"至暗时刻",国际航协预计2020年至2021年期间,新冠肺炎疫情对航空业造成的损失将达到1572亿美元。航空公司的危机,也产生了巨大的连锁反应,直接影响到上游的飞机制造行业和下游的旅行代理行业。未来航空业复苏面临挑战,取决于政府的财政支持、新冠肺炎疫情大流行各国限制措施以及各方信心。

三、经济因素

航空运输业的发展和经济的发展有着非常密切的关系。我国航空运输的快速发展正是得益于经济的快速发展,得益于国民收入的提高和消费能力的增强,得益于消费理念的转变,得益于贸易的自由化,得益于着力推进的城镇化。

经济发展水平决定了整个社会的经济结构和物资流通量,决定了社会的居民收入和消费水准,相应地也就决定了空运需求。航空运输是跨地区、跨国界的活动。考察经济对空运需求的影响,不能只局限于一个地区或国内经济的发展,而要着眼于全球经济。新加坡航空公司的航线网是旅客平均运距最长的航线网。我国国内空运市场需求将随着经济发展水平、经济结构变动、生产力布局和产业结构的调整发生变化,具体表现如下。

1. 经济发展水平

通常用工农业总产值、国民生产总值或社会总产值等指标衡量一个国家或地区经济发展水平。各国和各地区的情况都表明,经济增长,航空运输量也随之增长。经济发达国家或地区必定是空运需求旺盛,空运市场发达的国家和地区。

2. 经济结构变动

支持空运市场存在和发展的主要力量是经济活动。地区间的经济交往越多,空运需求越大。经济交往的多寡取决于不同形态的经济结构。封闭的自给自足性的农业型经济结构,经济交往就少;开放的商品交流性的工业型经济结构,经济交往就多,空运需求就旺盛。

航空运输是国际性行业。分析经济因素必须考虑国际经济地区结构的变动。我国处在亚洲太平洋地区,亚洲形势相对稳定,亚洲经济的增长高于世界平均增长速度,东亚地区的发展更快一些。这个地区的国民生产总值在世界总产值中所占的比重越来越大。

3. 生产力布局和产业结构的调整

我国工业主要集中在东南沿海,这里的工农业总产值占全国的80%以上。为使全国工业布局合理化,需把经济建设的重点逐步西移,但中、西部工业的发展要靠东部工业基地的支持和人口集中的东部市场的消费。而在起始的一定时期内,东南沿海与中西部之间的运输量不会很大,可以预料将会有较大的空运需求量。

上海浦东地区,以我国最大的工业城市和经济中心上海为依托,以我国经济最发达的华东地区和长江沿岸广阔地区为腹地,面向太平洋。上海浦东地区的开发开放,在国内外都有强大的吸引力,伴随而来的必然是大量的客流和物流,空运需求正逐步上升。上海浦东国际机场应运而生。传统的工业生产指导思想是一个"全"字。从最初原材料进厂到最终产品出厂,所有生产加工步骤都在一个工厂内完成。科技革命,现代工业要求标准化、专业化,分工日益精细,协作日益扩大。现代生产的专业化协作已打破一个工厂的几个车间或一个城市的几个工厂之间的界线,成为一种跨地区、跨国界的生产活动。专业化协作要求的是高频度的准时、精确的物流,而航空运输正是能满足这种要求的物流方式。

四、社会文化因素

社会文化因素是影响企业营销诸多变量中最复杂、最深刻、最重要的变量。社会文化是某一种特定人类社会在其长期发展历史过程中形成的,它主要由特定的价值观念、行为方式、伦理道德规范、审美观念、宗教信仰及风俗习惯等内容构成,它影响和制约着人们的消费观念、需求欲望及特点、购买行为和生活方式,对企业营销活动产生直接影响。

1. 人口因素

人口市场构成的基本要素,即人口的数量、地理位置分布、年龄与性别结构等都直接影响市场需求和消费行为,因此是企业进行市场营销活动必须研究的基本要素。

(1) 人口的总量。一个国家或地区总人口数量的多少,是衡量市场容量大小的主要因素。统计分析一个国家或地区的总人口和国民收入可以概括地了解市场容量和购买力大小。我国有14亿人口,是个极为广阔的市场,随着人民收入水平的上涨,潜在航空运输市场容量巨大。

(2) 人口的地理分布。人口的地理分布与市场消费需求有着密切关系。由于所处地理位置不同,有不同的风俗习惯,许多消费者对同一种产品、同一种服务往往有不同的需求与偏好,对同一种广告也会有不同的反应。一般来讲,机场都建立在政治、经济、文化、旅游中心城市,这种城市人口密度大,经济较为发达,人们的社会交往及物质交换频繁,使得民航客货运需求量较大。

(3) 人口的年龄结构。人口的年龄结构对市场来说,意味着需求结构及消费习惯的不同,由于经济发展及生育观念的变化,不少国家人口趋于老龄化,我国也是这样。在中国人口的老龄化程度持续、快速加深的背景下,老年人口的年龄结构变动特征鲜明。2010年全国60~69岁老年人口为0.92亿人,占60岁及以上老年人口的51.84%,2018年全国60~69岁老年人口为1.50亿人,占60岁及以上老年人口的60.0%。由此可见,老年人口绝对数量和比例增加的主要原因是60~69岁年轻老人占比的迅速提升。预计到2050年,我国60岁以上人口将增至4.68亿。这意味着老龄市场需求的不断增长,而这部分老年人对民航运输来讲,是时间充裕,又有一定积蓄的消费群体,是值得开发的市场。

(4) 人口的性别结构。在大多数情况下,男性在商务旅行市场中仍然占据着绝对的主导地位,很多国家的商务旅客中男性超过了80%。不过在许多地区和国家,女性的社会地位已经发生了巨大的变化,女性商务旅客的比例不断增加。这样的变化需要航空公司能够针对不同旅客需求,提供差异化的服务。例如,很多航空公司向头等舱旅客赠送洗漱袋,并且还分为男用和女用两种包装。

2. 文化因素

文化就是在某一社会里人们所具有的由后天获得的各种价值观念和社会规范的综合体,即人们社会生活方式的总和。文化一般由两部分组成:一是全体社会成员所共有的核心文化;二是具有不同的价值观念、风俗习惯和审美观所构成的文化,称为亚文化。亚文化通常按民族、宗教、地理、年龄、职业、语言文字和种族等标准进行划分,如民族亚文化、宗教亚文化、地理亚文化、语言文字亚文化等。

3. 价值观念

价值观念是一种主观意识,它会随客观环境变化而改变。个人价值观有一个形成过程,是随着知识的增长和生活经验的积累而逐步确立起来的。个人的价值观一旦确立,便具有相对的稳定性,形成一定的价值取向和行为定式,是不易改变的。但就社会和群体而言,由于人员的更替和环境的变化,社会或群体的价值观念又是不断变化着的。传统价值观念会不断地受到新价值观的挑战,这种价值冲突的结果,总的趋势是前者逐步让位于后者。随着我国经济发展和消费观念的变化,我国消费者的价值观念出现了以下趋势:

(1) 时间价值观念逐渐深入人心。改革开放以来,时间价值观念不断深入人心。缩短旅行时间、货物的在途运输时间是提高工作效率、企业经济效益的重要手段。由于航空运输在中长距离运输中的优势明显,人们对航空运输的需求快速增长。

(2) 追求健康、休闲旅游的理念逐步形成。随着国民经济的持续增长,恩格尔系数不断下降,人们追求健康、休闲旅游的理念逐步形成。据调查,最近几年,中国航空运输市场旅游目的地旅客比重趋于上升,自费旅客的比重也不断上升。

五、技术因素

技术革命带来技术创新,改变企业生产、经营和管理组织模式,同时改变市场运行模式和机制,近年来的信息技术革命带来全球经济一体化,推动知识经济发展,改变了传统工业经济时代的营销模式和竞争策略。

1. 陆路交通的发展

近年来,我国陆地交通基础设施,尤其是高速铁路进入快速发展时期。高速铁路以其运量大、速度快、时间准等特性,对线路重合的航空客运的发展产生了不同程度的影响。例如石家庄—太原客运专线开通,太原—北京的早晚航班被迫取消;成渝开通"和谐号"动车组,航线被迫停飞;郑西高速铁路投入运营后,鲲鹏航空有限公司和幸福航空有限责任公司先后停飞郑州到西安的航班。理论上,与高速铁路线路重合的1000公里之内的航线都受到高速铁路的直接冲击。具体而言,在经济发达、人口稠密、城市化水平较高的京广线以东地区,高速铁路网络密集,航空运输受到的影响特别大,而中西部地区(尤其是西部地区)的区域内部联系、东西部联系,要么高速铁路网络没那么密集,要么距离太长,因此航空运输具有显著优势。

高速铁路的发展也给航空运输带来了机遇。在长途客运市场中,大型机场和航空公司可与高速铁路合作,利用高速铁路增强机场的辐射能力,扩大辐射范围。而高速铁路也能够利用大型机场的长途航空运输网络,拉动短途中转旅客数量增加。航空公司、机场和高速铁路可相互合作,整体营销,以方便快捷的"空铁联运"提高对中转客源的吸引力,挖掘客运市场潜力,扩充市场容量。

2. 新技术的发展和应用

当前,作为新一轮科技革命和产业变革的核心力量,下一代通信网络、大数据、云计算、区块链、人工智能等新一代信息技术的发展势如破竹,终将推动民用航空领域的产业变革。基于5G通信、天地一体化通信网络等下一代通信网络技术,可实现包括机场、航企、空管等民航运行单位的全用户、全流程、无感知通信,实现飞行情报、天气、空管决策、飞行态势的全面协同,实现智能飞行、智能管制、智能签派、智能维修等,实现民航生产力的新跃升。航空公司、机场等行业主体通过数字化转型,组织结构将更加灵活,客货处理效率大幅提高,生产成本不断降低,在市场上将更具竞争优势。随之而来的是民航在经济社会发展中的战略地位和战略作用更加凸显,在综合交通体系中将更具比较优势。

六、环境因素

1. 气候变暖带来的变化

在全球气候变暖的大背景下,航空业因使用化石燃料,成为高海拔温室气体排放的主要来源。由于飞机巡航高度距离地面7000~12000米,其CO_2排放量对全球变暖的影响远高于地面气体排放的影响。因此,民航业碳排放问题备受关注。2017年,我国碳排放交易体系正式启动,生态环境部多次要求民航等能耗"大户"参与碳排放权交易,推进温室气体自愿减排交易机制改革。民航进入碳减排体系已成必然。2017年12月19日,国家发展改革委印发《全国碳排放权交易市场建设方案》,标志着我国碳排放交易市场正式启动。在碳排放交易系统中,航空运输企业根据年度碳配额与自身实际碳排放量之间的差异进行交易。碳配额的价格主要由碳市场中实际供需情况决定。

以东航为例测算,根据该航空公司2018年年度报告,客运周转量为20358.36百万吨/公里,采用2018年该航空公司每吨公里油耗数据0.23千克,CO_2排放因子为3.15,粗略计算出旅客运输所排放的CO_2约为1503.34万吨,远超过CO_2配额量。以2018年上海碳市场配额交易均价35元/吨计算,企业面临近上千万元的碳减排成本支出。由此可见,对碳排放权进行收费直接增加航空公司的成本。

2. 旅游资源对航空运输业的影响

旅游业的经济效益刺激了空运企业和旅游社团的发展,旅游客流是空运企业的主要客源,而方便舒适的交通方式又是旅游社团争夺游客的重要手段,这样,就导致了航空公司之间、旅游商之间、航空公司和旅游商之间的激烈竞争和融合。

因具有丰富的旅游资源而兴建的机场和开辟的航线,尤其要密切注意旅游市场的变化。因为,在旅游市场中,客源地和旅游地有不同的地位。客源地有丰富的具有旺盛旅游需求的游客,他们是旅游市场也即航空客运市场的购买者。因此,客源地在旅游市场中处于主导的地位,客源地的航空港不愁没有充沛的客源。旅游地是旅游市场的购买地、消费地,处于被动的地位,要吸引到游客才能获得市场效益。一旦某旅游地的游客锐减,而在此地又无法组织到其他的航空客货源,航空公司就会遭受巨大的损失。

【案例】国航停飞北京——夏威夷航线

2019年8月6日,中国国际航空股份有限公司(以下简称国航)在其官方微博发布消息称,因网络布局、运力安排等原因,自2019年8月27日起,国航将停运北京—夏威夷—北京航线CA837/8航班,并为出行日期为8月27日(含)以后的旅客退还全额票款。

自2019年8月27日起,旅客往返北京和夏威夷只能乘坐中转航班,需在东京国际机场、首尔仁川国际机场或大阪关西机场等转机。此前在2018年8月,夏威夷航空已经宣布取消从夏威夷檀香山国际机场往返北京的直飞航班。国航直飞航班取消后,东航还在运营一条上海浦东往返夏威夷的直飞航线。

夏威夷旅游局发布的数据显示，截至2019年6月，前往夏威夷的中国游客同比下降约36%。此次国航停飞北京—夏威夷航线，主要是因为夏威夷热带海岛旅游的可替代性强，在航线长期不盈利的情况下，停飞是必然。另外，在北京获得国际航权的机会较少、时刻资源紧张，国航可以将北京—夏威夷的时刻资源调整为更有潜力的国际航线。

七、航空运输市场需求微观环境

企业微观环境是与企业经营活动密切相关的各类因素，主要包括供应商、营销中介、社会公众、竞争者、顾客和企业内部。

1. 供应商

供应商是指对企业进行生产所需而提供特定的原材料、辅助材料、设备、能源、劳务、资金等资源的供货单位。这些资源的变化直接影响到企业产品的产量、质量及利润，从而影响企业营销计划和营销目标的完成。

航空公司的主要供应商包括飞机制造商、模拟机供应商、航材供应商、航油供应商、机场服务供应商、空管服务供应商、管理咨询服务商和 IT 服务供应商等。航空公司可以与关键供应商通过高层人员定期互访、互派员工进修学习、职能部门互动交流等活动来加强与关键供应商之间的相互理解与合作关系，通过对供应商提出技术指导要求、提供航站代理培训、现场监控和指导、业务通告等信息平台，与供应商保持密切的沟通和联系。由于航空公司的主要供应商属于国外垄断集团（美国波音公司和空中客车公司，以及航材供应商），而且关键采购（飞机引进）受到国家政策的制约，在供应商管理方面具有一定的难度。航空公司可以从各个方面加强与供应商的联系，通过加入国家采购大协议和 BFE（客户自选设备）不仅可以以优惠的价格引进飞机，而且在发动机、航材采购管理与专业培训方面也可以取得显著成果。

企业在进行供应商管理时要考虑供应的及时性和稳定性、供应货物的价格变化、供货的质量保证等几个方面。与供应商建立良好的合作关系，才能为企业的正常生产提供必要的保障。

2. 营销中介

营销中介是为企业营销活动提供各种服务的企业或部门的总称。营销中介对企业营销产生直接的、重大的影响，只有通过有关营销中介提供的服务，企业才能把产品顺利地送达目标消费者手中。营销中介的主要功能是帮助企业推广和分销产品。营销中介主要包括中间商、营销服务结构、物流机构和金融机构。

3. 社会公众

社会公众是企业营销活动中与企业营销活动发生关系的各种群体的总称。公众对企业的态度会对其营销活动产生巨大的影响。它既可以有助于企业树立良好的形象，也可能妨碍企业的形象。所以，企业必须处理好与主要公众的关系，争取公众的支持和偏爱，为自己营造和谐、宽松的社会环境。

4. 竞争者

竞争者是指与企业生产相同或类似产品的企业和个人。企业与竞争者的关系是一种竞争关系，竞争的结果通常表现为此消彼长。从消费者需求的角度看，企业的竞争者包括愿望竞争者、平行竞争者、产品形式竞争者和品牌竞争者。

(1)"愿望竞争者"是指提供不同产品以满足不同需求的竞争者。

(2)"平行竞争者"是指提供能够同一种需求的不同产品的竞争者。例如,航空运输、公路运输和铁路运输这三种运输方式之间必然存在一种竞争关系,它们因而成为平行竞争者。

(3)"产品形式竞争者"是指生产不同种产品,但提供不同规格、型号、款式的竞争者。例如,在同一条航线上有不同的航班和不同的机型,这些专业生产企业就是产品形式竞争者。

(4)"品牌竞争者"是指产品相同,如使用相同机型、航班时刻接近的同一航线的服务者,但品牌不同,即为品牌竞争者。

5. 顾客

顾客是指使用进入消费领域的最终产品或劳务的消费者和生产者,也是企业经营活动的最终目标市场。顾客对企业营销的影响程度远远超过其他的环境因素。顾客是市场的主体,任何企业的产品和服务,只有得到了顾客的认可,才能赢得这个市场,现代营销强调把满足顾客需求作为企业营销管理的核心。

航空运输服务要求企业以不同的方式提供产品或服务,顾客的需求、欲望和偏好直接影响企业营销目标的实现。为此,企业要注重对顾客进行研究,分析顾客的需求规模、需求心理以及购买特点,这是企业营销活动的起点和前提。

6. 企业内部

企业开展营销活动要充分考虑企业内部的环境和因素。企业是组织生产和经营的经济单位,是一个系统组织。企业内部一般设立计划、技术、采购、生产、营销、质检、财务和后勤等部门。企业内部各职能部门的工作及其相互之间的协调关系,直接影响企业的整个营销活动。

航空公司的主要职能包括运营部、市场营销部、机务部、人事部和财务部等。每个部门之间的关系密切,企业在制定营销计划、开展营销活动时,必须协调和处理好各部门之间的矛盾和关系。这就要求进行有效沟通、协调、处理好各部门的关系,营造良好的企业环境,更好地实现营销目标。

第二节 航空旅客的需求和购买行为

航空旅客的旅行动机分为公务旅行和个人旅行。公务旅行的原因为会议和商务谈判等。个人旅行原因为有紧急私事、探亲访友、休假旅游。由于旅行是一种消费行为,因此,必须从消费者的整体消费需求和购买行为进行分析。

消费者购买商品的行为虽然简单,但却不是一个孤立的行为,它是受一系列相关因素影响的连续行为(图3-1)。

图3-1 购买行为相关因素

一、消费者需求的基本规律

由于消费性质以及消费者的主观条件、客观因素不同,导致人们的需求千差万别,其基本规律如下。

1. 需求的无限性

随着社会生产力的发展，人们对商品和劳务的需求在不断提高。从以马车代步到轮船、汽车、飞机的普遍使用，从收音机、电视机、计算机到智能手机，无不使消费者不断产生新的愿望并待以实现，使潜在的消费欲望逐一变为现实的消费需求，同时又产生新的愿望。人们对旅游欲望的产生和发展也表现出了需求的无限性，今天已有更多的人在期待着到太空一游。这种需求的无限性，推动了社会生产和科学技术的不断发展。

2. 需求的多样性

多样性是消费者需求最基本的特征，它要求市场能够提供满足各种需要的消费品。由于消费者所处的社会地位、文化程度、性别、年龄、职业、民族、生活习惯和个人兴趣爱好等的不同，对商品和劳务需求也是千差万别的。而且，随着社会生产力和人民生活水平的提高，社会商品和劳务供应量的日益增加，消费者对商品和劳务的选择性日趋增强，消费者的需求也必然越来越复杂多样。旅游者有各种各样的旅游动机，造成同样的旅游表现出不同的需求和行为。这些需求上的差异，就表现为需求的差异性。

3. 需求的层次性

在人类历史发展过程中，随着社会物质文明和精神文明的发展，人类的需求也在不断地产生并发展。究其一般规律可以看出，需求并不是一种主观自生的幻想，它是在一定的客观环境下对一定对象的需求，而且这种需求是由低到高逐步发展的。在市场学研究中，美国心理学家马斯洛的需求层次具有典型的代表性。1943年，他把人类的需求分为五个层次，它们形成一个级差体系，如图3-2所示。

图3-2 马斯诺需求层次体系示意图

需求层次理论的诞生对市场学产生了巨大的影响。它对于分析购买行为，促进商品销售，提供了一个有效的方法。例如，根据购买者不同的需求层次，可以将市场细分为若干市场，生产和出售不同品种的产品。在生产力水平很低的地方，大部分消费者为获得基本的生存条件而劳动，因此，他们主要需求的是基本的食物、衣着、住房和其他与生存有关的商品。此时，大概很少有旅游，特别是坐飞机旅游的需求，即使有，也是没有支付能力的"潜在需求"。在这种市场上，消费者对商品的选择不会很复杂，因而，需要的销售技术也比较简单。随着生产力的提高和生活条件的改善，消费者的需求会不断变化，市场也会越来越复杂，支配人们购买行为的心理需求往往占重要地位。不同心理的旅游者所产生旅游的需求，就其需求层次而言，至少是社交的需求，更多的则在于满足"自我实现"的需求，追求"自我"的人生价值。

4. 需求的伸缩性

人们由于受到购买力水平、商品供求、广告宣传、价格等各种因素的影响，在购买商品和劳务的数量、规格和品级等各方面往往会发生变化和转移。对于基本的日常生活必需品,人们的需求是均衡的,且有一定限度,变化不太大。但对于穿着用品和精神享受所需要的那些商品和劳务,往往会随着购买力水平的变化而变化,随着商品价格的高低而转移。一般来说,货币实际收入增加,购买力提高,商品售价降低,品种更新,人们对它的需求就会明显增加。否则,将减少或向相关商品或替代品转移。

5. 需求的可引导性

消费者的需求产生和发展常常与外界的刺激有关,外界的刺激因素常常可以成为消费需求的导向因素。根据需求的这一基本规律,市场营销人员可以采用合法的方法来引导消费者的需求向健康、正确、合理、有利于企业经营业绩的方向发展。

6. 需求的可替代性

许多商品之间存在着可替代性,一种商品需求量增加,另一种可替代商品的需求量就有可能减少。如铁路运输提速就有可能导致空运市场客源的减少,因为铁路运输和民航运输产品之间存在着需求的可替代性。作为民航企业,不仅要重视同行之间的竞争,还应该了解其他运输方式的情况,进一步增强在市场中的竞争力。

7. 需求的周期性

消费者对某些商品的需求显现周期性的特征。在某些商品的需求得到满足后,很可能相隔一段时间后又出现相同的需求。这种过程往往呈现时间上的规律性——周期。如空运市场上,春节、国庆长假等都是旅客需求的高峰时期,几乎年年如此,有着非常明显的周期性。因此,民航企业要掌握规律,及时调整运力投放,满足需求,获得更大的效益。

二、消费者的购买行为

消费者的购买行为,是在购买动机支配下的购买商品的行为。现代市场营销的核心,是从满足消费者的需求入手来研究企业的生产和销售。消费者的购买行为千差万别,经过历代市场学家的研究,现在一般公认,研究购买行为可以归纳成5W1H,包括以下内容:

(1)消费者在市场上购买什么(What)?

(2)何时购买(When)?

(3)何地购买(Where)?

(4)购买者是谁(Who)?

(5)消费者为什么要购买此商品或劳务(Why)?

(6)怎样购买(How)?

1. 购买什么

购买什么是对消费者购买客体或购买对象的分析。企业可以通过市场调查,研究了解消费者市场需要什么样的商品,尽量在花色品种、质量、性能、包装和价格等方面满足顾客需要。一般情况下,消费者总是喜欢物美价廉、式样新颖和富有个性的商品。

2. 何时购买

何时购买是对消费者购买时间的分析。表面上看消费者购买商品的时间没什么规律,但从宏观上看,还是有一定规律可循的。一般情况下,日常生活用品在工作之余和休息日购买比较多;季节性商品在季节前购买比较多;大部分商品的购买高峰常常出现在重大节日期间。企业要研究和掌握消费者购买商品的时间和规律,集中力量开展促销工作。

3. 何处购买

何处购买是对消费者购买地点的分析。主要涉及两个方面:一是消费者在何处决定购买;二是消费者在何处实际购买;不同的商品,消费者在决定购买与实际购买的地点上有所区别。通常,对于便利品购买,消费者往往在购买现场做出购买决定,而且选择就近购买;选购品和特殊品则可能由家庭成员商量决定后,到大商店或其所信任和偏爱的商店购买。企业应根据消费者购买特征,合理设置销售网点,方便消费者购买。

4. 谁是购买者——区别"顾客"和"消费者"

由谁购买是分析购买主体,由于消费者在年龄、性别、收入、职业、教育和性格等方面的不同,因而在需求与爱好上存在很大差异。由谁购买商品,从表面上看,似乎是一个人的行为,但实际上,往往有好几个人参与购买活动,其中包括起不同作用的五种人,即发起者、影响者、决策者、购买者和使用者(表3-1)。

消费者在购买行为过程中的角色　　　　　　　　　　　表3-1

角色	描述
发起者	首先提出购买某一商品的人
影响者	对最终购买商品有直接或间接影响的人
决策者	对整个或部分购买决策有最后决定权的人
购买者	实际从事购买商品的人
使用者	实际使用商品的人

对于航空公司来说,谁是公司的"顾客"似乎显而易见,其实不然。很多时候消费者——乘机者并不是购买服务的决策者,或者说并不是"顾客",例如,大型企事业单位的商务客。他们乘坐的舱位,甚至航空公司,往往受到单位规定和协议的限制,这时真正的"顾客"是单位主管部门和上层领导。又比如,参加旅行团的乘客,他们乘坐哪个航班一般由旅行社决定。除此之外,现在市场上出现的专业的差旅公司,负责给其他公司的商务客订机票、酒店,这样的差旅公司也是航空公司的"顾客"。

从旅行目的看,顾客可以分为商务旅客和休闲旅客。商务旅客通常对时间要求高,对价格敏感度低,乘坐频率高,乘坐两舱(头等舱、商务舱)的可能性大。休闲旅客则正好相反,航空公司需要针对不同类型的顾客,采用不同的营销策略。

5. 购买动机

为何购买是对消费者购买欲望和动机的原因分析,是消费者购买商品的初始原因和原动力,消费者在实施购买行动前,先产生购买欲望,当欲望强烈到一定程度时,就会产生动机。没有欲望和动机的购买行为几乎不存在。因此,分析"为何购买"的关键是欲望和动机分析。企业应通过对消费者的调查,准确和精准把握和弄清消费者"为何购买"的问题。从个人生活消费的角度看,尽管消费者的需要千差万别,消费者的主观条件和客观环境各不相同,但是,人们的消费需要一般都出自以下两种动机。

(1)生理动机。生理动机主要是消费者为获得维持其生存需要的各种基本生活资料而产生的购买动机。如购买食品是为了充饥,购买饮料是为了解渴,购买服装是为了御寒,租借、购买房屋是为了安居等。尽管消费者的生理动机也会随着社会经济的发展而变化,但是,由于这种动机所引起的购买行为主要是针对日常生活中必不可少的商品和劳务,受外界环境的影响比较小,因此,生理动机具有一定的习惯性和相对的稳定性。

(2)心理动机。心理动机是消费者出于认识、情感、经验和推理判断等心理活动而产生的购买动机。消费者购买商品时的心理活动因人、因地、因时而异,又受社会、经济、政治、文化等各种因素影响。

研究购买者各种具体的购买动机,对市场营销非常重要,市场营销人员要根据购买者不同的购买动机来宣传自己企业的特色,提供购买者需要的商品和劳务,使购买者获得各自所需的心理满足。对头等舱的旅客应该满足他们的求名心理;对经常乘坐飞机的旅客要强调本航空公司的服务特色和准点率;由于暂时的客观原因使某条航线的客座率大幅度下降时,不妨来个对折优惠,吸引没有乘过飞机的消费者进行一次空中旅行。

6. 如何购买

如何购买是对消费者购买方式和付款方式的分析。消费者采取什么方式购买,是现场购买还是线上购买,是一次性付款还是分期付款,都会影响企业经营对策与经营计划。企业可根据消费者的不同要求,制定出相应的销售策略。

三、购买决策过程

消费者的购买行为是由一系列环节、要素构成的完整过程,其中购买决策居于核心地位。在一定意义上,购买过程的实质就是消费者不断进行决策的过程。

事实上,消费者购买决策过程早在实际购买之前就已经开始,而且一直延续到实际购买之后。典型的购买决策过程一般可分为五个程序。

1. 认知需求

购买者的需要往往是由于来自内部或外部的两种刺激引起,从而诱发购买动机。例如,饥饿、干渴等的刺激使人们意识到对食物、饮料的需求;或是从电视上、杂志上看到时装广告而感觉到对某类服装的需求,进而产生购买欲望。人们看到航空公司的旅游目的地的广告,进而产生想要乘飞机去旅行的欲望。所以,企业应该了解消费者产生了哪些需求,是由什么原因引起的,程度如何,比较迫切的需要怎样才能被引导到待定的商品上,从而成为购买动机。然后,企业可以制定适当的市场营销策略。例如,宣传产品特色,采用适当的时间、地点、价格激发消费者需求,用以满足消费、引导消费和扩大消费。

2. 收集信息

当消费者对所要购买的物品比较熟悉,又易于购买时,这类需求很快就能得到满足。但在大多数情况下,消费者对所要购买的物品不太熟悉,而且,需求又不能立即得到满足,这时消费者就会主动收集有关信息,作为决定购买的依据。消费者信息来源主要有以下四个方面:

(1)个人来源。个人来源是指从家庭、朋友、邻居和其他熟人处获得信息。这类信息对消费者的影响力最大,消费者对其信任度最高。

(2)商业来源。商业来源是指从广告、销售人员、零售商、商品展览和陈列、商品包装说明书等方面得到消息。这种消息来源非常广泛,消费者的信息大部分来源于这些方面。

（3）公众来源。公众来源是指从报刊、电视、网络等大众传播媒介的客观报道和消费者组织提供的有关信息上获得，这类信息往往有很强的导向作用。

（4）经验来源。经验来源即通过触摸、试验和使用商品得到的经验，这是消费者对信息进行评估的可靠依据。

企业要搞清楚消费者获取信息的主要来源及其作用程度，从而能够及时、准确地利用各种手段，向目标市场有效地传递信息，千方百计地使本企业产品的品牌在消费者的考虑和选择范围之内，使消费者最终购买本企业的产品。

3. 评价方案

消费者掌握了一定的相关信息后，就会加以对比和评价。在这个阶段，消费者对各种信息资料分析后进行品牌选择。事实上，不同消费者选择、评价商品的标准和方法有很大差别。不过，就某些消费者的评价过程的本质而言，多少有些共同之处，消费者往往将某类商品看成是一些特定属性的组合，他们根据各自偏好将这些属性在头脑中排序。根据对同类型的不同产品在这些属性方面达到的程度分别打分，最后决定选择某一品牌的产品。当然，该品牌产品的分数应是最高的。

4. 购买决策

经过对可选择品牌的评价、选择后，消费者形成对某种品牌偏好和购买意向。但购买决策的最后确定，除了消费者自己的喜好外，还受以下因素的制约：一是他人的态度；二是一些不可预料的情况，如受到家庭收入、产品价格、产品预期利益和市场行情新动向的影响；三是非环境因素的影响，如推销态度、推销技巧等方面的影响会使消费者改变原来的决策。另外，还有更换品牌、减少数量、改变地点或推迟采购等因素。

5. 购后行为

消费者购买一种产品以后，往往会通过自己使用和他人评判，对其购买选择进行检验，把他所体验到的产品实际性能与以前对产品的期望进行比较。通过比较，消费者会产生一定的购后感受，例如满意、基本满意或不满意等。这些感受往往会通过各种各样的行为表现出来，形成所谓的购后行为。如果感到满意，消费者就可能再次购买同一品牌的产品，并经常对他人称赞该产品。这种称赞往往比广告宣传更为有效。购后行为的主要目的是总结经验，吸取教训，以便以后做出正确决策提供依据，避免重复以往发生的失误。为此，企业要注意及时收集信息，加强顾客意见反馈的收集和售后服务工作，并采取相应措施，改善消费者购后的不良感受。

从以上消费者购买决策程序可以看出，消费者的购买行为是一个完整的过程。这一过程始于购买之前，结束于购买之后。其实，在现实生活中，由于购买产品的特点、用途及购买方式不同，决策的难易程度也有所不同，并非所有的购买决策都必须经过以上程序。一般来说，购买日常生活用品时，无须花费大量时间收集信息、评价方案，而是根据以往的经验和习惯就近购买，这类决策相对简单，只需经过第一、第四道程序即可完成。对于服装、家具等功能较为复杂的产品，消费者通常在式样、花色、质量和价格等方面反复进行比较，最后做出决定，相对于日常生活用品而言，购买决策过程一般仅可省略第二道程序。对于冰箱、空调、彩电、汽车等高档耐用消费品，因其使用年限长、规格、功能和质量等情况较复杂，消费者在购买时一般会采取谨慎态度，通常要一次经过上述五道程序才可完成。

互联网时代,线上购买的行为越来越普遍,浙江大学周欣悦教授在《消费者行为学》一书中总结了传统消费和网络消费在购买决策过程中各环节对比,具体内容见表3-2。

传统消费决策和网络消费决策比较　　　　　　　　　　　　　　　表3-2

环 节	传 统 消 费	网 络 消 费
需求确认	一般涉入度更高,受到商家影响更多	更个性化,更理性
收集信息	信息搜集范围更窄,更有局限性和被动性	更有针对性,更主动
评估方案	可以更多地通过试用来获取产品信息	更依赖于其他消费者的评价和与他人沟通,风险感知更高
做出决策	更多地受到商家影响	支付更快捷
购后行为	评价较少,更多的是投诉	更有及时性和分享性

第三节　航空运输需求变化分析

这一节将讨论航空旅客出行需求的变化,航空货物运输将在后续章节专门讨论。随着中国经济发展,居民收入水平逐步提升,消费能力越来越强。航空产业也逐渐进入大众出行时代,不断满足人们对乘机的需求,机票日益平民化,一票难求的情景渐成历史。根据最新统计数据,2019年,中国民航运输总周转量、旅客运输量、货邮运输量分别比"十二五"末增加441.6亿吨公里、2.2亿人次、123.8万吨,年均增速分别达11.0%、10.7%和4.6%,2019年运输总周转量一年的增量相当于2009年全年的运量。民航旅客周转量在国家综合交通运输体系中占比达33.1%,提高8.9个百分点。由此可见,航空产业逐渐进入大众出行时代,随着消费者收入水平提升,消费能力增强,旅客对乘机的需求也发生了很大的变化。

一、旅客构成的变化带来需求的多样化

长期以来,商务旅客市场都是各航空公司主要的旅客来源和利润来源。随着全球几十年来消费能力的提升,生活质量的改善,商务客源对航空的重要性虽仍位于主导但已经有所减弱。美国商务客源在过去20年里的,单从客运量来看,已经从总客运量的46%下降至29%。伴随近几十年的民航发展,中国民航产业已经完成了从卖方市场向大众买方市场的转变,现阶段民航业市场供求关系大致平衡,旅客选择出行的需求旺盛。同时,旅客航空服务需求多样化、差异化的特征也越来越明显。根据在线旅游代理(Online Travel Agency,OTA)平台的大数据分析,在整个"十三五"期间,我国国内休闲旅客的占比一直是持续稳步上升的,变化趋势如图3-3所示。

同时,旅客结构也发生了明显变化,主要有以下四点:

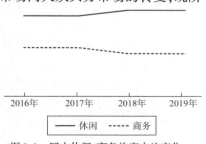

图3-3　国内休闲/商务旅客占比变化

1. 儿童及老年旅客占比稳步上升

2016 年到 2019 年,0~18 岁和 60 岁以上的年龄段的旅客占比,呈现稳步上升趋势。0~18 岁旅客的占比上升,说明儿童旅客越来越多,亲子游已经逐步从近郊周边开始走得更远,亲子游对于航空的需求是在不断增加的。60 岁以上旅客群体占比的提升,说明空运出行方式逐渐在老年人群体中得到普及。

2. 头等舱和商务舱两舱旅客年轻化,80 后成为主力军,90 后增速显著

国内两舱旅客的结构变化,80 后之前的旅客,60 后和 70 后群体呈现逐年下降趋势,80 后已经超过 70 后,成为国内两舱旅客的主力军,占比达 27%。80 之后的旅客占比也在快速上升,尤其是 90 后,他们的增速是最快的。整个"十三五"期间 90 后的占比将近翻了一倍,达到了 17.8%,已经接近 1/5 的占比。

当然两舱旅客结构的年轻化趋势,一方面跟 80 后、90 后逐步参加工作,经济实力增强有关,另一方面与 80 后、90 后消费观念的改变有关。随着消费升级,未来两舱里面一定会看到更多的年轻人,这些年轻人也必将是出行领域消费升级的主体。

3. 亲子游旅客占比增速显著

2016 年到 2019 年,亲子游的旅客占比呈现快速上升趋势。从 2016 年的大概 10.6% 提升到 2019 年的 16.1%,整个提升幅度超过 50%。2020 年受新冠肺炎疫情影响占比有所回落。除亲子游外,大学生旅客、中老年旅客群体的占比,也呈现稳步上升的趋势。越来越多大学生,以及亲子游、中老年旅客占比上升的趋势,从侧面也是反映了出行领域消费升级的现象。

亲子游旅客是所有休闲游里面的一大群体,他们最偏爱的目的地是海岛,去得最少的地方是高原。有老人同行的群体,包括中老年群体,还有带爸妈出游的这类群体,也是更喜欢海岛、草原这种更加舒适、更加休闲的度假游目的地。而年轻的大学生群体,更喜欢更具挑战性的高原游。

4. 新冠肺炎疫情对商务旅客的影响将是长期的

2020 年开始在全球肆虐的新冠肺炎疫情给全球航空运输业带来了巨大的冲击,与历史上所有的航空业危机不同,此次新冠肺炎疫情所带来的新挑战是人们正在不知不觉中依托科技形成新的工作生活模式,这种新的习惯和模式将在更长的时间里深刻改变商务旅客的特点和旅客构成。

新冠肺炎疫情使更多的人认识到,地点不再是工作所必备的条件。以前在办公室的工作,如今有很多工作可以在家中、在森林里、在海滩边同样出色地完成。借助 zoom、googlemeeting、腾讯会议等科技手段,大部分的会议、研讨、沙龙、分享甚至课程都可以通过网络来完成。长途跋涉的会面不再是必须选项。目前,Twitter 以及 Facebook 等科技公司已宣布,未来部分员工甚至可以永久选择在家办公。不久的将来,当下习惯和工作模式改变,触动的将是整个商务旅行、商业地产等行业的神经。

在整个商务出行领域,销售及客户关系类别的出行仅占全部商务出行的 25%,商务会展类占据 20% 份额。在未来销售类出行中,由于其性质,大概率 20% 的需求可能会被线上模式所取代。而商务会展类出行则可能是受疫情影响最小的商务需求。其因需要面对客户、争取商业机会以及面对同业者竞争等因素,无法被科技手段所替代,大概率在疫情结束后会率先恢复至疫情前水平。剩余的 55% 可归为"专业服务"性质的商务出行。而疫情所带来的影响将主要集中在"专业服务"这一领域。专业服务类的商务活动包括法律服务、咨询研究以及企业内部会议和培训等。这一类工作的特点则是并不完全依赖外部客户,大多为企业内部的联系和工作联系,对工作地点的要求较为灵活。根据本次疫情可能带来的远程服务模式的改变,未来40%~60%的专业服务类的出行需求会在疫情后永久消失。

我国由于应对疫情得力,疫情持续时间较短,在全球范围内较早恢复了既有的生活、工作方式。这种商务出行的冲击或许并不明显。但我们不应忽视现在其他国家正在发生的变化。着眼于未来的国际市场,如何让航线产品更好适应疫情后各国新商务需求,将会成为抢占市场机遇的关键。如果不能认识到这样的趋势,仍维持在原有的产品和经营思路,可能会在本就将要萎缩的国际商务出行市场面临更加艰难的生存压力。

二、民航旅客出行体验数字化需求的增加

互联网时代正在改变和影响我们的生活,人类的生活都因此发生了翻天覆地的变革,面对互联网的便利,人们越来越依赖网络了。在航站楼、停机坪甚至飞行中的飞机客舱里开放无线网络,是当前呼声最高的旅客需求。

数字技术的使用能够满足航空旅客对出行效率和安全的追求,具体表现在以下三个方面。

1. 全流程实现智能化自助

在传统旅客流程中,旅客需多次出示身份证件和登机牌,无形中增加了旅客办理时间。而随着科学技术的进步,纸质的旅客身份信息和登机信息正逐步由电子登机、生物识别等技术代替。基于该类技术,可为旅客提供舒适高效的全流程无缝出行体验。

对比传统的纸质登机信息,国内外机场、航空公司正普遍推进"无纸化"电子登机信息。随着生物识别技术在民航业的应用,国际航协提出 OneID 的全流程自助理念。基于该项技术,旅客不需要多次出示身份证件,仅在第一个流程中验证身份信息,并通过生物识别技术将身份信息与生物信息(人脸、虹膜、指纹等)相关联,后续流程中便可只依靠生物识别技术快速通过,大幅减少流程处理时间和等候时间,为旅客营造舒适的出行体验。

2. 自助值机设备、智能设备广泛应用

在自助值机比例日益提高、自助技术成熟应用的今天,国内外机场、航空公司也在研究如何将自助值机与人工值机有效结合,以提高旅客值机效率;以及如何将有益于旅客体验的新技术应用于值机中,以扩大自助值机的使用范围。

3. 行李追踪"全程化"

2020年1月,中国民用航空局在上海组织召开了民航行李全流程跟踪系统试点工作启动会,明确了"连点成线、连线成网、逐步实现"的项目实施思路和方案。首批试点已实现旅客可以通过航企 App 对值机、安检、分拣、装车、装机、到达六个行李托运节点进行实时查询。2020年5月实现国航北京首都—重庆、东航上海虹桥—深圳、南航北京大兴—广州"三司三线六点"上线行李全流程跟踪服务,该项工作取得了阶段性成果,根据"三步走"战略,2021年底全国千万级机场间国内航线将实现行李全流程跟踪,2025年底将实现国内航线全覆盖和国际航线有突破。

民航行李全流程跟踪系统建设将带来航空公司行李服务新变革。通过新的系统,行李服务的选择权将由航空公司转变为旅客。新系统的应用将降低旅客出行成本,提升旅客满意度,同时降低航空公司运行成本,增加营收,新系统将给航空公司带来新的机遇和挑战。

三、旅客对民航旅游产品需求的一体化

越来越多的航空公司逐渐意识到将其服务产品与旅游产品打包是一种趋势,于是各家航空公司在自有销售渠道上加快了开发"航空度假"类产品的速度。也就是说,旅客在预订机票的同时可以享用酒店、门票等各种旅游项目一站式的打包产品。

航空公司开发的假期产品以自身航空运输为依托,通过机票价格优惠及酒店合作网络形成"机票+X(酒店、门票、其他等)"的一系列航空旅游产品。在旅客心目中,这些航空度假产品实现了一站式服务,省去了自己与航空公司、酒店等涉及旅游的各个环节同时打交道的麻烦。

此类打包产品最重要的是确保每个环节的服务品质,追求高质量,不能为了打包而打包,为了一体化而一体化,这样难免会造成旅客体验不理想,反而会事倍功半。要基于旅客的需求来进行产品的设计,深度整合内外部的酒店、景区等资源,打造出适合不同旅客的多种套餐组合,向旅客提供"最佳出行方案"和增值服务,真正体现"以用户为中心"。一是一般旅客选择打包产品更多的是因为便利,省去不必要的麻烦,同时,既然是打包,在价格方面也会有一定优惠,这是产品设计的最基本的出发点。二是针对旅游群体进行分层,细分打包产品。比如,设计多种家庭旅游套餐产品组合,满足不同群体的需求,以旅游为主的家庭套餐,除了机票外,最重要的就是酒店和景点门票,在酒店方面要选择信誉度较高的,旅客通过身份证或短信等方式即可进入酒店和景点,减少不必要的环节。

四、应用新技术了解旅客需求,实现精准营销

1. 基于旅客画像的精准营销

对于大型航空(集团)公司来说,每年上亿人次的旅客运输量意味着一个庞大的客户数据流量池。航空公司拥有自己独立的数据仓库,其中包含生产、运营、销售、客户等数据。这些数据覆盖了航空公司生产经营的全过程,航空公司将这些数据处理归类后给各个部门使用,并保持这些数据的相互独立。

然而,识别并了解旅客群体的习惯和偏好特征,是航空公司进行数字化转型的重要环节,这就需要航空公司将现有的数据整合起来,形成一个相互关联的大数据库。借助信息技术手段对海量的数据进行分析处理,航空公司可针对旅客行为特点进行旅客画像。旅客画像是航空大数据应用的基础之一,是指在大数据环境下,采用旅客信息标签化的方法,对航空市场旅客进行细分,探索客户行为特征以了解核心客户。

通过数据分析,能够将客户的信息数据更好地解读和挖掘,分析客户的地理分布、流量流向趋势、产品喜好、购买习惯、渠道等。了解客户的购买行为并进行客户画像,航空公司可将数据分析结果转化为可操作执行的客户管理策略。

根据所分析到的数据信息,航空公司针对不同年龄结构旅客的需求特点来制定相应的销售策略。在数字化的营销中,服务体验的便捷、精准、迅速成为旅客的新需求,旅客订票系统逐渐趋于设备多样化和平台多样化。旅客期望以最快、最方便的搜索方式得到他们想要的信息。航空公司运用大数据解决方案,对整个航空业相关业务进行精准营销,能大幅提升旅客的忠诚度。对于选择哪家航空公司出行,很多旅客更为关心价格。对此,大数据解决方案可以通过算法库对机票进行价格预测,方便公司管理层对重要航线进行价格调整,以达到收益最大化的目

的。同时,可以个性化定制算法模型,来根据营销情况进行机器学习。航空公司的数字化营销策略如图 3-4 所示。

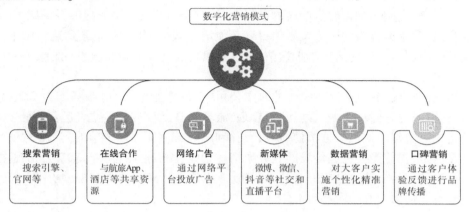

图 3-4 航空公司的数字化营销策略

用户画像能帮助航空公司更好地发现用户需求,聚焦产品服务,进而实现数据价值的有效释放。通过用户画像,航空公司可对不同年龄用户群的人群特征、消费能力、行程偏好进行深入探索,然后有针对性地为旅客设计个性化的产品和服务,最后通过差异化服务和精准化服务营销来扩大市场占有率。

在数字化世界中,互联网和移动通信技术使得信息整合变得更加方便和快捷。相应地,航空公司需要建立起能够提供顾客信息、产品与服务、市场营销活动、促销活动以及交易的一体化平台,并集中所有服务交付信息,实现跨业务职能的信息共享。最后,构成一体化平台以及集中数据存储库继而支持航空公司的业务整合,以真正提升对市场和顾客需求做出快速响应的能力。基于旅客需求的航空产品设计如图 3-5 所示。

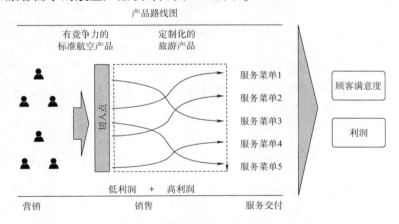

图 3-5 基于旅客需求的航空产品设计

2. 云计算处理——建立"以旅客为中心"的服务能力

当一位旅客查询机票信息的时候,航空公司的数据库已经为其建立档案;当旅客通过线上或者线下销售代理、直营店等购买机票时,航空公司的大数据能够对该用户的购票信息进行收集和反馈;在旅客通过手机办理值机,或者到达机场在机场值机柜台打印登机牌的时候,航空公司能够根据旅客历史的飞机座位选择习惯提供值机选座,并实时向旅客推送航班、天气和机场候机相关信息;在旅客进行航班旅途的过程中,航空公司的机上服务能够根据旅客的餐食偏好提供餐食,投放旅客喜欢的机上娱乐项目等其他增值服务产品;在旅客到达目的地机场后,航空公司及时向旅客发送托运行李抵达信息,以及机场的地面交通状况、目的地的酒店和餐馆推荐。

  以上描绘的场景,就是数字化赋予的航空公司"以旅客为中心"的服务能力。大数据分析应用在航空公司产品开发、市场规划、营销管理、旅客服务、生产组织、航班运营等各个环节,其最终目的是通过数据的挖掘与分析使航空公司能够"比旅客更了解旅客自己"。然而,航空公司的数字化转型,往往需要突破传统的业务架构。为此,我们把旅客参与航空公司提供空中运输服务过程中的行为轨迹绘制成一个圆,通过建立以旅客为核心的大数据分析平台,形成以旅客行为轨迹及习惯为中心的闭环(图3-6)。

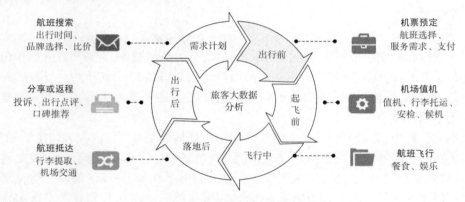

图3-6 以旅客为中心的大数据分析闭环

  借助融合云计算、大数据、移动互联网、物联网、人工智能等新技术,航空公司通过精准描述客户画像,针对性地开发满足客户群需求的产品与服务,能有效地从被动接受旅客出行数据向主动获取流量转变。航空公司通过建立"以旅客为中心"的大数据分析能力,可极大地方便各个机构和部门提取和共享旅客数据,分析和了解旅客出行需求,更好地为旅客提供出行服务,从而推动航空公司资源效率的提升,并通过个性化推荐与精准营销动态改进客户服务体验,建立起与旅客沟通联系的纽带。

思考题

1. 哪些因素客观地制约了空运市场的需求?
2. 怎样理解经济发展对空运市场需求的影响?
3. 可以从哪些角度理解个人社会经济因素对空运市场需求的影响?
4. 旅游业与航空运输业的关系如何?
5. 客源地和旅游地有什么区别和联系?
6. 航空运输企业为什么要对旅游市场予以充分的关注?

7. 什么是消费者购买行为和购买动机？
8. 消费者需求有哪些基本规律？
9. 以旅游者为例说明需求的多样性。
10. 简述马斯洛的需求的层次性。
11. 怎样分析消费者购买的心理动机？
12. 可以从哪些方面分析消费者的购买行为？
13. 航空旅客的需求有哪些新的变化？

CHAPTER
第四章

空运市场细分和目标市场选择

市场学要解决的核心问题,是企业如何制定市场营销战略。正确地选择目标市场则是营销战略的首要内容。市场细分化是企业在研究市场营销环境和消费者购买行为基础上选择和确定目标市场的重要手段。

第一节　市场细分化

一、市场细分化的概念和依据

1. 市场细分化的概念

市场细分化不是从产品出发,而是从区别不同消费者的不同需求出发来分析划分市场。这一概念首先是由美国市场学家温德尔·斯密于20世纪50年代中期提出来的。所谓市场细分化,是指以消费者需求为出发点,根据消费者购买行为的差异性,把消费者总体划分为类似性购买群体的过程。在市场上,有着各种不同需求的消费者。企业进行市场细分,就是先发现不同消费者之间需求的差别,然后把需求相同的消费者群归为一类,每一个消费者群体就是一个细分市场。在各个不同的细分市场之间,消费者的需求存在比较明显的区别。而在每个细分市场之内,消费者需求的差别就比较细微。可见,细分市场是运用了求大同存小异的方法。

必须注意的是,市场细分化与一般的市场分类有质的区别。市场的一般分类往往只从商品的供应方来划分,而并非从消费者的需求差异来细分。

2. 市场细分化的依据

市场细分化的原理有其存在的客观依据。商品和劳务之所以会在市场上交换而被人们接受,只是因为其具体的使用价值能满足人们某种特定的需要。以特定的商品和劳务去满足消费者的特定需求,这是在市场上实现商品和劳务价值的物质基础。这就在客观上要求对市场细分化。消费者需求的"异质性"是市场细分的内在根据。有些市场学家认为,消费者需求的满足,几乎每个人都是不相同的。这样,市场就可以分为"同质市场"和"异质市场"。

只有很少一部分商品市场,消费者对商品的要求和对销售策略的反应具有一定的一致性,这种市场,称为同质市场。在同质市场上,不同的竞争者向市场提供的商品和使用的销售策略大致相同,竞争的焦点主要集中在价格上。

而大部分商品市场,购买者对同类商品的质量、特性、价格等要求各有不同。如甲、乙两地之间的旅行,速度、价格、舒适等,旅客的要求各不相同,这就是异质市场。快速旅行可避免长时间旅行的疲劳就是一种舒适。当两者速度差距不大时,如高速火车与飞机,或短途列车与汽车,但是,速度与舒适还是有区别的。乘火车,活动空间大,比较舒适;乘飞机和汽车座椅活动空间小,就不如火车舒适。在异质市场上,购买欲望和兴趣大致相同的消费群,就构成一个细分市场。在异质市场上,竞争者可以根据消费者对商品特性的不同偏好,向市场提供不同的产品。而事实上,异质市场上消费者的不同偏好是复杂的,仍以某两地之间的旅行为例,就每个旅行者对速度和舒适两种特性的偏好程度,一般可以分成以下三种类型(图4-1)。

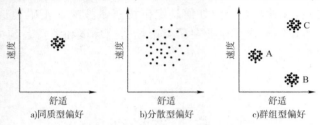

图 4-1　异质市场偏好类型

(1)同质型偏好。市场上所有的消费者对速度和舒适两种特征都有同样的需求,偏好相近,不存在明显的差异,可以用一种运输方式满足市场需求。

(2)分散型偏好。市场上消费者的偏好很不集中,不同偏好的消费者分布比较均匀,呈分散型。此时,企业有两种可供选择的目标市场:一是向此市场提供某一种运输方式,使市场需求向同质偏好转移;二是向此市场提供多种运输方式,各运输方式在速度和偏好的组合上各有侧重,使市场需求向群组型偏好过渡。

(3)群组型偏好。市场上不同偏好的消费者形成了一些集群。有的偏重于速度,有的偏重于舒适,各自形成了几个聚集点。这样,就自然地形成若干细分市场。运输企业可以以某一个消费者集群为自己的目标市场。如,A集群对速度要求比较高,而对舒适程度要求并不太讲究,铁路座席或公路汽车运输可能比较适合;B集群要求舒适,时间上可以慢慢来,轮船似乎是一种适宜的运输方式;C集群对速度和舒适的要求都很高,那就应该乘飞机了。以上只是假定,具体哪种运输方式适合哪个集群,应视这两地之间的距离、地理条件和交通状况等各种因素而定。

在同样乘飞机从而速度同一的消费群体中,对舒适与价格的不同偏好,也可细分出不同的市场。面对空运市场的激烈竞争,航空公司使出各种招数来吸引旅客。从你有旅行意向开始,航空公司就为你提供种种周到的服务:当你的车刚停到机场候机楼前,就在车边为你办理行李托运;候机时有各种休闲娱乐;机上服务无微不至,以至于把乘飞机变成奢侈的享受。但享受与付出是存在正比相关性。快速到达目的地是在途旅客的核心需求。在满足快速到达的前提下,降低舒适程度从而降低价格有巨大的潜在需求。1968年两个美国人敏锐地察觉并细分出一块市场,注册了一家低成本航空公司——美国西南航空公司。其成立之初只有3架飞机,到2019年已拥有747架飞机,每天在美国本地以及另外10个国家飞往102个目的地的航班中,运营着超过4000个出发航班,全年载运乘客1.3亿人次。

二、市场细分化的作用

市场细分化这种科学方法的提出,在市场营销活动中是一个有意义的突破。其关键在于"细分":第一,它把市场从单一整体看作多元异质的分割体,反映了当代消费品与工业品市场的特点;第二,它用消费者对商品和劳务需求加以划分,反映了产品差异化与服务多样化的竞争;第三,细分市场的出现,提供了选择目标市场的必要条件。一个善于细分市场的企业,可以获得以下好处。

1. 有利于分析发掘新的市场机会,制定最佳销售战略

企业可以根据目前市场竞争的状况来分析市场需求的满足程度,发现那些需求尚未得到满足或满足不够的消费者,他们往往就是极好的市场机会。尤其是发掘出新的潜在需求,率先开辟新的细分市场,可得到极大的先占之利。

2. 有利于小企业开发市场

小企业一般资源能力有限,在整体市场或较大的细分市场上,缺乏竞争能力。如果小企业善于发现一部分特定消费者未满足的需求,细分出一个小市场,推出相应的产品,往往能够取得极大的经济效益。

3. 有利于企业调整销售策略

企业为整体市场提供单一产品,制定统一的销售策略,做起来比较容易,但是市场信息反馈比较迟钝,应变能力差。而在细分市场的情况下,由于为不同的消费者群体提供不同的产品,制定特定的销售策略,企业比较容易察觉和估计顾客的反应和需求,一旦市场情况发生变化,企业有比较灵活的应变能力。

4. 有利于企业集中使用资源

细分市场可以避免分散力量,发挥自身优势,取得最佳经济效益。

三、市场细分化的要求

当一个市场由两个以上消费者或用户组成时,就可以细分。但是细分后要能够形成新的市场,能给企业在选择目标市场时提供有价值的依据,则要注意以下要求:

(1)可集合性。消费者需求的异质性,是市场细分的基础。

(2)可衡量性。市场细分化的差异必须明确、清楚,各个细分市场的购买力和规模大小能被衡量,有可控性。

(3)实效性。一个细分市场必须有适当的发展潜力,这取决于这一细分市场的购买者人数和购买力。

(4)可占领性。细分后的市场是企业能够去占领的。细分后形成的市场应能与企业的人力、物力和营销组合相适应。

(5)稳定性。被占领的目标市场必须在一定时期内能够保持相对稳定。只有这样,才能够成为企业制定较长期的市场营销战略与计划的依据。

四、市场细分的标准

市场细分没有统一的标准,也没有一成不变的标准。消费者需求在不断地变化,细分标准也因地、因时、因人跟随着变化。市场营销就是要在不断的变化中发掘出相对稳定的因素,作为参照来细分市场。

市场细分标准除了传统意义上以地理环境因素、人口统计因素、消费心理因素(生活格调、个性、购买动机、价值取向、心智特征等)、消费行为因素外,按服务标准、价格标准、消费受益标准分类也不失为可取方法。

1. 服务标准

以服务来突出自己的与众不同。例如,突出航线多的优势,美国泛美航空公司的"阳光照大地,泛美飞全球";突出民族地域特色,日本航空公司(以下简称日航)的航空小姐身穿和服,站在樱花盛开的景色前面;以经济实惠为优势;以高雅的服务为优势,日航通过构建优雅的空姐形象(笑盈盈地双手托盘捧茶、纤手半掩樱嘴的低声答问、斟酒分菜时的细心姿态);特色定位(附加服务、个性化服务与人情味服务)。

2. 价格标准

高价定位,它基于消费者的认知价值。它包括分别以顾客地位和财富、航空服务高水平和提高服务层次与企业形象为导向的高价位定位。低价定位,主要分为高质中价、中质中价和中质低价。组合定价,包括同一产品不同品牌的组合定价、同一产品同一品牌组合定价,比如旅客类型优惠(团体优惠、军人优惠、常客优惠、残疾优惠、师生假期优惠等),航班时刻优惠(首航优惠、早晚班优惠、淡季优惠),航线长短优惠(联程优惠、往返旅程优惠),购票时间优惠,舱位优惠。

3. 消费受益因素

该因素是指由于消费追求不同使得不同利益取向的消费者会对某种服务的不同特征各有所好。据此可以细分不同市场。例如,从旅客的出行目的来分,航空旅客可大致分为商务旅客和休闲旅客两大类。商务旅客比较注重航班时刻是否适合其商务活动,他们大都不在乎票价的高低,但比较注重服务水平,希望自己的地位、价值能被人所认识、尊重。休闲旅客则更注重票价,相对便宜的票价对他们来说比航班的时间、高水准的服务更具有吸引力。从对时间和票价的敏感程度来分,旅客可以被分为以下四类。

(1)对时间敏感但对票价不敏感的旅客。他们通常是一些大公司或大型跨国公司的商务人员。这一部分的旅客需要在某个特定时刻出行,票价对他们来说不是问题,只要时间合适,他们愿意支付较高的票价。成行的可能性对他们来说至关重要。

(2)对时间和票价同样敏感的旅客。他们通常是一些中小型企业的商务人员。出于企业经济状况的考虑,他们愿意在票价和时间之间有所妥协。出行对他们来说是必然的,但他们可能在一定的时间范围内(如一天之内)选择相对便宜的票价。

(3)对时间不敏感但对票价敏感的旅客。他们通常是一些普通的休闲旅客。他们会为了寻求最低的票价而改变自己的行程,他们可能会因为票价过高而取消行程,也可能受低票价的吸引而增加旅行计划,并愿意接受低票价前提下的限制条件。

(4)对时间和票价均不敏感的旅客。他们是旅客中的极少数,通常是一些无固定职业的有钱人。对他们来说,出行并没有必然性,票价高低也没有多大影响,舒适和高水准的服务是他们较为注重的方面。

第二节 空运市场细分

任何运输企业,都不可能为所有用户服务。它们必须将整个运输市场按不同标准细分,然后寻找适合自身能力的运输细分市场。在运输市场的细分过程中,空运市场是运输市场的一个细分市场。空运市场的细分,既有运输市场的共性,又有空运市场的特点。

一、运输市场细分标准

运输需求首先可分为货运需求和客运需求,由此而把运输市场一分为二。所以,运输市场细分化的标准也就分为货运市场的细分标准和客运市场细分的标准。

1. 货运市场的细分标准

货运市场的购买者是货物托运人,也称用户。货运市场的细分标准即以用户为基础。市场细分标准一般包括细分标准和每个标准内包含的具体项目。将各个标准内的各个具体项目组合起来,就会形成各种细分市场。

货运市场细分的一般标准见表4-1。

货运市场细分的一般标准　　　　　　　　　　　　　表4-1

细分标准	具 体 因 素
用户状况	个体户、乡镇企业、集体企业、国有企业、三资企业、外资企业
地理位置	城市、农村、郊区、城镇
用户追求的利益	速度、质量、服务、价格
货物类别	普通货物、危险货物、易腐货物、宽大货物、贵重货物、轻浮货物
运输距离	长距离(1000公里以上)、中距离(500～1000公里)、短距离(500公里以内)
运输批量	整批货物、零担货物、集装箱货物

上述各种货运市场细分标准,各种企业运输在实际操作时,可视市场范围和行业、企业的特点综合灵活地采用。

2. 客运市场的细分标准

客运市场兼有消费品市场的特性。消费品市场细分的基础,是消费者需求的异质性。消费者需求为什么会产生差异?这是因为消费者的生理特征、社会经济地位和心理性格都各不相同。因此,消费者市场细分的常用方法,是分析消费者的两个主要区别:一是消费者生理特征和社会属性的区别;二是消费者对销售因素反应的区别。前者包括消费者的地理细分、人口特点和心理细分;后者包括消费者对产品的喜爱、追求的利益,以及对广告宣传、商标品牌、价格和销售渠道的态度等。客运市场细分标准见表4-2。

客运市场细分的一般标准　　　　　　　　　　　　　表4-2

细分标准	具 体 因 素
人口特点	年龄、性别、家庭人口、家庭寿命周期阶段、收入、职业、社会阶层、受教育程度、宗教、种族、国籍等
地理环境	地域、气候、城市、乡村、城市大小、乡村大小、人口密度等
心理性格	强制性或非强制性、独立或依赖、个性外向或内涵、保守、自由或激进、生活方式、个人兴趣
购买行为	购买状态:无知、有知、兴趣、尝试; 购买动机:经济实惠、显示地位、信赖产品; 购买频率:初次使用、经常使用、一贯使用; 有心购买程度:存心购买、看看行情、合适就买; 对商标品牌的态度:相信名牌、偏爱某一种商标、无所谓; 对各销售因素的敏感程度:对价格、对服务、对广告、对销售渠道

细分标准的大部分因素的含义及其对市场的影响在前面各章节已阐述。一个理想的细分市场是由一连串因素的组合来确定。图 4-2 是由 15 个因素组合的一个美国男性青年的细分市场。只要其中某一个因素变动，就会形成另一个新的细分市场。从理论上说，图 4-2 中所有因素都可以交错组合。但是，在实际生活中，有很多组合是没有实际意义的。

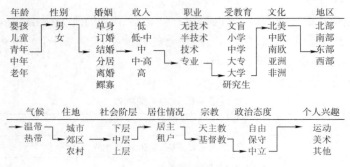

图 4-2 细分市场因素组合

以上对细分运输市场的一般标准和细分市场因素的组合做了简要的介绍。从中可以得到在实际细分市场时需要注意的三点：

(1)市场细分的标准不是固定不变的。由于各种细分的因素都是可变的，细分市场的标准也应随之变化，以适应市场变化的要求。

(2)不同的运输企业在进行市场细分时，应根据自身的实际情况，采用不同的细分标准。

(3)在实际经营中，细分的标准可以采用一个，也可以多个标准或因素组合起来运用。采用多标准或者一系列因素来进行市场细分，会使目标市场更加明确具体，更有利于企业制定相应的市场营销策略。

二、一条航线就是一个细分空运市场

有形产品市场细分后，可以形成细小的板块模式。细分化的结果可以落实在某种具体的产品上。运输市场的产品是无形的，且具有抽象的同一性，所以，运输市场的细分化有其特殊的表现形式。就空运市场而言，一条航线就是一个细分市场。这是因为，在整个运输市场中，无论客运还是货运都具有明确的方向和目的地。在从甲地到乙地的旅客和货主中，尽管其他各种细分因素千差万别，在从甲地到乙地这一点上是一致的，也即需求是同质的，因而，可以形成一个细分的运输市场。接着，再对从甲到乙的运输市场进行细分，从中分离出一部分具有快速到达而不在乎运价的旅客和货主。这部分旅客和货主是从甲到乙的空运市场的潜在购买者，如果这些潜在的购买者可以集合成一定的规模，潜在的细分空运市场就形成了，航空公司在这里开辟航线，投入航班，这条航线就成为公司的一个细分市场。

从航空公司的立场看，航线网是公司的市场所在，是公司活动的舞台、生存的基础。航线网是由众多的具体的航线编织而成。要保持公司的竞争能力开展竞争，其资本就在于公司拥有的航线数，尤其是赢利的"黄金"航线数量。如果把航线网看成是公司的整体市场，某一条具体的航线就是这个整体市场的一个细分市场。当然，公司所经营的航线网也只不过是整个空运航线网络的一小片，那么，其中的一条航线更是一个小小的细分市场了。

细分市场的一个重要特征是不同的细分市场的需求是不同的,因而,针对某一细分市场投入的产品也很难投入另一个细分市场上去。这一点在空运市场的不同航线之间表现得特别强烈。因此,航空公司在分析市场供求状况时,要分析各条航线的供求状况。即使整个空运市场处于卖方市场的条件下,航空公司也不能对市场的销路掉以轻心。在决定公司航班的投放方向时,要对各细分市场的需求量和各航空公司投入运力的总量作细致的定量的分析研究,以免各公司都把运力投入"黄金航线",人为地造成局部的买方市场。

在整个市场处于买方市场的情况下,通过市场分析预测能发现某条供不应求的航线是最理想的。

三、支线航空市场

在讨论货运市场细分标准时,曾列出两个指标:运输距离和运输批量。这两个细分标准也可用于航空客运市场,将航空客运市场细分为干线和支线。客流量大的长程航线为干线;客流量小或航程短的航线为支线。相对应地,投入机型有干线飞机和支线飞机之分,航空港有干线空港和支线空港。

国际上支线航空主要用于两个方面:首先是在轴心辐射式航线结构中为干线枢纽空港集散客货,其次是支线空港的城市对式航线。

我国支线航空市场主要分为三大类型:

第一类是公务与商务支线类型。例如,以幸福航空有限责任公司为代表的以公务旅客为主的支线市场。它主要集中在我国中西部地区,有较为稳定的客源。

第二类是旅游支线市场。它以云南省支线航空为代表。在昆明—大理和昆明—西双版纳的旅游线上,其旅游客人的比例逐年递增。

第三类是混合型的支线市场。我国许多支线市场是上述两种市场的混合。例如,中国海南航空股份有限公司(以下简称海航)既是商务市场,又是旅游市场。又如长安航空有限责任公司的西安到榆林的黄金航线,就是中西部地区比较明显的旅游线路。

支线航空作为我国航空运输服务产品体系的重要组成,在偏远地区、经济欠发达地区的经济社会发展中,具有改善民众出行条件、优化投资环境、带动当地经济发展的重要作用。但支线航空仍是个困扰我国民航运输业发展问题。

2008—2018年,国内支线航线数量增长超过5倍,从2011年开始,我国支线航空运量年均增速15.9%,新增支线航线中由支线客机执飞的仅占1/4,现在绝大多数的支线航班上飞行的是ARJ21、ERJ190、国产新舟60、空客320,运营的航空公司主要包括华夏航空股份有限公司(以下简称华夏航空)、幸福航空有限责任公司、广西北部湾航空有限责任公司、天津航空有限责任公司(以下简称天津航空)和运营纯国产客机机队的天骄航空有限责任公司等。运营机场方面,云南丽江机场、西双版纳机场等支线机场旅客吞吐量在超过200万人次,进入高速增长期。

支线航空存在的瓶颈,其一是通航点少,以吞吐量200万人次以下的支线机场为例,通航点在5个以内的机场有62个,另一方面,支线机场数量庞大,占全国机场数量的近80%,支线机场均开通一线城市的航线,既占用了宝贵的干线机场时刻资源,从实际意义上又不可能全部实现,生活在中小城市居民的出行需求不能完全满足;其二是网络覆盖有限,日均班次不足10

班的机场有85个;其三是运力和航线的匹配度不够,在600公里以下的航段上,支线飞机的完成量只有16%。

支线航空的发展需要国家与地方主管部门政策扶持,同时,也需要民航局在市场准入、航线审批、机场时刻等方面加大倾斜力度。同时,支线航企要差异营销、良性竞争。

第三节 选择目标市场

市场目标是以市场细分为前提的。所谓目标市场,就是企业选定的、作为自己经营商品投放的那一部分市场。对航空公司来说,就是公司选定的投放航班的那部分航线。目标市场是在细分市场的基础上所确定的最佳细分市场。因此,选择目标市场有赖于市场细分,确定目标市场就是企业选择某一细分市场作为营销对象的决策。

一、对细分市场的评价

企业在对市场细分时,要对每一细分市场的经营价值进行评价,然后才能够决定值得或不值得去占领。航空公司对航线的经营价值的评价可以从三个方面进行。

1. 航线的市场购买力评价

一条航线要能成为航空公司的目标市场,必须要有一定的购买力,并存在尚未得到满足,又有待充分挖掘的潜在需求。对航线的需求和购买力分析程序大致如下:

首先,分析航线两端城市及所在地区的经济发展状况、人口状况和旅游资源状况。考察两地之间经济和人员往来的总量,这可以从两地之间各种方式的运输总量中得到反映。

其次,分析两地之间的地理交通状况,各种运输方式投入的运力、价格和所需的运达时间与费用,比较各种运输方式的优缺点。研究运输市场上,人们接受航空运输的可能性和程度。同时,要分析两地的个人收入水平,以便掌握市场对空运的需求转化为实际购买的现实性。如果这两地之间已开航班,则可以用航空运输量占两地之间运输总量的比例来定量分析上述问题,排出这个比例的时间数列,分析其升降状况和趋势,就可以得到比较明确的结论。如果这两地还未通航班,或许这就是一个新的空运细分市场,捷足先登或投放少量航班,促进运输市场的空运需求,再决定是否大量投入,都是可取的。

在比较成熟的航线上,可以直接用该航线的客座率来推算市场需求潜量。

2. 航线的市场占有率评价

某条航线虽然有较大的市场需求和购买力,但如本公司不占有相应的市场份额,就不能成为本公司的目标市场。

假定在从A地到B地的航线上,有n家航空公司在经营,那么i航空公司在AB航线上的市场占有率为:

$$\frac{i \text{航空公司在AB航线上的}}{\text{客(货)运市场占有率}} = \frac{i \text{公司在AB航线上的客(或货)周转量}}{\sum_{i=1}^{n} \text{公司}i\text{在AB航线上的客(或货)周转量}}$$

由于运输企业在航线上投入以供销售的是航班运力,所以,还要考察航空公司的投入比例

(以客运为例,下同):

$$i \text{航空公司在 AB 航线上的客运市场投入率} = \frac{i \text{公司在 AB 航线上投入的座公里数}}{\sum_{i=1}^{n} \text{公司 } i \text{ 在 AB 航线上投入的座公里数}}$$

很明显,i 航空公司在 AB 航线上的占有率与投入率是不相等的。如果占有率大于投入率,说明 i 公司的客座率大于 AB 航线上的平均客座率。

按照一条航线上各公司的占有率状况和本公司对该航线的控制程度,可以把航线分成 3 种类型、5 种状况。

(1) 独占航线。即由某一个航空公司 100% 地占有该航线的市场份额,没有竞争对手。这里又分两种状况,即由本公司独占或由另外某一个公司独占。在选择目标市场时,是否要进入一个由外公司独占的市场,要谨慎考虑。

(2) 垄断竞争航线。由某一个公司占据了市场的极大份额,但没有达到独占的程度,还存在一些竞争对手占据了不大的市场份额。这里也可分两种情况,即由本公司垄断或由外公司垄断,本公司只占很小份额。

(3) 均衡竞争航线。在这种航线上,有两家以上的航空公司在经营竞争,但没有一家公司可占垄断地位,竞争处于均衡状况。任何一家公司要想击败对手垄断市场,只会导致两败俱伤。

3. 航线的赢利能力评价

一个航空公司的航线网少则由几条,多则由几十条、上百条航线组成,公司在选择目标市场时,必须分析评价各条航线的赢利能力,以决定取舍和投入的多少。各航线的经营利润是评价航线赢利能力的重要指标,但是,要与航线的长短和运输量的大小相对应起来考核。所以,用每万人公里利润更能反映赢利能力。利润由收入减去成本而得。各条航线上的单位成本,随航线长短和所投入机型的大小而不同,一般来说,航线长用大飞机单位成本低,短航线单位成本高。因此,运价的费率(即每人公里票价)实行递远递减的原则。另外,成本的控制与管理还关系到企业内部管理的各方面,成本管理的效益也不单独反映在某一条航线上。所以,评价航线的赢利能力主要用航线的单位收入。因为,单位收入的高低更能影响单位利润的大小。

表面看来,影响单位收入的因素很简单,就是客票费率或货运价费率,而随航线长短,递远递减,长航线的单位收入似乎一定低于短航线,其实不然,一条航线上的票价有各种等级、档次和折扣,不同批量、不同货种的单位运价也不同。所以,一条航线上旅客和货物的构成是影响航线单位收入的决定性因素。以我国国内航线的客运为例,哪条航线外国旅客和港澳台胞旅客多,旅客中购买公布价票和头等舱票的比例必然多,该航线的单位收入和单位利润也必然高。对航线的收入能力的评价可以用公司当年的销售实绩进行。若预测某航线旅客构成有较大变化时,需要作一些调整。

二、目标市场策略

企业选择的目标市场不同,所运用的市场销售策略也就不一样。

1. 无差异市场策略

以生产观点或推销观点为经营指导思想的企业,往往把整个市场看成是一个大的目标市场。也就是说,企业认为所有消费者对其商品有着共同的需要,忽视他们之间实际存在的差异。因此,它向市场只投放单一的产品,有时在包装、牌名、价格等方面略有不同,但产品实体本身没有什么不同。而且采用最广泛的销售渠道和广告宣传方式,以便吸引尽可能多的顾客。运用这种市场策略最成功的例子是早期的美国可口可乐公司。在相当长的时间里,可口可乐公司由于拥有世界性专利,因此只生产一种口味和标准瓶装的饮料,广告内容也只有一种。可口可乐曾经一度长期统治世界软饮料市场。

无差异市场策略的实质是不需要细分市场,因而可以相应地节省市场调研和销售广告费用。客运市场上的小客车出租公司所采用的就是无差异市场策略。但是,无差异市场策略对空运企业不适用。在空运市场上采用无差异市场策略,表现为以单一的服务品种、等级和价格向整个空运市场的各条航线平均地或随意地投放运力。从市场的供求双方说,这都是不现实的,除非乘飞机像坐出租汽车。将空运市场细分为航线,航空公司从事定期的航线航班经营,航空公司只能在有限的航线上按某条航线的需求投放运力,无差异市场对航空公司是不存在的。事实上,不光对空运企业,无差异市场策略对大多数企业和大多数商品是不适用的。

2. 差异市场策略

企业把大的市场划分成若干细分市场,同时在两个或两个以上的细分市场上分别从事经营活动。企业同时针对不同的细分市场需求,采用不同的经营方法,满足不同用户的需要。航空公司主要采用的是差异市场策略。针对不同的航线投入不同的机型和航班,针对不同的消费群体的收入水平和偏好提供不同的服务和价格等。

采用差异市场策略,显然有很大的优越性。一方面,它能够较好地满足不同消费者的需求,有利于扩大企业的销售额;另一方面,一家企业如果同时在几个细分市场上都占有优势,就可以大大提高消费者对企业的信任感;再者,多种经营分担了市场风险,提高了企业对市场风险的应变能力,某一个细分市场失利,不会影响企业整体。所以,不光是航空公司,越来越多的企业采用差异市场策略。

采用差异市场策略也有很大的制约性。采用差异市场策略必然要增开航线,增加运输品种和服务等级,要求多种销售渠道和销售方法,大大增加了公司订座管理的难度,广告宣传也要多样化。这样,生产费用、行政管理费用、市场调研费用和销售费用必然大量增加,同时,还要受到企业资源的限制。因此,只有较大规模的企业才能获得较好的经济效果。

2020年3月5日,中国民航局专门发布了《运输航空公司、机场疫情防控技术指南》,国内各航企的服务按民航资源网老毕的说法呈现出差异性的两大阵营、四大门派。所谓两大阵营,是指"简约"和"豪放"。四大阵营表述具体如下。

(1)"服务要钱派":如果旅客买了折扣机票,那么选座要钱,餐食要钱,托运行李等各项服务都需要额外支付。典型代表是海航。

(2)"高端降级派":比如某航的白金旅客坐经济舱时,国内航线不再享受机上免费升舱(需地面柜台申请),也没有空乘主动问候、提供毛毯拖鞋,优先用餐与贵宾摆渡车。

(3)"全面缩水派":2019年中国民用航空局再次强调了《关于加强客舱安全管理工作的意见》(2012年96号),要求各航空公司在起飞降落阶段不得进行服务,以免乘务和旅客空中颠簸受伤。极端案例为上海至昆明全价7630元的公务舱,全程3小时5分钟,仅有5片水果和2块点心。

(4)"高端全能派":某些航空公司"坚守"高端服务,围绕高端旅客的出行需求,打通服务产品,努力照顾好旅客,如厦航的黑钻卡与国航的终身白金卡。比较典型是深圳航空有限责任公司(以下简称深航)的"易行"服务,它只服务两舱旅客和购买经济舱全价的"金卡+"会员,提供预留座位、机场接送、乘机泊车、出行秘书、无陪儿童、快速安检、贵宾休息、二维码登机、VIP摆渡车、悠自驾、境外上网、酒店预订、深航快线等航空出行全流程服务各环节的"门到门"服务,让旅客更好地进行出行时间管理,尊享更优质的流程化与精细化服务(图4-3),其变现设计的模式实际上能涵盖全流程服务的成本。

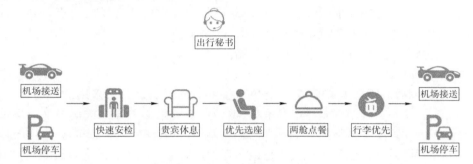

图4-3　深航易行提供门到门服务(民航资源网,2020年3月25日)

3. 集中市场策略

企业不是把自己的力量分散在广大的市场上,在市场细分后,选择一个或少数几个细分市场为目标,实行专业化生产和销售。公路运输市场上,有专运大件货物、危险货物、煤炭泥土等固体散装货物的运输企业,采用的就是集中市场策略。空运市场的集中市场策略,主要表现在航线经营策略上,把公司的运力集中投放在少数几条航线上,即为集中市场策略。中小型航空公司往往采用之。

美国捷蓝航空公司的经营范围只局限在以纽约肯尼迪机场为起始点的直达航班,而美国中途航空公司(Midway)则战略定位于美国国内的商务客人。川航的成渝航线和成都西昌航线也是典型。采取这种策略的企业,追求的不是在较大市场上占有较小份额,而是在一个或几个细分市场上占有较大的市场占有率,甚至是独占市场。

采用集中市场策略的企业往往本身资源能力有限,与其将有限的资源分散使用于众多的细分市场上,不为人知,占有市场份额极小,效益极低,不如集中力量,为一个或少数几个细分市场服务。这样,企业能较深入地了解这些细分市场的需求,从而在这个或少数几个细分市场上居于强有力的地位,而且,可以节省市场调研、市场营销等费用,提高投资收益率,增加盈利。

实行集中市场策略有较大的风险性。因为目标市场比较狭小,一旦市场环境突然发生变化,或出现强有力的竞争者,企业可能陷入困境。因此,大多数企业不能只以一个细分市场为目标市场。

三、目标市场策略的选择

目标市场策略有利有弊。企业选择哪一种市场策略,要综合考虑自身的特点、产品特点及市场的状况,全面衡量各方面的条件,根据不同的情况决定或改变市场策略。主要参考因素有如下。

1. 企业资源能力

企业资源能力主要包括航空公司的地理区域位置、机队状况、资金、经营管理水平、科技人员素质、销售渠道和网络、宣传广告、市场竞争能力等。企业实力雄厚,可以采取差异市场策略;当企业的资源能力不足,无力把整体市场或较大范围的市场作为自己的经营范围时,最好的方法是采取集中销售策略。

2. 市场需求的特点

市场上,有的消费者的需求相近,对运输产品及销售方式的改变反应没有差异,可以采取无差异市场策略;如果市场上消费者需求差异大,差别明显,对运输产品及销售方式、服务等都有特殊要求,适合采用差异性或集中性市场策略。

3. 竞争者状况

竞争者状况包括市场竞争者的多少、竞争对手实力的强弱及其所采用的市场策略。如果竞争者实力较强,并一贯采用无差异市场策略,本企业就可采用差异性或集中性市场策略,扬长避短,取得优势。假如实力强的竞争对手已采取差异市场策略,本企业可更进一步地细分市场,开拓新市场,避实就虚,避免两败俱伤是最明智的策略。当竞争者的实力较弱时,本企业可以不必顾忌竞争对手的市场策略,有时可以采取针锋相对的策略,争夺市场。

任何一家航空公司都必须有正确的目标市场定位:或成为差异性的航空公司,或成为支线航空、包机航空、低成本航空公司等。没有明确的定位,或试图成为为所有消费者服务的航空公司,将难以生存。例如美国大陆航空公司,由于垂涎美国西南航空公司的低成本战略的成功,在企业内部成立了一个低成本分公司,提供相类似的服务。然而这种在同航线中提供不同服务的错位经营不仅让客户困惑,而且由于其同时又提供全方位的服务,不可避免地采用增加成本的传统方式,经营成本无法下降,无法达到采取该经营策略的目的。

第四节　市场竞争战略

在市场细分、选择目标市场、确定市场策略直至在企业的全部市场营销活动过程中,市场竞争始终是影响企业决策的重要因素。在市场上,参加竞争的每一个公司都有其竞争战略,尽管该战略可能是明确的,也可能是隐含的。

"竞争战略是公司为之奋斗的总目标与公司为达到目标而寻求的方法(政策)的结合物"([美]迈克尔·波特《竞争战略》)。当今世界,越来越多的公司认识到:一个明确的战略构成过程总能表现出明确的效益,它保证公司各职能部门至少在政策上与一系列共同的目标相协调,并受这些目标的指导。

企业竞争战略的研究、制定和实施包含了企业经营管理的全部内容和全部过程。这里,仅研究在选择目标市场策略过程中的有关问题。

一、企业优势

企业在市场竞争中要分析竞争对手的市场优势,以便充分发挥自己的优势,在竞争中取胜。通常利用的竞争优势具体如下。

1. 成本优势

如果本公司的成本明显低于竞争对手,就具有成本优势。这个原则同样适用于评估潜在的竞争对手的成本。成本优势的战略价值取决于其持久性。如果本企业的成本水平是竞争对手难以模仿和达到的,企业的成本优势则具有持久性。此时,企业就有进行一场价格战的实力。事实上,价格战是商业战争最古老的,也是至今仍屡试不爽的战术。

它可通过多种途径来具体实施:

(1) 寻找低端目标顾客。如果市场上存在寻找低价服务的潜在顾客,可施加于该类顾客的成本更低。实施该策略就有可行性。

(2) 服务产销分离。如果分销渠道创新、传递机制改进和服务产品的有形化可以实现产销的分离,那么集中生产将在原有人员设备条件下,享有规模优势和低成本地域租金,而分销销售将大大扩展市场范围,塑造品牌。航空运输业将飞行运营管理、机场经营和客票预定中心进行分离,大大提高了销售网络扩展速度,降低了运营成本,使机票降低成为可能。

(3) 外协与服务分解。服务分解是指当企业只经营一种服务时,分解该服务,发掘其比较有优势的核心部分,进而以此为源泉开发一系列围绕核心优势的相关服务,从而在核心优势上递加规模经济,降低成本。当经营多种服务时,将其中的共性环节加以组合,在局部形成规模效益。美国联邦快递公司通过规划建立的"中心辐射网"便是这一策略的变形,当一个新城市进入递送网时,无须建立数百条递送网中原有城市到新城市的航线,只需增加一条新城市开往"递送中心"孟菲斯的航线即可。

在 21 世纪初,低成本航空公司已为一大趋势,国际上比较知名的有加拿大西方喷气航空公司(WestJet)、美国捷蓝航空公司(BlueJet)、英国易捷航空公司(EasyJet)、澳大利亚维珍蓝航空公司(VirginJet),当然最著名的是美国西南航空公司(SouthWest)。这些低成本航空公司使大型航空公司在竞争中相形见绌。其经典的一个案例是 1993 年,当美国西南航空公司刚一宣布要将其业务扩展到圣荷塞,美国航空公司就下令全线撤出,最终放弃其在圣荷塞的枢纽。低成本、低价格是其获胜的关键。在价格策略上,当美国航空业界在民航主管当局的同意下,一致采取高价政策时,美国西南航空公司则认为低价与优质服务会激发许多新的市场,从它成立之初,它就以低成本为其基本的竞争武器。最著名的招数是"双十战略",即 10 美元的非高峰价格和 10 分钟的经停转场时间。10 美元的非高峰价格与公共汽车票价差不多,从而出现了登机门口人山人海的场景。在把 10 美元票价推向所有的非高峰航班和周末航班后,尽管 10 美元不能涵盖平均客座成本,但已超过其边际成本而且实现了公司运营的赢利。在提高航班的客座率时,它也开创了民航史上最被广泛学习的营销策略——全面的旺季与淡季票价。美国西南航空公司认为整个客运市场,其实只有两种顾客:计较时间的商务旅客与计较价格的旅客。所以,美国西南航空公司首先找出短程的市场作为特别的市场细分,然后把这种短程旅客按需求细分为上述两种类型的旅客。据此制定出来的价格不仅能保证客座率,而且能保证盈余。例如,在最初的德州金三角航线上,美国西南航空公司的定价为 20 美元,比其他航空公司便宜 7 美元,但美国西南航空公司仍有亏损。当时的行政长官缪司设计了一个新价格体系:每周一至周五 7 点前起飞的商务票,每张 26 美元;每周六、周日和每晚 7 点以后的航班每张卖 13 美元,其结果乘客大幅上升,公司取得了赢利。其低价格策略的灵活还表现在当美国西南航空公司每进入一个年运量在15万人的新空运市场,它将会用低于其他航空公司30%、40%甚至80%的降价手段刺激该空运市场在两年内达到50万空运乘客的水平,它自身掌握其中50%的份额,同时利用跟进的大型航空公司的降价促销广告免费替自己做宣传,同时也打击了共同的对手——地面运输工具。随着时间的推移、价格的跟进,大型航空公司出现运量溢出(Spill-Traffic)现象,效益低下,不得已退出该市场时,美国西南航空公司又可适当提高票价。这也是美国航空公司不得不放弃圣荷塞的原因,美国西南航空公司的低价格依靠于其长期的低成本,而低成本是通过下列手段获取的:

①单一机型、高频率、高准点率与快速的转场时间和高效的飞机利用率。大多数低成本航空公司都以波音737起家,美国西南航空公司约747架飞机都是波音737。单一机型在飞行员培训与调配、维修、机械师和服务人员费用及维修航材储备等方面节省了大量成本。美国西南航空公司的飞机在机场加油、检修及再载客的经停转场时间为15~20分钟,而其他航空公司的平均逗留时间为40分钟。他们坚信:"飞机只有在飞行时才能给公司创造利润,飞机停在机场不动不会创造任何利润",从而其飞机的日利用率也非常高,平均日利用率为11.5小时,高于美国其他航空公司8.6小时的平均水平,其每天的登机门的日利用率为10.5小时,高于美全行业平均5.0小时的水平。航班频率的密集对短程运输市场上时间敏感型的旅客而言,无疑提供了更多的选择性。同时,高准点率又极大保证了高频率航班的高客座率。

②减少各类费用,降低营运开支。登机时采用可重复使用的塑料登机卡,机上不提供餐食及娱乐服务,经停时客舱清洁费用和时间大大节省。与低价格相适应,确保在途旅客的核心需求——快速、准点、安全到达,旅客就能接受。同时美国西南航空公司根据"谁先来谁先坐"的原则安排座位,这样预订机票和安排座位这部分的费用就节省下来了。当然该措施是与其一个小时到一个半小时的短途航程相适应的。

③开展增值服务,增加附加收入。通过行李运输、优先登机、机上餐食、机上座椅、机上Wi-Fi、客舱娱乐等增值服务,另外收取费用,获得额外收入。

④坚持点对点的城市对式航线服务,使用低成本的次级机场(Secondary airport),使旅客流量最大化,省下枢纽机场的成本。例如在达拉斯,美国西南航空公司使用的是郊外的二流艾迪机场,而不是达拉斯具有国际一流水准的沃斯国际机场。

⑤低票价提高客座率,进一步降低运营成本。通过采取运营措施使得美国西南航空公司的运营成本明显低于传统航空公司,使得美国西南航空公司的客座率超过80%,保证了航空公司的利润。

2. 差别优势

如果一个公司能够提供给消费者某种具有独特性的东西,那么,这个公司就把自己与竞争对手区别开来了。区别可以使公司在模仿者还未赶上来的时期内取得独占市场的优势。有时,独特性被模仿,但追随者尚未达到领先者的水平,差别依然存在,领先者的竞争优势也依然存在。由于服务业的产品具有品质差异性,所以,差别优势在服务市场的竞争中尤显其特殊作用。表面看来,航空公司对旅客提供的都是快速、安全、舒适的位移服务;实际上,各航空公司服务水平和服务质量千差万别。提供优质的、区别于其他航空公司的服务,夺取市场竞争优势,是航空公司的共识。

3. 专业化优势

发挥专业化优势的企业是以在一个产业内狭窄的竞争范围里进行选择为基础的。选择一个部分或一些细分市场，专门为其服务而不顾及其他。企业不谋求整体市场的全面竞争优势而追求特定目标市场上的局部优势。专业化优势是以特定目标市场与其他市场的差异为基础，特定目标市场上必须拥有需求非同寻常的消费者。美国著名管理学家史蒂文·布兰德说过，"专业化"可以使一个公司敏锐地意识到稍纵即逝的机会，并且据此采取行动。然而，当公司的资源分散时，对实力不强的中小企业尤其如此，捕捉机会的跟踪行为就会迟钝。行为迟钝，竞争优势即全消失。

企业拥有的优势不是相互对立的，专业化本身就是一种差别，率先专业化的企业也会获得成本优势。企业可以发挥某一种或同时发挥几种优势。企业要善于分析寻找发挥自己的优势。如果企业没有自己的特色，消费者不能明显地感到差别，是无法在激烈的市场竞争中生存的。

二、企业市场地位

按企业对市场占有的份额，可以对企业在市场上的地位进行评价，一般分为四种：

1. 市场领先者

若有约40%的市场占有率，则能稳定地居于市场领先地位。例如，在上海—广州和上海—北京航线上，东航是市场领先者。

2. 市场挑战者

若占有约30%的市场，要想成为某一市场的霸主，必须向已领先者挑战，才有可能称王。

3. 市场追随者

市场追随者最多只有20%的市场占有率。在挑战者与领先者厮杀时，或许可以加盟一方，也可以隔岸观火，坐收渔翁之利。但在挑战者与领先者战事平息之时，千万不可轻举妄动，能保住已有市场份额是首要目标。

4. 市场补缺者

市场经领先者、挑战者、追随者瓜分后，只剩下10%左右的份额是众多的小型企业的盘中餐。小型企业只能在市场上拾遗补阙。哪些需求，大企业没有考虑到，或考虑到了，但量太小，大企业经营之机会成本太高放弃了，补缺者就填补空档。

分析企业市场地位要注意分析范围，主要从整体市场的战略地位分析。也就是要分析众多细分市场集合起来的整体市场和公司的整体实力。企业不能仅根据局部市场的分析和相对的地位，贸然挑起商业战。

但是，局部或某些细分市场的战役地位也必须分析。细分市场的根本目的，就是在不具备整体市场的战略优势的条件下，争取细分市场上的战役优势。大企业有其优势也有其难处，大企业面临众多细分市场和众多竞争者，难免顾此失彼。在掌握战略优势的大企业顾及不到的局部战场上，中小企业仍可望获得战役胜利。

三、市场战略战术

市场战术有防御战、进攻战、侧翼战和游击战。企业可以根据自己的战略优势和地位，为一定的战略目标,灵活地运用战术。

1. 防御战

只有占市场领先地位的企业,才能有采取防御战的资格,能否占据领先地位,是消费者造就的。消费者一旦承认了某企业的市场领袖地位,就会形成一种心理定式,不会轻易地改变之,领先的企业要好好地珍惜爱护和利用这个地位。

市场上其他企业对领先者的地位是很眼红的。但要夺取之,谈何容易,不自量力发动进攻,往往自己首先头破血流。尽管如此,领先者总是不断地受到攻击。所以,领先者最佳的战略是实行自我进攻——不断地推出新产品,不断地提高产品质量,不断地改善服务质量。领先者处于暴露地位,所谓我明敌暗,有弱点给对手抓住,往往成为被攻击的突破口。领先者不断自我完善,进攻者看到的就不是静止的目标而是游移的目标,选择突破口就不是那么容易了。

防御者遇到强劲对手的进攻要及时地反击和阻击。进攻者策划已久的攻势虽然猛烈,但要改变消费者的观点,需要大量的时间和金钱,这对领先者组织反攻是有利的。反击一般不会很快奏效。因为,挑战者一旦发起攻击,不会轻易撤退。这样,双方相持不下,两败俱伤,渔翁得利。所以,领先者采取防御战,最明智的是降低对手进攻的可能性,或者把进攻引向威胁更小的方向和减弱进攻的强度,以期不战而胜——捍卫领先者的地位。

(1)竞争承诺。公司公开地明确地显示保护自己地位的意图,如果公司的利益受到侵犯,将采取报复行动。而且,可以把公司将采取的报复行动也公开声明。这种接受挑战的承诺,不仅在于被挑战者觉察的可能性,而且在于报复行为的严厉程度,是固执的,带有非理性成分,起到一种威慑作用。这样,进攻者就会比较理智地考虑自己的地位和进攻获胜的代价,而不轻易开战端。

(2)进展宣告。提前预告,宣布本企业将会推出何种新产品,进入哪些市场;以及为此,已经增加了多少生产能力等。在这种状况下,资源紧张的企业可以明智地把资源投向他处。

2. 进攻战

市场领先者的市场份额和利润率总是引诱着竞争者希望进入市场或者改变自己的市场地位。处于挑战者地位的企业,不能防御,而应打进攻战。进攻不行还可以打侧翼战。挑战者弱于领先者在一定时期内是不可改变的事实,竞争的重点是在一点上取得突破。挑战者要成功地进攻领先者,需要具备三个基本条件:

(1)挑战者要有一种超过领先者的、明显的、持久的竞争优势。无论成本优势、差别优势还是专业化优势,都要发挥优势进行攻击。优势的持久性可以确保挑战者在领先者能进行模仿之前有足够长的时间来占领市场份额的空隙。

(2)挑战者必须有某种办法部分或全部地抵消领先者的其他固有优势,不怕领先者利用其他优势进行反击。

(3)挑战者还必须有一些削弱领先者报复的办法,必须使领先者不愿或不能对挑战者实施旷日持久的报复。得到这样的效果不是由于领先者自身的情况,就是由于挑战者选择的战略。如果没有一些阻挡报复的办法,进攻将促使领先者作出不顾自己竞争优势的反击。拥有资源和稳固地位的领先者一旦卷入战斗,就能用进攻性的报复迫使挑战者付出无法承受的代价。所以,选择攻击的突破口必须是对方无法弥补的弱点,而不是对方赖以生存的阵地,领先者在采取报复行动之时,就会衡量得失。

3. 侧翼战

侧翼战是市场追随者的主要战术。追随者没有正面攻击的实力,不能硬碰硬,只能用迂回曲折的途径达到战略目的。挑战者和领先者在没有公开宣战时,也可用侧翼战作火力侦察。侧翼战的要点如下。

(1) 侧翼战攻击的目标,不能是其他企业的在消费者心目中已站稳脚跟的产品。侧翼战是占领一个无人或无重兵把守的市场。侧翼战的成功在于企业能否保持一种独特的风格,向市场提供有新意的产品,其基础在于企业细分市场的能力。

(2) 攻击无备,出其不意,兵贵神速。侧翼战不能像防御战或进攻战那样公开自己的战略意图,否则,无重兵把守的地方就会有重兵把守了。因此,侧翼战不能用市场试销的方法,而要追求突击战的效果。成功的侧翼战是很难防备的,它可以很成功地打击对方的士气,造成对方内部混乱。

(3) 侧翼战强调:没有追击就没有战果辉煌的胜利。突破占领一个无重兵把守的市场后,要站稳脚跟,巩固阵地,扩大战果。不能别人不派重兵,被我占领,我也不派重兵,让别人复得。当然,突破占领的市场应该是有市场潜力和发展前景的。

4. 游击战

市场补缺者不具备打一场侧翼战的实力,只能用游击战。领先者、挑战者也可用游击战扰乱对手,追随者可以用游击战来达到自己局部的战役目的。商业战争上的游击战,要注意以下三点:

(1) 反对流寇主义。企业虽小,也要占领一个守得住的细分市场。要找到适应自己特点的市场需求。比如,我国川航以省内航线为自己的立足点,山东航空股份有限公司(以下简称山航)环黄海、环渤海航线比较成功。小公司有很多方法来制造保持自己的相对优势,守住自己的市场阵地。把握了优势,大公司就不一定会来争夺。因为,大公司要占领之,可能机会成本高、代价太大,得不偿失。

(2) 你打你的,我打我的。小企业切忌模仿别人,要发挥自己的特色。

(3) 打得过就打,打不过就走。小公司能占领一个细分市场很好。但如果大公司下决心要在这个市场上反击,小公司不宜正面对抗,撤退是有效的。船小掉头快,再设法获得一个新的细分市场是最明智的。

四、空运市场战略联盟与盟外结盟趋势

在经济全球化的今天,不同运营模式的航企都在寻求一个更广阔的合作共赢平台,以应对洲际航空运输市场快速增长的机遇和日趋激烈的竞争挑战。战略联盟是自主经营的合作伙伴的航空公司联合体,加盟的航空公司以合作协议明确双方或多方的权利与义务,实行广泛的航空运输合作、利益共享。其联盟合作的内涵有航空资源调动和网络开发、常客奖励计划、货物联运、地面服务合作、信息技术共享、计算机订座系统(Reservation System, RES)共用、特许经营权等。

世界航空业界现有三大战略联盟,分别是"星空联盟"(STAR)、"天合联盟"(SKY TEAM)"寰宇一家"(ONE WORLD)。航空战略联盟基本情况见表4-3。

低成本航空公司也开始尝试建立联盟,除类似于越捷航空与寰宇一家联盟成员日航、卡塔

尔航空等全服务航空公司合作模式外，2016年低成本航空公司之间也先后成立优行联盟与价值联盟。

优行联盟的主要成员为香港快运公司、乌鲁木齐航空有限责任公司、云南祥鹏航空有限责任公司与来自韩国的易思达航空。其目的在于通过成员间相互合作，利用各自枢纽门户和航线网络资源共同优化、航班时刻衔接，为旅客提供覆盖85个亚洲热门旅游目的地，以到达168座城市的选择。

航空战略联盟基本情况　　　　　　　　　　　　表4-3

联盟名称	成立时间	联盟成员	联盟特点	优势区域	顾客权益	全球运力占比（截至2018年底）
星空联盟	1997年5月	美国联合航空公司、加拿大航空公司、德国汉莎航空股份有限公司、北欧航空公司、奥地利航空公司、葡萄牙航空公司、南非航空公司、土耳其航空公司、埃及航空公司、泰国航空公司、新西兰航空公司、全日空航空公司、韩亚航空公司、印度航空公司、新加坡航空公司、中国国际航空股份有限公司、中国深圳航空有限责任公司等28家	世界上第一家航空联盟，也是最大的航空联盟。体量大、覆盖广、关系紧。航线涵盖了192个国家和地区以及1330个机场。星空联盟的标语是"地球联结的方式"（The way the Earth connects）	欧洲、非洲、美洲、亚洲	超值通票和特惠机票；通程登机一站式服务；里程积分共享；金卡客户登机手续优先权、优先机场候补权、优先候补权、优先提取行李权、增加托运行李额度、航班时刻协调、享受全球超过990个机场贵宾休息室	21%
天合联盟	2000年6月	美国达美航空公司、墨西哥国际航空公司、阿根廷航空公司、法国航空公司、荷兰航空公司、俄罗斯航空公司、意大利航空公司、肯尼亚航空公司、大韩航空、越南航空公司、沙特阿拉伯航空公司、中国东方航空集团有限公司、中国厦门航空有限公司等19家	体量居中	欧洲、美洲、亚洲	优先报到柜台、免费行李托运公斤限制变少、特殊通关礼遇、免费进入贵宾室、优先登机、优先获得座舱升等、优先提取行李	15%
寰宇一家	1998年9月21日	美国航空公司、英国航空公司、芬兰航空公司、西班牙航空公司、澳洲航空公司、卡塔尔航空公司、日本航空公司、马来西亚航空公司、斯里兰卡航空公司、中国香港国泰航空有限公司等13家	体量小、价值高、双边多	欧洲、美洲、亚洲、澳洲	绿宝石卡、蓝宝石卡和红宝石卡会员享有不同权益	14%

全球最大的低成本航空联盟——价值联盟包括新加坡酷航航空公司、泰国酷鸟航空公司、泰国皇雀航空公司、新加坡老虎航空公司、澳大利亚老虎航空公司、日本香草航空公司、菲律宾宿务太平洋航空公司以及韩国济州航空公司8家亚太航企。

战略联盟的主要形式有以下两种：

1. 代码共享

代码共享产生于20世纪70年代中期美国国内航空公司。其中有战略成功意义的是美国西北航空公司与荷兰皇家航空公司、美国合众国航空公司与英国航空公司的代码共享。代码共享是指利用各自现有的航线和飞机等，绕过国家之间市场准入的限制，达到航线网络全球化的目的。20世纪90年代，美国西北航空公司与荷兰皇家航空公司结成战略联盟。美国西北航空公司通过荷兰皇家航空公司阿姆斯特丹中心这个门户，利用荷兰皇家航空公司的航线网络进入欧洲市场；荷兰皇家航空公司也通过美国西北航空公司在北美的航空枢纽进入了美国的广大市场。这样既方便了乘客，又扩大了各自的航线网络，双方都可为五大洲、80多个国家的400多个城市提供航线服务。

2. 相互持股

相互持股指的是一家航空公司持有另外一家航空公司的股权，同时该航空公司的股权又被对方航空公司所持有。比较典型的是新加坡航空公司、瑞士航空公司、美国达美航空公司，其中新加坡航空公司的股份中瑞士航空公司占0.6%，美国达美航空公司占2.8%；瑞士航空公司股份中新加坡航空公司占2.7%，美国达美航空公司占5.0%；美国达美航空公司股份中新加坡航空公司占5.0%，瑞士航空公司占1.9%，它们通过产权纽带组成了世界性的"联合航空公司"。另如，美国航空公司持有加拿大航空公司33%的股份和25%股份的表决权；新加坡航空公司收购了英国维珍大西洋航空公司和新西兰航空公司49%和25%的股份；英国航空公司利用它拥有澳大利亚快达航空公司25%的股份，实现了进入东南亚区域市场的目的，实现了双方的航线互补；美国达美航空公司向东航投资4.5亿美元并取得3.55%的股份。

2002年10月11日，中国民航信息集团公司、中国航空油料公司、中国航空器材进出口集团公司、中国东方航空集团公司、中国南方航空集团公司、中国国际航空集团公司正式成立，标志着中国民航界正在经历有史以来一场最深刻、最广泛、最壮阔、最根本的变革，标志着中国的航空公司通过"大公司、大集团"战略，将集团公司做大、做优、做强，积极参与国际竞争，逐渐争取竞争的主动权。

另一方面也出现了去联盟化的盟外结盟的趋势。2012年，寰宇一家的重要成员澳大利亚航空公司就与阿联酋航空公司签署了为期10年的多项商业合作协议。2017年3月27日，全球最大的航空公司——美国航空公司正式入股亚洲最大的航空公司——南航，中国香港的国泰航空有限公司与德国汉莎航空股份公司(以下简称汉莎航空)签署合作协议，实现代码共享合作。国泰航空有限公司、美国航空公司是寰宇一家创始成员，汉莎航空是星空联盟创始成员，南航是天合联盟成员。三大航空联盟成员同一天采用了两次跨联盟合作的模式。有意思的是，2019年12月24日，南航宣布于2019年12月31日完成离开天合联盟各项过渡工作，自2020年1月1日起正式退出天合联盟，将通过双边合作方式与天合联盟成员航空公司继续合作。

2015年7月27日，东航与美国达美航空公司签署《股份认购协议》，持续推进全面的商业合作计划。2016年3月,美国联合航空公司与国航签署多年战略合作协议,并建立高管定期会面的制度。2017年南航引资美国航空公司,美国"三大航"与中国"三大航"实现完美配对。

第五节　空运市场营销因素组合

企业在细分市场、自我市场定位、选定目标市场、确定市场竞争战略以后,要充分发挥自身优势,以达到预期目标。其成败,在很大程度上取决于营销因素组合的选择和运用。

一、营销因素组合的概念和内容

营销因素组合是现代市场学中一个十分重要的新概念。它是1964年由美国哈佛大学教授鲍敦首先提出来的。

所谓营销因素组合,就是企业可以控制的各种市场营销手段的综合运用。鲍敦认为,一个企业运用系统方法进行销售管理,管理人员应当针对不同的内外环境,把各种市场手段(包括产品开发和设计、定价、分销路线、人力推销、广告和其他促进销售手段等)进行最佳的组合,使它们互相配合起来,综合地发挥作用。从这个意义上说,企业的销售经理应当是"各种因素的组合者",是"指挥家""艺术家"。

企业可以运用的市场手段或营销因素多种多样,细分起来十分复杂,人们为了便于分析运用,曾经提出各种分类方法。其中,以美国市场学家麦克塞教授的分类法应用得最广泛。麦克塞把各种营销因素分为四大类,即产品(Product)、分销渠道(Place)、促进销售(Promotion)和价格(Price),简称为4P组合。不少市场学家认为,对旅游和服务业来说,在4P的基础上还应加上一个P,即人员(People)。

1. 产品——确定适销对路的产品

企业必须设计和生产适应目标市场需要的产品,供消费者购买使用。这就要求企业研究如何选择最能适应目标市场需要的产品;如何根据市场需求变化,增减产品的品种;如何确定商品牌号;如何组装产品;如何确定产品的标准化和评定产品的等级等。

2. 分销渠道——把适销产品送到目标市场

企业需要研究在何时、何地由何人来向目标市场的消费者出卖商品。有些商品的分销渠道相当复杂,也有些商品的分销渠道却很简单。大多数企业经理人员都要研究批发和零售方面的问题。

3. 促进销售——使消费者了解商品,并向目标市场推销

企业经理人员要研究如何向目标市场提供信息,使消费者了解他们能在合适的地点,以合适的价格,购买到合适的商品。促进销售通常包括销售推广、公共关系、广告宣传、人员推销等。

4. 价格——制定公平合理的价格

价格应公平合理,而且应对目标市场有吸引力。在制定价格时,应考虑目标市场中竞争状况,以及成本、折扣、结算方式等。此外,还要遵守国家法律方面的规定。

5. 人员——培训优质的服务人员

服务企业中的服务人员也是企业可以控制的变动因素,他们的言行、仪表和态度对服务质量、消费者享受服务的满意程度、企业的信誉,今后的销路等都有极大的影响,从而对实现企业目标起着举足轻重的作用。

市场营销因素组合的形式分为两大类:一类是整体组合,另一类是分体组合。所谓整体组合,是指企业针对整个市场而调动的各种因素的组合。美国西南航空公司只开辟城市对航线并投放高密度穿梭航班与其低成本低运价就是高效的整体组合。分体组合是指企业针对某一局部的经营而使用的某种营销因素内部的组合。例如,促进销售是整体组合的一种因素,但促进销售又包括人员推销、广告宣传、公共关系、人员服务等因素,这些因素的组合就是分体组合。而其中的广告宣传、广告媒介又包括报纸、电视、广播、杂志、网络、路牌等因素,这些因素的组合也是分体组合。

营销因素组合的形式是多种多样的,究竟利用什么样的组合形式,要根据企业经营情况确定,没有一套固定的程式。

二、营销因素组合的特点

1. 营销因素组合是企业可以控制的因素

一个企业生产和销售产品,除了买主的需求以外,要受到各种因素的影响。其中,5P是企业本身可以控制的,另外还有企业不能控制的社会人口、政治、经济、文化、市场竞争等因素。可控制因素,企业有选择的余地,但仍然要受到不可控制的因素影响。比如,能源价格暴涨,对企业的产品结构和产品价格不能不发生直接的影响。因此,研究市场营销因素组合,就是要使可控因素在与不可控因素的适应中,促进企业市场的扩展。

2. 营销因素组合是一种动态组合

市场营销因素组合是变化多端的动态组合,而不是固定不变的静态组合。产品、价格、分销、促销等因素都包含许多子因素,因而,都是变数。只要其中某一个子因素发生变化,就会出现一个新的组合。企业所制定的营销组合,应根据市场需求的变化和内外环境的变化,作出相应的调整,如图4-4所示。

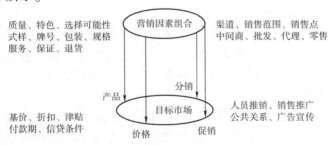

图4-4 营销因素组合示意图

3. 营销因素组合由许多次级组合组成

营销因素组合是4P的大组合。而每一个P又是由许多因素形成的次级组合。西方有的市场学家为了便于分析应用,在每个P的许多变数中各选择了四个变动因素,组成了各个P的次级组合,如图4-5所示。这样,整个营销因素组合就由16个变数组成。当然,企业根据自

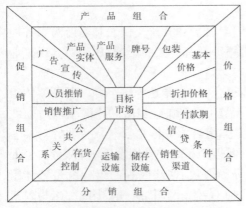

图 4-5 营销组合主要变数示意图

身特点,设计和选择变数。企业进行整体销售活动,必须针对目标市场的需求,协调内部的人力、物力、财力资源,适应外部环境因素,用众多个变数组成多种营销组合,从中选择最佳的组合。

4. 营销因素组合功能大于局部功能之和

营销因素之所以要组合,就是为了发挥整体功能。在各次级组合各自发挥局部功能的情况下,由于缺乏协调,有些功能会相互抵消,而在组合营销的情况下,由于步调一致,目标集中,整体功能会大于局部功能之和。这时,就能达到创造最佳经济效益的目的。

所以,运用市场营销因素组合策略,关键是组合。要使组合发集体作用,就必须进行整体选优,不能只顾单项因素的最优。因为,在单项最优的情况下,整体不一定是最优。

三、营销因素组合的作用

在现代市场学中,营销因素组合具有特别重要的意义。从一定意义上说,现代市场学基本上是以营销因素组合的产品策略、分销策略、价格策略和促销策略及其构成的整体营销战略为主要内容的。对于企业来说,营销因素组合的作用具体如下。

1. 营销因素组合是制订营销战略的基础

在市场竞争中,企业的营销战略本质上就是企业经营管理的战略。而营销战略是由企业目标和营销因素组合的各部分协调组成的。

例如,M 航空公司准备开辟黄山—庐山航线。不少航空公司认为这条航线短,空中交通没有优势。根据目标市场的特点,运用营销因素组合,M 航空公司制定出一套有计划的市场营销战略。

(1)产品策略:暂不受理货运,客运要适合两地游客的需求;航班安排在清晨或傍晚,以免游客因乘机而耽误白天时间,配合游程计划的需要;旅游航班,不分头等舱、经济舱,但必须每天有航班,必要时可安排高密度穿梭航班。

(2)销售渠道策略:与国际旅行社以及上海、广州、北京、西安、武汉等组织游黄山或庐山的旅游团的旅行社配合,请它们把游客引上黄山—庐山的空中桥梁。在上述各大城市预售黄山—庐山航线的联程票,以满足零散游客的需要。在黄山、庐山两地的各旅游饭店开设代理售票点,方便游客的冲动性购买。

(3)广告宣传策略:在上述各大城市的旅行社的广告上,同时介绍黄山、庐山的美景,并宣传两点同游的趣味性、方便性和经济性。传统的旅游广告只宣传当地的人文景观。现在,要在黄山宣传的同时宣传庐山,在庐山宣传的同时宣传黄山,以便把游客引向新的旅游点。

(4)订价策略:考虑到两山地面交通的不便和费时且费钱,航空旅行节省了时间就是节省了费用,黄山—庐山航线的价格可以略高于按航线距离定出的价格。

这样,M 航空公司抢先占领了黄山—庐山航线市场,获得良好的市场收益。

2. 营销因素组合是市场竞争的有力手段

市场经济,竞争无所不在。在市场竞争中,一家企业具有全面的优势是很少的。一般的情况是,竞争对手之间都各有自己的优势和劣势。企业在运用营销因素组合时,要善于分析自己和对手的优势与劣势,扬长避短。很多企业会采用价格策略作为竞争手段,但是后来逐渐发现,价格竞争是最不利的方式。因为,改革价格是任何竞争者最容易采用的手法,而且价格竞争的结果,对企业的盈利会产生极不利的影响。特别是有些商品,有些买主并不十分重视价格差别。因此,在营销因素组合的四大因素中,其他因素的竞争即非价格竞争,显得越来越重要。

3. 营销因素组合是协调企业内部各部门工作的纽带

在市场上,消费者对一种商品的需求是整体需求。企业必须以适当的产品、适当的价格、在适当的时间和地点,用适当的方式,进行整体销售。企业内部各部门工作要统一协调,成为一个整体系统,彼此互相分工协作,共同满足目标市场的需求,达到企业的既定目标,而联络各部门工作的纽带,就是营销因素组合。运用营销因素组合,不只是销售部门的职责,还涉及企业的生产、财务、人事等各个部门。

思考题

1. 什么是市场细分化?市场细分化有哪些依据?
2. 如何认识市场细分化的作用?
3. 市场细分有什么要求?
4. 运输市场细分的标准是什么?
5. 为什么说一条航线就是一个细分空运市场?
6. 何谓目标市场?目标市场与市场细分化关系如何?
7. 怎样评价细分市场?
8. 目标市场有哪些策略?选择目标市场策略时应注意哪些因素?
9. 企业优势有哪几种?
10. 怎样划分企业的市场地位?各种不同市场地位的企业可以运用哪些市场竞争战略战术?
11. 什么是市场占有率和市场投入率?它们有什么区别和联系?
12. 怎样分析航线类型?
13. 为什么说集装箱运输是一个货运细分市场?
14. 什么是营销因素组合?由哪些营销因素组合?
15. 营销因素组合的特点是什么?
16. 营销因素组合有哪些作用?
17. 低成本航空公司成本优势持久性的原因是什么?
18. 如何理解空运市场联盟与去联盟化趋势?

CHAPTER
第五章

空运产品策略

本章研究营销因素组合的第一个因素——产品。一个企业确定营销因素组合，首先面临的问题是：企业应当提供什么样的产品和服务去满足市场的需求？这就是产品策略问题。营销因素组合的其他三个因素，都是以产品策略为基础的。所以，从一定意义上说，一个企业要得到生存和发展，关键在于它的产品满足消费者需求的程度。企业的产品在市场上交换，就是商品。这里，产品和商品是同一个含义。

第一节 产品的概念

一、产品的基本概念

产品是指一种具有某种特定物质形状和用途的物体。比如，牙膏、衣服、手表、照相机等，都是产品。这是生产观念的传统看法。但是从营销观点来看，传统的产品概念过于狭窄。产品应该包括更广泛的内容。现代市场营销观点认为：产品是人们通过购买（或租赁）所获得的需求的满足。这是从需求方来定义产品。

对于企业营销人员来说，最重要的是自己推销的产品能满足消费者哪些需求。例如，一个顾客买一架照相机，他并非为了买一个具有某种光学机械性能的匣子，而是为了满足艺术爱好或娱乐的需求。美国航空公司提供的服务，是现代产品概念的典型例子。

美国航空公司正在谋求开辟新的途径，以便使价值昂贵的飞机能从半夜运行到天明，当然，这只能更多地依靠运货。经过市场调查，该公司将雷辛公司（Raytheon Corporation）视为有可能接受空运货物的潜在顾客。当时，雷辛公司的经销商的产品由五处仓库发货，而这五处仓库的货物由波士顿附近的雷辛公司生产工厂的总库供给。美国航空公司在广泛深入地研究后，建议雷辛公司取消五处中转仓库，而由美国航空公司每晚在波士顿工厂提取每天所订的货，空运全国14个地点，再由此用载货汽车立即衔接运输交付给各分销商。不仅如此，美国航空公司还与弗雷登公司（Friden Company）和西方联合公司（Western Union）合作，设计了一套电脑订货系统，连通雷辛公司的存货控制和生产计划。于是，雷辛公司很乐意地接受了美国航空公司的空运。

美国航空公司出售的"产品"是"空运货物"。事实上，该公司所出售的，乃是以一种体系或方式解决了一项问题，虽然这个解决问题的体系是以航空货运为基础。雷辛公司所需要的并非仅仅是空运，而是快速畅通的具有竞争力的方式分销其产品，而这正是美国航空公司所提供的。美国航空公司超越其寻常的客运业务范围，拟定了计算机订货和空运送货系统，使雷辛公司顿悟：原来可以用这套系统来满足自己的需求！当然，美国航空公司也可以从中获得应得的利益。所以，从供应方来定义：产品是供应方提供满足需求并借以谋取报酬的媒介。美国航空公司上述产品开发的过程还有重要的现实意义和理论意义。现实意义是这套系统实质上是日后现代物流——第三方物流的雏形，其营销学的理论意义是消费者的需求是可以创造的。

二、产品的整体概念

由于产品是消费者通过购买的方式所获得的某种满足,因此,一切能满足买主的某种需求和利益的物质属性和非物质形态的服务都属产品的内涵,都是产品的组成部分。这就是产品的整体概念。产品的整体概念对空运企业尤为重要。从整体概念看,空运企业的产品,是乘机旅客从顺利方便的购票开始,候机登机到安全舒适地乘机飞行和及时到达目的地提取交运行李为止的全过程所得的服务。货运产品的组成则包括从货主托运交付货物开始到收货人在期望的时间内完好无损地收到货物为止的全过程。

产品的整体概念包含着三个层次,如图5-1所示。

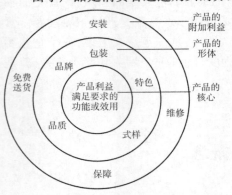

图5-1 产品的三个层次

1. 产品的核心

产品的核心是产品能够满足消费者需求的功能,也即产品的效用。消费者购买某种商品或服务,最终目的不是获得某种物质形体,而是通过对商品形体的使用和消费,获得某一种满足或利益。在一定的社会经济条件下,消费者只能以一定的产品为满足需求的中介。不同的中介,满足程度也不一样。如欲从甲地到达乙地是一种需求,立即到达、在一定时间到达,是这种需求的不同程度。需求的满足有不同的中介:自备汽车、公共汽车、火车、轮船、飞机、高速火车、高速轮船等。中介是短暂的可以不断改进的,而需求即产品的核心是永久的。

2. 产品的形体

产品的形体包括产品的形态(形状、款式、品种、规格等)、产品的品质(产品的各种物理化学性能、自然寿命等)、产品的特色、商标和包装等。

对服务这种特殊产品来说,其形体就是指具体服务方式,比如美容、咨询、医疗、运输(又可分成各种运输方式,如水路、铁路、公路、航空运输)等。有时服务也有商标,它往往表现为服务提供者的称谓,如美容商店的店名、医院的院名、航空公司的名称。服务产品的品质是指服务态度和服务质量,运输服务质量有明确的内涵:安全、准点、迅速、方便和舒适。这些内涵有的有统一的标准,如安全和准点;对速度、方便和舒适的评价则随运输方式、运输企业的竞争、消费者偏好和期望、运输价格等因素的不同而不同。服务产品的特色比实物产品的特色更容易表现和区别。

消费者在市场购买(或租赁)商品(或服务)时,首先是通过观察商品的形体才作出是否购买的决定的。消费者的需求能获得多大程度的满足,即产品的核心能得到多大程度的实现,也取决于产品形体的各种因素。因此,产品的形体是产品的基本特征。

3. 产品的附加利益

所谓产品的附加利益,实质上是指在产品的销售和使用过程中的各种服务、保证等。消费者在购买商品时,往往要求获得与使用商品有关的各种服务和保障。在航空运输服务中,这种情况同样存在。消费者购买了机票,要知道到达机场的时间和路程;到达机场办理了登机手续后,在偌大的候机厅里等候,需要正确的引导,以免漏乘或乘错飞机;候机时万一航班延误,乘客也能理解，但这时最希望知道的是延误到何时才能起飞，最恼火的是得不到明确的答复，一延再延，最后取消航班；得到航班延误的消息后，候机旅客中的大多数迫切要做的一件事就是打个电话通知家人、接客者、贸易伙伴、谈判对方等。

消费者对产品附加利益的要求，虽然与产品的形体无关，但对产品效用的最终实现有很大关系，因此，产品的附加利益成为产品不可缺少的组成部分。在市场竞争异常激烈的时期，产品的附加利益对企业营销能否取得成功，具有举足轻重的作用。未来竞争的关键，不在于企业能生产什么产品，而在于其产品所能提供的附加价值，如包装、服务、广告、用户咨询、购买信贷、及时交货和人们以价值来衡量的一切东西。

总之，在现代市场营销观念指导下，企业投入市场的产品是一个整体的概念。它不仅是某种形态的物品或服务方式，还包括与消费该产品有关的附加利益。产品的核心内容是它的实际效用，也就是能多大程度地满足购买者的需求和满足购买者什么样的需求。

三、新产品概念

从产品整体概念来理解新产品，可以说，新产品并不一定是新发明的产品。市场上出现了前所未有的产品是新产品。以旅客运输为例，19世纪早期是公共马车。1825年，英国人乔治·斯蒂文生在德林斯顿至达林顿间的铁路上第一次用蒸汽机车运营。1830年，蒸汽公共汽车在英国投入运营。1936年5月，DC-3飞机投入航线运营。这些都是进入运输市场的新产品。虽然这个过程还没有结束也不可能结束，但是，这种新产品并不是经常出现。产品在形体或功能方面略有改变，人们也习惯于把它看作新产品。最初的航空客运是不分等级的，将其分成头等舱和经济舱以满足不同的消费者需求，消费者即认为是新产品。

新产品的"新"，具有相对的意义，还可以从市场和顾客的相对角度来确认新产品。比如，有些产品尽管在世界市场早已出现，但从来没有在某个地区市场出售过，那么，对这地区市场来说，它就是新产品。从这个意义上说，在没有开辟航线的两地之间新辟航空运输线，就是在这两地之间的运输市场上投入了新产品。此外，从生产和销售企业的角度看，凡是本企业从来没有生产和销售的产品，现在生产销售了，标出本企业的招牌，也可以说是新产品。因此，在某条航线上多了一家航空公司的航班，就是增加了一种标有新品牌的运输产品。对航空公司而言，开辟了一条新航线就是开发了一种新产品。

综上所述，只要是产品整体概念中任何一部分的创新、变革或改变，都属于新产品之列。凡是能够给消费者带来新的利益和满足的产品，都可认为是新产品。新产品可以分为四种。

1. 新发明的产品

由于科学技术的进步或者满足一种崭新需求而发明的产品，就是这类新产品。这种新产品一般需要经历相当长的时间，花费巨大的人力、物力，才会出现，绝大多数企业就不轻易提供这样的新产品。但它的产生和使用往往会改变用户或消费者的生产方式和消费方式。例如，计算机代替了计算尺，塑料代替了某些木材和金属，以及汽车、火车、飞机的相互替代等。新发明产品从进入市场到被市场广大消费者接受，一般需要较长的时间。

2. 革新现有产品

利用科学技术的成就，对现有产品进行较大的革新。这种革新能给消费者带来新的利益和满足。这类新产品进入市场以后，消费者也有一个接受和普及的过程，但是，这个过程较之

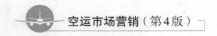

新发明产品的过程会短一些、容易一些。

3. 改进现有产品

这种新产品不是由于科学技术的进步而导致产品的重大革新,只是对现有产品的品质、特点、款式或包装作一定的改变。例如,给纸烟加上过滤嘴,在普通牙膏中加入某种药物,不同型号的汽车,新款式的服装等。这类产品与原有产品差别不大,进入市场以后,比较容易为消费者接受,但是,竞争者也易于仿效。因此,竞争比较激烈。

运输服务产品的革新和改进,主要表现在服务的质量上。新加坡航空公司总是率先采用最新机型,尽可能地为旅客提供舒适、宽敞的旅途环境,不断地改善服务质量,这就是不断地在向空运市场推出新产品,这正是新加坡航空公司的取胜之道。

4. 企业新产品

企业新产品指对市场已有产品仿制后加上自己厂牌和商标的、企业第一次生产的产品。这类产品对市场来说并不是什么新产品,但是对企业来说却是以前所未曾生产和销售过的,因此,对企业来说仍然是新产品。从空运企业的角度看,其他航空公司开出的航线航班、提供的客舱等级(如公务舱)、所运的货物种类(如危险品或无水运活鱼)曾经是本公司所不能的,现在本公司也能够了,就是本企业的新产品。在市场竞争和企业经营中,发展新产品,部分仿制和全面仿制都是不可避免的。仿制产品,能缩短产品开发时间,降低开发成本,同时,又能保证市场接受。也因此市场竞争更激烈。

上述几种新产品尽管"新"的程度不同,但都有一个显著特点,就是消费者感受到它具有同其他同类产品不同的特点,因而,才承认是新产品。如果消费者认为某种产品没有任何新特点,不能带来任何新的利益,它就不成其为新产品。

任何新产品都不同程度地给消费者带来新利益,从而,影响买主的生活方式和消费习惯。针对不同新产品在市场上被接受和普及的难易程度不同,企业销售新产品要相应地采用不同的营销因素组合。

第二节 产品组合策略

一、组合概念

企业根据市场需求和本身资源、技术条件,确定产品的经营范围,这在市场学中称为产品组合。产品组合通常包括若干产品类别,称为产品线;每一个产品类别,又包括若干产品项目。所以,产品组合实质上是一个企业生产和销售的全部产品的结构。

不同企业的产品组合,有深度和广度的区别。企业产品组合中包含多少种产品线,称为产品组合的广度。企业经营的每一种产品线内包含的产品项目的多少,称为产品组合的深度。产品组合,还要考察产品线之间的关联度。产品组合的关联度,是指各产品线之间在最终用途、生产条件、销售渠道或其他方面的互相关联程度。

航空公司投放市场以待销售的是航班运输能力。航班因航线而异,所以,航空公司的产品线就是开航班的航线。一条开航航线就是一条产品线。开航航线的多少反映了公司产品组合的广度。航空公司产品组合的深度首先表现为各条航线上所投入航班的数量,这是由运输产品的不可储存、不可调拨的性质所决定的。如果一个航空公司经营的航线很多,但航线上投入的航班很少,即航班密度很低,就是只有广度没有深度。这种航线航班组合,在竞争中是不堪一击的。

深度还表现为各条航线上运输对象的分类,即旅客构成和货物分类。旅客的组成成分越多,所运的货物种类越多,就可以挖掘更多的潜在消费者,从而扩大航线容量增加航班投入。航空公司产品组合的关联度表现为各航线需投入机型的互容性。机型与航线的匹配是航空公司航班生产的重要原则。如果航空公司只用一种机型,不考虑机型和航线的匹配,则不必考虑航线的关联度。假如公司有两种以上机型,某种机型适用于哪些航线,则这些航线应有一定的关联度。机型与航线匹配的首要因素是航线距离,所以,一般地可以用航线距离表现航线航班的关联度。这样就有干线航班与支线航班之分,相应地有干线机型和支线机型之分。综上所述,航空公司的产品组合实质上就是航空公司的航线航班结构。它包括所开航线的数量、每条航线的长度、投入机型、航班次数和运输对象的分类,见表5-1。

××航空公司航线航班结构分析   表5-1

航线名称	航线距离	每周班次	旅客构成		……	货物分类		……

二、组合策略

企业产品组合策略,就是根据企业的目标,对产品组合的广度、深度和关联度进行决策。一般情况下,扩大产品组合的广度,可以使企业在更大的市场领域发挥作用,并且分散企业投资风险;加深产品组合的深度,可以占领同类产品更多的细分市场,迎合更广泛的消费者的不同需要和偏好;而加强产品组合的关联度,则可以提高企业市场竞争的能力,当企业的某一产品受到攻击时,可以从关联线上调动力量予以反击,也可以向关联线撤退。

企业对产品组合广度、深度和关联度的决策,有多种可供选择的方式,每个企业可根据自己的内部条件和外部环境,确定组合方式。航空公司的产品组合策略可以从静态和动态两方面考虑。从航线的多少(即广度)和运输对象(即深度)将航空公司产品组合分成四种形式,称作静态,如图5-2所示。

1. 专线专业型

专线专业型即中小型航空公司将自己有限的运力集中投放于很少的几条航线,专门运输某一类旅客或某些货物。如上航组建之初,只开了上海—北京、上海—广州两条航线的不定期航班,以后逐渐成为定期航班,只运旅客不运货物,且客运只提供经济舱,就是专线专业型的产品组合策略。这种组合的优点是只需要较少的资金。但是,市场范围狭窄,企业营销风险很大。随着企业实力的增强,组合策略将向广度和深度发展。

2. 全线专业型

全线专业型即航空公司投放航班的航线较多,而运输对象相对集中。专运货物或专运旅客,甚至专运某一类货物或某一种旅客,如低成本航空公司,扩展航线,不改变服务对象。

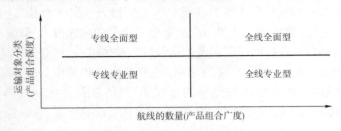

图 5-2 航空公司静态产品组合类型

3. 专线全面型

专线全面型即在不多的航线上进行对象众多的运输服务。大多数中型航空公司都采用这种产品组合。这些航空公司实力有限,飞机不多,经营的航线也不多。在所经营的航线上,尽量挖掘生产潜力和消费潜力,设法运输各种顾客、各种货物。

4. 全线全面型

全线全面型多为大型航空公司,机群庞大多型,在众多的航线上进行全面的运输服务。这种产品组合策略使企业能占领更多的市场,满足消费者更多的需求,为企业赢得更多的收益。

三、航线航班调整策略

动态的产品组合策略是由航空运输的特点决定的。在空运市场上,航班的运行与航空运输产品的生产和消费是同一的过程,产品组合就是航线航班结构。航班运力在航线上及时销售,才是有效的产品。但在一个航班计划期内,主观和客观的原因都不允许已定的航线航班结构作变动。其客观原因是航班时刻表一经公布,即要约的邀请,一经销售,运输合同即成立,公司就要对公众负责,不可以因某条航线的销售率低而随意撤退航班;主观原因是公司运输能力增加有很强的计划性,当某条航线需求大增时,公司不可能立即增加航班,航空港也不一定能接受增开的航班。所以,航空公司在按规定时期公布新一期航班时刻时,总是非常认真地研究各条航线上的供求状况,对航线航班结构进行调整。这就使航空公司的产品组合处在经常的变动之中。

在综合分析了公司各条航线上的市场潜力、市场占有率、赢利能力、公司的竞争优势和市场地位后,根据公司的战略目标和计划期内的运力增减,可以有以下一些航线航班调整策略:

1. 巩固策略

对经营状况良好的航线航班,不宜多变而应巩固。这样,可以提高航空公司的知名度,培育忠诚度。航班稳定不变,就能被公众熟悉了解并认识。当公众有航空旅行需求时,首先想到的是乘坐熟悉的航空公司航班。因此,巩固策略应视为航线航班动态组合策略的第一原则。

2. 收缩策略

当计划期预期运力小于维持现有航线航班生产所需运力时,说明公司生产能力萎缩,只能采取收缩策略。如果萎缩是暂时现象,公司在一期航班计划以后,即有实力扩大运力的投入。那么,作为权宜之计,公司暂时减少在航班密度较高的航线上的航班投入而维持公司整个航线网的运转,以待聚集实力,恢复航班密度。但这样做,风险很大,因为航班密度高的航线,往往是赢利高的航线,放弃高赢利的市场占有率,对公司的财务状况有很大影响。

如果运力萎缩不是暂时现象,公司在短期内无力恢复实力。那么,只能从销售率低或收支状况不佳的航线撤退,集中力量巩固效益高的航线航班,以求保存实力,固守阵地,渡过难关,等待时机,再展宏图。

3. 微调策略

当计划期预期运力与维持现有航线航班生产所需运力基本持平时,说明公司的产品组合只能维持现有的规模。航线航班结构的调整只能在原有的规模上进行,撤出量等于投入量。销售率低的航线上的航班要不要撤?如果是该航线的空运市场需求总量萎缩,比如有更方便的地面交通取代了空运或者地区产业结构调整影响了对空运的需求,那么,对策是撤。如果是空运市场竞争失利,市场占有率下降,则要估量自己的营销能力,能不能把失去的市场夺回来?夺不回,那么就撤,不要做无谓牺牲。可以夺回,还要看机会成本的大小,如果机会成本过大,不夺也罢。撤出的运力可以投入到本公司销售率高的航线上,以便巩固阵地,防止竞争对手的入侵。

如果不撤退,则要调配公司的营销力量,加强促销,夺回失去的市场,提高该航线的营运效益。调配公司的营销力量时要注意巩固营运效益高的航线,不要给竞争对手乘虚而入的机会。

4. 进展试探策略

当计划期预期运力略大于维持现有航线航班生产所需运力时,说明公司在巩固已有阵地以后还略有余力做一些试探。

另外,要考虑维持原有开航航线的规模和航班密度。销售率低的航线上的航班撤退与否,参照微调策略的思路。市场需求萎缩只能撤退。如果是竞争失利,市场占有率下降,则不宜轻易退却,而要设法夺回失去的市场。因航班过稀而不被旅客重视,可以增设航班,因机型不受欢迎或不匹配,可以改换机型。公司现在有这个实力,关键是要加强促销力量。多余的运力可以投入到销售率高的航线上,加强那里的防御力量,扩大那里的市场占有率,不让竞争对手有乘虚而入的可能。

有多余运力也可以考虑开辟新航线。新航线如果是处女航线,则凭公司现有实力,抢先占领很有利。如果对本公司说是新航线,而在空运市场上已不是首次开辟,早有其他航空公司捷足先登了,则要分析市场供求和双方竞争实力。假如市场需求很大,领先者应接不暇,有生意大家做,则可以考虑在此投入航班。假如领先者已大量投入,基本能满足市场,他人再挤入必然引起竞争,此时,要谨慎决策,凭公司现有实力,不宜挑起新的竞争,也不宜进入别人已经抢先占领的市场阵地。

5. 扩展策略

当计划期预期运力有较大幅度的增长时,在维持现有航线航班所需运力后,有较多的机动运力,需要确定投放的方向。投向哪里,要视公司的战略目标和市场经营状况而定。公司在已进入的新市场上立足未稳,或公司现有航线网中的"热线"效益很好,想挤进来分一杯羹的大有人在,则公司宜采取防御性战略,以巩固公司现有航线网的航班生产为主。如公司能牢固地占据现有市场的主导地位,则可采取扩张性战略,开辟新航线,即使别人已抢先占领了,也可以进行竞争。

对公司现有航线网内经营不善的航线更不能轻易放弃,这有关公司的整体形象。如果不是经营失措而是市场客观原因使该航线经营效益不高,由于公司有强大的航线网,则可以从经营效益不好的航线撤出航班投向效益好的航线,放弃效益平平的航线。这样,各航空公司都可以在市场中找到各自的位置。调整流程如图 5-3 所示。

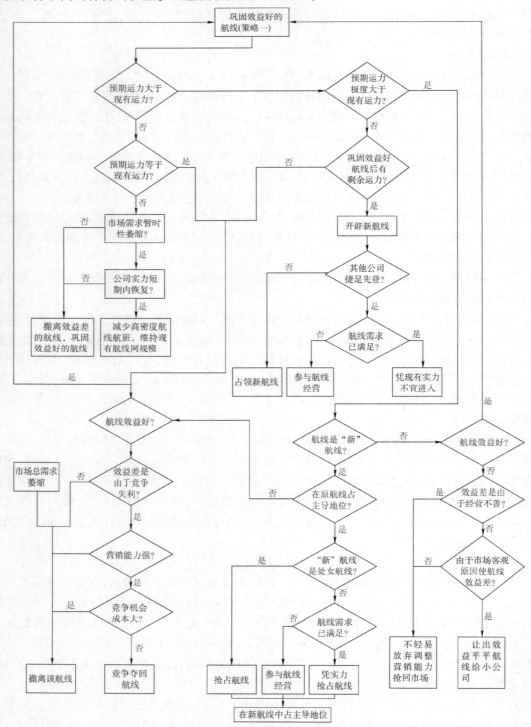

图 5-3 航线航班调整策略流程图

航线航班的调整目的在于使各个航空公司构建一个强大有效的航线网络。世界各知名的航空公司都拥有完整而有效的航线网络。例如,美国西北航空公司在美国和全世界建立了自己的基地,构成了完整的航线网络。其在美国本土共有九大枢纽基地,从东至西分别是纽约、底特律、孟菲斯、圣保罗、休斯敦、西雅图、旧金山和夏威夷,每个枢纽基地又有若干支线航空公司起聚疏旅客的作用。人民快递(Express Airlines)和梅萨航空公司是美国西北航空公司在孟菲斯、圣保罗与底特律的合作伙伴。同样在每一枢纽机场,又形成了国内与国外的干线与国际航线网络。由支线机场、枢纽机场和国际机场,支线航线、干线航线和国际航线组成完整航线网便逐渐地、科学地形成了。

四、航线结构选择

航线网是航空公司产品组合策略的重要前提。航线结构是指一个公司(或一个地区、一个国家)的航线组织和航班安排的形式。传统的航线结构是城市对式,亦称点对点式,即两个城市之间有货物与旅客的流动,即可以建航线开航班。从20世纪80年代起,世界各国的航线结构都明显地显现出轴心辐射式结构的趋势。这两种航线结构各有优缺点,航空公司的航线网结构选择何种形式,不光要视航空公司本身的实力,还要取决于机场的条件和消费者的消费观念与消费能力等。

1. 城市对式航线结构

从各城市之间客流和货流的需求出发,建立城市与城市之间直接通航的航线和航班称为城市对式航线结构。这种航线结构的优点是:运输生产组织与市场销售直接、简便,没有曲折、迂回运输;旅客没有转机转航班等麻烦。其问题在于:①一个城市不可能直接通航任意多个城市。在某两点之间的流量没有达到一定规模时就无法开航班,个别的流动需求,只能绕道流通。流量规模还有一个时间的界限,如果把一周的流量集聚起来,只达到开一两个航班的规模,势必要降低该航线上的航班密度,这样,对时间性要求较强的旅客也必须等候班期,不能显示航空运输迅速的优点。②城市与城市之间的距离有远近,航线有长短,所用机型有大小。于是机场建设规模要扩大,机场跑道、设施必须满足大型飞机起降的要求,而利用率却不高。③点对点的航线结构中,航空公司倾向于互相进攻对方的市场,容易形成重叠性航班,造成价格的恶性竞争,尤其在国内黄金热线上可能人为地造成运力过剩现象。

2. 轴心辐射式航线结构

轴心辐射式航线结构又称轮毂或轮辐式航线结构。航线航班安排以大城市为中心,大城市之间建立航空主干线。同时,以航空支线形式沟通大城市与周围中小城市的联系,以汇集和疏散客货,如图5-4所示。

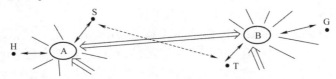

图5-4 轴心辐射式航线结构示意图

图5-4中,A、B是两个大城市组成一个轴心,当然大城市之间的联系不止两个。A、B各自还有与其他大城市联系的航空主干线。A、B又各自成为"轮毂",用航空支线与周围中小城市

联系、汇集、疏散其客货。这种航线结构形式的优点在于：

（1）相对地增加航班密度，有效地使用机队运力，体现出航空运输快速方便的特点。图 5-4 中，S、T 是两个小城市，相距 2000 公里，因 S、T 之间的流量不大，以城市对式开直通航班，每周只能开两班。某客欲从 S 至 T，若刚过航班期，则必须等 3 天。S 在 A 旁 300 公里，T 在 B 旁 200 公里。S 与 A、T 与 B 以支航线相连，则每天有航班，AB 是主干航线每天有多次航班。用轴心辐射式结构航线，某客从 S 至 A，A 随时有航班可到 B，再从 B 乘支线航班到 T。这样，某旅客最多花 1 天的时间（假如到 B 后赶不上 BT 的航班）即能到达目的地，而不必等待 3 天。如果在 A 和 B 的周围都有若干个类似于 S、T 这样的中小城市以支线形式与 A、B 相连，则 A、B 的枢纽作用将更为显著。

（2）提高航空公司的航线配置效益和应变能力。支线用短程飞机，载量不必太大，用航班密度的增减来适应不同支线的运量需求。主干线用中长航程大载量飞机，集中来回对流，这样，可以简化公司的机型，减少航材储备，提高维修专业水平。由于运力使用较为集中，一旦某一点上或某一个航班延误，可以及时调配备用运力。同时，由于航班密度高，个别航班的不正常或取消，对客货运输影响也较小。

（3）提高机场的使用效率，节约机场投资费用。提高航班密度可以提高机场的使用效率。机场建设的规模也可以与机场在航线结构中的地位和等级相匹配。即支点城市由于通航的航线短、机型小，可以不必建立大机场，引导投资，集中财力、物力于枢纽城市的机场建设。

轴心辐射式航线结构与 RES、常旅客制度、收益管理系统共同成为现代航空的"四个基本条件"，已被世界航空运营的实践所证实。目前，世界上大多数航空发达国家都实现了由城市对式为主的航线结构逐步向轴心辐射式航线的转变。旅客运输量排名前 20 位的大型航空公司基本上都实行了轴心辐射式结构，而且旅客吞吐量前 20 位的也无一例外是航空枢纽港。美国的国内人口约 3.29 亿，2019 年美国民航旅客吞吐量 18.4 亿人次，人均乘机次数超过 4 次，轴心辐射航线结构对此起了十分重要的作用。在全球放松管制、天空开放、航空战略联盟日趋显著的今天，轴心辐射式航线结构已成为航空公司建立长期竞争优势的有效手段。

当然，选择轴心辐射式航线结构必须具备一定的先行条件：

（1）要有巨大规模的枢纽机场。枢纽机场是轴心，承担着周围地区空运量的集散中转。枢纽机场的规模，尤其是候机楼和货运仓库的规模，不光要容纳本机场的吞吐量，还要容纳客货短时中转时的滞留量。一般认为，枢纽机场的客货吞吐量中，中转的比例达到 50% 以上，强大的中转处理能力是一个机场能否成为枢纽机场的关键。

（2）要有强大有效的销售订座系统。在轴心辐射式航线网内，旅客可能要经过几次中转才能到达旅行终点，如果在某一起点不能确保购买到几个中转航线的航班机票，旅客无法快速中转到达目的地，则轴心辐射式的优点根本无法发挥。

（3）要有雄厚的社会经济基础。与城市对式航线相比，轴心辐射式航线实质上是用运输距离来换取旅行速度。用轴心辐射式航线所通过的航程，往往会大于旅客的期望运距。例如，图 5-4 中，某旅客欲从 S 到 T，用 ST 城市对航线，可直接到达是期望运距，现用轴心辐射航线，全部航程是 SA + AB + BT，绝对大于 ST。由谁承担多余航程的费用？如果由旅客承担，对旅客来说是用运费换取时间，于是派生出两个问题：第一，旅客有没有这样的需要？具有这种需求的旅客有多少？即需求量有多大，能否形成规模？从而促使城市对式航线向轴心辐射航线转化;第二,旅客能不能支付这样的需求?有多少旅客能支付?即有支付能力的需求量有多大,能否形成规模?从而支持并承受城市对式航线向轴心辐射航线转化。如果由航空公司承担,也有问题:第一,航空运输本来就是一个低利或微利的行业,航空公司承担得起吗?轴心辐射航线能否创造出足以抵消因降价而损失的经济效益?第二,参与轴心辐射航线运输的各航空公司是否一致同意,是否都能承受降价损失?第三,绕道旅行的损失由航空公司承担,对绕道旅行者来说似乎满意了,而未绕道旅行者则有吃亏的感觉。例如,在图5-4中,假定A、B之间也是2000公里。甲某从A到B,期望2000公里,实际行程2000公里,按2000公里计价;乙某从S经A与B到T,期望2000公里,实际行程2500公里,也按2000公里计价。甲的心理会平衡吗?这里实际上是存在着两种运价,又会给市场管理、运价管理带来困难。综上所述,只有当社会经济发达到一定程度,消费者有足够的支付能力;空运市场供大于求,城市对航线航班有较大的空载,轴心辐射航线从利用空载得到的效益足以弥补降价损失时,轴心辐射航线才是可行的。

(4)要有能控制空运市场的巨型航空公司。轴心辐射航线网追求的是整个航线网的规模效益和整体效益,而不是某一两条航线的个体效益。在整个轴心辐射航线网内,如果客货不能及时快速中转,轴心辐射航线便失去了意义。进、出港航班的分别配置与有效衔接,才能实现航空服务的无缝隙。而要达此目的,航空公司必须投入高密度的、能充分满足需求的航班。航空公司可通过兼并收购及代码共享的方式来扩大其枢纽航线网络。同时,也必须发展支线航空运输,通过调整现有航线,取消大型飞机飞短程航线,一些小型机场与其远距离大型机场的城市对式航线、一些用支线飞机串飞的航线和一些中小机场对飞的航线,大力发展大中型机场与周边支线机场间的支线,并加大航班密度,提高支线航空通达的能力和范围。覆盖整个航线网的销售订座系统也需由实力雄厚的航空公司投资建设并维持其运行。当轴心辐射航线与城市对航线并存时,使用轴心辐射航线的航空公司要有足够的实力才能在市场竞争中战胜使用城市对航线的航空公司。

五、飞机机型策略

机型是由飞机制造厂编号命名并经政府适航管理当局批准的飞机型号的简称。例如,波音飞机制造公司的机型号是按B×××排列的,而欧洲空中客车则是按A×××排列的。

飞机机型按飞机等级划分,可分为干线飞机、支线飞机与国际航线飞机三类。这通常是根据飞机的座位数、最佳航程而定的。一般而言,干线飞机主要是指座位数在90~270座之间,用于大、中城市之间,800~4000公里的中长程航路的飞机;支线飞机是指座位数一般小于90座,用于小城市与大、中、小城市间的航路小于800公里的飞机;国际航线飞机座位数超过200座,用于国家之间的远程航路飞行。

飞机机型按机身直径划分,可分为窄体飞机与宽体飞机。前者是指机身直径小于5米,客舱内部宽度大约为3米的单通道飞机。A320、B707、B727、B737、B757等机型就是典型的窄体飞机。而后者是指机身直径大于5米,客舱内部宽度不低于4.72米的双通道飞机,如A310、A340和B747、B767等机型。

对机型的选择是指对飞机适航性、安全性、可靠性、经济性的选择,直接影响到飞机的利用程度及经济效益。航线结构决定机型选择。反之,公司的机型决定后,短时间内不会改变,又影响了航线结构调整。

第三节　发展新产品策略

发展新产品是制订企业最佳产品策略的重要途径之一。美国著名管理学家杜拉克认为："任何企业只有两个——仅仅是两个——基本功能，就是贯彻销售观点和创新。因为，它们能创造顾客。"现代企业通常把创新产品与贯彻销售观点放在同等重要的地位。实质上，创新产品是销售观点的核心思想——满足消费者不断变化的需求的具体体现。

一、开发新产品的意义

在当代科学技术日趋进步，竞争十分剧烈的市场环境中，企业要满足顾客不断变化的需求，最重要的办法，就是不断提供新的产品和服务。

产品整体概念本身，就是一个动态概念。随着市场需求的变化和科学技术的发展，它也在发展、扩大，不断增添新的内容。产品创新对企业有非常重要的意义。

1. 顾客满足是相对的，创新才能使企业获得生存和发展

首先，一个企业的产品能够满足消费者的需求，是相对于其他产品而言的。今天你的产品比他人的产品更能满足消费者的需求，明天可能出现另一个更能满足消费需求的产品，你的产品就落伍了。其次，顾客的需求是在变化的。今天的产品可以基本满足需求，明天也许就不能适应消费者新的需求。同时，企业本身的资源条件也在变化，今天的资源条件只能生产这种水平的产品，明天有了新技术、新材料，也许就可以生产出更能满足顾客的产品，而且，你不做他人也会做。所以，消费者需求从绝对意义上促使企业不断创新产品，只有创新才能使企业获得生存和发展；停滞就意味着落伍，甚至被淘汰。

2. 市场总是存在未被满足的需求，创新产品才能获利

旅客在购票口排着长队，除了希望赶快买到票，还有什么需求？旅客在候机时，有什么需求？美国特纳广告公司1992年推出的新产品是免费看电视。免费电视的场地租用、设计安装、日常管理、维护、电费开支，都由该公司承担。等候者可以看到新闻报道、天气预报、电视剧等，这一创新使企业获得了盈利。

3. 创新产品是应付市场竞争的有力手段

市场竞争是客观的。在竞争中，任何企业都需要创新产品来取代销售额下降的老产品。这种取代十分重要，一是可以补偿甚至增加企业的销售额和盈利，二是能够在消费者心目中维护企业的声誉和形象，三是可以充分利用被淘汰产品的生产资源。

4. 创造新产品可以分散企业风险

经常推出新产品，扩大产品线，可以分散原有产品的市场一旦疲软而引起的风险。空运市场尤其如此。拥有开航航线多的航空公司，一两条航线的市场疲软，对公司的经营不会有重大影响。航线少的公司则不然，或许一两条航线的萎缩就是一个致命的打击。

5. 创新产品可以有效地利用副产品

有些行业的企业在研制新产品的过程中，综合利用企业资源，利用剩余生产能力和原材料的边角余料甚至主产品的废料开发出大有价值的副产品。

经营定期航班的航空公司绝大部分是定期客运航班。航空公司欲充分利用其生产能力，一是充分利用客货两用机的货舱运载能力；二是充分延长飞机的每天飞行时间，那就是夜间飞行，而夜间飞行也只能运货。所以，大多数航空公司都把货运作为公司的副产品。利用货舱运力可以不增加折旧成本和飞机飞行成本而获得可观的收入。如果利用夜间运力运货，所增加支出的也只是一些飞行成本和销售费用而获得货运收入。所以，发展货运，可以有效地提高公司收入，降低公司成本，使公司取得成本优势，而增强竞争力。

创新产品是企业具有活力的重要表现。一贯生产和销售陈旧的产品，不仅在消费者心目中留下落伍的形象，而且必然会走上自我窒息的绝路。

二、运输企业怎样开发新产品

运输企业向市场推出的是无实物形态的产品，怎样开发新产品？航线航班是航空公司的产品线，开辟了一条新航线，就是开发了一项新产品。除此以外，还能推出什么新产品？这里，举一些实例来说明运输企业的新产品是什么，运输企业怎样开发新产品。

1. 北京天九共享航空服务咨询集团有限公司的新产品——公务机"拼多多"

2020年9月，北京天九共享航空服务咨询集团有限公司宣布国内首款共享专机，其采用共享模式，每架飞机产权分为40等份，即每位机主支付2.5%的价格即可享受专机服务。首批40位共享公务机机主，将以每人200万元人民币的份额共同认购一架巴航工业飞鸿300E型公务机，而首批40位共享直升机机主，将以每人20万元人民币的份额共同认购一架贝尔505型直升机。每位机主每年享受9天的底价飞行，成本价飞行则不限量，其中底价是市场价的三分之一，成本价是市场价的50%。此外，机主根据自己的使用量也可以购买多份，并享有相应的飞机产权及使用权。

北京天九共享航空服务咨询集团有限公司在公务机商务模式上的创新，意图实现共享经济、共享产品这张强大的网，企业间互相牵引、互相成就、互相拓展。专家认为，此产品将开启中国公务出行的全新篇章。

2. 新冠肺炎疫情下的"复工包机"产品

新冠肺炎疫情下，各大航空公司载客量断崖式下跌，中国民用航空局数据显示，2020年2月，全国民航共完成运输总周转量25.2亿吨公里，同比下降73.9%。旅客运输量834.0万人次，同比下降84.5%。货邮运输量29.7万吨，同比下降21%，行业共亏损245.9亿元，其中，航空公司亏损209.6亿元，创单月亏损最大记录。209.6亿元亏损，这一数字远超国内三大航（国航、东航、南航）2018年归母净利润的总和（130.28亿元）。航空公司纷纷积极"开源"与"节流"以进行应对。节流包括减少航班、窄体机运行、降低人力成本等。开源除发债融资外，更重要的是包机复工，开展定制服务。截至3月，已有南航、东航、春秋航空股份有限公司、吉祥航空、厦航、河北航空有限公司、广西北部湾航空有限责任公司、福州航空有限责任公司、重庆航空等20余家航空公司推出包机定制服务，助力复工复产。2020年5月，为促进复工复产，提升国际客运包机审批效率，中国民用航空局下发通知，对经国务院联防联控机制（或其外事组）批准，或者符合中外快捷通道要求的复工复产国际客运包机计划审批工作程序进行临时性调整，建立"绿色通道"，优化工作流程、缩短办理时间。

3. 随心飞产品

2020年，整个航空业遭遇"黑天鹅"。新冠肺炎疫情冲击之下航空业积极开展自救，"随心飞"产品可称为航空公司的花式自救。

2020年6月18日，东航发布了一款售价3322元的"周末随心飞"产品，其核心是"周末不限次"与"国内任意飞"的关键权益。该产品排除了多在工作日出差的商务旅客，契合两地分居、异地工作和异地求学人士的出行需求，也对旅游爱好者、摄影师、中老年旅行团等高出行频次群体具有吸引力，通常情况下只需飞1~2个往返就能值回票价，满足每个周末都能"回家看看""出去走走"的愿望。根据东航提供的数据，截至6月24日，拥有"周末随心飞"权益的旅客已经成功兑换出超过10万张机票，意味着这一轮促销为东航带来了3亿元以上的现金流，至7月中旬，"周末随心飞"客流超过25万人次，年底有望带动总数250万人次的旅客出行。8月5日，东航面向具有高频出差需求的企事业单位推出3456元"早晚随心飞"服务，购买对象可在周一到周五工作日、不限次数乘坐早八点前和晚八点后计划起飞的东航、上航国内航班（不含港澳台），据测算，该区间航班量约占东航和上航总量的30%，城市覆盖率达到67%。9月10日，东航又推出覆盖周一到周五全时段，有效期至2021年6月30日，售价分别为4567元和5678元"西域随心飞"和"湾区随心飞"产品，面向个人用户和企业开放销售，这是时间维度向空间维度的首次转变，旨在以航空引擎加速推动区域经济发展，提振航旅服务全产业链。9月25日北京大兴国际机场投运一周年之际，东航又正式发布6666元"大兴随心飞"航空产品，这是民航业首款专注于一处城市的"随心飞"产品，也是民航央企推出的首款同时覆盖"全服务"和"经济型"两大产品线的"随心飞"产品，支持北京大兴国际机场进出港的东航、上航和联航航班，有效期至2021年6月30日，不覆盖春运。

与此同时，东航还推出了一系列配套产品，例如，"选座畅享卡"，分99元尝鲜价和169元限量价进行发售，可优选周一至周日任意航班，无限次兑换座位；"567贵宾室随心享"，该产品可在乘坐东航、上航航班前进入上海、北京、西安、昆明、成都、宁波等16个城市、18座机场的20余间东航贵宾室，周五、六、日无限次使用；"空铁联运"，围绕虹桥枢纽为中心，用户可自由选择飞机+火车的个性化最优方案。

作为首创推出现象级"随心飞"系列产品的航空公司，东航用"随心飞"带动"随心游""随心兑""随心住""随心享"等，打造从传统的航空运输服务到旅行链条各个环节的"随心"系列产品，让"随心"成为一种流行的生活方式，助力构建"大循环""双循环"新发展格局。

东航之后，春秋航空股份有限公司、海航、华夏航空、上海吉祥航空股份有限公司、云南祥鹏航空有限责任公司、川航、南航、厦门航空有限公司（以下简称厦航）、青岛航空股份有限公司、奥凯航空有限公司、瑞丽航空有限公司也陆续推出了类似的产品。

例如，9月28日，海航集团旗下包括海航、大新华航空有限责任公司、北京首都航空有限公司、天津航空、云南祥鹏航空有限责任公司、西部航空有限责任公司、广西北部湾航空有限责任公司、乌鲁木齐航空有限责任公司、福州航空有限责任公司、长安航空有限责任公司、桂林航空有限公司、金鹏航空股份有限公司12家航空公司联合推出全国版随心飞——"海航随心飞，畅享中国行"产品，通航点覆盖北京、上海、广州、深圳一线城市以及杭州、成都、重庆、杭州、西安、天津、南京、郑州、长沙、海口、三亚、沈阳等150余个国内大中城市近900条国内航线。

又如,九元航空于 9 月 29 日推出各类"随心飞"伴侣型机票产品"安心飞",其不同之处在于此产品使用场景设置:为所有已购买其他航空公司"随心飞"类产品的旅客,凭借任何一款其他航空公司"随心飞"类产品因航变不能成行的凭证,即可兑换九元航空航班计划起飞时间前 24 小时(含)至航班计划起飞时间前 2 小时(含)之间的机票。兑换的航班日期为原订的其他航空公司"随心飞"类客票航班起飞日期当天或前后一天,且起始地和目的地一致的航线的航班。通过九元航空"安心飞"产品小程序上传"随心飞"机票因航变不能成行的凭证,即可使用此产品权益。

当然,随着商旅、跨省游的恢复,航空公司上座率复苏,"随心飞"作为航空公司疫后提升上座率的创新营销、具有特定"赏味期限"的产品,逐步将淡出市场。

4. 通用航空

通用航空是指使用民用航空器从事公共航空运输以外的民用航空活动,包括载客类、作业类、培训类、个人娱乐和其他五大类。载客类通用航空包括公务飞行、通勤飞行、航空旅游、医疗救护。公务飞行是以满足商务需要为目的的飞行,是对航空运输个性化需求不足的弥补。通勤飞行是一种专门为方便边远地区村镇、社区和矿山等地方居民日常出行、经济往来和航空运输的方式。作业类通用航空包括农林作业、航空测绘、航空摄影、航空测量、侦察鱼群、海上救护、狩猎飞行、高速公路疏导等。培训类通用航空包括通用航空培训和运输航空培训。

通用航空作为一种战略性新兴产业,对于扩大内需、调整经济结构、促进科技进步和构建综合交通运输体系均具有重要意义,同时更具备潜在的准军事性质和军事战略价值。

自 2019 年底新冠肺炎疫情防控"战疫"打响以来,通用航空(无人机)企业在紧急运送医疗物资、开展航空喷洒(消毒灭杀)和空中巡查作业等方面做出了积极贡献。截至 2020 年 2 月 24 日,楚天通航、中信海直、上海金汇、德胜通航等 138 家通航企业,使用 864 架航空器,共执行 272 次疫情防控任务,累计飞行 2009.26 小时 6596 架次,运送各类药品和物资 73.881 吨,开展航空喷洒作业 3048 次,执行空中巡查任务 899 次,执行空中拍照作业 436 次、空中广告作业 637 次。其中在湖北地区共有 43 家通用航空企业使用 110 架航空器执行了 60 次疫情防控任务,累计飞行 408.85 小时 448 架次,运送各类药品和物资 66.02 吨。面对航空运输领域航班量大幅减少,小批量、多批次、"点到点"的医疗人员和物资运输需求迫切,消毒灭杀任务繁重的严峻形势,通用航空以其航空器类型多、作业项目全、起降要求低、机动能力强以及短途运输灵活、方便、快捷等特点,已成为民航行业坚决打赢疫情防控阻击战的重要支撑。

通用航空是民航强国建设的重要内容,从"十二五"开始,我国通用航空发展逐步引起社会关注,2011 年国务院、中央军委印发了《关于深化我国低空空域管理改革的意见》,2016 年,国务院办公厅印发了《关于促进通用航空业发展的指导意见》,国家有关部门开展了 41 项通用航空示范工程和 26 个通用航空综合示范区建设,国家空管委、民航发展基金中安排了支持通用航空发展的专项资金,对符合条件的通用航空企业、通用航空机场进行补贴,民航局持续推进低空空域管理改革试点,探索符合我国的通用航空发展新模式。

2017 年底,获得通用航空经营许可证的通用航空企业 365 家,其中,华北地区 92 家,中南地区 77 家,华东地区 80 家,东北地区 32 家,西南地区 40 家,西北地区 32 家,新疆地区 12 家。通用航空在册航空器总数达到 2297 架,其中教学训练用飞机 680 架。

截至 2018 年底,获得通用航空经营许可证的通用航空企业 422 家,其中,华北地区 96 家,中南地区 37 家,华东地区 106 家,东北地区 89 家,西南地区 52 家,西北地区 27 家,新疆地区 15 家。通用航空在册航空器总数达到 2495 架,其中教学训练用飞机 692 架。通用航空机队规模达到 2495 架。共有 126 座通用机场获得颁证,全行业颁证通用机场数量达到 202 座。

从《2018 年民航行业发展统计公报》分析发现,一个值得注意的亮点是首次出现无人机数据,全行业无人机拥有者注册用户达 27.1 万个,其中个人用户 24 万个,企业、事业、机关法人单位用户 3.1 万个,全行业无人机有效驾驶员执照 44573 本。全行业注册无人机共 28.7 万架,无人机经营性飞行活动达 37 万小时。

2017 年,全行业完成通用航空生产飞行 83.75 万小时,相较 2016 年增长 9.5%。其中:工业航空作业完成 8.93 万小时,增长 7.8%;农林业航空作业完成 5.96 万小时,增长 16.8%;其他通用航空飞行 68.86 万小时,增长 9.2%。完成了 93.7 万飞行小时,业务结构发生了显著变化,从工农业作业等传统业务转向短途运输、低空旅游、公务飞行等新兴业务。

2018 年,全行业完成通用航空生产飞行 93.71 万小时,比 2017 年增长 11.9%。其中:载客类作业完成 8.47 万小时,比 2017 年增长 7.9%;作业类作业完成 15.39 万小时,比 2017 年增长 6.4%;培训类作业完成 30.65 万小时,比 2017 年增长 18.6%;其他类作业完成 4.99 万小时,比 2017 年增长 200.5%;非经营性完成 34.21 万小时,比 2017 年增长 0.8%。

截至 2019 年 10 月底,颁证通用机场总数已达 240 座,在中国民航历史上首次超过运输机场数量(238 座);通用航空企业 475 家,较 2018 年底净增 53 家;机队规模 2637 架,净增 142 架;作业飞行 87.4 万小时,同比增长 11.7%;实名登记无人机 37.6 万架,净增 10 万架,各类飞行 121 万小时。

根据国际通航发展经验,一个国家或者一个地区的人均 GDP 突破 6000 美元大关,对通航的需求将呈现快速爆发和增长。截至 2013 年,我国人均 GDP 已突破了 6700 美元;截至 2017 年,已经超过 8800 美元水平。然而,与同时起步的欧美国家相比,我国通用航空产业尚处于发展探索的萌芽。

(1)通用航空规模较小,供给侧改革背景下有效供给不足问题。一个完整的航空产业链,通航规模需要占据航空产业整体的 10%~15%,通航飞行总量在民航飞行总量中占一半以上,而我国 2017 年、2018 年数据显示,通航在民航飞行总量占比仅为 8% 左右。

(2)内部结构失衡,2006 年我国通用航空总飞行时间仅为 21.29 万小时,2011 年为 50 万小时,2017 年为 83.75 万小时,2018 年为 93.7 万小时。美国 2017 年完成通用航空飞行 2521.2 万小时。

2017 年数据显示,我国通航飞行总量中,娱乐、私人飞行活动占比为 1%,商务飞行占比为 11%,相较全球 60% 的交通、娱乐、运动、医疗救援等通航飞行量有着巨大的差距。飞行培训是现阶段我国通用航空市场的主体部分与动力来源,2016 年,飞行培训时间占总作业时间的 65%,工业航空作业时间占比 11%,农林业航空作业时间占比 7%,其他飞行作业时间占比 17%。

(3)通航企业普遍处于亏损状态,每年盈利达到千万元以上的并不多,在 2016 年之前,尽管有政府的补贴,仍然有 60% 左右的企业处于亏损。2017 年,在机场、运营企业、飞机数量增加的情况下,飞行总量却下降了,每架飞机日均飞行不足 1 个小时,若剔除训练飞行,其他的日均飞行更是不足 0.6 个小时。

(4)国内通用飞机研发制造基础薄弱,产品及能力与国外先进水平存在差距,2018年,美国制造商共交付通用飞机1746架,占全球市场的71.5%,美国2018年共有通用航空器21.2万架,2018年我国在册通用航空器为2495架。

(5)公务机起降机场、专门服务于通用航空作业的小型机场(在我国通航划分为Ⅳ类直线/直升机机场)十分匮乏,2016年美国通用机场约为2.23万个,而我国到2017年底仅为91个(含临时起降点也只有511个)。同时,也存在通用航空基础设施和保障体系欠缺、利润率低、空域不能充分利用等问题。

通用航空未来需求将会受到全球经济增长、支持政策、人口变化等因素影响;新兴市场,特别是中国市场的需求对未来全球市场的增长会有很大影响;另外,电推进技术、人工智能和无人飞行技术的发展也会影响市场的需求。据预测,未来10年中国市场通用航空器需求量为12500架,价值515亿美元。

三、新产品推广和消费者接受过程

新产品进入市场以后,由于各种新产品都在一定程度上引起消费者生活习惯或使用方式的改变,因此,新产品被消费者广泛接受和采用,需要一个过程。此过程有快有慢。例如,美国联邦快递公司的快速运输服务从开业到被消费者广泛接受花了4年时间;而从1903年第一架飞机试飞成功到DC3型飞机投入航线运营,花了33年时间。

1. 消费者接受新产品的一般规律

1930年,美国的罗吉斯调查了500多个实例,总结了人们接受创新产品的心理活动过程。后来,经过他人的进一步研究,概括了人们接受新产品的五个阶段。

(1)知晓阶段:一个人开始获知存在某一种创新产品,但还缺乏有关新产品的比较完整的资料。他的主要情报来源是广告,或者是听到别人说起。

(2)兴趣阶段:消费者知晓了某种新产品后,被激发起对其的兴趣,积极寻求有关情报,并产生了购买试用的动机。

(3)评价阶段:消费者根据所了解到的知识,开始权衡使用这种新产品是否值得,即使用该产品会带来哪些利益和可能的风险。

(4)试用阶段:顾客开始少量试用。对于价格较贵的新产品,消费者往往先试用后再购买;对价格低廉的产品,则先少量购买。

(5)采用阶段:顾客试用后得到满意的效果,开始正式购买或重复购买。从试用阶段到采用阶段,个人情报比广告宣传重要得多,顾客们相互传播情报对于某一种新产品的广泛被采用起着重要作用。

企业在推广新产品的营销活动中,必须尽可能地向消费者提供商品信息,让消费者及时了解新产品的出现,并尽可能在价格、包装以及分销渠道等方面便利消费者的试用。一个好的创新产品,只有在被消费者充分了解和信任的前提下,才会被真心接受和采纳。同样,一个新进入某一地区运输市场或某一条航线的运输企业,也只有在被消费者充分了解和信任的前提下,才会被接受,才能在市场上站住脚。

2. 新产品的要素

新产品应具备被消费者接受的重要因素。

（1）相对优点。相对于已有产品或竞争产品，新产品应有独特的优点。这种优点越大、越明显，越容易被普遍接受。所谓相对优点，就是比较利益，即新产品无论在质量、性能、使用和价格等方面，都能够给消费者带来比原有产品较多的利益，这样的产品就较能为消费者接受。如在两个未开航空线城市之间开通航空运输，显示出快速的相对优点；在已有公司开航的航线上投入更新的机型，显示出舒适的相对优点，或者强调本公司的准点率，人为误点给予经济赔偿等，都是相对优点。

（2）适应性。新产品同社会的消费习惯及人们的价值观念比较适应，就比较容易被接受；反之，如果与当地市场的消费习惯、价值观念不相适应，就较难推广。因为，改变人们久已形成的观念和习惯，培养新的观念和习惯，都不是短期内能办到的。

（3）简易性。新产品的结构和使用方法要力求简单易懂。越简便易操作，被消费者接受的过程越短。介绍新产品的特点和使用方法时，内容应当明确实在，切忌字句空泛，使人迷惑不解。宣传越是切合实际，说服力越强，产品也越易于被接受。

（4）可试性。潜在顾客对新产品感兴趣以后，通常都想先试一试，满意后再作出购买决策。许多企业针对人们对新产品常有先试后买的心理，在销售活动中注重采用赠送样品、展览、示范等方法，目的都是增强新产品的可试性，使其易为消费者接受。

（5）获利性。企业革新产品是以满足消费者需求为前提，以增加盈利为目的。因此，创新产品的成本和价格既需被市场接受，又能使企业获利。

3. 新产品采用者的类型

新产品在市场上出现以后，不同的人反应快慢不同，接受的程度也不同。企业对新产品采用者进行分类，可以有针对性地进行销售促进工作。英国市场学家根据调查资料把新产品采用者分为五类，其比例见表5-2。

新产品采用者类型比例 表5-2

采用者类型	性格	占总数百分比(%)
逐新者	冒险	2.5
早期采用者	好胜	13.5
中期采用者	慎重	34.0
晚期采用者	怀疑	34.0
落后者	保守	16.0

（1）逐新者。亦称最先采用者，即当某种新产品刚在市场上出现不久便大胆尝试，迅速采取购买行动的购买者。这类购买者性格特点是勇于创新、不怕风险；追求时尚，爱好交际；对新事物敏感，市场信息灵通；自主性强，受社会和群体规范的约束小；经济状况好，不怕买错上当。逐新者是新产品的第一批顾客，企业应该特别重视其领导和传播作用。

（2）早期采用者。这类购买者是当某种新产品刚被少数人试用时便决定购买。其性格特点是求新、好胜、趋美的心理需求和购买动机强烈；追求时髦，渴求变化；市场信息来源较多，愿意接受新事物，有一定冒险精神；有较高的社会地位，比较年轻，经济状况好，社会交际广泛，活动能力强，要求被人尊重，喜欢传播信息，常成为某一范围内的舆论导向者。他们对于新产品的传播影响力最大。

（3）中期采用者。这类购买者是当某种新产品的购买者日益增多，产品的优越性逐步显露,并得到逐新者或早期采用者肯定后,便开始购买。其性格特征是审时、慎重,情绪反应不强烈,模仿性强;有选择地参加社交活动,不固执己见,相信相关群体成员的意见,愿顺应潮流。新产品问世之初,往往持观望态度。等到有可靠、可信的信息,或是社交群体大部分接受了才参加购买。

(4)晚期采用者。这类购买者是在产品已被大多数购买者采用的情况下,才开始购买。其性格特征是审慎、求实,感情不易冲动;社会交往较少,不易受环境感染;对新鲜事物抱有一定的怀疑,相信多数人意见,遵从社会或群体规范,注重与社会上绝大多数购买者的行为基本保持一致。也有的购买者延迟购买是由于尚未产生对产品功能的需要,或支付能力不足,或市场信息闭塞。

(5)落后者。这类购买者是最后采用某种新产品的人。其个性性格特征是保守、持重、顾虑重重,内向或孤僻,注意力不易转移;对事物认识比较固定化,极端重视传统和经验,不愿改变消费习惯;社会交往少,不相信大多数人的意见,信息比较闭塞。一般要到迫不得已的情况,才肯放弃固有的消费观念、态度和习俗,最终逐渐接纳新产品。此外,需求水平、动机强度、经济收入、受教育程度和职业等也是促成人们成为落后者的重要因素。有些消费者由于年龄原因,失去了对新事物的兴趣,倍加留恋以往的消费,甚至向往以前想得到而一直没能如愿的东西。

从销售角度看,动员劝说逐新者和早期采用者购买新产品是新产品推广的关键。因为,社会的大部分人模仿他们的行为,他们是带动新产品打进市场的基本队伍。

第四节　产品寿命周期

产品寿命周期是市场学中一个十分重要的概念。任何产品同人的生命一样,在市场上有一个发生、发展到最后被淘汰的过程。一种新产品代替一种旧产品,就意味着旧产品市场寿命的终了。企业所以要不断推出新产品,就是为了延续产品的寿命周期。不同产品处于寿命周期的不同阶段,企业要运用不同的营销因素组合,才能维持或扩大销售量。所以,在市场营销中,产品寿命周期概念被广泛使用。

一、产品寿命周期的概念

产品寿命周期不是指产品的使用寿命,而是指市场寿命。某产品在研制阶段,可以说处于胚胎时期,一旦进入市场,就开始了自己的市场寿命。从产品进入市场到被市场淘汰,是产品的整个寿命周期。一种产品的寿命周期大致分为四个阶段,即市场介绍阶段、市场增长阶段、市场成熟阶段和市场衰退阶段。不同的产品在不同的市场条件下,寿命周期的表现形式不一样。

1. 行业产品寿命周期

在一个行业中,所有企业经营的同一种产品的寿命周期,如图5-5所示。

(1)介绍期:指产品刚刚进入市场,处于向市场推广介绍的阶段。

(2) 增长期:指产品已为市场的消费者所接受,销售量迅速增加的阶段。
(3) 成熟期:指商品在市场上已经普及,市场容量基本达到饱和,销售量变动较少的阶段。
(4) 衰退期:指商品已过时,为新的更受市场欢迎的商品所替代,销售量迅速下降的阶段。

图 5-5 中的全行业销售额,是行业产品寿命周期的一般趋势。当行业销售额仍在上升时,由于竞争加剧,利润已经下降;而当利润开始下降时,一个时期内竞争者还在增加。所以,销售额曲线是制订销售计划的基础,而利润曲线是制订产品策略的重要参考。

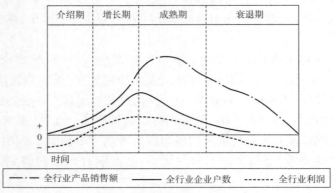

图 5-5　行业产品寿命周期

各种行业经营的产品不同,产品寿命周期及其经历各阶段的时间长短也不同。有些行业的产品如时装等,整个产品寿命周期可能只有几个月;有些行业的产品寿命周期可以长达几十年,如运输业。每种产品经历寿命周期各阶段的时间也不尽相同。有些产品经过短暂的市场介绍阶段,很快就达到增长、成熟阶段;而有些产品的介绍阶段经历了许多年,才逐步为广大消费者接受。各行业的产品,也不一定都非经历寿命周期的四个阶段不可。有的产品可能刚进入市场介绍阶段不久就衰退,成为"短命"产品。有的产品则可能一进入市场就达到增长阶段。各种产品寿命周期的特殊表现如图 5-6 所示。所以,图 5-5 所显示的产品寿命周期曲线是一条理论曲线。它只是说明产品在市场中发展变化的正常条件下的规律性,不包括由于特殊因素影响所造成的特殊变化和情况。

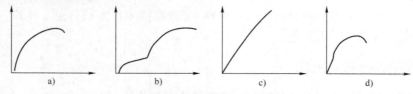

图 5-6　产品寿命周期的特殊表现
a) 短暂的介绍期;b) 漫长的介绍期;c) 漫长的增长期;d) 快速的衰退期

空运市场的产品寿命周期因地区航线而异。经济发达的地区,如厦门和温州,航班迅速发展,欠发达地区开航后,则面临航线的取消。

2. 企业产品寿命周期

对一个企业来说,其产品寿命周期可能与全行业的产品寿命周期略有不同,如图 5-7 所示。

在产品进入市场介绍期时,个别企业的状况也许同全行业的情况是一致的。但是,进入增长期后,就出现了越来越多的竞争者,这时,就必然有一些企业增长得快一些,有的企业增长得慢一些。经营较好的企业,可能通过有效的销售因素组合,尽量延长产品的增长期和成熟期;而当产品到达成熟阶段末期,企业从盈利观点出发,又可能自动结束产品寿命,迅速退出市场。可见,企业可以选用产品寿命周期概念,作为产品管理的重要工具。

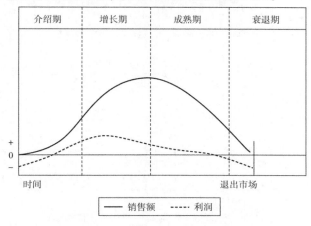

图 5-7　企业产品寿命周期

3. 产品寿命周期的再循环

在市场活动中,并不是每一种产品的寿命周期都如图 5-6 或图 5-7 所示。由于产品的类型不同,特别是企业可以采取各种销售策略,使产品寿命周期延长,或者出现再循环,如图 5-8 所示。

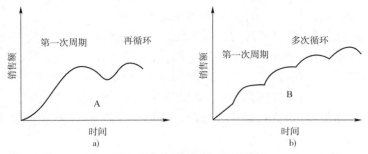

图 5-8　产品寿命周期的再循环

图 5-8a)显示,有的产品进入市场后,很快度过销售缓慢上升的市场介绍期,销售量迅速增长。进入成熟期以后,销售也很快下降。经过促销努力,又重新出现增长趋势。图 5-8b)显示,有的产品进入市场成熟期后,不等销售量下降,就进一步发展产品的新特点,或者采用新的销售策略,或者寻找到新市场,扩大了市场容量使销售量从一个高潮走向另一个高潮,出现多次循环的趋势。这种再循环,实际上是整个产品寿命周期的延长,它对企业是有利的,但是必须作出极大的努力。

二、产品寿命周期各阶段的特点

产品在寿命周期各阶段具有不同的市场特点。针对各阶段的市场特点采取相应的营销策略,才能获得成功。各阶段的特点可以从销售量、价格、成本、利润、市场竞争和消费者的态度等角度进行观察。

1. 产品寿命周期与成本、价格及利润的关系

产品寿命周期与产品的生产成本、价格和利润之间,有着密切的联系,它影响着企业的经营,影响着企业的经济效益,关系到企业投资的回收和企业的生存和发展(图5-9)。

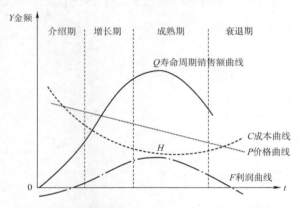

图 5-9 产品寿命周期与成本、价格及利润的关系

图 5-9 中,曲线 Q 显示了商品销售额在寿命周期各阶段的变化。在介绍期,消费者对新产品缺乏了解,不愿改变以往习惯去购买。因此,在此阶段销售量小,销售增长率低。经过介绍推广,商品为市场充分了解并接受,商品销售量迅速增加,产品进入了增长期。在成熟期,由于市场竞争者增多,市场普及率提高,市场容量接近饱和,销售量增长速度减弱,到了成熟期的后阶段,销售量开始降低。当市场出现了更新颖、功效更大的商品,或者消费者的需求转移,对原有商品不再感兴趣时,商品就进入衰退期,销售量迅速下降。

C 为与产品寿命周期各阶段相适的成本曲线。当产品刚投入市场时,正处于试产、试销或小批量生产阶段,成本很高,加之产品刚进入市场,需要较多推销费用,产品成本可能高于市场价格。此后进入增长期,生产批量增大,生产费用减少,表现为成本下降,降到市场价格以下,企业开始有利可图。产品进入成熟期,成本继续下降,但降到 H 点时,由于竞争激烈,本类产品增多,为维持本产品的市场地位,必须改进产品和加强推销宣传,使成本增加,直至产品进入衰退期被淘汰为止。

P 表示产品市场价格曲线。价格曲线在产品寿命周期各阶段一直呈下降趋势。在产品刚进入市场时,因无竞争者,可以以较高价格出售。进入成长期后,并经过成熟期,成本降低,竞争者日益增多,必须采取降价策略,以维持市场地位,直至产品进入衰退被淘汰为止。

将产品的价格与成本相抵,即图中价格曲线 P 与成本曲线 C 相叠减,就得到利润曲线 F。于是,产品寿命周期各阶段利润情况,一目了然。在介绍期发生亏损;进入增长期,产生盈利。进入成熟期,利润达到最高点;随着衰退期的到来,盈利下降;到一定点,再度发生亏损。

2. 市场竞争与消费者反应

在产品介绍期,由于成本高、销量少、知名度低,有的商品还有亏损,企业的竞争对手是不多的。此时,大多数消费者一般持观望态度。购买者往往是一些喜欢创新或者对商品已经非常熟悉的人。

当产品被消费者认可后,消费者就会从观望转变为积极购买。在商品增长期,购买或使用该商品往往成为一种时髦,一些经济条件较优越的人,或者年轻人,会想方设法地去获得此种商品,在这个阶段,商品的质量和服务是次要的。此时,由于市场欢迎,利润增加,会吸引大量的竞争者,各种仿制品、代用品以至冒牌商品都会大量出现,直接危害企业的声誉和市场地位。

在成熟期,由于商品已家喻户晓,市场投放量又大,大部分消费者都愿意购买,但是,人们对商品的质量要求,附加利益等要求也日益提高。此时,同类商品之间的削价竞争、广告竞争和销售服务竞争也日益激烈。

当商品进入衰退期后,由于市场没落,绝大部分消费者都已不再继续购买,只有一些持保守心理的人,或者经济条件差想购廉价货的人才继续购买。企业盈利急剧减少,大部分竞争者都纷纷退出,转向其他商品的经营。留存的竞争者主要目标是推销库存,竞争的手段主要集中在价格和营业推销方面。

三、产品寿命周期各阶段的营销策略

不同产品在不同的市场、不同阶段,产品寿命周期各有不同。因此,企业的销售策略不能一成不变。对于企业来说,运用产品寿命周期理论主要有三个目的:①使自己的产品尽快、尽早地为消费者所接受,缩短产品的市场介绍阶段;②尽可能保持和延长产品的增长阶段;③尽可能使产品以较慢的速度被淘汰。因此,企业应根据产品寿命周期各阶段的特点,采用相应的营销策略。

1. 介绍期的营销策略

在介绍期,消费者对商品十分陌生,企业必须通过各种促销手段,尽快推广商品,力争提高商品的市场知名度。同时,由于介绍期的生产成本和销售成本相对较高,企业在给新产品定价时,又不得不考虑此因素。所以,介绍期企业营销重点主要集中在促销和价格两方面,一般有四种可供选择的市场策略,如图 5-10 所示。

图 5-10 介绍期的营销策略

(1)高格调策略。产品定高价,同时运用大量宣传工具集中而上,推出新产品。力求一炮打响,迅速扩大销量,抢先占领市场,并希望在竞争者还没大量出现之前就能收回成本。采用这种策略的市场环境是:商品品质特高,功效特殊,无其他产品可替代,已知此新产品的消费者求购心切,愿出高价;大部分潜在消费者根本不了解此新产品,一旦了解也愿接受高价;企业面对潜在竞争者的威胁,急需树立名牌。

(2)选择性渗透策略。采用高价格,花费少量广告宣传费用,如能奏效,将比上一策略获得更多的利润。但是,此策略的适用面很窄。只有在大部分消费者已经知道此新产品,并愿意出高价;市场容量相对有限,无法迅速扩大销量;产品的生产和经营有相当的难度和要求,一般

企业无法参加竞争时,采用之才能有效。

(3)密集性渗透策略。在采用低价格的同时作出大量的促销努力,目的在于先发制人,迅速占领市场,取得尽可能大的市场占有率,有效地限制竞争对手的出现。该策略的适用性很广泛,其市场环境是:市场容量相当大,可望在大量销售的同时降低成本;消费者对这种新产品不了解,又对价格很敏感;潜在竞争比较剧烈,领先者率先低价,扼制竞争。

(4)低格调策略。新产品进入市场时采取低价格,同时,不做大的促销努力。低价格有利于市场快速接受,低促销又能使企业减少销售费用,以弥补低价格造成的低利润或亏损。采用这种策略的市场环境是:市场容量大;顾客对这种新产品有所了解,且对价格十分敏感;有相当的潜在竞争者。

2. 增长期的营销策略

产品进入增长期后,越来越多的消费者开始接受并使用,销售额直接上升,利润增加,竞争者纷至沓来,竞争开始剧烈,市场开始细分,分销点增多。此时,企业营销的重点应放在保持并扩大自己的市场份额,加速销售额的增长上。可以通过以下策略达到上述营销目的:

(1)努力提高产品质量,增加产品特色,甚至改变产品的型号和款式。

(2)广告宣传要从介绍产品转向建立产品形象,争取创立名牌,以便保持已有顾客,争取新顾客。

(3)积极寻求新的细分市场,并进入有利的新市场;努力疏通并增加新的销售渠道,扩大销售面。

(4)选择适当时机降低售价,以吸引对价格敏感的潜在买主。

3. 成熟期的营销策略

新产品经过增长阶段,逐步进入成熟期。此时,销售量虽仍有增长,但市场已近饱和,竞争十分剧烈。这一阶段持续的时间较长,目前市场销售的大部分商品,大都处于市场成熟阶段,就我国的空运市场而言,已开始进入成熟期,而世界空运市场早已进入成熟期。此成熟期必将持续相当长的时间。虽在日本、法国因高速火车的出现使部分航线停运,但在全行业的范围内讨论空运的衰退尚为时太早。成熟期企业营销的重点应放在保持自己产品的市场份额上,并努力延长商品的寿命周期,促使出现再循环的局面。为此,可以考虑采取的策略有:

(1)改变市场策略。改变市场策略,不需要改变产品本身,只是改变产品的用途,或者改变销售方法,扩大销售对象。这种策略通常有三种形式:一是寻找新的细分市场,使产品进入尚未试用过本产品的市场。空运企业运用本策略的表现就是开辟新的航线。二是刺激现有顾客增加使用率。现有航空旅客略微增加乘机频率就是巨大的客源。三是重新树立产品形象,寻找新的买主。例如,航空旅行长期以来被认为是达官贵人的享受,英国莱克航空公司的总裁弗雷迪·莱克决意要设法满足中、下层人们的需要。与英国和美国的航空管理局争吵了许多年,才在1977年获准开辟了飞越大西洋、往来美国和欧洲城市的"廉价"机票航线。这是开世界航空业之先河的一个伟大创举。他创办了飞越欧美两洲之间、被称为"天空列车"的廉价机票航线。初办时,往来纽约、伦敦一次,只收费99美元,票价之廉,在当时确是举世无双的。倍受大西洋两岸小市民的欢迎,使许多社会地位低下的人有机会飞越大西洋探亲访友、观光旅行。莱克在欧美市民中赢得了"廉价机票之父"的美誉。"天空列车"开通,客似云来,生意兴旺,11个星期内,公司赢利百万美元。英国莱克航空公司被西方企业界誉为自由企业中获得

（2）改变产品策略。这种策略是提高产品质量或者改变产品的特色和款式，向顾客提供新的利益。例如，提高航班的准点率，向旅客提供更大型快速的飞机，使顾客旅行更舒服、时间更节约。新加坡航空公司总是使用最先进的机型投入其航班运行，其飞机的替换周期平均为57个月，它还准备进一步把服役机龄控制在两年左右。

增加产品服务，也是改变产品策略的重要内容，新加坡航空公司的机上服务更是有口皆碑。一登上新加坡航空公司客机，围着马夹式布裙的乘务员便翩然而至，引导入座，微笑着递上湿润清香巾；起飞后，马上送来尼龙软拖鞋和眼罩，不仅途中实用，还可留作纪念。过不多久，会奉上有四种文字印制精美的菜单，乘客可在2~5种主菜（视不同舱级而有别）中择其所好。配餐标准经济舱每餐7~13美元，公务舱每餐15~18美元，头等舱每餐25美元，饮料、酒类均不在内。经济舱旅客额外付款也可享用另两舱级的美酒佳肴。新加坡航空公司近年还推出多项常旅客优待方案，它是世界第一家向其常客提供全球范围紧急医疗援助的航空公司。其常客标准是：乘新加坡航空公司航班飞10万公里以上，或12个月内在飞行1.5小时以上航段上旅行至少15次的头等或公务舱乘客。

（3）改变营销因素组合。营销策略是营销因素组合的巧妙运用。为了延长产品的增长期和成熟期，除了改变产品本身以外，还可以改革其他营销因素。通过降低售价来加强竞争能力；改变广告方式以引起消费者新兴趣或潜在消费者的兴趣；可增加促销方式，如有奖销售，凭乘机机票兑奖可得一辆小轿车是新加坡航空公司曾经用过的手段；还可以采取扩大销售渠道、增加销售网点等办法，这是中国民航的几个大航空公司目前正在积极实施的办法。

4. 衰退期的营销策略

判定一种产品是否确已进入衰退期，需要进行认真调查研究，获得充分可靠的情报资料。其中，包括企业历年销售量和市场占有率的趋势、毛利率及投资收益率的变化等。航空运输可以用投放市场以待销售的运力的销售率来衡量。在投放运力不增加的情况下，销售率大幅度下降，可认为是衰退。但要注意区别个别航线的衰退、局部地区空运的衰退、整体市场的衰退。个别企业的竞争失败不能认为是市场衰退。还要注意区别由于局部地区的政治动乱、自然灾害和经济衰退而造成的空运市场的暂时衰退，与由于地区经济结构社会需求的改变或由于出现了更经济、更快速舒适的交通工具（高速火车、高速渡船）而使特定地区内的航空运输衰退的情况。

一般来说，在市场上，如果确认某种产品已进入衰退期，就要根据具体情况，作出继续留在市场还是退出市场的抉择。有的产品虽已进入衰退期，但是由于众多的竞争者都退出市场，而留在市场的企业往往可以暂时维持原来的销量甚至还可能增加。这时，可以继续留在市场。反之，则应慎重。留在市场经营衰退期产品的企业，可以采取几种销售策略：

（1）连续策略。即继续沿用过去的策略不变，仍然保持原来的细分市场、销售渠道、定价和推广宣传方法等。

（2）集中策略。企业把人力、物力集中到最有利的细分市场和销售渠道上去，缩短经营战线，从最有利的市场和渠道中获取利润。

（3）榨取策略。大力降低销售费用，精减推销人员，增加眼前利润，准备撤退。

从目前起的相当长的一段时期内，航空运输的衰退只是暂时的或局部的。所以，空运企业明智的策略是转移,即将运力投放到新的或销售率高的航线上。如果是局部的暂时衰退,则还要保留一定的维持量,以便时机成熟,卷土重来。

第五节　航空公司品牌战略

一、品牌的含义与作用

品牌,来源于古挪威语,意为"打上烙印"。现代的解释是企业为确认和辨别其所生产或销售产品或服务的名称、词语、标记、表征和设计,或是这些要素的组合。品牌是品质以及信赖和忠诚的象征,品牌是公众形象、名声或个性的象征,是蕴含无限价值的无形资产。

现今,民航业的竞争已经不再是能够单凭价格取胜的时代了,作为体验经济的航空服务业,在提供的产品航空服务上,具有同质性。在竞争激烈的今天,顾客选择航空公司,在很大程度上取决于航空公司的声誉,也就是该航空公司多年建立的品牌左右了顾客的选择,品牌是航空公司竞争的主要方面之一。因此,作为航空运输行业,打好"服务战",进而打好"品牌战"才是制胜的关键。

2008年4月18日被评为"深圳知名品牌"的深航始终秉承着"打造民族航空品牌、做特色航空领跑者"的品牌战略目标引领着深航"由优秀走向卓越",深航大力推进品牌战略,率先打破行业性的以"价格竞争、渠道争夺"为主的低层次的竞争格局,提前构筑深航的产品优势和品牌优势,快速提升市场核心竞争力。深航品牌之所以能够在国内民航脱颖而出,源于"特色航空"战略和机制优势以及不断创新的服务理念和服务产品,源于"真情、事业"为核心的特色文化和灵活高效的管理机制。

纵观国内外航空运输业的发展,成功的航空公司无不依托其成熟的品牌战略在激烈的市场竞争中处于不败之地。

新加坡航空公司以其优质服务著称于世,瑞士航空公司享有"旅客之家"的美誉,从它们的成功实践来看,品牌战略在竞争中的作用日益凸现。成功的品牌战略不仅使航空公司的产品增值,促进消费者的信心,获取利益的最大化,更为重要的是它能与时俱进,不断地发掘和培育企业的创新能力和增长潜力,构筑一个企业持续发展的平台。

"新加坡空姐"策略是新加坡航空公司非常知名的一个品牌。1972年公司成立时,新加坡航空公司就聘请了法国高级时装设计师 Pierre Balmain 为空中小姐设计了一款独特的马来沙笼可芭雅服装(南洋特色的本土服装)作为空姐制服,这款服装后来也成为新加坡航空公司最著名的公司标志,也是新加坡航空公司品牌体验中一次独特的视觉体验。"新加坡空姐"策略是个非常聪明的想法,近乎神话光环围绕着的她已经成为新加坡航空公司一个非常成功的品牌象征。"新加坡空姐"代表亚洲价值观和盛情,她是亲切的、热情的、温和的以及优雅的。它是新加坡航空公司服务承诺及优异质量的完美的人性化表现。"新加坡空姐"的形象非常成功,以至于1994年作为第一个商业人物陈列在伦敦的杜莎夫人蜡像馆。

为确保新加坡航空公司的品牌体验能够得到充分及持续的贯彻,新加坡航空公司对其机组及空乘人员进行全面和严格的培训。另外,新加坡航空公司招聘新员工的甄选程序极其严格,而这又进一步强化了"新加坡空姐"这个品牌象征。

南航某专业人士表示:"消费者之所以喜欢你们公司的产品,是因为他相信这个产品给他带来的价值比同类竞争产品更大。消费者之所以喜欢你们公司的产品,是为了避免或消除一种内心冲突。消费者之所以喜欢你们公司的产品,是因为他下意识地习惯使用这种产品。消费者之所以喜欢你们公司的产品,是因为产品使他自己更觉尊贵,也能在他人面前尽显身份。消费者之所以喜欢你们公司的产品,是因为他热爱这个品牌。"这就是品牌的力量!

二、航空公司建立品牌的着力点

1. 品牌定位——品牌核心价值系统

产生价值的品牌作为一种整合力量,不仅代表企业的形象,还代表企业的定位,可以为企业提供发展方向与目的。品牌定位的目的在于建立与竞争对手的区别优势,发现企业的核心价值。

要提升企业的品质,首先要成功将企业定位。国航的定位也是公司的四大发展战略,即做主流旅客认可、中国最具价值、中国赢利能力最强、具有世界竞争力的航空公司。其主流旅客主要是指公务、商务旅客,这是国航区别其他航空公司非常重要的一点。

美国西南航空公司以"单一经济舱飞行"为战略核心,形成短途品牌优势。最终成为短途飞行之王,创造出了比美国五大航空公司总和还高的市值。美国西南航空公司是"9·11"事件后美国航空业唯一不受政府补贴且保持盈利的公司,1997—2006连续十年获评"美国最值尊敬公司"。它们的战略理念是"我们为希望快速、低价、方便地乘坐飞机旅行的顾客提供了短途、简易、便宜的航班。我们全体员工将以饱满的工作热情和充沛的精力全心全意地、高效率地为您提供比我们的竞争对手更快速、更便宜、更优质的服务。"

2. 品牌创新——品牌的优势系统

航空运输市场是一个动态的市场,受诸多因素制约,具有多变性和不确定性。品牌建设需要与时俱进,需要持续补充,自我否定和创新。企业需要持续不断地创新,赋予商品或服务新的内涵和联想,即在商品或服务的物质生产之外,通过市场定位、形象设计、CIS、广告、促销、公共关系等一系列活动赋予商品或服务精神意义与价值,从而使品牌形象历久弥新,使品牌资产不断累积。创新在某种意义上就是"突破观念",一个经典的解释就是"使陌生的变得熟悉,使熟悉的变得陌生"。一个经典的案例就是美国西南航空公司在飞行前的常规安全介绍中说道:"这里有50种可能使你们永远离开你们的亲人,但飞机上却仅仅有6个紧急出口。所以,每一位乘客注意你现在的位置。"这种反常规的方法让乘客真正注意到了安全的重要性,是典型的"使熟悉的变得陌生"的方法。

克瑞森·日瓦戈认为,品牌是企业给出并履行的承诺——在每一个市场活动、计划、企业决策以及与客户的接触过程中,企业都在履行的承诺就是品牌。

3. 品牌维护——品牌危机的防范系统

尼尔·菲茨拉德曾经说过:"一次性、铺天盖地的广告宣传活动并不能建立消费者对品牌的信任。信任的建立是一个长期性的行为,它并不是靠嘴说就能够实现的,它需要实实在在的行动。并且,当品牌获得消费者的信任以后,它也可能突然失去消费者的信任——只需一次错误的决策,它就永远失去消费者的信任。"

2007年新加坡航空公司8小时内排除了因飞机返航带来的种种"险情",其速度之快、效率之高、乘客之满意,这一切足令国内航空公司学习。2007年1月24日9时,新加坡航空公司执飞SQ811航班的一架波音777-200飞机在起飞后不久,发现右侧发动机火灾告警器报警,机长随即决定返航。10时40分,SQ811航班返回北京首都国际机场。13时50分,国内所有相关媒体就收到了发自新加坡航空公司中国区公关部的一份简短声明,声明表示:"尚无确切消息表明告警器是因着火引起告警。飞机当时搭载有227名乘客和16名机组人员。新加坡航空公司正在协调安排,以保证乘客能够在第一时间继续成行……"

15时30分,全部滞留乘客被送往中国大饭店和国贸饭店休息。17时20分,新加坡航空公司中国区公关部发表更为详尽而准确的情况说明事故的原因已然明了,"由于气流干扰了隔热层,导致发动机火灾告警系统发出了错误的告警指示。"新加坡航空公司还阐明了此时的工作重点,即"为那些受这一事件影响的乘客安排其他航班前往新加坡,或是他们的最终目的地"。同时新加坡航空公司"将为那些不能在今天被转送的乘客安排住宿,费用由新加坡航空公司承担"。1月25日上午10时50分,休息了一夜的滞留乘客乘坐SQ811航班离开北京,飞往新加坡。

短短8个小时,新加坡航空公司完成了媒体通报、故障鉴定以及滞留乘客安排等工作,并且成功化解了外界因为"飞机发动机失火"的猜测而可能对新加坡航空公司产生的信任危机。新加坡航空公司之所以能够面临突发事件应对有条不紊,是因为具备一套精确有效的危机处理机制。

思考题

1. 怎样理解市场学的产品概念?产品概念包含哪些内容?
2. 怎样从市场学的角度认识新产品?
3. 产品组合包含哪些内容?怎样理解空运产品组合?
4. 空运产品的静态组合策略有哪几种?
5. 空运产品的动态组合策略有哪几种?为什么航空公司要经常调整航班?
6. 什么是航线结构?有哪几种航线结构?怎样选择适当的航线结构?
7. 为什么企业要开发新产品?
8. 从运输企业开发新产品的事例中能得到哪些启发?
9. 消费者接受新产品有什么规律?消费者可以分为哪些类型?
10. 什么是产品寿命周期?产品寿命周期各阶段的特点如何?可采用哪些相应的营销策略?

CHAPTER

第六章

营销渠道策略

渠道是指企业的产品或服务到达目标消费人群的路径。营销渠道策略指的就是营销渠道选择的意思,营销渠道策略是企业营销系统的重要组成部分。选择营销渠道,是企业实现有效营销、提高企业效益的最重要决策之一;有了符合市场需要的商品,如果没有适当的营销渠道,就不可能有效地把商品及时地输送到消费者手中。营销渠道又是决定商品价格的重要因素。企业的促销策略,更需要批发商、代理商和零售商的配合。商品的营销渠道错综复杂。由长期的历史因素所形成,且经常随着市场需求的变化而变化。所以,科学高效的营销渠道是企业的宝贵资源之一,称为销售或营销资源。任何企业对研究营销渠道策略都十分重视。

第一节 营销渠道的概念和空运运力销售特点

一、营销渠道的概念和结构模式

在现代社会,绝大多数生产企业并不是直接把制造出来的商品输送到最终消费者手里,而是需要通过一系列中间组织和个人的配合协调活动才能实现。这种活动的总和,在市场学上称为营销渠道。各种市场学教科书对营销渠道的表述各有不同,其含义却是一致的。如营销渠道是指商品自生产者经过中间商至消费者的整个过程;营销渠道是商品从生产者到消费者的转移方式、途径及路线;营销渠道是企业的产品经过流通的过程和环节进入消费领域的通道等。

具体来说,营销渠道包括以下五个方面的组织和个人:①批发商;②代理商;③零售商;④贸易有关单位(运输公司、仓库、银行和保险公司);⑤销售服务单位(广告公司、销售调研公司、销售咨询公司等)。

由于商品从生产者到消费者转移的方式、途径和路线不同,营销渠道有各种结构。研究营销渠道结构,可以从两个角度理解。一是从全社会的角度考察,分销渠道结构是整个市场商品流通渠道的结构,它包括商品流通渠道的数量、长短、主次、环节多少及渠道纵横交错网络等的问题;二是从企业的角度考察,营销渠道结构是指企业将商品从生产者转送到消费者或用户的具体的营销渠道结构。市场学着重研究后者。

根据营销渠道的长度与宽度的不同组合,营销渠道结构有不同的模式。所谓营销渠道的长度,是指某一营销渠道模式内中间环节的多少。中间环节多,渠道就长;反之,渠道就短。分销渠道越短,生产者自营销售的任务越多;渠道越长,批发商、零售商等中间商的营销量就越大。所谓营销渠道的宽度,是指某种商品的参与销售的中间商的多少。中间商多,销售面广,渠道就宽;反之,渠道就窄。营销渠道结构的基本模式,如图6-1所示。

1. 工业品营销渠道模式

工业品的营销渠道,如图6-1a)所示。一般可分为以下四种类型:

(1)生产者→工业用户。在工业品销售中,这种渠道模式占主要地位。特别是生产大型设备的企业,如飞机制造厂、火车机车厂、造船厂、发电机厂等,都直接向用户销售产品。

(2)生产者→工业品经销商→工业用户。生产原材料和小型附属设备的企业,常常利用工业品经销商达到用户。

(3)生产者→代理商→用户。凡是生产工业品的企业,自己没有设立专门的销售部门,多采用这种形式。企业试销新产品或者进入一个新的市场,也乐于用这种方式。

(4)生产者→代理商→工业品经销商→用户。这种形式与第三种情况基本相同,只是由于某种原因,不宜由代理商直接卖给用户,就经过经销商这个环节。在每种产品的单位销售量太小,或某种低值的标准配件,需要分散存货,以便迅速向用户交货时采用。

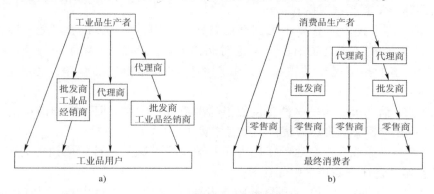

图 6-1 销售渠道结构基本模式

2. 消费品营销渠道模式

消费品营销渠道,如图 6-1b)所示。一般可分为以下五种模式:

(1)生产者→消费者。由商品生产者把自己的产品直接销售给最终消费者,不经过中间环节的转手买卖,是消费品的最简单、最短的营销渠道。如企业自己开设零售商店自产自销,有的家具厂在展销会上直接征求消费者订货、约期交货等。

(2)生产者→零售商→消费者。由生产者把商品出售给零售商,再由零售商转卖给消费者,是一种厂店挂钩的销售模式,经过了零售商一道中间环节。

(3)生产者→批发商→零售商→消费者。由生产者把商品出售给批发商,再由批发商转售给零售商,最后由零售商出售给消费者。经过两道或两道以上的中间环节。因为批发商还有大小之分,有多级的批发与转批。众多的小型企业和零售商乐意接受批发商,认为可以节约销售费用,扩大销售辐射面。假设有 3 个企业生产某种商品,供给 10 个零售商,这样就需要 30 条分配渠道,而且每扩大一个销售点,就需增加 3 条渠道。如果有批发商介入,制造厂和零售商都只与批发商沟通渠道,如图 6-2 所示,一共只需 13 条渠道,其扩散商品功能和经济效益是显而易见的。

(4)生产者→代理商→零售商→消费者。很多企业为了从烦琐的事务中脱离,委托代理行、经纪人或其他代理中间商把产品出卖给零售商,再出售给消费者。

(5)生产者→代理商→批发商→零售商→消费者。代理商接受了生产者的委托后,把产品先卖给批发商,再经过零售商到达消费者,是最长的营销渠道。

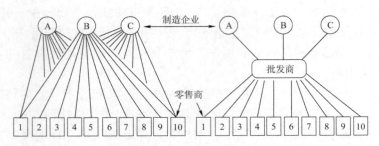

图 6-2　批发商业功能示意图

注：左图为工业品销售渠道结构基本模式，右图为消费品销售渠道结构基本模式。

3. 航空运输市场营销渠道模式

由于航空运输市场产品有其不可储存的特殊性，所以其产品的销售是一种先期行为，而产品的生产和消费又恰是在销售后一定时间内同时进行的。因而，对于航空运输企业来讲，其营销渠道的拓宽是至关重要的。我国的民航运输市场的营销渠道大体分为以下几种模式：

(1) 生产者→消费者。这是一种直接销售的渠道，不经过中间环节，由航空运输企业(生产者)自己的销售渠道直接将运力销售到旅客或货主(消费者)手中。

(2) 生产者→一类或二类空运销售代理商→消费者。这是一种间接销售的渠道，经过了一类或二类空运销售代理商这个中间环节。

一类空运销售代理商是指经营国际航线或者香港、澳门、台湾航线的民用航空运输销售代理商。此时，在航空客运销售中，一类空运销售代理商在其代理业务范围内，充当着航空运输企业的委托代理人，是航空运输企业的主要分销渠道。而在航空货运销售上，除充当以上的角色外，有时还充当着货主的委托代理人，这时，严格地讲，一类空运销售代理商又扮演了一个经销商的角色，而最终的消费者是各散货主。但销售代理商不可以在同一票业务中，既代理航空公司销售，又代理货主购买(托运)。

二类空运销售代理商是指经营国内航线(除香港、澳门、台湾航线外)的民用航空运输销售代理商。同一类代理商一样，二类代理商也兼有以上两种身份。

(3) 生产者→一类空运销售代理商→二类空运销售代理商→消费者。这是一种间接销售的渠道，经过了一类、二类两个中间环节。此时，一类空运销售代理商是航空运输企业的产品批发商，而二类空运销售代理商则是一类代理商的分销渠道。

当然，消费者还是最终的购买者。

二、营销渠道策略

选择营销渠道策略一般来说有以下四种。

1. 直接渠道或间接渠道的营销策略

选择营销渠道，首先要决定的是直接销售，还是利用中间商销售；是通过建立自己的营销机构还是通过中间商把产品送到消费者手中。不利用中间商，直接把产品出售给消费者，为直接销售。亦即由企业建立一支强大的销售力量，推销本企业的产品，因而，又称为"推的策略"。而通过大量的、有广泛影响的宣传工具做广告去激发消费者的购买欲望和动机，依靠中间商销售本企业的产品,称为间接销售,又称为"拉的策略"。一般来说,大规模工业制品、高技术产品、专用制成品都采用直接销售方式,其他均可通过采用中间商形式。

采用直接销售的优点有:

(1)销售及时,没有中间环节,减少中转流通的销售、储备费用。

(2)能及时获取市场信息,便于提供服务,便于与消费者接触,了解他们的要求并改进经营和服务,能不断地积累国际营销经验。

(3)能切实把握市场,加强推销。批发商、零售商经营各品牌的同类产品,不专为某一家的产品销售服务,因而,推销力量受到限制。而直销企业会特别关心自身产品销售和效益问题。

(4)便于控制价格。直接销售对市场供求、投入量、销售量和市场竞争情况,以及对控制价格有较大的主动性和灵活性。

正因为有上述的优点,不少有条件、有资金和实力雄厚的企业,自行培训推销人员,自建销售网,自己承担营销责任,独占营销利润,不须给中间商提成和支付佣金。例如,上航成立初期在其所开辟航班的各个城市都设立售票处,直接销售本公司的航班客座。如今,随着科技不断进步,网上直销已逐渐成为各企业直接销售的一种形式。在互联网上,各大航空公司都注册有自己的网站,介绍自己的企业文化、企业实力、所能提供的服务项目,并接受在线的查询与订座、订舱服务。这种直接销售与传统的直接销售相比,更贴近了消费者,无论何时、何地,只要互联网能触及的地方,都可以进行航空公司运力的自助销售服务。

但是,直接销售也存在着一定的缺点,如建立自己的销售机构会付出更多精力和费用,使制造商花费较多的投资、场地和人力,营销管理的事务也大大增加;同时,由于对目标市场了解不深,建立直销机构有时会遇到困难。许多消费面广、市场规模大的产品,任何大企业都不可能把产品全部直接出售给顾客,因此大多数企业乃至跨国公司在直接销售的同时,都广泛采用中间商进行的间接销售。

2. 长渠道或短渠道的营销策略

所谓营销渠道的长度,是指产品从生产者到消费者,整个过程中的中间环节的多少或中间层次的多少。所经过的中间环节越多,营销渠道就越长;反之,营销渠道就短。没有中间环节的销售,叫作直接销售。

运输产品销售的特点与运输市场中间商的特点决定了运输企业应采用短渠道营销策略。

3. 宽渠道或窄渠道的营销策略

所谓营销渠道的宽度,是指中间商的多少,由企业根据有关因素来确定中间商的多少。对中间商数目的选择一般有三种策略。

(1)专营性分销渠道策略。即企业在一定时间内和一定目标市场上,只选择一家中间商(批发商或零售商)销售自己的产品。此时的企业能够充分利用中间商的营销渠道,并能获得中间商的大力合作。通常情况下,往往订有合同,双方都实行"独家"规定。生产者在一个特定的市场区域内不能再委托、联系第三者来经营其产品;同样,中间商也不能再代销其他同类竞争性的产品。采用此种策略,企业所能覆盖的市场面较窄,而且一旦该中间商出现问题,企业要蒙受巨大损失。这种情况在运输市场上比较少见。

(2)选择性分销渠道策略。即企业根据本企业产品特点,在一个目标市场上,有选择性地仅精选少数的几家中间商。企业可借此扩大自身产品市场的覆盖率,也可对营销活动增强控制,便于对营销渠道进行调整,通过对中间商的控制和管理,提高效率和减少销售费用,但营销成本会有所提高。这种方式为大多数企业所采用,也是20世纪90年代我国空运市场采用的营销渠道策略。

(3)密集性的分销渠道策略。即选择众多的中间商分销自己的产品,也即宽渠道策略。通过此种策略,企业可最大限度地扩大自身产品市场覆盖率,增强竞争能力,适用于消费品和消耗品的销售。这是世界航空业的销售现状和发展趋势。

4. 单渠道或多渠道的营销策略

(1)单渠道营销策略。即企业根据本企业产品的特点,选择一种单一的销售渠道类型进入目标市场。如果企业产品在目标市场存在一定的垄断性,或产品技术在同类竞争者中绝对领先,企业的主要竞争重点在技术的开发和专利的保护上,则采用单渠道营销策略。

(2)多渠道营销策略。即企业在目标市场中,选择适合本企业产品营销的多种渠道相结合的营销策略。近年来,由于电子商务和移动电子商务的蓬勃发展,多渠道营销已经引起学术界的广泛关注,"互联网+"网络营销为多渠道营销策略提供了更多可能。

三、航空运输市场上客运分销系统演变过程

简单回顾世界民航发展史,1903年12月17日,莱特兄弟研制的第一架有动力驱动的飞机"飞行者一号"试飞成功,这是人类历史上第一次有动力驱动的、能持续稳定可操纵的、重于空气的载人飞行器的首次成功飞行。之后,航空客运分销系统经历了一系列的变革,如图6-3所示。

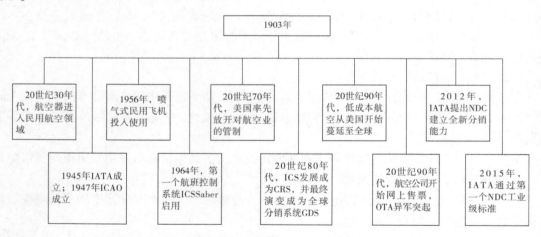

图6-3 航空客运销售系统的发展

由图6-3可以看出,随着航空运输市场的逐步开放,RES由最初的航班控制系统ICS演变为代理人分销系统(Computer Reservation System,CRS),进而发展成为全球分销系统(Global Distribution System,GDS),以及随着互联网技术的不断改进,OTA机票销售代理平台也纷纷占据一方市场。直到2012年,由国际航协提出了新分销能力(New Distribution Capability,NDC),并于2015年通过了第一个NDC的工业级标准。

RES 是航空运输市场上客运销售的虚拟交换场所。在这个交换场所中,卖方航空公司展示其欲卖出的航线航班运力。购买者选购所需航线航班运力和其他附带服务,由航空公司直销点和销售代理人通过计算机联网实现买卖交换。说它是"虚拟"的,是相对于有实际场所的商场、商店。RES 包括 ICS 与 CRS 两部分。在 RES 中,集中展现的是各航空公司所能提供的定期航班的座位可利用情况,航空公司直销点及客运销售代理人根据当前的座位可利用情况,为旅客预订航班座位及进行自动出票。这种方式是目前空运市场客运销售的主要方式。其他的辅助方式还有网上直销及电子客票的使用,但其运作的实质也是通过 RES 来确定航班的可利用情况后进行的直销。

CRS 即代理人用来进行航班座位及其他旅行产品(如汽车租用、酒店、铁路等)的销售的计算机系统。根据国际航协 766 号决议,为 CRS 所下的定义为 CRS 是一个存储了航班班期、座位、可利用票价多项信息以及与这些信息相关的服务项目的计算机系统,通过这些信息和服务使用户可以订座、出票、办理与旅行有关的各项服务。国外航空公司在建立营销渠道的初期便已意识到通过各种非航空公司销售部门推销他们的产品有利可图。这类销售部门除了在推销航空公司产品后向航空公司收取佣金外,几乎不需要航空公司支付其他费用。在美国,目前已有 4 万多处这样的旅行代售点,旅客几乎可以在每一个乡镇的旅行代售点购买到通向世界各地的机票。CRS 就是航空公司为解决这种需求而提供的销售网络。

20 世纪 60 年代,由于喷气机的出现,航空运输业迅速发展。原有的手工作业开始承受不住大量的订座业务压力。这一时期,计算机技术的发展也达到了一个新水平,因而美国及欧洲国家的航空公司分别将计算机技术应用到订座业务,进行各种记录,以航空公司为主体建立了 RES。随后,航空公司将它们的代理人逐步连接到各自的订座系统,扩大了 RES 的应用范围,并方便了代理人分销。这一时期国际上 RES 的形态如图 6-4 所示。

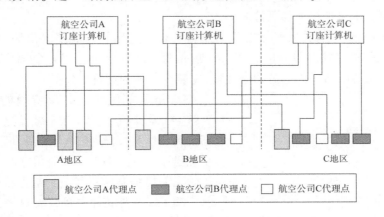

图 6-4 20 世纪 60 年代国际 RES 形态

从图 6-4 可以看出,如果航空公司 A 需要在 B、C 地区销售产品,它必须在 B、C 地区建立代理点,并将终端安装在这些地区,航空公司 B、C 也有同样的问题。从代理人角度看,当旅客订座要求出现多航段、多航空公司时,一个代理点只连接一家航空公司难以满足旅客的要求,这种问题在欧洲国家显得更为突出。为了解决这种需求,航空公司开始寻求一种可以集中显示各家航空公司航班信息的方法,因而导致了 CRS 的出现。

CRS 以原有的航空公司订座系统为依托,将各航空公司航班班期、航班座位可利用情况、票价等信息综合提供销售代理人。CRS 基本形态如图 6-5 所示。

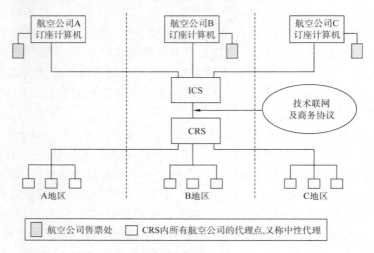

图 6-5　CRS 基本形态

从图 6-5 可以看出,航空公司 A、B、C 通过 ICS 技术联网取得与 CRS 各种商务协议的有效连接,使其航班座位信息渗透到不同地区的代理点,这些代理点也通过 CRS 连接到 ICS,进而与各航空公司的航班座位控制系统取得实时连接,使代理点的销售变得更为可靠。由于高速计算机的问世,一个 CRS 能够连接几百家航空公司、成千上万家代理点,瞬间处理几千个事务。同时,CRS 在所提供的功能方面已远远超出初期航空公司订座系统所能提供的范围,已由航空运输产品扩展到旅游产品等方面。通过 CRS 与其他系统的连接,如旅馆、火车、租车、轮船、游览等,可提供多种相关的预订服务。

由此看出,CRS 带来的最大好处在于为航空公司创造出尽可能多的市场,为代理人提供尽可能多的航空运输及旅游服务产品。CRS 服务网络已充分覆盖每一个细分市场。CRS 内的代理点为进入系统的所有航空公司做代理,使航空公司的竞争更公平。

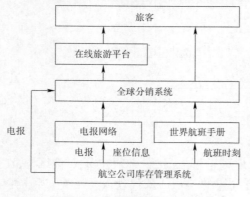

图 6-6　传统分销模式流程图

GDS 是目前民航业广泛应用的计算机系统。对于航空公司来说,借助 GDS 可以把自己的销售渠道拓展到全世界;对于代理人来说,可以方便地在一套系统里面查询到多家航空公司的产品信息。

航空公司编制航班计划,通过第三方机构如国际航协的 TACT 新整合方案或者直接把航班时刻分发给 GDS。为了及时将航班座位变化情况通知给 GDS,还需要通过电报与 GDS 进行交互,如图 6-6 所示。

GDS 诞生之初,是在技术条件有限的年代里,为航空公司拓展渠道,解决销售难题。但时至今日,传统的 GDS 分销模式已经逐渐跟不上时代的步伐,NDC 应运而生。

2011 年,NDC 在国际航协正式萌芽。次年 NDC 的首个版本诞生,国际航协开始启动全球推广工作。2013年,国际航协将NDC引入中国。2012—2014年期间,国际航协在全球范围内启动了多个试点项目,以验证NDC项目的可行性并逐步完善其标准。2015年,国际航协推出第一个NDC正式商用版本。

纵观国际,英国航空公司和汉莎航空两家航空公司一直走在NDC应用的前列。在我国,南航已经将其自有B2B系统完全切换到NDC模式之下,山航通过NDC进行保险销售,飞猪借助Farelogix的解决方案与Emirates实现了NDC对接。NDC的实际应用案例正如雨后春笋般涌现出来,足见NDC已逐渐被行业所接受。NDC在我国的商业运用是以厦航与飞猪网络平台的牵手完成了首家NDC商用项目的落地。2020年3月17日,厦航与飞猪在杭州签署合作框架协议,双方建立长期的合作伙伴关系,借助NDC为消费者提供更为丰富的产品和优质的服务。消费者可实现在厦航飞猪旗舰店上购买附加服务及会员服务等产品。厦航作为国内首家落地NDC商用的航空公司,陆续在数据和技术、精准营销、品牌推广、会员服务、跨生态合作等方面与飞猪开展深入合作,实现共同发展。

几十年来,机票分销渠道一直被GDS把控,系统间的信息交互都需通过专业的电报网络,其传输内容有限,仅能够实现文字交互。通过NDC,航空公司可以直接和代理人网站平台进行会话。NDC将销售流程串联起来,却并不像GDS一样控制分销内容,而是把对话权交给航空公司和聚合商(Aggregator)(图6-7)。聚合商这个新角色的加入,必然给市场带来新的变化。

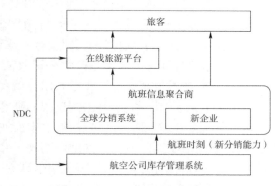

图6-7 基于NDC的分销模式流程图

NDC有助于市场创新,是一套行业级别的解决方案。航空公司、代理人和解决方案提供商是分销的传统铁三角。而聚合商这个新角色的加入,必然给市场带来新的变化。首先,它实现了机票和附加增值服务销售的整个流程;其次,它是由国际航协定义,民航业各企业参与制定的一套行业级的标准;最后,它有别于传统的民航业通信标准,国际航协在NDC中定义了富文本内容,即图像、声音、视频等的传输标准,将给旅客带来全新的购买体验。互联网时代,技术发展日新月异,大数据、人工智能、虚拟现实等技术的突飞猛进,都会促进民航业的发展。在这样的时代背景下,GDS系统已经不能满足市场的需求。而NDC是对GDS分销模式的有力补充,同时也使民航分销业务体系更加完善。NDC,势必将是民航业未来的发展方向。

四、空运市场上运力销售的特点

货物运输是实物产品营销渠道的一个环节。生产者要选择最有利的运输方式,使营销渠道畅通。旅客运输又是一种直接的消费行为或消费产品。运输生产者自身也有运力的销售活动,也需要营销渠道。与实物产品相比,空运市场的运力销售有其自身的特点。这对空运企业选择营销渠道策略有重要的影响。

1. 不定期飞行运力服务销售的先行性

对不定期飞行(如专机、包机、公务飞行等)来说,大量的销售工作发生在运输生产之前,而不是在生产之后。只有销售出去一定数量的运力服务,即组织到一定数量的客源与货源以后,才能根据需求及不定期飞行的合同要求进行运输生产。这里,生产是被动的,没有有效的销售就没有不定期飞行的运输生产。

2. 定期航班运力服务销售的定时性和定量性

定期航班的飞行,带有强制性。航班时刻表一经公布必须执行,除非来回程都无人乘坐可以取消某次航班。因此,定期航班的销售不光要先行,而且要定时和定量。即先行销售的只能是一定时刻、一定数量的客座位和载货吨位。不准时不行。不足量销售,运力只能空耗。但由于考虑航空运输产品的不可存储性,基于各航班实际旅客到达会有一定数量的未到达率,所以也对不同航班设定有一定比例的超售率。

3. 运力的销售过程并不伴随着所有权的转移,增加了座位控制的难度

实物产品的销售过程,实质上是实物产品的所有权的转移过程,产权责任明确。航空客票的销售过程:订座(预订座位)→确认(购票)→登机。这个过程中,无所谓所有权的转移。为扩大销售和方便旅客,也为了定期航班销售定量和定时的要求,国际上航班的订座可提前半年,而且旅客订座不需预付定金,即旅客不需承担任何责任。在这半年中已订座旅客随时都可能改变其旅行计划又无须通知航空公司取消订座,往往造成虚假订座。航班起飞前3d,订座者购买机票,此时发现虚假订座已难以再销售出去。已购机票者在起飞前还可以退票,而被退的票几乎是无法销出的,虽然国内航线的乘客要按退票时间不同支付相应的退票费,但主要的损失仍在航空公司。而国际航线,旅客未能按照客票列明的航程旅行,仍可在规定期限内全额退票,这就造成了国际航线上的虚假销售,而虚假销售的损失,除非不来退票,否则全部由航空公司承担。对付虚假订座的对策是超额订座,这又可能造成"超售"。对付临时退票的对策是机场候补。只有购票者及时登机,安全到达目的地,取到交运行李,该次的航班销售才算结束。综上所述,航班的客票销售开始于航班执行的前半年,结束于航班执行后的提取交运行李,是一个艰难而漫长的过程。

4. 货运运力的销售另有特定程序,需要专门知识

货运运力销售除上述几个特点外,另有特定的程序和专门知识。首先是托运人向航空公司的销售部门或代理销售商委托运输。托运人所托货物及其包装是否符合航空运输的要求,国际货物要有完备的出口商品检验、海关、卫生防疫检验等证明文件。在各种手续完成、证明文件齐备、货物及包装可以空运的条件下,航空公司受理运输。航空公司与托运人之间要签署一个运输合同,又有一系列的手续和单证,远比买卖一张机票复杂。运输合同签署,托运人将货物交给航空公司的销售部门后,并不意味货运销售的结束而仅是开始。航空公司在货物始发地收到货物后,还要经过仓储、配载、装机,运送到目的地由收货人取走货物后,整个的货运销售工作才算完成。由于国际货运的托运受理程序的复杂性与专业性,往往由专事外贸运输的代理商为需要外贸运输的厂商代理托运手续。在运力供大于求的情况下,供求关系的主动权往往被外贸运输代理商掌握。自2019年新冠肺炎疫情以来,我国跨境电商业务逆势增长,2020年市场规模已达12.5万亿元,预计2021年市场规模达14.6万亿元。除了常规航空货邮外,以防疫物资及疫苗为代表的运输需求,正在快速改变贵重物品、宠物活体动物、标书护照类急运物资、生鲜冷链等特种货物物流市场的供求关系。

第二节　空运市场的中间商

在营销渠道中,中间商起着十分重要的作用。所谓中间商,是指商品从生产者流向消费者的过程中,介于两者之间、参与商品流通业务、促进交易行为实现的经营者,也称中间人。

一、中间商的分类和功能

中间商的分类有两种方法。一种是按拥有商品所有权与否,划分为经销商和代理商;另一种是按其在流通过程中的功能不同划分为批发商和零售商。

1. 经销商

经销商是指从事商品流通业务并且拥有商品所有权的中间商,即买进商品取得所有权后再转卖出去的中间者。经销商又可分为批发商和零售商。

2. 代理商

代理商是指接受生产者的委托从事销售业务,但不拥有商品所有权的中间商。代理商是通过提供服务来帮助买卖双方实现商品所有权转移。具体地说,代理商受卖主的委托寻找购买者,代表卖主与购买者洽谈并达成交易。

二、空运市场中间商的类型及功能

1. 空运市场中间商的主要类型是代理

代理与经销的主要区别在于是否拥有所销售商品的所有权,具体体现在一旦商品滞销积压,代理商没有损失,而经销商却要承担全部损失。空运市场上的代理销售商不管规模大小,即使是某一地区的总代理销售公司也是只收取已代理售出的运力的佣金而不承担未销售出去的运力损失。在这一点上,空运市场的代理销售与实物商品市场的代理销售相同。不同之处在于:实物商品市场的代理交易一般都是大宗交易,代理商的买主是工业用户或商业客户,一般来说只有寄售商的买主有可能是消费者,所以,如果按照中间商的买主来对中间商分类,代理商绝大部分可划为批发商,其所进行的是批发交易;而在空运市场上代理商的买主绝大部分是消费者,交易可以细微到只代售一张客票,又称为零售代理。航空公司为此类代理支付的也往往是一定比例的销售手续费。西方航空公司普遍采用的是累进代理费制,这样能激励代理人多卖客票,卖高价客票。因为,代理人能够得到更多的代理费。如果航空公司与代理人之间采用净价销售的结算方法,则代理人收入的多少取决于他们从航空公司那里拿到的净价和顾客所能支付的价格之差。于是代理人就会尽量向航空公司压价,尽可能向旅客抬价,这使原本应调节市场需求的价格杠杆失灵,使航空公司的收益管理失去应有的作用。

航空公司的销售需要广泛的销售网点,需要众多的代理商,又必须自我承担未销出运力的损失。因此航空公司的销售尤其是客座销售,要有严格的、有效的座位控制系统和方法来密切注视销售动向,平衡销售网点的销售活动,以适应销售需求变化,提高销售率。对航空公司而言,在销售旺季,对航班座位的销售与控制,是按航线管理、按航班管理,还是按舱位管理,都有必要进行市场细分,并对相关市场信息进行分析利用,以期达到有效地与营运、盈利挂钩的损益控制。对比实物商品市场,生产者委托代理商后,一般很少再过问销售进展的具体过程,而航空公司虽然委托众多代理商,仍然需要直接控制销售过程。这样,空运市场的销售,可以生产者直接销售为主,代理销售只能处于辅助地位。

2. 在运力的销售中,有包机和包舱形式

包机是由包机人与承运航空公司签订包机运输协议,包用民航飞机,在固定航线或非固定航线上飞行,用以载运旅客、货物或客货兼载。包舱是在航空公司正常营运的航班上包用某一部分舱位(客舱或货舱),用以载运本包舱人的旅客或货物的形式。这两种形式,无论包机或包舱的载运率如何,包机、包舱者承担了未利用的运力的损失。从一次交易量比较大和未充分利用运力其损失由购买者来承担这两点看,包机和包舱类似于批发销售。但这只是暂时的贸易伙伴,不像实物商品市场的批发商与生产者之间是长期的合作。在我国快速增长的空运市场中,这种暂时的贸易伙伴,正逐渐向更多形式和更长期的合作的方向发展。1991 年 7 月 28 日,王均瑶开通了长沙至温州的包机航线。1992 年,王均瑶创立了中国第一家包机公司——温州天龙包机有限公司,至 2002 年共开通了 50 多条包机航线。天龙包机公司实质上是中国空运市场上的第一家批发零售商。

3. 在货运市场中,还存在"集运"货运服务形式

有时托运人需要托运的货物很小,比如一把钥匙或几十克样品。办一次航空托运手续很麻烦,以前从未办理过航空托运手续,以后办理航空托运的可能性也很小。航空公司虽然受理货物的批量以千克计,同时,一次航班的货物载运能力有十几吨或几十吨,如果都是千克一件的零星货,其受理货物、仓储配载等就更麻烦。在这种情况下"集中托运"在货运市场上应运而生。集运商(Consolidator)把众多客户的零星货物运量按流向集中拼货成为大宗货托运给航空公司,到达目的站后再由分拨代理商(Break Bulk Agent)统一办理海关手续,分别将货物交付给不同的原始收货人。其流程如图 6-8 所示。

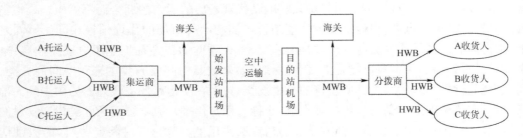

图 6-8　航空集运服务流程图

注:HWB-House waybill,分运单;MWB-Master waybill,主运单。

形式上,集中托运与包裹邮递服务类同。是否因为邮递包裹服务在送达时间、递送品种、方便程度等方面不能满足消费者需求而促使"集运业"的产生,留待邮递市场分析家研究。集运业的服务方便了空运市场上的生产者和消费者。放在空运市场上考察集运业,集运商向航空公司买进较大批量的货载能力又零星地卖出去。集运商与航空公司之间的关系虽然仍是供需关系,但集中托运本身带有中间销售的性质。集运商与代理商之间的区别是:

(1)集中托运人除了可以提供代理商提供的服务内容外,还可承担其他多项服务。

出口货物时:①负责集中托运货物的组装;②将"待运状态"的散装货物交付给承运人;③将货物装入集装器后,交付给承运人;④货物的信息追踪。

进口货物时:①办理清关手续并交付货物;②准备再出口的文件;③办理国内中转货的转关监管手续。

(2)对于直接托运的货物,货物由承运人的委托人——代理人交付给承运人,货运单由代理人填开,并列明真正的托运人和收货人。而集中托运的货物,货物由托运人的委托人——集中托运商交付给承运人,货运单由集中托运人填开,对真正的货主来说,货物的收运人、交付人分别为集中托运人和分拨代理人。

(3)在操作文件方面,集中托运商收取货物后要填开两种运单:第一种是分运单(HWB),这是与发货人交接货物的凭证,第二种是主运单(MWB),这是与承运人交接货物的凭证,同时又是承运人运输货物的正式文件。

(4)在报酬方面,代理商的报酬是航空公司付给的佣金,代理商不得变动运价。而集运商可以通过集运货物,轻重货物搭配组货,达到航空公司的计费优惠点,赚取航空公司与散货主之间的运费差价,此外还有航空公司的销售奖励。

在空运市场上,类似集运商的自己不具备运送能力的运输服务公司、运输代理公司、快递公司等五花八门,它们介于航空公司和消费者之间,为空运消费者提供服务,赚取服务费与航空运价之间的差额,都可以视其为空运市场的中间商。空运市场上中间商的市场功能具体如下。

(1)简化交易联络,便利客货用户。

在航空港开航班的航空公司有多家,每天有大量的客货要出港,如果每个顾客都直接与航空公司联络,交易联系极其庞杂。如图6-2所示,如果有 n 家航空公司,m 个顾客,可能的交易联络线达 $m \times n$ 之多,如果有中间商介入,则只需 $m+n$ 次。方便了顾客,顾客只要跑一家代理处即可买到票,而不必询问 n 家公司。同时,又方便了航空公司,只要与一家代理处交易即可完成与 m 个顾客的联系。而混集运业者则把众多的零星货托运人集合成单一的大批量货托运,更是方便了航空公司。

(2)扩大了航空公司的营销能力。

就一个航空公司而言,要在其航线网内的每一个开航班城市都销售其客货运力,点多、面广且分散。如果在每一个开航城市都派出公司的销售机构,势必要大量的人员和费用。即便勉为其难,能在某一城市(非总部所在城市)派出人员设立售票处,再要在该城市撒网布点,建立销售网络,还是必须起用代理人。另外,还有旅客候机登机服务、货运仓储也需代理人。如果没有中间商,售票网点设置、登机候机服务、货运仓储等都只能委托总部设在该城市的航空公司代办。而代办公司恰恰是分享航线航行权和市场份额的竞争对手。因此,有中间商,既可免去航空公司广派机构之累,而且中间商利用自己的销售资源,可以扩大被代理公司的营销能力,与分享航线市场份额的航空公司展开正常的公平的竞争。

(3)代替航空公司完成市场营销的一切功能。

市场营销功能除销售外,还有市场调查预测、广告宣传、公共关系等一系列业务。中间商可以帮助航空公司完成这一系列业务。①中间商有广泛的销售网络,接触众多的消费者,各个代理人将其了解的市场信息反馈给航空公司,可使其适时地调整航班运力、广告内容和公关活动等;②航空公司的营销活动必须在其开航的每个城市展开,如在公司总部所在城市和派驻销售机构的城市可以自己进行市场调研、公共关系等实际操作,在没有派驻机构的城市则可以委托中间商进行。

(4) 有利于航空公司与相关行业的合作。

有形商品市场的中间商绝大多数是独立的经营者。空运市场上的中间商小部分是独立经营者,大多数是兼营者。航空客票往往由大饭店、大旅行社代理销售,航空货运的营业代理往往由其他运输方式的运输企业的营业部兼营。这样,在满足社会需求的前提下,代理与被代理的双方都能获益。旅客当然喜欢不出饭店就把事情办好。

航空公司选择代理商分布销售网点,要考虑代理点的销售环境和代理点的疏密。饭店、旅行社兼营代理,航空公司要选择等级高的饭店和业务范围广的大旅行社。因为,它们顾客的消费水平高,旅程远,航空旅行需求量大。饭店、旅行社兼营的代理点的地址确定后,在选择独立经营的航空销售代理商时,应注意填空补缺,均匀分布。就空运消费者的购买心理而言,能买到所需航线航班的机票是第一位的需求,对航空公司的选择要求不高。因此,就近设点方便购买是设置销售代理点的要旨。消费水平高需求量大即销售环境良好,当然是理想的设点之处。例如,北京的中关村,周围有众多的高等院校和科研机构,又毗邻高科技开发区。这里经营单位多,业务活动繁忙,对外交流广泛。国际航空公司设在中关村的代理点的销售量占北京地区各代理点的前 5 位。但是,在销售环境良好的地区密集布点也会影响销售成果,增加销售费用。

三、空运市场销售体制的选择

航空公司投放市场的运力如不能及时销售,便只能空耗。航空公司在本公司航线网内的每一个航班经停点上都需要有销售本公司运力的机构及其销售网络。

航空公司在运输网的每一个经停点都设立本企业的派出机构,势必要大量增加销售费用。而从某个城市(运输网上的点)来说,如果所有在本市开航的运输企业都设立自己的派出营业机构,建立销售网络,独立营业,往往会造成地区运输市场信息和管理混乱。旅行者可能不知道到哪家公司的营业部销售点才能买到自己所需要的车船机票。有时某条航线甲公司客满而乙公司有空座,旅客到甲公司求购受拒但不知乙公司有余票,而甲公司售票员即便知道乙公司有空座大概也不会请旅客到乙公司。机灵的旅客可能会一家一家询问,否则只能干等空座。这种情况不光在空运市场,在其他运输方式市场也存在。所以,运输市场特别是客运市场的销售体制对市场的供求双方都是至关重要的。市场要能为消费者提供方便的购买环境,为生产者提供公平的竞争环境。

运输市场的销售体制的类型大致有三种。

1. 独占市场的总销售

我国铁路运输市场和 1988 年中国民航体制改革以前的国内空运市场均实行这一体制。全国铁路是一家企业,独占中国的铁路运输市场。每个火车站无论通过的列车班次多少,其运力供应者都是同一个。每个售票处及其销售网络都是总公司的派出机构或代理机构,全国所有的火车票代售点都为同一个被代理人服务。火车票代售点收取的费用,是购票乘客支付的

"手续费",而不是铁路运输企业支付的销售佣金。这里代理人的功能实质上异化为代理购买而不是代理销售。

2. 地区市场的总代理

我国水路运输和部分城市的公路运输均实行这一体制。上海港客运总站不具有船队,只提供售票候船登船服务,总代理在上海开班轮的航运公司从上海港始发的客票销售并提供乘客候船、登船服务。在上海开班轮的航运公司都不得在上海设立售票处出售船票。上海地区所有的船票销售点都是上海港客运总站的派出机构或代理机构。同样,在上海始发的长途客运汽车,由始发客运车站代售客票,并提供候车登车服务。港口和车站向承运人收取佣金。

又如,上海市地区的公路货运市场,由上海市汽车运输代理公司总代理销售。该公司的上海港的各装卸公司、上海铁路的各货运车站、上海各货物进出量大的工厂,以及市区郊区的各处都设有营业站、营业点。不管托运人的货在哪里,托运人可在离其最近的营业点托运,第二天即能由运输企业派车承运。如某钢厂需运大型设备、煤炭、钢锭、盐酸等,分别需由大件、煤炭、钢铁、化工汽车运输公司完成,托运人也不必分别向各运输公司托运,可由代理公司统一受理托运,分别安排各汽车运输公司承运,再统一与钢厂结算运费。然后,各汽车运输公司向代理公司分割结算运费。

代理公司营销功能和代理公司的市场地位是市场发育的自然结果。如瑞典的 ASG 货运代理公司是世界十大货运代理公司之一,代理业务量占瑞典国内货运市场的五分之一,成为一个国际化的货物联运组织。ASG 公司是以货运中转站为中心,为多种运输方式服务,车辆调度、装卸配载、货物仓储、费用结算等作业同时进行,货物流量、流向、流时统一控制调节,使货物有计划、合理、经济地完成位移全过程的立体交叉式综合运输组织体系。ASG 公司的货运中转站是一个多功能综合型货运站。货运站一般建在场地中央为四方形体,铁路专线从中穿过,专线两侧面是汽车装卸货物站台,在汽车装卸站台与铁路专线之间是货物存放库位和货物分发流动线。站内设有业务处,装有计算机终端,与 ASG 总部联网,可对货运全过程进行组织指挥和控制,承办各种业务手续。货运站是 ASG 公司的主要经营活动场所,在货运站内可以同时为多种运输方式服务,火车、汽车装卸作业可同时进行,还可通过汽车把货物换装转运到港口、机场完成联运转接作业。在货运中转站内,经过分发处理把运往同一方向的、使用同一运输方式的货物集中到指定库位,优化组合,集中装运。货运中转站还同时开办货物仓储业务,在货物销路未定时,供方的货物可暂存站内,待落实需方后,按照需方的要求的时间和流向发运,提高了物流的时效性和经济性。

ASG 公司本身不拥有运力,其运力来源是通过与运输公司签订经济合同。运输公司作为委托人,ASG 公司成为其运力销售代理人。有 460 多家汽车运输企业是 ASG 公司的委托人,这些委托人拥有 3000 多辆汽车供 ASG 公司调派。有 3200 多家货主委托 ASG 公司代理托运手续。货主本身要办的托运货物手续十分简便,只需填写一份货单,把货交给 ASG 公司,或一个电话告诉 ASG 公司,公司即上门服务,无论货物运输全过程要通过多少种运输方式,多少次中转,甚至进出口报关、免疫检查等一切手续皆由 ASG 公司负责办理,把货安全、及时地送到收货人手中,货主应付的全过程各种费用统一结算,真正做到"人在家中坐,收发全国货"。为方便货主和运输企业,ASG 公司本身建有 61 个货运中转站和 3000 多个业务受理站,年承托受理货物,1000万吨以上,年营业额50亿瑞典克朗,相当于30多亿元人民币。

在地区空运市场上,总代理销售是不可逆转的发展趋势,但发展过程有其阶段性。国外的一些大机场设有这种总代理销售服务公司。在总代理公司内出售各航空公司的运力,为旅客提供候机登机服务,为货运提供仓储保管服务,各航空公司在此可以进行合法的公平的销售竞争。我国有的机场,没有基地航空公司及其派出机构,而是由机场代理各航空公司的航班销售和客货运输地面服务工作。深圳宝安国际机场和上海虹桥国际机场是我国最早开始全面代理中外航空公司客货运输销售业务的机场。

3. 航空公司联盟及代码共享的销售体制

航空公司战略联盟是基于生产成本节约和交易成本节约两方面因素考虑的结果。从全世界范围来看,航空公司联盟成为国际航空运输的一种趋势。与此相适应,航空公司的竞争经历了单个航空公司之间的竞争到航空公司联盟之间的竞争,现在进入少数全球航空公司联盟瓜分全球空运市场的竞争新阶段。预计未来的国际航空运输将由为数不多的几家航空联盟垄断。全球航空公司联盟越来越强的垄断优势迫使其他国际性航空公司要么加入其中的一家,要么在它们留下的夹缝中求生存。

在世界经济趋于全球化的过程中,顾客的旅行需求变得越来越全球化,旅行的目的地变得越来越分散化,即使大型的航空公司也没有能力向大多数旅客提供真正的"无缝隙"旅行服务,因此各国航空公司只有寻求合作才能更好地满足顾客全球旅行的需求。由于目前国际航空运输大多处于双边管制体系之下,不结盟的单家航空公司很难将旅客送往世界其他国家的中小城市,于是全球航空公司联盟便成为国际航空运输合作的现实途径选择。国际航协的调查显示,当旅客乘坐一家属于一个联盟集团的航空公司的航班时,32%的旅客希望他们能得到更好的连接服务,24%的旅客希望有更多的可选择的目的港,17%的旅客想要有频繁的航班。因此,在空运市场上,各航空公司之间形成联盟,将有利于各航空公司因能提供更好的连接服务和更多的可选择的目的港而取得客货销售的双赢。

除了加入航空公司联盟外,另一种可行并能取得成功的有效方式是航班代码共享。所谓代码共享,即航空公司在本公司未开通航班的航线上用已开通航班的航空公司的航班代码运营,或旅客持有一个航空公司航班的机票,不改变航班代码乘坐另一个约定的公司航班旅行。

有两种情况:①双方对等交换扩大各自的航线网覆盖面;②已开航班的航空公司将其培育成熟的航线航班的品牌转让使用许可权。现在更多的是第一种情况。这是航空公司之间结盟的一种方式,是指两家航空公司达成协议,互相合作,共同经营同一航线。此种方式不仅帮助航空公司发展航线网络,也为旅客提供更为方便、快捷的服务。

代码共享是在20世纪70年代产生于美国民用航空界的。当时,美国各大航空公司正面临着激烈的航空市场竞争,为了提高自己的生存能力,纷纷面临加大航线密度以迎合更大旅客群的需求,同时,为最大限度实现利润降低成本,又不愿意经营高风险、低利润的支线航班。于是大型航空公司便寻求和小型航空公司的合作,让小航空公司用大航空公司的航班号经营支线航班,而大型航空公司则集中精力经营大城市间的干线航班。对于小型航空公司来说,使用大航空公司的航班号可以利用其知名度吸引旅客,所以也乐于接受这种方式。代码共享在美国国内航空市场取得了巨大的成功,使航空公司认识到这是一种投入少、收益大的理想市场开发手段。1984年,美国泛美航空公司首先在中美洲航线中应用,取得了在国际航空市场的首次成功。之后,代码共享便在国际航空界逐渐推广起来。代码共享有各种表象:一个公司的航班由另一个公司的飞机飞行;同一架飞机的一个航次飞行,可以同时代表两个公司的两个航班;持一个航空公司的同一张航班机票,可连续登上分属两个航空公司的两个航班。1994 年 8 月,美国运输部将代码共享概括为"某一航空公司的指定航班号码被用于另一航空公司所营运的航班上"。只提供航班号和公司机票而不实际飞行的公司称为非营运共享公司,在某一具体航班中实际投入运力并负责运送旅客的公司称为营运共享公司。

代码共享的另一个市场效应是"光环效应"。采用 CRS 销售客票后,CRS 的第一屏显示尤为重要。据美国 1989 年的统计数据:有 80% 的预订客票取自第一屏;有 50% 选自首屏前三行显示所列航班。1987 年的数据是 70%~90% 取自首屏显示,50% 选自首屏前两行。这种现象被称为"光环效应"。航空公司追求"光环效应",使用多种战术力求本公司航班在 CRS 上显示的位置更有优势,代码共享航班即是其中之一。代码共享的航空公司除显示本公司航班代码,CRS 还要显示其他可能的航班组合,这就导致屏幕显示拉长,并优先显示代码共享航班。即使联程航班可能更方便,也优先显示共享航班。随着代码共享伙伴增多,航班选择数量呈几何级数增加,使得 CRS 屏幕被代码共享航班"淹没"。把竞争对手的航班逼到远屏上,降低其"露面"成交的机会。

如你乘坐国航(CA)的航班,由昆明到北京,然后到法兰克福,之后,想飞不莱梅,但 CA 不飞不莱梅,而汉莎航空(LH)却有航班,因此 CA 与 LH 从 2000 年 10 月在中德航线上实行航班代号共享之后,从法兰克福到不来梅也有了 CA 的航班号,显然二者对旅客的服务是更有连贯性的,对旅客来说就十分方便。又如,2003 年 2 月 18 日从南航获悉,南航与山航开始在广州、北京、上海、济南、青岛等地始发、到达或经停的 15 条航线共 68 个航班上全面实施代码共享。双方将把对方航班视同本公司航班,实行统一运价,共同营销,对购买了双方机票的旅客同等对待,提供相同服务。旅客出行将更为方便,今后乘坐南航和山航客机的旅客,可在购票、乘机、中转、转乘等方面享受更多的便利,乘坐山航代码共享航班的南航明珠俱乐部会员可同样积累里程。在航班实行代码共享时,航空公司之间签订的协议也可以是多样的。如东航(MU)与美国航空公司(AA)的代码共享形式如图 6-9 所示。

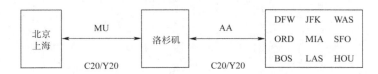

图 6-9 MU 与 AA 从 1998 年 8 月 18 日开始实施代码共享

注:1. 图中的三字代码表示美国国内的各个机场。
2. C20 表示代码共享公务舱座位 20 个。
3. Y20 表示代码共享经济舱座位 20 个。

以上示意图表明:MU 与 AA 在中美航线上实行的代码共享是基于航班上有限的座位销售及使用。由北京上海至洛杉矶,实际承运人是 MU,但同时会有 MU 与 AA 的航班号,并且,在 MU 的航班上有 C20/Y20 个座位可供 AA 销售并使用。当然,在美国的国内航线上,实际承运人是 AA,MU 同样在签订协议的航班上拥有 C20/Y20 个座位的销售和使用权。这无疑使双方在客货运销售市场争取更多的客货源。

第三节 航空分销新业态分析

互联网的不断发展促进了新零售理念的诞生。传统零售是先创立品牌，吸引到用户后，再利用服务去黏住用户，以静态的产品为核心，去吸引人。而新零售要做的一个重大颠覆，是让用户数据将人高度具象化，用户需要什么企业就去做什么。因此，所有想做大做强的企业，想在互联网的环境下立于不败之地，都要思考如何抓住自己的用户，因为只有拥有了庞大的用户数据，才能知道未来是什么。在民航旅游业，新零售也在触动着这个领域内的所有玩家，但民航旅游信息系统是早先发展的信息系统中业务最复杂的系统，受限于初期有限的信息资源，系统建设上的很多策略是高度聚合的，从而造成业务难以扩展。为了让民航旅游业能够跟上互联网零售的节奏，需要对原先的这个行业内的各个玩家进行一次大的变革才能达到新零售的目的。不同的玩家肯定都是从自身利益出发考虑问题，民航旅游业又是一个需要众多参与者配合才能完成的业务体系，因此需要有人主持进行变革。国际航协是一个由世界各国航空公司组成的大型国际组织，和监管航空安全和航行规则的国际民航组织相比，它更像是一个由承运人（航空公司）组成的国际协调组织，管理在民航运输中出现的诸如票价、危险品运输等问题，主要作用是通过航空运输企业来协调和沟通政府间的政策，并解决实际运作的问题。

一、传统销售架构

国际航协基本职能中最重要的一条就是国际航空运输规则的统一，即站在航空公司的立场来协调各个合作者之间的合作，在分销航空公司的产品方面，传统架构如图 6-10 所示。

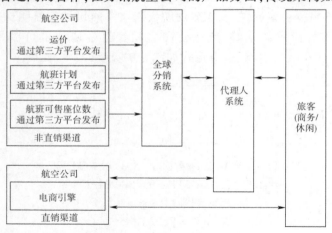

图 6-10　航空分销传统架构示意图

为了让航空公司的座位可以销售到全球所有的旅客手中，国际航协规范了航空公司对外发布自己产品信息的标准，通过第三方组织 GDS 连接全球的代理人乃至全球的旅客，从而可以帮助航空公司把自己的航班座位销售到全球的旅客手中。在早期，GDS 的存在帮助航空公司在有限的资源条件下可以将自己的航班销售到全球的渠道，拓宽了航空公司的销售，但可以看到作为生产者的航空公司离真实的消费者需求非常遥远,航空公司无从掌握终端旅客的完整信息、真实需求。随着技术的发展,技术条件已不再是主要限制因素了,反而是互联网浪潮带来的业务变革要求航空公司在新零售的驱动下重新组织自己的业务,航空公司迫切需要去了解终端客户,改进自己的生产,才能保证自己不被颠覆。但是,要怎么做呢?

为了改变这个局面,就需要改变这个民航生态系统中的部分职责分工,重新定义航空销售交换数据的方式,为此国际航协成立了多个项目来进行讨论研究,其中一个研究成果即 NDC 为民航旅游业注入了全新的血液。

二、新分销能力(NDC)

图 6-11 是国际航协为 NDC 设计的航空分销新业态,与传统架构图最大的不同在于,中间数据传输的内容并不会因为经过了什么环节而损失。在 NDC 标准的传输中,航空公司的产品和想法是被保证无损地传递给了消费者的,同时消费者的信息也要能够被全面地搜集到航空公司系统里面来。国际航协不仅定义了通信讯息标准,更重新定义了基于产品和订单的操作结构和使用此讯息传递标准的利益关系人的角色,重建以航空公司为中心的分销生态系统。在新的业态中,GDS 已经消失了,航空公司不需要把自己的价格/航班计划/座位销售情况推送给第三方机构,而是让所有销售渠道都能直接通过 NDC 获得航空公司面对最终用户给出的产品情况。新出现的角色内容聚合商是为了弥补旅客想通过统一的渠道获得更多航空公司的产品供应,而不需要去和多家航空公司进行连接购买。在 NDC 中,聚合商虽然似乎占据了原先 GDS 的位置,但它能做的事情非常单一,总的来说,聚合商是一个没有思想的连接器,它不能为航空公司做任何决定,唯一能做的就是去连接航空公司。原先 GDS 通过协议决定航空公司之间的联程合作产品,在 NDC 中,也把这个决定权扔回给了航空公司自身,图 6-11 中最左边从航空公司回到航空公司自身的 NDC 连接线,表示的就是航空公司之间的合作,最终就由其中一个航空公司作为主角,其他航空公司作为配角,通过 NDC 接口交换信息后,由主角作为代表给最终的购买者返回联合产品的销售信息。以上从连接的本质分析了 NDC 给航空业态带来的变化。同时 NDC 接口标准的以下特点很好地支持了航空公司新零售的发展。

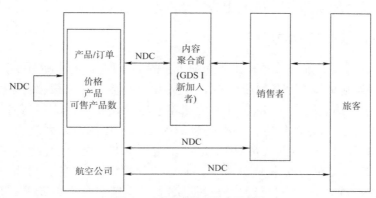

图 6-11 航空分销新业态示意图

1. 去专业化

NDC 关于查价和生成订单的若干接口,已经将所有民航业内的术语转译成了互联网词汇,接口更容易理解,从而使得渠道使用的门槛降低,渠道商只需要很小的代价就能连上提供 NDC 的航空公司,可以不受限于要通过 GDS 或者其他的互联网专业平台来转译。而在 NDC 的产品搜索(Air Shopping)接口中,基本通过"产品→产品项(总价、价格规则)→服务→航班→航段(出发地、目的地、机型)"这条线的关系就能找到请求者需要的信息。

2. 高控制力

传统的航空公司销售接口,查询者拿到搜索结果后,在预订的时候总是需要将航班或服务内容的全部信息再一次告诉航空公司去请求自己希望得到的产品内容。一方面在提供信息的时候稍有差池就会无法预订成功,另一方面航空公司在预订的时候为了保证不会被销售者篡改内容,需要做大量的验价和检查措施。而在 NDC 中,产品供应标识码(Offer ID)的出现很好地解决了这个问题,航空公司在几个查询接口——产品搜索(Air Shopping)、服务列表搜索(Service List)、可利用座位图(Seat Availability)、产品供应价格(Offer Price)——给出结果的时候,为每一个产品供应定义了一个产品供应标识码。产品供应描述了产品的信息、价格、有效性等。请求者要在产品供应的有效期内完成后续的预订工作,但预订的时候只需要给出产品供应 ID 即可,产品供应的内容由航空公司端保证和用户端查询的一致性。这就保证了按航空公司的想法产生的产品供应可以无损耗地传递到用户的手中。

3. 丰富产品

新的标准为航空公司的产品供应提供了灵活扩展的空间。NDC 下,航空公司能销售的内容已经不仅仅是航班了,可以有更多的旅游相关的产品、服务,可以灵活地进行打包组合。值得期待的是,灵活的扩展结构允许未来航空公司甚至支持销售第三方非航产品服务,并能够提供全流程的订单跟踪、服务交付。新零售的追求目标是提供给用户需要的服务,当然,航空公司能够提供的服务越多,就越有可能满足各种旅客群体的诉求。对此,有一个话题引起了热议,就是航空公司的产品应该包含到什么范围?有的观点认为航空公司还是应该围绕航空飞行这个领域去发展周边服务,比如飞机上提供的服务,还包括机场提供的服务,其他如酒店、租车、免税品等完全可以交给更专业的供应商去提供;还有一种观点认为航空公司是旅游行业的一大入口,所有以选择航班为第一步的出行,在这个出行中包括的所有服务需要,比如酒店、租车、景点等,都可以包含到航空公司的产品提供范围内。

三、新零售业态下航企的走向

NDC 标准不仅是在给航空公司提出未来业务发展的方向,同时也掀开了民航旅游业的神秘面纱,让其赤裸裸地呈现在互联网的世界里,它给出了更多的业务机会,关键是看能否抓住这些机会。当前中国的航空公司,除了几家低成本航空公司是自建旅客服务系统(Passenger Service System,PSS)外,其他的航空公司都是将 PSS 托管在中国航信系统中。航空公司可以继续选择航信为其升级 PSS 从而支持 NDC,也可以选择在 PSS 之上建设新系统来支持 NDC。国际航协在提出 NDC 之后也给出了这两种支持 NDC 的建设方案,各有利弊。如果在 PSS 系统基础上升级 NDC,那么,二者可以配合得更加紧密,其功能也会更加强大;如果在 PSS 之外建立系统来支持 NDC,那么航空公司在中国航信这个合作伙伴之外又可以有新的重量级系统合作伙伴,很多航空公司为了增加自身对业务的控制力(这个也是新零售的主旨)也会选择自建。NDC 标准出现的背景就是一众航空公司想从 GDS 手中拿回销售控制权,一方面航空公司想卖什么不想受限于销售渠道,另一方面航空公司要宣示自己产品的主权和控制力。GDS 如果要继续保有原有的能力恐怕有些困难,因为航空公司在具备 NDC 接口能力后就可以强势切断原有的销售途径。聚合商能够从 GDS 继承来的最大资产就是其连接的广大渠道以及其连接的供应商,但是从航空公司收取的就不是分销费而仅仅是通道费了。聚合商面临的最大挑战就是,进入这个行业的门槛被大大地降低了,更多的进入者可以从不同的切入点让自己成为聚合商。

每个聚合商从业者都要清楚自己在这个行业内站住脚的凭借是什么。对于 OTA 或者差旅公司(Travel Management Companies,TMC)来说,它们完全可以既保留原先的身份又切入成为聚合商。只是此类聚合商可以有选择地接入供应商以及渠道,成为一种有特色有主题的内容聚合商。

NDC 的出现其实是在航空公司和渠道之间设计了一个业务中间带。航空公司有能力收回业务控制权,并选择合并其他旅游资源;如聚合商和大型代理同样可以选择合并其他旅游资源。在互联网世界里,航空公司希望快速地利用自己的战略优势抢占住地盘,渠道商则希望利用自己的灵活性找到生存的空间。

思考题

1. 什么是营销渠道和营销渠道结构?
2. 选择营销渠道要考虑哪些因素?
3. 消费品和工业品各有哪些营销渠道模式?
4. 空运市场上的运力销售有什么特点?
5. 中间商是怎样分类的?各有哪些功能?
6. 空运市场上的中间商有哪些特点和功能?
7. 空运市场销售体制有哪些类型?各有什么特点?
8. 在空运市场中,航空公司加入航空公司战略联盟参与竞争有何优势?
9. 什么是航班代码共享?最初是怎样发展起来的?对航空公司及旅客来讲,有哪些积极意义?
10. 说明集运商的性质。集运商与货主有何关系?
11. 在空运进口和出口操作中,集运商可提供哪些服务?
12. 在市场营销渠道中,直接销售有何优点?
13. 什么是 DNC? DNC 为航空公司的产品销售带来怎样的变革?

CHAPTER

第七章

促销组合策略

市场营销组合的第三个重要因素是促进销售(Promotion,以下简称促销)。现代市场学认为,企业的营销活动只靠适当的产品、适当的营销渠道及适当的价格,不足以系统地、有机地发挥作用。以运输为例,许多潜在的消费者可能还不知道有某种运输服务业务的存在,或者对航空运输的某些方面(诸如价格、结算方式、服务范围、运输安全、供求状况等)缺乏了解,不清楚各航空公司在航线航班服务质量等方面的差别,这类人群极少成为航空企业的消费者。

现代市场营销活动是以满足消费者的需要为前提的,其关键就在于生产者、经营者和消费者之间要互相沟通信息。生产者、经营者要了解消费者需要什么,并通过宣传让消费者了解自己能满足他们的哪些需求。前者的了解通过市场调查来完成,后者的让消费者了解就是促销。所以,促销是指销售者为了诱导购买者购买其产品所进行的说服沟通活动和努力。促销的主要目的在于转变被沟通者的态度和行为。促销的方法,分为人员销售和非人员销售两大类。在非人员销售中,又有广告、营业推广和公共关系之分。促销策略就是这几种促销方法的选择、组合和应用。

促销是个沟通过程。所谓沟通,就是传递信息。传递信息研究的是什么人向谁传递什么,用什么方式通过什么途径传递,达到什么目的。在促销中,传达商品信息就是销售者用特定的方式去影响人们的购买行为,使它在市场上产生反应。

第一节 人员销售——客货源组织

所谓人员销售,是指企业派出销售人员,直接向消费者销售商品或劳务的一种促销方式。运输企业销售人员销售的是运输企业的运力,即争取旅客乘坐本企业的航班车船旅行,或争取货主委托本企业运输货物。这个过程,用运输行业的"行业术语"称为组织客货源。所以,运输企业人员销售与组织客货源是同义语。

人员销售是最古老、至今为止最有效的销售方法。与非人员销售(广告、营业推广、公共关系)相比,人员销售具有五个特点:①供求双方面对面洽谈,情感交流随机应变、灵活机动,容易达成协议。②建立与消费者的良好联系,能真实了解市场对产品和服务的反应,为企业长期利益服务。③可以把销售过程的几个环节合并在一起完成,方便了消费者。④通过销售过程,可同时兼作市场调查、预测和信息反馈等工作。⑤费用高。

一、组织客货源人员的职责

运输企业无客货源便不能生存。运输企业组织客货源的业务人员是企业伸向社会和市场的"触角"。把运输市场销售人员的工作仅仅看成销售运力,固然无可非议,但未免过于简单。作为企业与购买者之间相互联系的纽带,销售人员有维护双方利益的责任。

(1)探求。即寻找消费者,包括现实的消费者和潜在的消费者。要善于发现新的消费者,不断扩大市场。哪些消费者群体可能成为航空运输的新客源,哪些货主可能成为航空运输的新的托运人,要积极探寻挖掘,并把他们争取到本公司来。对现实的消费者,如果是本公司的老客户,要联络感情巩固关系;如果是竞争公司的客户,能否争取使他们成为本公司的客户?前提条件是先得了解现实的消费者是谁家的客户。

(2)沟通。凡消费者需要了解的各种信息,包括航线航班、起飞到达时间、机型、客座数、客舱条件、货舱运载能力(重量和体积)、装卸设施和能力、货物包装要求、旅客乘机须知、运输价格、服务水平等,销售人员都要不厌其烦地详细作答,并将消费者的各种意见、要求和其他市场情报及时反馈给企业。也就是说,销售人员是运输企业联系乘客、货主的纽带,是双向沟通的渠道。这项工作做得越好,运输企业的信誉就越高,竞争能力越强。

(3)销售。即销售客座和货运载力,包括预定。销售人员要承担和完成预定和运力销售的各项具体业务和手续。

(4)服务。向消费者提供服务也是销售人员的一项重要职能。旅客出外,可能在运输方式的选择,航线航班的选择和搭配,费用、时间和舒适的取舍上举棋不定;货主托运货物,有可能在包装、装卸、仓储及资金占用与周转上产生困难。销售人员要能随时了解消费者的困惑和苦衷,尽自己最大能力为其排忧解难,以增加消费者对本公司的信任感和亲近感。

(5)情报收集。即利用一切渠道,采用科学的、正当的手段,收集各种市场情报,包括同行业的客货源组织情况,市场竞争态势的变化等,并对这些情报进行初步的整理,提出自己的分析意见。对货运公司销售部门和销售人员而言,要具体了解在本公司航线网的各个点上,有哪些客户有货运的需求,运什么货,运多少货,运向哪里,以及这些货主采用空运的可能性和委托本公司运输的可能性。对那些在设计中或建设中的企业要了解其潜在的货运需求。对客运而言,要了解公司航线网的各点上的居民状况、消费水平、人口流动情况、旅馆饭店数量规模分布和客房率,以及住店旅客的乘机率、旅行社营业状况、各种大型展览会运动会的出席人数和时间等。销售人员兼作情报收集,有其优越的条件。他们直接与旅客货主打交道,深知货主的生产经营情况、对运输的要求和对价格的考虑等。运输企业如果在情报收集方面存在不足,缺乏一整套情报收集、整理、分析等工作程序,等于企业在黑暗中行走,对企业很不利。

(6)协调安排产销。有时销售人员组织到一定数量的客货源,超过定期航班所能提供的运力,可以组织加班或包机飞行,或者按照旅客货主的轻重缓急,协调安排运输的先后。对暂时没有运输的,要耐心安抚,切实考虑旅客货主的困难,尽早安排运输。要着眼于公司的长期信誉,不应只注重眼前利益。

有的企业对于销售人员应该在每项工作中用去多少时间也作出规定。例如,美国某家公司规定它的销售人员80%的时间用于接待现有顾客,20%的时间同潜在买主打交道。另一家公司则规定用85%的时间推销现有产品,15%的时间推销新商品。因为,假如不作这些规定,销售人员往往只去向老顾客推销现有商品,而忽视了潜在买主和新产品。企业越是重视扩大市场份额,越是会对销售人员提出较多的工作要求。从长期观念看,具有以市场为中心的观念的销售人员,比只注意销售商品的销售人员更有效率。

二、组织客货源人员的素质

运力销售人员是航空公司实现企业目标、扩大销售、促进企业发展的重要力量。为此,必然要求他们具有较高的业务水平和销售技术。美国各大公司经理中有四分之一是从销售人员晋升上去的。一个优秀的销售人员应该具备什么样的素质,成功的推销能力究竟是由哪些奇特的因素组成,这样的调查一直在进行,并且列出了许多素质特征表。美国哈佛《企业管理百科全书》提出一般销售人员应具备四个基本条件:

(1)一个销售人员必须举止适度,谦恭有礼,谈吐文雅,态度从容,谨慎机敏,善于应付。销售人员是与人打交道的,并且许多情况下是站在一个求助者的角度与陌生人打交道,要让人一见就觉得气质不俗,可以交往,讨人喜欢。

(2)一个销售人员必须是一位不甘落后,富于进取,勇于服务,有所作为的人。销售人员必须有良好的工作习惯,主动地努力工作。有强烈的事业心,视各种异议、抗拒、障碍困难为挑战而力图战胜之。

(3)一个销售人员必须对其服务的公司和产品有耿耿忠心和热爱之心,能以牺牲为代价换取成功。

(4)一个销售人员必须了解顾客的爱好和特性,随顾客的职业、经济、社会、地域情况的不同,而投其所好。

以上四点是对销售人员的一般要求。作为航空公司销售人员,还应做到有较强的法制观念,熟悉本行业业务知识,熟练掌握本公司的航线网和与本公司航线衔接的国际航线网,熟悉本航空港范围内的旅行社、饭店、会议中心和各相关货主单位的经营发展情况等。

第二节 广 告

广告是企业促销组合中受到普遍重视和应用的促销形式。当今世界,营利企业和非营利组织都广泛运用广告来传播信息。20世纪以来,广告事业发展很快,"广告学"已成为一门独立的学科。这里,主要从市场营销角度,从广告在促销组合中的作用来介绍有关广告的基本知识和广告运用策略。

一、广告的概念和功能

1. 广告的概念

广告是指组织或个人为了推销商品、劳务或达到某种宣传目的,采用付费方法,借助媒体向大众传递信息的一种宣传方式。广告作为一种社会活动,其范围极其广泛,主要有经济广告和非经济广告两大类。非经济广告是指为了传递某种思想观念,或达到某种宣传目的的广告,它不以获取利润为目的,如政治广告、寻人广告和征婚广告等。经济广告,亦称市场营销广告,是指广告者为了获取利润通过传播媒体将有关商品或劳务信息传递给消费者的一种促销手段,它是市场营销学研究的范畴。

2. 广告的构成要素

广告是由广告主、广告信息、广告媒体和广告费用构成。广告四要素缺一不可。

(1)广告主。广告的主体,是委托广告公司将信息传递给大众的当事人,包括组织和个人。

(2)广告信息。广告传播宣传的主要内容,包括商品信息和劳务信息。商品信息包括商品的品牌、性质、用途、质量、价格、购买时间和地点等。劳务信息指各种服务性活动,如旅游、交通、娱乐、餐饮等行业经营服务项目等信息。有时,广告宣传的内容不是某种具体的商品或劳务,而是某一个公司或某一个行业。

(3)广告媒体。传播广告信息的中介物,即广告主与广告对象之间起媒介作用的物质。广告媒体的种类较多,主要有电视、广播、报纸杂志、网络等。

(4)广告费。广告活动的费用。任何广告活动都有费用的支出。利用任何大众传媒都要支付给媒体提供者费用,自己制作的传播媒体也需耗资。

3. 广告的功能

广告的功能是指企业通过广告活动所发挥的有利作用。随着商品经济的发展,市场竞争的加剧和传播技术的进步,广告的功效日益显著。许多企业把广告视为企业成败的关键,甚至提出"成功在于广告"的口号,也有"广告是社会再生产总过程的润滑剂"的说法。广告功能有以下几点:

(1)传递信息,沟通供需。把生产商可提供的商品或劳务的信息传送给可能的客户,沟通销售者与消费者之间的联系,使需要某种产品的单位或个人知道在什么地方有他们所需要的产品。为了沟通供需之间联系,一些急需某种设备或原材料的企业,也刊登广告,询问寻求供应者。"传递信息,沟通供需"可以说是广告的第一功能或基本功能。

(2)激发需求,促进销售。有些企业的产品在消费者心目中并无多大印象,通过广告介绍这种商品能帮助顾客了解,使原来不想购买的消费者也产生购买欲望,进而实现购买。这一点对航空公司很重要。航空公司开辟了某一条新航线,实行季节性的对折优惠票价等,广而告之,可以激发旅客对航空运输的需求。

(3)介绍知识,指导消费。介绍航空旅行的各种知识,介绍航空货运的各种优点,介绍航空运输的安全舒适,使航空运输被公众了解并接受,使旅客货主在选择旅行运输方案时,能更多地考虑采取航空运输。

(4)提高士气,博得信誉。支出巨额的广告费用是公司实力的象征。公司的名称及公司产品能在消费者心目中占一定的地位,会使该公司的员工为公司的名气而自豪,能为公司销售人员开展工作扫除障碍。

二、广告的目标与特点

1. 广告目标

广告目标可分为最终目标和直接目标。广告的最终目标是广告者通过传递供应信息,扩大销售、增加盈利。广告的直接目标又可分成以下三种类型:

(1)以推销商品为目标。具体地介绍某些航线航班的起飞到达时间、价格、到达地的人文景观等,吸引顾客注意,促使顾客购买。

(2)以建立企业信誉为目标。通过广告,宣传企业经营宗旨和信誉,提高企业形象和地位,沟通企业与顾客的联系。例如,国航提出"中国民航第一,世界民航一强"是国际航空公司今后奋斗的目标。这个目标就值得大做广告。

(3)以建立观念为目标。不再把航空旅行认为是达官贵人的享受。我国民航界要抓住时机,促成航空消费观念的建立。

2. 广告的特点

同其他促销手段相比,广告具有以下特点:

(1)以信息传递为主要手段。营销广告的基本功能是通过信息传递沟通生产者、销售者与消费者之间的联系。这种信息传播覆盖范围十分广泛。

(2)以诱导为主要方式。营销广告不可能强迫顾客购买某种商品,而是通过语言文字或视觉形象,以各种诱导方式去适应顾客的心理,引起顾客的注意和兴趣,从而刺激需求,扩大购买。诱导在空运广告中尤显突出。旅客无事家中坐,怎么会想到乘某航线航班呢? 1992年11月,在英国伦敦的54个主要地铁站里,同时出现了一幅长6m、宽3m的广告牌,吸引了无数过路人。这幅广告的画面是晨曦下的巍峨长城,题头词:"文明古国,热情召唤。"这是国航驻伦敦办事处和中国国家旅游局,为迎接11月26日在伦敦举行的国际旅游展览会而设计的。广告刚展出两三天,做广告者就接连不断地接到英国朋友的电话,他们希望得到中国旅行社的资料和长城的照片,并表示有机会一定到中国看看长城。

(3)侧重于长期沟通。广告的促销效果具有滞后性,它并不要求"唤起购买",起立竿见影之效,而是注重企业与消费者的长期联系与沟通,促使消费者长期购买和重复购买。

三、广告媒体及其选择

1. 广告媒体的分类

广告媒体种类繁多,根据其不同的物质属性可分为:

(1)印刷媒体,如报纸、杂志、电话簿、画册、商品目录、商品说明书、挂历、明信片等。

(2)电子媒体,如广播、电视、网络、电影、幻灯、霓虹灯、电子显示大屏幕等。

(3)流动媒体,如汽车、火车、飞机、轮船等。

(4)邮寄媒体,如函件、订购单、征订单等。

(5)户外媒体,如路牌、招贴、海报、气球、候车亭等。

(6)展示媒体,如商品陈列、橱窗、柜台、门面、模特等。

(7)其他媒体,如火柴盒、公园门票、手提包、购物袋等。

以上各类广告媒体都能从不同侧面向人们传递各种信息。不同广告媒体传递信息的时间和范围不同,费用不同,效果各异。其中,报纸、杂志、广播、电视被称为"四大最佳媒体",也是我国当前主要的广告载体。网络媒体因其特有的交互性,受到越来越多的关注,成为跨国界的全球性新型媒体。此外,路牌和交通工具也是最常见的媒体。

(1)报纸。报纸是新闻宣传中最有效、最广泛运用的舆论工具,也是目前选用的第一大媒体,如《中国民航报》等。其优点是:覆盖率高,影响广泛,传递迅速,时效性强;集权威性、新闻性、可读性、知识性、记录性于一体;制作简便,费用低廉。其缺点是:时效性强;内容繁杂,容易分散注意力;制作和印刷不够精细,形象效果欠佳。

(2)杂志。利用杂志的封面、内页、插图登载广告。由于大部分杂志是专业性的,有特定的阅读对象,如《中国民用航空》《民航管理》《空运商务》等,比较容易选择目标读者。杂志媒体的优点是:对象明确,针对性强;保存期长,传阅率高,信息利用充分;印刷精美,图文并茂,能使人加深印象。其缺点是:定期发行,及时性差,对于时效性强的商品广告,不宜刊登;受专业限制,传播范围窄。

(3) 广播。即运用无线或有线广播电台来传播广告。其优点是:传播迅速,次数多,范围广,不论男女老少、文化程度高低,只要具有听觉条件,都可收听;不受交通、气候条件的限制,在时间、空间上具有较大的灵活性、及时性强;制作简便,收费低廉。其缺点是:有声无形,印象不深,转瞬即逝,难以保存;盲目性大,选择性差。

(4) 电视。电视作为广告媒体,通过声音、图像、色彩、动作等视觉和听觉形象的结合传递各种信息,是重要的现代化广告媒体。其优点是:能直接地、真实地、形象化地传播信息,既可演示,又可解说,具体生动地反映商品的特点,具有强烈的表现力和感染力;覆盖面广,收看率高,娱乐性强,宣传效果好。其缺点是:信息消逝快,不易保存;编导复杂,费用昂贵;选择性差,目标不具体。

(5) 网络。即运用互联网传播广告。其优点是:受众范围广,网络广告不受时空限制,传播范围极其广泛,通过互联网络24小时不间断地把广告信息传播到世界各地;交互性强,交互性是互联网络媒体的最大优势,它不同于其他媒体的信息单向传播,而是信息互动传播,在网络上,当受众获取他们认为有用的信息时,厂商也可以随时得到宝贵的受众信息的反馈;针对性明确,网络广告目标群确定,可以直接命中目标受众,并可以为不同的受众推出不同的广告内容;受众数量统计精确,利用传统媒体投放广告,很难精确地知道有多少人接收到广告信息,而在互联网上可通过权威、公正的访客流量统计系统,精确统计出每个广告的受众数,以及这些受众查阅的时间和地域分布,这样,借助分析工具,成效易体现,客户群体清晰易辨,广告行为收益也能准确计量,有助于企业正确评估广告效果,制定广告投放策略,对广告目标更有把握;实时、灵活、成本低,网络广告能按照需要及时变更广告内容,使经营决策的变化可以及时地实施和推广,作为新兴的媒体,网络媒体的收费也远低于传统媒体;感官性强,网络广告的载体基本上是多媒体、超文本格式文件,可以使消费者能亲身体验产品、服务与品牌,让顾客如身临其境般感受商品或服务。其缺点是:它也有其局限性和不足,如广告信息纷繁复杂,网络传输速度慢,目前国内上网查询费用较高;有些广告制作简单,不能形成像电视广告那样的视觉冲击力,产生深刻的印象;各种广告信息鱼龙混杂,造成广告可信度差等。

(6) 路牌。即将设计画面醒目的广告牌竖立在行人较多的街道、公路两侧和机场、车站、码头、体育场等公共场所,以及利用建筑物的高墙直接把广告画在公共场所周围的墙壁上。这种媒体面积大,色彩鲜明、画面醒目、文字简洁,因而,容易引起过往行人的注意,并且费用低,保存时间长。其缺点是无法选择目标对象。

(7) 交通工具。即利用公共汽车、电车、出租汽车、火车等交通工具为广告媒体传播信息。其优点是:容易引起人们的注目,有重复宣传的作用,且比较容易普及。其缺点是:现代运输工具高速行驶,不易看清,这就要求广告图像鲜明、简单明了,不宜烦琐。

2. 广告媒体的选择

广告媒体的功能各有千秋。企业欲达到预期的广告效果,必须根据本企业营销目标与经营环境,慎重而恰当地选择广告媒体。企业在合理选择广告媒体时应当综合考虑以下因素:

(1) 企业对信息传播的要求。这是企业首先需要达到的广告目标,如信息传播覆盖率、接触率、重复率和最低时间限度、信息的可信度以及产生的效应等,企业应从中选择出最主要的目标,据以确定媒体。

（2）产品本身的性能和特点。产品的自然属性和产销特点不同，其使用方法、消费对象、销售方式千差万别。这种差别决定着广告媒体的选择。如需要形象逼真地介绍商品功能、特点、外观的家具、时装等商品，选择电视媒体，广告效果较好；对技术性强、需详细介绍的商品，选择报纸和杂志较妥。

（3）广告媒体本身的影响。包括两个方面：①广告媒体传播的数量和质量。传播数量主要指广告能传播到的视听者数目，如各种报纸、杂志的发行量，广播、电视的收视收听率；传播质量主要指广告媒体已有的声誉、影响以及表现上的特长。②媒体费用。不同的广告媒体，以及广播、电视媒体的不同的播出时间，其费用各不相同。企业应在广告预算计划范围内选择适合的广告媒体。

（4）消费者的媒体习惯。对不同的广告媒体，消费者接触的习惯不同。企业应将广告刊登在目标消费者经常接触的媒体上，以提高视听率。

（5）竞争对手的广告策略。竞争各方的广告策略，往往具有很强的针对性或对抗性。企业在选择广告媒体时必须充分了解竞争对手的广告策略，充分发挥自己的优势，克服劣势，最终达到克敌制胜的广告目标。

3. 航空运输企业选择广告媒体的因素

航空运输企业由于其产品是一种无形的劳务，不能储存，不能调拨，只能在当时当地消费，产品的生产和消费是同一过程。据此，航空运输企业选择广告时，与其他行业有很大不同，具体表现为：

（1）广告的区域性强。广告媒介所要达到的范围应与企业所要求的广告信息传播范围相适应。航空运输，航线航班有具体的方向和始发到达地点。所以，一般应选择始发港所在地的电台、电视台、报纸及其他广告媒体，而不适宜选择在全国或者全省传播的广告媒体。

（2）广告的时间性强。航空公司做广告，主要是告诉用户有关运输时间、地点、价格、质量等方面的信息，如新开辟一条航线、新受理某些特种货物运输等。此类广告并不要求天天出现，多次重复，只要及时广告，一次或几次就可以，关键是广告的及时性。据此，可选择时间性强的报纸、电台和电视等媒体。

（3）广告效果多注意听、视觉。运输企业的产品是无形的，且产品的规格、种类、型号也很难有视觉上的区分。因此，运输企业的广告可以不需要动作表演、音像图示，只要求大众听到、看到就可以。运输企业在选择广告媒体时可以不用选择费用高的电视广告媒体。

总之，选择广告媒体考虑的因素归结起来就是费用少、效果好。两者通常是矛盾的，航空公司应根据本公司不同时期、不同市场目标和宣传侧重点，选择适宜的广告媒体。

四、广告策略

在激烈的市场竞争中，企业要将自身及其产品形象在消费者心目中占有一个位置，就必须研究广告策略。所谓广告策略，就是广告主在广告活动中为实现营销目标竞争战略所采取的吸引、刺激、诱导消费与购买的宣传策略。广告策略通常有四种。

1. 广告设计策略

广告设计策略是指在广告创作时欲达到特定宣传效果而运用的艺术手段和科学方法。广告设计策略的运用，直接影响到广告效益。企业的市场地位、商品特点等因素决定了设计策略。常用的广告设计策略有：

(1) 一贯性策略。是指广告在长期的信息传播中，其口号、内容、风格、商标、包装、服务特色等保持一贯的形象和特点，使消费者有长期固定的印象。

市场领先者、名牌产品拥有者尽可采用，而且不可轻易改换自己的广告内容。历史表明，进入消费者头脑里的第一个产品牌子的长期市场占有率，一般来说，比第二个品牌高出两倍，第二个品牌差不多也比第三个品牌高出两倍，而且这种关系不会轻易改变。

(2) 竞争性策略。这是一种挑战性策略，是指在广告设计中，针对竞争对手的广告，突出自身的经营实力、商品或经营特色等，以图增强本企业及其产品的消费者心目中的影响。

(3) 柔软性策略。是指在广告语言设计方面没有任何向消费者推销商品的硬性词调，而是与消费者站在一起以间接方式使消费者在无意中接受广告内容，无形中使消费者对广告宣传产生一种信任感，从而树立良好的企业或商品形象。

"这里就是万宝路的世界！"堪称这种策略的典范。美国政府非但禁止烟草商做直接推销烟草的广告，而且要求在每盒香烟包装上都印上"吸烟危害健康"。万宝路烟草公司专门赞助各种大型的体育竞赛。它的电视广告画面为：空旷的美国西部原野，蓝天白云万马奔腾，粗犷矫健的牛仔驯服驾驭着桀骜不驯的烈马。画外音："这里就是万宝路的世界！"令观众的想象亦如画面中的骏马一样自由驰骋，但仍摆脱不了被羁勒。

2. 广告商品策略

营销广告的首要目标是向消费者推销商品，而商品能否被消费者所接受，在很大程度上取决于广告商品宣传策略。广告者如果能通过适当的方式和时机，巧妙地介绍商品，就能吸引消费者的注意与兴趣，促进其购买行为。常用的广告商品策略有商品生命周期策略和商品市场定位策略。

(1) 广告商品生命周期策略。任何商品都有其市场生命周期。根据商品所处的不同发展阶段，要采用不同的广告宣传策略。

在商品进入市场的初期，可采用介绍性策略，把重点放在向消费者介绍、宣传和剖析商品上，使其接受，以促使消费者产生需求。美国联邦快递公司以"快"取胜，70磅❶以下的包件保证隔日送到。可公司成立之初，众多的消费者并不认识"快"的意义，美国联邦快递公司的成功，在很大程度上得益于其动人的广告——"联邦的服务是使顾客成功或失败、升级或降级、击败对手或被人击败的关键所在。"

在商品的成长期后期至成熟期，则根据市场竞争状况，采用刺激性策略，突出宣传本商品在同类商品中的优越性与特点，刺激消费者认牌选购，巩固企业及其商品的市场声誉。商品进入成熟期末至衰退期，可采用提醒策略，不断提醒消费者购买，从而维持其市场份额，以延缓商品销售量下降趋势。

(2) 广告商品市场定位策略。这是指在广告宣传中，通过突出符合消费者心理需求的特点，确定商品在市场竞争中的位置，加深消费者对该商品的稳固印象。商品市场定位是企业取得商品理想市场份额的重要策略，而广告商品定位策略又是为商品定位服务的。它主要有两种形式：①广告商品实体定位策略，即在广告中突出商品的新价值，强调其与众不同的特点，并

---

❶ 1磅=0.45千克。

表现其能给消费者带来更大的或某种特殊的利益的策略;②广告商品观念定位策略,即在广告中如实介绍商品的优劣、特色、摆正商品的市场位置,从而在观念上给商品重新定位。

航空公司向市场推销的是航空客运服务与航空货运服务。客运市场实质上是消费市场,购买者和购买次数众多、购买者非专家、购买力流动性大,这些特点决定了客运市场的消费更容易受广告的诱导,更需要广告信息。所以,航空公司的广告主要应用于客运的促销。同时,航空公司不仅是在航空客运市场上竞争,更主要的是在包括各种运输方式的整个客运市场上竞争,并波及旅游市场。尤其是在我国,航空旅行还未被消费者普遍接受,旅客对乘飞机还有各种误解,更应加强宣传。因而,现阶段中国航空公司的广告要宣传乘坐飞机旅行的舒适性、安全性、新奇性和成就感,要宣传长途旅行时的空运经济性。美国波音公司从旅客的经济角度研究空运的优点,经分析证明旅程在 320 公里以上时,乘飞机和乘汽车所花费的旅途总费用,把时间成本计算在内,乘飞机比乘汽车便宜。中国航空公司能否找出中国客运市场上空运与陆运、空运与水陆旅行费用平衡时的运输距离?航空公司可以具体地计算比较本公司各航线开通城市之间其他运输工具的旅行费用状况,选择空运费用低的航线进行宣传。例如,福州—武汉之间的交通。类似的还有广州—福州、大连—长沙、青岛—重庆等之间的交通。发达国家统计每年的居民人均乘坐飞机次数或人均航空里程,我国只可讲居民终生的人均乘飞机次数。在中国,乘坐过飞机是"身份的象征",航空旅行是"高品位的享受"。不少中国人认为做人一世没乘坐过一次飞机终身遗憾,说明我国在这方面还相当落后。另外,"集运"服务和快递服务需要广泛的收发网络和灵活快捷的信息,也需要大量的广告宣传。

3. 广告媒体策略

广告媒体策略是指广告者在选择广告媒体之后,巧妙地运用媒体的手段和方法的总称。广告媒体是有限的、外在的,尽管企业选择同样的广告媒体,但由于对广告媒体的利用策略不同,广告效果就不大一样。因此,巧妙地运用广告媒体策略,是达到最佳广告效果的关键。然而,如何有效地运用广告媒体是一项复杂且技巧性很强的艺术,从国内外实践经验考察,主要媒体策略有以下三种:

(1)名人式媒体策略。是指在广告中,利用社会名流对商品的评价、介绍或鉴定,以达到提高商品知名度和企业声誉的目的。早在 1977 年,美国著名广告研究先驱弗里德曼就发现,同样一个广告、同样的广告媒体,分别由一位明星、一位专家、一个公司总裁和一个普通百姓来主演,效果截然不同。其中,明星主演的广告最吸引人。近年来,网络直播名人带货的火爆行情,充分体现了这一策略的显著特点。

(2)借题发挥式媒体策略。广告者可以利用有趣的社会事件或千载难逢的机会,进行声势浩荡的宣传,以此大振企业及其商品的声誉和雄威。奥运会、足球世界杯等全球性的体育竞争能从赔本到赚钱,正缘于众多的广告者欲借此宣传自己,展示雄威。20 世纪 50 年代,美国开始试验人造地球卫星。某厂商一本正经地写信给五角大楼主持该项目的官员,询问能否允许他在这颗人造卫星上做一个产品广告;如果允许,收费多少?收到此信后,军方人士哑然失笑:卫星升空后,谁能看到它的踪迹?在人造卫星身上做广告,岂不是把钱白白地扔到太空?该厂商的愚蠢无知却成为全美乃至全球报纸上的一条花边新闻。卫星广告未能获准,全世界报纸却都为之做了免费广告,知名度大增。

(3)现身说法式媒体策略。是指广告者通过广告媒体,把广告与现场表演合起来,使消费

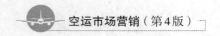

者身临其境地感受到商品的性质、质量和功效,从而直接唤起消费者的购买欲望。

4. 广告心理策略

广告者在广告宣传中应科学地运用心理学原理,使广告诉求符合消费者的心理需要,克服其反感情绪,从而达到预期的广告效果。常用的广告心理策略有:

(1)广告诱导心理策略。即抓住消费者潜在的心理活动,使之接受广告宣传的观念,自然地诱发出一种强烈的需求欲望。

(2)广告迎合心理策略。即根据消费者的不同性别、年龄、文化程度、收入水平、工作职务,以及不同消费者的求名、求新、求美、求廉、模仿等心理,在广告中采取不同的对策,以迎合不同消费者的心理需求,刺激购买。"9·11"事件后,美国一家航空公司的广告词是"最安全旅游目的地——中国上海"。

(3)广告猎奇心理策略。即在广告活动中,采取特殊的表现手法,使消费者产生好奇心,从而引发出购买欲望。广告猎奇心理运用得当,可以获得显著的广告效果。

广告策略的运用是综合性的,各种广告策略相互配合相辅相成才能取得良好的广告效果。海外创作广告电视片的人都要遵守一个规则,即无论广告创作如何不精彩,都不允许在广告片中弄虚作假。澳洲航空公司在一次广告设计中巧妙地利用了这一点。该公司1993年夏在美国播映一部广告电视片,介绍澳洲迷人风光并鼓励大家来乘坐澳洲航空公司。广告画面中出现的是一男子,坐在沙滩上的一张飞机座椅上休息……荧屏上同时打出一句广告词"你一坐上澳洲航空公司,就感到已置身澳洲"。按专业眼光,此广告片没有多少创意。但很快这一广告特别的策划和创意就开始发挥作用。首先,令人们意想不到的是澳洲航空公司的一位负责人竟会自己出来"揭发"自己公司在荧屏上播出的广告片是假的,并"积极"召开新闻发布会,阐明真相,甚至还下令撤销播映这一广告。于是一哄而起,许多传播媒介纷纷报道揭露"商业丑闻",并详细描述澳洲航空公司广告片中"假"的方面。闹哄哄了几天之后,人们才搞清楚。原来,广告片中的所谓"假"其实仅仅是沙滩的景色不是在澳洲拍的,而是在夏威夷拍的。如果不是自我"揭发",观众是无论如何看不出的。但正因为这一"揭发",才"制造"出一个"大新闻",人们知道了有这样一个航空公司。那么,澳洲航空公司为什么要自我"揭发"呢?据澳洲航空公司透露,澳洲沙滩的景色其实比夏威夷还美。所以,应该拍澳洲美丽的海滩。于是一个新的观念——澳洲海滩比夏威夷还美,去夏威夷海滩不如去澳洲海滩,而去澳洲海滩就请乘坐澳洲航空公司航班——就这样潜移默化地被广告人巧妙地"输入"并"刻印"进人们的脑海中。

第三节 公 共 关 系

一、公共关系的概念和构成

"公共关系"一词是英语 Public Relations 的中文译称。Public 通常有两种用法:作形容词——公开的、公共的,作名词——公众。公共关系中的"公共"实际上包含了这两种含义。

Relations 为复数,意为众多的关系。公共关系的词义,静态的理解是指一种客观存在的状态。任何组织,不论政府机构、社会团体还是工商企业或事业单位,都与别的组织或个人之间存在着某种关系,并在活动中自觉或不自觉地、主动或被动地应付、处理、协调着这些关系。公共关系动态的理解是指一个组织为了达到某种明确的目标,自觉地、有计划地去从事的改善关系的活动。

1. 公共关系的主体——社会组织

社会组织是人们有计划、有组织地建立起来的一种社会机构,它有领导、有目标,成员间又有明确的分工和职责范围,还有一套工作制度。社会组织所要完成的社会分工的任务就构成了社会组织的工作目标,比如学校的目标就是培养人才,工厂的目标是生产和推销产品,航空公司的目标是运输客货等。

社会组织要运行才能完成本身的工作目标。社会组织处于一定的社会环境之中,有方方面面的各种相互关系。社会组织的运行又使得这些关系也处在不断的发展变化中。在这个过程中社会组织的形象也会随之发生变化。组织形象的变化有两个相反的演变方向。因此,较具体地说,公共关系工作的一般目标是:当本组织的形象发生恶性变化时,尽可能地促使它朝相反的方向转化,至少要阻止它继续恶化的势头;当本组织的形象发生良性变化时,保持它的发展趋势,并进一步把它引向深入;在本组织的形象比较模糊时,尽可能建立起一个清晰的良好形象。从而,达到公共关系的最终目的:使本组织在公众中树立起良好的形象,取得公众的信任、理解、支持和合作,提高工作效率或增进经济效益。

2. 公共关系的客体——公众

公共关系注重的是组织的"自我修养",是组织形象的自我改善。社会组织的形象是由公共关系的客体——公众来评定的。

公众是指任何因面临某个共同问题而形成并与社会组织的运行发生一定关系的社会群体。这个定义揭示了公众的基本特点:①公众具有同质性,即面临着共同的问题。例如,候机厅里乘客面临的共同问题是等待登机。②公众具有相关性,即与某一社会组织有特定的关系。例如,候机厅的乘客中,只有欲登本航空公司飞机的,才是本公司的公众。③公众具有层次性。公众是一种社会群体,社会群体按组织状态可以分为社会组织、群体组合和初级群体三个层次。例如,某次航班乘客中有某公司工会的旅游团、有旅行社临时组建的旅游团,还有不随单位不参加旅行社的零散游客,形成了三个层次。④公众具有多变性。公众面临的共同问题解决了,公众就自然消失,而随着新问题的产生又会形成新公众。此外,公众在与社会组织的交往中,随着组织对公众面临的共同问题的解决过程,公众的态度和行为也会不断变化。

3. 公共关系的内容——信息传播

信息传播是连接公共关系的主体和客体的纽带,公共关系主、客体联系的过程就是信息传播交流的过程。信息是指具有新内容、新知识的消息。信息不能独立存在,它必须依附于某个特定的载体方能显示。信息的物质载体就是传播媒介,凡载有信息的任何物体都可视为传播媒介。人与人、人群与人群通过信息传播形成关系。公共关系作为关系的一种,自然也是通过信息传播来影响公众,协调公众来塑造良好的组织形象。

公共关系从事的是信息的双向交流。这种双向交流主要是由公共关系的主体来推动的,这种双向交流包括信息的收集、信息的处理和信息的发布三个方面。

二、航空公司的公众

公共关系的公众,有着广泛的含义和极其复杂的结构。公众作为客体,因对应着的主体的改变而改变。任何社会组织作为公共关系的主体,要有效地开展公共关系活动,必须先研究它的公众。分类是研究的起点。航空公司的公众可作以下的分类:

1. 公众的横向分类

横向分类的根据是:航空公司在运行过程中会产生各类问题,因问题的不同会形成不同的公众。目的是更好地理解各类公众在其与航空公司关系中的角色地位和角色作用,便于公共关系活动有针对性地分别解决各类问题,协调航空公司与各类公众的关系。根据这种分类原则,公众一般可划分为:

(1)内部公众——航空公司内部的所有成员。航空公司内部的职工和股东等内部公众对公共关系来说,是一种特别重要的公众。公共关系要树立航空公司的良好形象,内部公众对自己公司的评价有特殊的意义和作用。"内求团结"是"外求发展"的基础。内部公众同样可以根据他们所面临的问题的不同而分类,如空勤人员公众、维修人员公众、青年职工公众等。

(2)政府以及管理部门公众——对航空公司行使管理监督职能的所有社会职能部门。政府不仅是国家权力的执行机关,而且是引导企业适应宏观经济发展要求的宏观调控者。企业的活动应服从政府的监督。在遵守国家法令、自觉接受政府有关部门指导和监督的同时,航空公司应主动与政府有关部门沟通信息,赢得政府的信任支持。

(3)与航空公司目标直接相关的公众——乘客和货主,即消费者。消费者对任何企业都是最重要的评判者。消费者对企业的印象和评价,决定着企业能否保持和扩大市场占有率,决定着企业的生存和发展。公共关系工作要加强与消费者的沟通,重视消费者的投诉,积极争取消费者对本公司的好感。

(4)与航空公司目标间接相关的公众——航空公司正常运行中涉及的各类组织和群体。如航空公司开航航班的各城市的机场、航油公司、航材公司、水电供应单位、海关、商检等。此类公众尽管对航空公司的形象不发生直接影响,但对航空公司的正常运行握有"生杀大权"。因此,与这类公众协调好关系,也是航空公司公共关系的重要任务之一。

(5)社区公众——航空公司所在地区的政府、非政府组织及居民。社区关系就是邻居关系。就航空公司而言,此邻居范围可大可小。对航空公司所用某种机型的噪声提出抗议的是机场周围的居民。

企业与社区存在着千丝万缕的联系,只有建立融洽的社区关系,企业才能立脚扎根。因此,企业必须满足社区对自己的正当要求。在生产经营过程中,应注意环境保护、提供必要的公益赞助,积极主动地担负起社会责任,造福于社区。

(6)大众传播媒介公众。这是有双重功能和双向作用的特殊公众。一方面它自身是公司公共关系的客体,是公共关系的对象;另一方面,它又是公司与社会公众之间沟通的桥梁,是中介因素,因而,也可以说是公共关系工作的手段。更重要的是,它是社会舆论的传播者,能影响民意,间接而有力地监督调控企业行为。

要设法做好公共关系。因为大众传播媒介是公司争取社会公众、实现公关目标的重要帮手。公司公关人员应当同新闻界保持经常的、广泛的联系。对大众传播媒介"封锁消息",随便地在新闻采访过程中采取不合作态度,甚至得罪之,是公众关系的大忌。

(7)同行公众——其他航空公司以及其他运输方式的运输公司,广义的还包括旅行社和旅馆。

航空公司与同行公众之间,既有竞争关系又有合作。不同运输方式的联合运输、航线航班的衔接、航空公司与旅馆相互提供客源等都是合作。合作要平等真诚,竞争要公平合法。绝对不能采用诽谤、中伤、贿赂等不道德手段对付竞争对手,以免公司自身形象和信誉受损。

竞争对手的评价有特殊的效果,能赢得对手的敬佩、信服必使自己名气大增。

(8)事件公众——在航空公司运行的偶然事件中涉及的公众。航空公司的事件公众最典型的是飞机失事死难者的家属以及航班晚点时被耽误的乘客。此外,由于航空公司某个环节或个人的服务不周,给乘客、货主带来不便而造成他们的投诉索赔等,其中的乘客、货主等也属事件公众。

2. 公众的纵向分类

公众与公司的关系是一个发展过程。根据这个发展过程的不同阶段,即按公众与公司发生关系的密切程度对公众分类,称为纵向分类。一般分为非公众、潜在公众、知晓公众和行动公众。

(1)非公众。即公司还未与之发生关系的公众。以航班晚点为例,航班晚点必然会产生一批事件公众。航班还未晚点,正在等候此次航班的乘客都是航班晚点事件的非公众。航班正点起飞,此非公众的关系没有发展。

(2)潜在公众。即事实上已与公司有关系但尚未意识到的公众。如接到飞机故障正在抢修通知,此次航班晚点已成定局。但离航班登机时间还较早,等候登此航班的乘客还不知道航班将误点,因此是潜在公众。潜在公众不会付诸任何行动。但问题迟早会暴露,潜在公众一旦意识到所面临的问题,就成了知晓公众。对公共关系来说,应当尽早地让潜在公众知晓真相,然后再共商对策,解决问题。公众最恼火的是被蒙蔽。

(3)知晓公众。知晓公众已知航班误点,他们对任何与航班有关的信息都感兴趣,都想知道。例如,为什么会误点?要误点到什么时候?在哪儿可打电话、电传通知接机亲友、生意伙伴?食宿怎样安排?此时切忌一问三不知。所以,知晓公众一旦形成,公共关系活动更应积极展开,以便与公众交流信息,努力做到相互了解,相互合作。要积极主动地向公众解释问题的缘由,妥善解决因航班误点带来的种种不便,直至承诺赔偿因此而造成的公众的损失。要尽量避免知晓公众向行动公众的转化。

(4)行动公众。行动公众由知晓公众发展而来。公众知晓问题的存在,而公司又没能及时解决问题,公众就会准备采取或实际采取行动,如诉诸大众传播媒介、诉诸政府有关部门,甚至诉诸法律等。面对行动公众,公共关系工作更要加紧进行,竭力让公众了解公司为解决问题所做的努力,帮助公司的有关职能部门开展补救工作,变被动为主动。

三、航空公司的公共关系实务

公共关系活动是一门综合性的艺术,必须遵循一套科学的程序和步骤。这些步骤可以归纳为调查研究、确定公关目标、制订公关对策、实施公关计划、反馈和评价公关效果等。公司要有效地实施这些步骤,实现公关目标,还要善于运用各种公关活动方式。公关活动可以是为了达到某个具体的目的主动策划的,也有因突发事件为摆脱被动局面而积极进行的,还有抓住机会为塑造良好组织形象见机而行的等。公共关系活动不仅是公司公关人员的工作职责,也是公司全体员工的相关职责。公司的良好形象是靠全体员工共同努力创造树立的,这里包含了两层含义:第一,公司每个员工都要敬业本职,创造一流的工作质量,这是公司信誉的基础,公共关系90%靠自己做得对,10%靠宣传。第二,公司员工在与外界接触时,要时时处处注意维护公司的形象,不可以不在自己的工作职责范围内就一推了之,或一问三不知,而应指点解决问题的部门或方法,树立"全员公关"的意识。

1. 通过新闻媒介传播企业信息

这是企业公共关系最重要的活动方式。通过新闻媒介向社会公众介绍企业和产品,由于新闻媒介的权威性和广泛性,其宣传效果远甚于广告。

目前,虽然乘飞机出行已经变成了一个大众交通出行的方式。但是公众对于民航运输仍然有很多不甚了解的信息。例如民航客货运输相关规则、航班延误的原因及不正常航班服务规定、民航安全运输的相关规定、航班超售及处置方法等。虽然航空公司通过官网和 App 等渠道都有相关内容的宣传,但是通过新闻媒介的宣传能够更好地提升传播的效率,让公众更好地知晓相关规定。

2. 举办专题活动

公关专题活动很多,如新航线的开辟、新机型的投入是航空公司特有的专题,需要新闻媒介的传播。这些专题活动可以起到良好的社会效应。

3. 重视投诉、乐意救难

重视顾客的投诉是企业改进自身工作、赢得顾客信赖的重要手段。新加坡航空公司在20多年间,由一家小公司一跃成为利润居世界之首的航空公司,其理念就是"从顾客的抱怨声中找差距"。企业应该让投诉变得更简单:给顾客提供一些新的方法通报出现的问题,如设立一条热线电话,以便对顾客提出的意见和建议作出迅速的反应;对顾客进行典型调查,以便了解顾客对目前服务工作的意见;设置简便易行的"意见卡",对顾客的信息反馈尽快回复并表示感谢。

4. 参与社会公益活动

通过参与各种公益活动,协调企业与社会公众的关系。这方面活动包括宣传安全生产和环境卫生、防治污染和噪声等;赞助社会公益事业,为社会慈善机构募捐等。2002年的圣诞节,荷兰皇家航空公司特别推出一项慈善电子贺卡活动。只需乘客在其网页发送贺卡给亲友便可免费做善事。因为每送出一封电子贺卡,荷兰皇家航空公司便会自动捐出其飞行常客计划"环宇里程优惠计划"的50里程数给"无国界医生",以支持他们在世界各地的医疗救援工作。

乘客登记荷兰皇家航空公司的网上电子邮报,他们会多捐出50里程数。此活动只是荷兰皇家航空公司"空中爱心"慈善公益计划的一部分。他们经常通过这个计划,协助一些有意义的国际慈善团体捐助,通过客机上的媒体,向乘客推介该慈善团体的工作和宗旨,协助收集乘客捐出的金钱或飞行里程数,来帮助世界各地有需要的人。国泰航空有限公司则支持联合国儿童基金会(UNICEF),在促进全世界儿童的生存、保护和成长方面,与联合国儿童基金会携手工作,推出"零钱布施"机上筹资计划,邀请乘客在旅行后,向联合国儿童基金会捐赠他们多余的外币。

5. 公关宣传和公关广告

由于公司本身的模范行为得到社会公众和新闻舆论的称赞和传播,这是最有效的宣传。公司要主动地争取传播媒介的宣传,尤其是为社会公众做了好事,更要宣传扬名。连续8年获选美国《读者文摘》最佳航空公司称号、连续5年获得德国《资本》杂志最佳长途航空公司大奖,还获得英国顾问公司亚洲最佳航空公司桂冠的国泰航空有限公司十分重视企业的公关宣传,使公司深植社会。作为香港最大的航空公司,国泰航空有限公司一直与香港共同成长,国泰航空有限公司现有三架飞机分别命名为"香港97精神号""亚洲国际都会号""香港精神跨千禧号";推出"活力香港"的旅游推广活动,共送出一万多张总价值超过一千万港币的免费机票,供香港市民的海外亲友来香港旅游。通过这些形式,使香港文化融入企业,并得到新闻舆论的关注,得到了传播媒介很好的宣传。

公司还可运用公关广告来介绍宣传企业,树立企业形象。公关广告与商品广告的信息原理、形式、传播渠道类似。但两者也有区别。商品广告的主要传播对象是顾客和中间商;公关广告的传播对象是包括顾客和中间商在内的更广泛的社会公众。商品广告的任务是开发市场、争取消费者、促进销售;公关广告的基本任务是宣传本企业的经营宗旨和基本状况,以唤起社会各界的注意和重视,全面促进企业与社会的联系。商品广告主要介绍产品的牌名、商标、性能、价格、营销渠道和方式等;公关广告的内容一般包括企业的名称、历史、主要业务、经营政策、成就、在本行业中的地位等,甚至提供企业的人员、设备、工作条件、职工业余文化生活等方面的资料。

公关广告和宣传可以扩大企业在社会上的影响,提高企业的知名度和美誉度,从而得到广泛的社会支持,吸引人才,吸引投资者。同时,企业在社会上的声誉和地位的宣传会提高内部员工和股东的士气,激发他们的自豪感和责任感,从而增加企业的凝聚力和号召力。

公共关系广告因具体内容和目标不同可分为:

(1)公司广告。这种广告的主要目的在于形成本公司的良好形象。通过这种广告使广大公众产生一种"选择性需求",即使顾客相信本公司的产品和服务比其他公司的产品和服务更优越,使他们形成一种信仰和追求,即所谓"名牌效应"。

(2)致意性广告。如某公司新开业,以同行身份广告致意祝贺,愿携手合作,共同繁荣。

(3)倡导性广告。如本公司率先发起某项社会活动或提倡某种新观点,表明本公司热心公益、积极进取的精神和强烈的时代感。

(4)辩护性广告,也称解释性广告。即针对来自企业外部的某个集团、组织等对本企业的有悖于事实和常理的报道、议论、指责,或针对某些舆论,向有关公众说明事实真相,阐明有关事理。

6. 妥善处理危机事件

任何一家企业,无论成功与否,在发展的道路上都可能遇到过危机。遇到危机就要处理,处理得好,企业不仅能够化险为夷,还能跨越一个新高度;处理不好,企业则可能就此一蹶不振,甚至垮掉。危机是指危及企业形象和生存的突发性、灾难性事故与事件。它通常会给企业和公众带来较大损失,严重破坏企业形象,甚至使企业陷入困境。在处理危机事件的过程中,稍有不慎,就有可能失去消费者的信任,从而丢掉既有的市场,甚至将公司拖入灾难的深渊。

因此,在危机发生后,如何重新塑造公众值得信赖的形象,是企业公共关系实务中不可或缺的一个方面。

2018年5月14日早上,川航空客驾驶舱风窗玻璃突然破裂并脱落,造成驾驶舱失压,气温迅速降到零下40多摄氏度,仪器多处失灵,甚至一度将副驾驶吸出驾驶舱外,情况非常紧急。面对险情,"英雄机长"刘传健,利用高超的驾驶技术和专业素养,冷静处理、沉着应对,最终在民航各部门配合下,飞机于上午7时42分安全降落在双流机场,机上所有乘客安全返回地面。

专家点评,在这次川航飞机玻璃爆裂,飞机不得不备降的航班事件中,川航的危机公关做得十分出色,成功地将危机转化为机遇,提升了公司品牌知名度、公众信赖度以及公司形象,给广大群众留下了良好的印象,实现了危机的成功化解。

这次危机事件处理,川航遵守了五大原则:

(1)速度第一原则。事件发生一小时后,川航及时展示机舱内破坏情况,保障公众知情权,如实告知此次事件是飞机玻璃坏了,属于意外!

(2)真诚沟通原则。整个过程中川航坦诚相对,不隐瞒,通过驾驶舱的真实镜头展示,让公众理解当时机长和副机长所面临的困境;打消公众疑虑,保护公司形象;掌握事件的解释权,防止被媒体歪曲报道。

(3)系统运行原则。川航公司高层领导及时视察,公司相关部门整体策划发布了机组人员的伤情等图片,均展现出公司对该事件的重视和关心员工身体健康的文化,引发全民正面舆论导向。

(4)转移注意力原则。突出宣传机长光辉事迹,通过宣传事件紧急性、备降的难度,展现出机长刘传建的高超水平,将公众注意力转移到机长的备降经验和从容应对上,展现公司对于机长的严格把关,展现公司的业务能力,从而减少公众指责。

(5)承担责任、权威证实原则。事件发生后,川航第一时间对相关飞机进行集体检修,并在网上公布结果;同时与媒体合作,营造舆论氛围:"川航已对同型号飞机风窗玻璃进行排查""省长亲自指导工作",给人一种"负责任""有信心"的形象!

这次事件的危机公关,不仅成功避免了全民讨伐的局面,甚至还带来了正面的舆论效果。这就是将危机转化为机遇的典型案例。

另外,保证安全是世界民航业的共同责任。尽管航空旅行发生意外事故的概率比任何地面交通方式都低,然而一旦发生空难,对责任航空公司声誉的影响是不可估量的。因此,妥善处理空难事件、化解公司的形象危机是航空公司危机处理的重中之重。空难对航空公司所造成的冲击,在很大程度上取决于有关公司的应对方式。空难的危机处理,国际上通行的具体的工作是:所有空难调查工作、处理经过、空难原因要透明化,要设法满足新闻媒体和罹难者家属的要求。因此,在空难发生后,各航空公司通常立即设置新闻发布中心,24小时向媒体、家属提供最新状况、调查经过,并设置24小时热线电话供罹难者家属查询,新闻发布的工作越透明越详细越好;设置罹难者家属服务中心,以一对一的方式派出工作人员为罹难者家属提供安慰与服务,此外罹难者家属此时的一切开支,航空公司应无偿、无条件支付。

新加坡航空公司在2001年10月31日晚台北空难发生后的24小时,对如何处理危机和善后工作表现得有点不知所措,结果造成乘客家属因公司没有及时向他们提供消息而大感愤怒。但是在这之后,新加坡航空公司就开始做出一些积极的举动,在恶劣的情况下通过各种正确的做法,尽力挽回公司的形象:即刻向罹难者家属发出40万美元的天价赔偿,远远超过国际航空条约对空难罹难者定下的最低75000美元的赔偿规定;即刻派遣受过特别训练的职员陪伴和照顾乘客家属;举行记者招待会,及时向公众和媒体传递信息。值得一提的是,在一名罹难者的家属冲入新加坡航空公司在新加坡樟宜机场的记者招待会,愤怒地指责新加坡航空公司没有及时为家属提供消息时,新加坡航空公司的公共事务副总裁能充分地体谅他的心情,让他尽述心中话,而且还上前慰问和轻拥这名罹难者家属,让人们留下深刻印象。这一切都大大挽回了新加坡航空公司因空难事件而受损的形象。

第四节　营业推广

营业推广也称销售促进,是在一个比较大的目标市场中为了能够迅速刺激购买而采取的促进销售的措施。有效地采用营业推广,可达到稳定老顾客,吸引新顾客的目的。

一、营业推广方式的选择

营业推广的方式五花八门,企业要根据市场类型、销售目标、竞争环境,以及每一种推广形式的费用和效率来进行选择。

1. 营业宣传推广

营业宣传推广从某种角度上讲与广告宣传有类似之处,它是实现直接促销的有效手段。

(1) 营业场所的装饰和布置。根据顾客的购买心理与特点,设计出使顾客赏心悦目、心情舒畅的购买环境,从而吸引购买者。在较长的一段时间内,航空公司售票处的环境布置是齐胸高的柜台,把售票营业厅一分为二,柜台上立着玻璃屏墙。购票者站在柜台外,通过玻璃屏墙上开的小窗大声求购,高个子要弯下腰,矮个子需踮起脚。柜台内,售票员低低地坐在那里,低低地轻声应答,以低蔑高,拒人何止三尺。有时外面还排着长队,里面小窗一关,"拒客窗外"。当某航空公司改变这传统的布置:齐腰高的矮柜台外侧放着小沙发,购票者侧坐着下指令,售票员正坐着听指示,并为之服务,购买者的心理感受不言而喻。这种布局很快被仿效,其原因也是不言而喻的。

(2) 样品陈列及橱窗布置。样品陈列是待销商品的最好示范,能诱导购买行为。橱窗布置又是无声的商品广告,能刺激顾客的购买欲望。航空公司售票处在列示航班时刻表的同时,对其某些航线可作单独的介绍,包括航班时刻、航行时间、票价、到达地的旅游景观、风土人情、名胜特产等,必要时还可与其他运输方式作比较。

(3) 商品试验。商品试验是检验商品质量,消除顾客疑虑,赢得顾客的重要手段。企业的营销宣传中应根据商品的自然属性特点,采用不同的试验方法。航空旅行的快速舒适已被公认,对那些未乘过飞机的公众,航空的安全性仍是疑虑。能设法吸引他们乘一次飞机就可消除疑虑。怎么吸引?空中游览是一个有效的方法。还可采用民意测验:你认为乘飞机出行:A. 是各种运输方式中最安全的;B. 比汽车安全、没火车轮船安全;C. 比汽车轮船安全、没火车安全;D. 是各种运输方式中最不安全的。大做广告有奖征答。什么奖,怎么得,暂时保密。在大奖的诱惑中,仍坚持选择答案 D 的,看来真是航空公司的逆意公众了,送他桂林来回机票,看他桂林旅游回来是否仍固执己见。以选择错误答案的逆意公众为中奖候选人可能还会招来异议,但这正是此次促销活动所追求的轰动效应。

(4)提供咨询服务。为顾客提供信息、传授消费知识,解决疑难问题,从而使顾客坚定购买信心。

2. 营业销售推广

营业销售推广是刺激和鼓励成交的重要手段,包括直接对消费者的推广、针对中间商的推广和鼓励销售人员积极推销。在合法、合理、不损害他人利益和名誉的条件下,尽可能发挥充分的想象力来创造各种各样的营业推广方式、方法。

1)对消费者的推广

(1)赠送。如向消费者推出里程积分赠送机票的活动。在航线开航的首航仪式中向重要公众、大众传媒公众赠送机票,向每位乘客赠送旅行纪念品等。

(2)有奖销售。即随销售发放奖券,到一定数量宣布开奖。中奖者可获得奖品、奖金。航空公司不必另发开奖券。机票、登机牌都可作兑奖券。新加坡机场的售票大厅里凭机票号开奖,中奖者豪华轿车一辆。海航凭登机牌号开奖,每次航班都有奖。

(3)折价赠券。即向顾客发放折价赠券,持券者可享受部分价格优惠。

(4)降价销售。即按原价实行折扣销售。

(5)交易印花。当顾客购买某一商品时,企业给予一定张数的印花,凑足若干张或达到一定金额后,顾客可以兑换某些商品。航空公司不必另发印花,机票即可作印花,而且机票上有乘客姓名,不会被假冒。如上航不定期地更换机票封面的底色,在一定期间内,某乘客保有四种不同底色的机票封面,可奖给免费机票一张。

(6)消费信贷。即通过赊销或分期付款方式推销商品。航空公司的消费信贷还可采取零存整取储蓄购票的方法。即乘客先分期把零星的款项存入航空公司,若干期以后集零为整就可购买较高价格的航线机票。购买机票也有定航班和不定航班两种。不定航线航班,储蓄期满后可任选航线航班,但要按现价支付,多退少补。定航线航班,按确定时的价格分期储蓄。储蓄期满后,届时票价下降,储蓄购买者可得到跌价的差额;届时票价上扬,购买者不用补差价。

(7)常旅客优惠计划。简称常旅客计划,即旅客加入航空公司的常旅客俱乐部,通过乘坐其加入的公司航班累积里程,达到相应的里程后,航空公司提供免票或升舱等奖励。一部分为数不多的公务、商务旅客经常乘坐航班,在航空公司整个旅客运输收入中,始终占有较高的收入比例,这部分旅客称为常旅客。1981 年美国航空公司第一个推出了名为 AA Advantage 的常旅客计划。如今,美国航空公司的会员已超过 2000 万人,成为公司最主要的收入来源(约占运输收入的 50%、效益的 80%)。时至今日,常旅客计划已成为航空公司竞争的主要手段;常旅客系统发展的另一个方向是与酒店、租车、银行、零售等行业联合,交换会员或积分,互通有无。"国航知音"是首家在中国大陆推出的飞行常旅客计划。实行"国航知音"里程累计奖励计划的国航推出了里程累计新概念——知音卡"里程银行"服务项目。国航"里程银行"项目的推出,替代了国内众多航空公司普遍采取的用里程券兑换免费机票和升舱的操作办法。国航

"知音卡"会员只需凭借知音卡和个人密码,就可以在国航国内和国际的任何售票处直接兑换奖励,兑换奖励所需要的里程数将通过计算机系统从会员账户中直接扣除。另外,国航常旅客计划里程奖励与中国移动展开合作,中国移动的客户可以用话费积分兑换国航常旅客计划里程;又与中国工商银行进行合作,持中国工商银行牡丹国际信用卡消费也可兑换国航常旅客计划里程。

由于航空公司之间提供的服务并没有本质的差别,航空旅客也就很难具有类似于对一般产品的品牌忠诚性。常旅客计划就是针对这一问题,试图人为地建立起旅客对特定航空公司服务的品牌忠诚,通过增加旅客改乘其他航空公司飞机的替代成本,使旅客的品牌转换不易发生。

常旅客计划不仅差别化了航空公司之间的产品,还平添了像美国航空公司这样的强大中枢辐射航线网的大型航空公司的竞争优势。如果旅客加入有发达航线网支持的常旅客计划,一方面容易积累里程数,另一方面可通过公务旅行的里程积累达到去风景点游玩的个人目的。因此,航空公司航线网的大小、是否包括理想的旅游地点,或是否与经营这些地点的航空公司有代码共享协议等因素是旅客选择常旅客计划的主要因素。虽然现在许多旅客同时加入多个航空公司的常旅客计划,但为了尽快积累起足够的获奖里程,大多旅客在旅行时还是尽量乘坐同一航空公司的班机,这样拥有大航线网的航空公司仍是旅客的首选。此外,CRS对提高常旅客计划的效力十分关键,拥有CRS的航空公司可利用它追踪和识别旅客对不同奖励的反应敏感程度,这将保证常旅客计划在发生作用的基础上,尽量降低因奖励而带来的成本。而不拥有CRS的航空公司几乎无法制订出有针对性的常旅客计划,他们或盲目降低奖励里程数以减少成本,或简单跟随竞争对手的奖励计划,结果不是常旅客计划难以起作用,就是成本过高,使自己的处境更加艰难。总之,常旅客计划很难起到应用的作用。这里,美国航空公司的常客优惠、轴心辐射航线网、代码共享与CRS诸营销因素的组合,形成的综合竞争优势远大于局部优势之和。

(8)服务本地化。用当地文化营销,推行服务的本地化,以创造一种与所在地区自然、人文环境相近的氛围,赢得顾客的信赖与尊崇。法国航空公司推出的中国化服务,把中国看作亚太地区发展的战略重点,以新的面貌为中国乘客提供更好更周到服务,如其推出班机上的"中国空中翻译"后又发展到地勤,地面中文服务人员协助中国乘客转机,发布通知,处理应急事件或可能提出的需要,供应中国餐,增加中文电影电视和电台节目,甚至推出"赴欧中国留学生特价"。除了法国航空公司以外,汉莎航空也于2002年招聘了大批中国空中乘务员,以更好地服务于乘坐汉莎航空的中国乘客。汉莎航空驻法兰克福机场地面服务部也将招聘会讲中文的地服人员,不懂德文的中国旅客将会得到机场地服人员提供的中文服务。日航从2002年起在其中国航线上增加中国籍空乘服务员的人数,北京线由2名增至4名,上海线由3名增至4名;大阪机场新录用6名懂中文的工作人员,东京机场新录用4名懂中文的工作人员;在飞机票上补充中文说明。与此同时,中国国内的航空公司也在其国际航班上录用当地人员,以期提供更加亲切方便周到的服务。

2)对中间商的推广

(1)推广津贴。为酬谢中间商因推广本公司的产品代为登广告而给予中间广告津贴。中间商为推广本公司产品进行各种活动所花费的费用也应给予补贴。

(2) 经销折扣。中间商并不喜欢对消费者的折扣,而对制造商给予的经销折扣更感兴趣。国外一些航空公司,对 50 人以上的旅行团可以免收 3~5 人的机票费。对一些大的客票代销商,代销到一定的数额也赠给免费机票。

(3) 联合广告。旅行社、饭店等相关企业代销航空客票,则航空公司与旅游企业联合广告。如共同设计旅游广告,其中包括旅游路线、价格、下榻的饭店以及饭店内的服务、设施等。

3) 鼓励销售人员积极推销

(1) 销售竞赛。即为了促使经销商或者销售人员超额完成规定的推销任务而进行的一种竞赛,优胜者将获得奖励,包括精神奖励和物质奖励。

(2) 售后服务。销售部门向购买者提供送货上门、代客安装调试、维护等售后服务是促销的重要方法。民航运输客票售出,并不意味销售结束。运输过程中旅客与货主得到的应是全过程的服务。以客运为例,从订座售票开始经过办理登机手续、候机登机、航行过程的空中服务直至到达出港、提取交运行李,形成了航空客运服务的全过程。每个环节都有特定的质量要求,都关系到整个公司的信誉和公司的销售状况。不要忽视到达旅客的交运行李的提取。旅客到达目的地后,为提取行李等上一两个小时是会很恼火的。如果行李丢失了,事后赔偿也不能挽回乘客的损失和公司的信誉。虽然行李迟缓或丢失的直接责任可能不在航空公司而在机场,可能不在本公司而在代理公司,但旅客是不理解这一点的,总是将责任直接归于他所乘坐的航班的公司。公司更不能因直接责任不在己而推卸,而应该积极地帮助旅客寻找直至给予赔偿,同时,委婉地说明责任所在,才能赢得旅客的谅解和信赖。1992 年 6 月 6 日,世界棋后谢军随团赴菲律宾参加国际象棋奥林匹克竞赛。到达马尼拉机场后,谢军装有备战资料和衣物的箱子"失踪"。此事惊动新闻界,更令中国代表团、主办者和马尼拉机场当局焦虑。在马尼拉机场查无下落的情况下,向北京机场查询。令人惊讶的是,竟然在北京机场找到了。6 日上午,中国代表团在北京机场交运 18 件行李,唯独谢军的行李未能随机前往马尼拉,而是静静"躺"在北京机场。最终,虽"迟到"3 天,但总算赶在赛前,谢军得到行李,各方皆大欢喜。

(3) 机舱服务。在上述全过程中,与乘客接触时间最长、给旅客影响最深的是空中乘务员。在空运市场竞争中,机舱服务是投资成本最低、功效最大的决胜之争。新加坡航空公司由最初一家小型区域公司发展到今天在航空界的地位,新加坡航空公司空姐功不可没。英国伦敦图桑夫人博物馆的名人蜡像群添了一位新成员,就是新加坡航空公司空姐。新加坡航空公司的机舱服务一直备受肯定。对服务内容、设施、态度都大同小异的同行们来说,它究竟好在哪里呢?美国西北航空公司的高层人士盛赞新加坡航空公司的空中服务颇能结合文化特色,乃成功之道;台湾中华航空公司对新加坡航空公司的评价是:空中服务员本身的敬业精神是最大的决胜因素。新加坡航空公司空姐的敬业和自信,新加坡航空公司的凝聚力和新加坡航空公司的目标都集中凝练在《新航空姐之歌》的歌词中:

世人皆知,我们经过一段漫长的奋斗岁月。
我们必须努力,走在前头,
力求进步、继续前进,
让我们走向未来,争取出色的表现。
我们以新加坡女郎的笑容为荣,
我们是新加坡航空公司,

我们天天向上,做领导先锋。
我们盼人人都说:
搭乘新航,是最佳享受。

二、营业推广的管理

营业推广活动大多数是短期的。每次活动都需精心地策划和实施。营业推广管理是指对营业推广活动及其相关因素的分析、决策、实施和评价的过程。

1. 确定营业推广目标

营业推广的目标按其作用的对象划分为三种类型:

(1)针对消费者,目标是刺激消费者购买。

(2)针对中间商,目标是吸引其购买并经销,培育其对所经销产品的品牌或厂家的忠诚和信用。

(3)针对销售人员,目标是鼓励其推销产品,刺激其寻找更多的潜在顾客。

2. 选择营业推广方式

营业推广方式很多,企业在选择方式时,应该综合考虑:企业营销目标和市场地位、市场类型及竞争状况、各种推广方式的成本与效益等因素。

3. 制订营业推广方案

企业在制订营业推广方案时,应当考虑如下因素。

(1)刺激规模。刺激规模的大小必须结合目标市场的实际情况,并根据推广收入与刺激费用之间的效应关系来确定。

(2)参加者条件。要根据顾客或经销商的具体特点,选择能产生最佳推广效果的刺激对象。

(3)传播分送途径。即把计划开展的推广活动的消息传播出去,把优惠赠券送达参加者的途径。常用途径有:附在包装内,如兑奖号藏在汽水的瓶盖里;在商店里分发,如购买一定数额的商品附赠兑奖券;邮寄或附在报纸杂志等广告媒体分送。每一种分发方法的成本和到达率都不同。

(4)推广时间。推广时间过短,会使一部分潜在消费者来不及购买或刺激效应来不及发挥;时间过长,则可能失去刺激购买的某些作用,甚至影响企业声誉。因此,合理安排推广时间,能使企业获得理想效益。

(5)推广时机的选择。并非任何时间都能随意采用任何推广方式。何时选用何种方式,何种方式在何时采用,要精心匹配。推广时机选择得好,能起到事半功倍的效果;时机选择不当,效果会适得其反。企业应综合考虑产品生命周期、顾客收入状况及购买心理、市场竞争状况等,不失时机地制定营业推广策略。比如,在我国,经常航空旅行的客商正在迅速增加,哪家公司先提出常客标准,推广实施常客优惠,就可能把航空旅行常客揽到本公司,一旦成为某公司的常客,外公司再来挖就不那么容易了。

(6)推广费用预算。预算目的是比较推广的成本与效益。推广费用一般包括管理费用(如印刷费、邮费、广告宣传费用等)和刺激费用(如赠奖费用、折扣费用等)。

4. 营业推广方案的实施

企业在实施推广方案前,可酌情决定是否先试行方案,以便明确所选方案是否恰当,刺激规模和力度是否最佳,实施效率如何等。如方案易被模仿,竞争对手又很强,秘而不宣,可获得突击效果。在具体实施过程中,应把握两个时间因素:一是实施方案之前所需的准备时间;二是从正式推广开始至结束为止的推广持续时间。经推广的航线航班客座率如能提高到85%以上,应为最佳结束时间。

5. 营业推广方案的评价

准确的评价有利于企业总结经验教训,为今后的营业推广决策提供依据。常用的评价方法有两种:一是阶段比较法,即把推广前、推广期间、推广后的销售状态进行比较,从中分析营业推广产生的效果,这是最普遍采用的一种方法;二是跟踪调查法,即在推广结束后,了解有多少参与者能回忆此次营业推广,其看法如何,有多少人从中受益,以及此次推广对参与者今后购买的影响程度等。

三、促销组合

促销组合是指为加速推销某产品,对人员推销、广告、公共关系和营业推广等促销手段的综合运用。每种促销手段都有其长处和短处。例如,广告宣传面广,但对于促成实际成交效果常常不理想;人员推销有利于促成交易,但费用很高;公共关系旨在塑造企业良好形象,不是直接推销产品;营业推广能起到快速直接推销产品的作用,但不能长期使用某种推广方式。因此,市场营销部门要根据市场需求情况、企业经营条件和商品特点不同灵活巧妙地进行组合,形成较优的促销策略。在制订促销组合时,要以企业的目标为目标,要以消费者为中心,要与产品策略、营销渠道策略和定价策略互相配合,形成整体。具体地说,促销组合考虑以下因素:

1. 产品因素

产品类别不同,购买行为动机差异很大。工业品性能复杂、技术性强,购置时要经过论证、研究、磋商、审批等手续,因此,应以人员推销为主,配合广告与公共关系。而消费品面广、量大,冲动性购买多,因此,应以广告宣传为主,结合营业推广,辅之以人员推销和公共关系。

在运输市场上,货运的需求和购买特点类同于工业品,航空公司推销货运能力的主要方式是派员组货。对客运的促销,则可采用消费品的促销组合。

产品处于不同生命周期阶段,市场需求的特点会有差异,因此应采取不同的促销组合。在介绍期,航线新开辟,产品初上市,鲜为人知,企业应加强广告宣传配合营业推广,以扩大知晓程度刺激购买。成长期,产品畅销,竞争者加入,广告依然是主要的促销手段,但人员推销应增强,此时广告宣传的内容应转向厂牌、商标、声誉和特色,以博取消费者对本企业产品的偏爱。成熟期,更多的竞争者进入市场,广告仍应是重要的促销方式,同时,配合运用适当的营业推广,广告宣传应侧重于产品的微小差别和特点以及优惠的销售服务手段,如送货上门、多买优惠、分期付款等,以防止销售量缩减,延长成熟期。产品进入衰退期,企业应以营业推广为主,辅之以提醒式广告,此阶段的促销费用不宜过多,以免得不偿失。

2. 市场因素

市场规模、供求和竞争状况不同,应采用相应的促销组合。规模小且相对集中的市场,可更多地采用人员推销;范围广且较分散的市场,则应多采用广告、公共关系和营业推广。市场竞争处于高峰时期,可同时使用多种促销手段,发起销售攻势;当竞争趋缓,方法也可减少。

3. 促销费用

企业在策划促销方案时,首先要考虑两个问题:一是应花费多少投资用于促销,二是这些费用在众多的促销手段之间如何分配(因为促销媒体不同,费用差异很大)。不同行业、不同企业,促销费用差别很大。在美国,化妆品行业促销费用最高,达到营业额的30% ~ 50%,而在工业机械行业,只有15% ~ 20%。费用的高低还要看竞争者投入的促销费用。在费用已定的条件下,综合分析比较各种促销手段的费用与效益,以尽可能低的促销费用争取尽可能高的促销效益,使已定的促销费用发挥最大效用。

思考题

1. 简述促销的概念、促销策略和促销作用。
2. 什么是人员推销?人员推销有哪些特点?
3. 简述组织客源货源人员的职责。
4. 销售人员应当具备哪些基本条件?
5. 什么是广告?广告的构成要素是什么?
6. 简述广告的特点和功能。
7. 什么是广告媒体?列举你所知道的广告媒体。
8. "四大最佳媒体"是指什么?
9. 怎样选择广告媒体?航空公司选择广告媒体的要求是什么?
10. 什么是广告策略?有哪些广告策略?
11. 现阶段中国航空公司广告宣传的要点是什么?
12. 为××航空公司设计一广告语或广告信息内容。
13. 简述公共关系的概念和构成。
14. 以航空公司为主体,你认为有哪些公众?
15. 什么是公众?公众有哪些特点?公众怎样分类?
16. 列举一件你所知道的航空公司公关实务活动。
17. 公关人员应具备哪些能力?应遵循哪些行为准则?
18. 列举你所知道的营业推广活动。
19. 营业推广的特点是什么?
20. 什么是促销组合?影响促销组合的因素有哪些?

第八章

民航运价和定价策略

价格是决定产品和劳务销路的重要因素之一。产品价格是否适当、定价策略是否正确,往往直接影响公司产品在市场中的竞争地位和所占份额。在市场营销因素组合中,价格是唯一能够增加企业收益的因素,其他营销因素都需要支出费用。因此,价格对于企业收入和利润也影响极大。

第一节 民航运价和定价策略在空运市场营销中的作用

一、民航运价和定价策略的概念

民航运价是民航旅客运输劳务和货物运输劳务的销售价格。它是民航运输劳务价值的货币表现,是单位旅客和单位货物在一定运输距离的运输价格。

民航运价的基础是民航运输劳务价值。运输生产过程要消耗运输工具、技术设备、燃料等生产资料,同时,还要消耗运输作业人员的劳动,被消耗的劳动创造出大于自身的新价值。因此,运输劳务价值可以划分为三个组成部分:①已消耗的生产资料的价值,即转移价值 C;②为自己的劳动所创造的价值 V;③为社会的劳动所创造的价值 M。价格是价值的货币表现,上述三部分价值在价格组成中就对应地表现为生产资料的消耗支出、劳动报酬支出和盈利。生产资料消耗支出与劳动报酬支出之和组成了运输劳务的成本。

定价策略是指在制定价格和调整价格的过程中,为了达到企业的经营目标而采取的定价艺术和技巧。

民航运价的含义在运输经济学和运输市场学中是不完全相同的。主要区别在于不同的表现形式。在运输经济学中,运价的概念是理论抽象。运价是严肃的,是运输劳务价值的货币表现形式,比较稳定且不能随意变动。企业利润的大小取决于价格与价值的背离程度。但在运输市场学中,价格的概念是活生生的现实,表现得异常活跃,可以根据运输市场供求的变化作出灵活反应。企业利润的大小不仅取决于价格背离程度,而且取决于多种因素。运价的这种区别,在定价策略上也表现出来。从运输经济学的角度说,制定运输价格是严肃而又认真的程序,是一门科学。定价的依据即影响运价变化的主要因素,一般是固定的。从运输市场学的角度看,确定运价必须以消费者能否接受为出发点。因而,它是多方面因素的综合运用,是一门艺术。其策略也是灵活多样的,不仅要考虑运输成本、赢利水平和市场供求,而且要考虑竞争因素、心理因素和季节因素等。

二、航空运价的种类和特点

航空运输生产经营和市场供求的特点决定了航空运价的种类不同于有形产品和其他服务

行业的价格。民航运价有以下四种分类。

1. 国内航空旅客运价

我国国内旅客运价的运价费率由国家物价局审批,航线运价由中国民用航空局公布。航线客票价以客为计量单位。

(1)普通舱票价(Y)。普通舱票价又称经济舱票价,即公布的经济舱单程散客成人全票价,其票价代号为Y。

(2)公务舱票价(C)。公务舱是在飞机客舱内高于经济舱服务标准、但低于头等舱服务标准的等级舱位,其票价代号为C。

(3)头等舱票价(F)。航空企业在有头等舱布局的飞机飞行的国内航班上向旅客提供头等舱座位,向旅客免费提供的餐食及地面膳宿标准高于公务舱,其票价代号为F。

(4)儿童票价。①年龄满2周岁、未满12周岁的儿童应按适用成人全票价的50%购买儿童票,单独占用一个座位。②未满2周岁的婴儿,按适用成人全票价的10%购买婴儿票,不单独占用一个座位;如需要单独占用座位时,应购买儿童票。

(5)特种票价。特种票价是航空公司对特殊的运输对象给予一定折扣的票价,它以公布的成人全票价为计算基础,除另有规定外,一般不得重复享受其他优惠。目前存在的特种票价主要是按旅客类型、航班时刻和购买方式来制定的,如老人优惠、师生优惠、军人优惠、家庭优惠、员工优惠、代理人优惠、团体优惠、早班优惠、晚班优惠、首航优惠、来回程优惠、常旅客优惠等。较为常用的特种票价有:

①团体票价。旅客人数在10人以上(包括10人),航程、乘机日期和航班相同的旅客称为团体旅客。团体旅客票价在适用的公布成人全票价基础上给予10%(或以上)的优惠。

②师生票价。通常在寒暑假期间,对于在校教师和学生给予的优惠运价。

③革命伤残军人票价。凡是因公致残的革命军人和人民警察在国内乘机时,凭"革命伤残军人证"或"人民警察伤残抚恤证",在公布的成人全票价基础上享受一定的优惠,并要求提前出票。

(6)包舱票价。根据旅客乘坐飞机的特殊需要,购票单位向航空公司包购飞机客舱中某一舱位的全部座位,包舱价是按包用舱位的座位点数乘以适用的单位票价计算。乘机旅客人数不得超过包舱的总座位数,其免费行李额按包舱的总座位数计算。

2. 国际航空旅客运价

国际航空旅客运价是在综合考虑各方面因素的基础上制定的,包括考虑航程中各国的经济发展水平和物价水平,不同航空公司的经营成本、利润,以及国家货币的流动兑换率对航空运价的影响。

从运价制定的途径分为协议运价和国际航协运价。

(1)协议运价。协议运价指两国或多国政府或有关航空公司经过协商后确定的,使用范围和使用对象均有限制的一种航空运价。协议运价有双边协议运价和多边协议运价。双边协议运价是指根据两国政府签订的通航协定中有关运价条款,由通航双方的航空公司通过磋商,达成协议并报经双方政府获得批准的运价。多边协议运价是指在某地区内或地区间各有关航空公司通过多边磋商,达成协议并报经各有关国家政府获得批准的运价。此类运价只限于缔约航空公司使用。

(2)国际航协运价。国际航协运价指经过航空公司协商,国际航协审核通过,并经有关政府批准的某两点之间的运价。此运价在国际航协定期出版的国际航协运价手册上公布,供任何航空公司使用,除另有特殊注明外。

从运价适用的对象和范围分,国际航协运价又可分为普通运价(Normal Fares)和特殊运价(Special Fares)。

(1)普通运价。普通运价指公布的头等/公务/经济等级和有限制条件的全票价。旅客持有这一运价的旅客客票允许在航程中任意中途分程或改变航程,并且旅客退票时不收任何手续费。此种运价较适用于长航线上作非公务旅行的旅客。主要有头等舱运价(F)、公务舱运价(C)和折扣运价(Discounted Fares)。折扣运价不同于以下的特殊运价,主要是在普通运价基础上打一定的折扣后的价格,适用于某种特殊旅客,如儿童、婴儿和学生折扣票价等。

(2)特殊运价。特殊运价指除了普通运价以外的任何运价。其种类繁多,主要适用于旅游者和其他需要较低运价的旅客。它的有效期往往有限制,价格低于普通运价。一般航空公司根据旅客旅行的路线、方向、季节、人数、身份等确定各种特殊优惠折扣比例的运价,如中途分程点运价、来回程运价、旅游团队运价等。

3. 国内航空货物运价

航空货运价是指承运人运输每一单位质量(1千克)或单位体积(6000立方厘米)的货物所应收取的从始发站机场至目的站机场的费用。不包括地面运输费及承运人或代理人向托运人收取的其他费用。航空货运价以计费质量千克为计量单位。

国内航空货物运价的种类如下:

(1)普通货物运价。普通货物运价指除了指定商品、等级货物以外的公布在货物运价表上的运价。通常与同航线的经济舱成人全票价保持一定的比例。

普通货物运价按适用运价的质量等级可分为:

①基础运价(代号N)。基础运价是指45千克以下的普货运价。

②质量分界点运价(代号Q)。质量分界点运价是指多质量等级优惠运价,国内一般公布有Q45(45千克以上的运价)、Q100(100千克以上的运价)、Q300(300千克以上的运价)三种质量分界点运价。

(2)指定商品运价(代号C)。指定商品运价是指航空公司针对一些批量大、季节性强、单位价值低的货物,在特定地区或航线上运输而建立的特定品名的货物运价。此运价通常要受到航空公司具体规定的限制,其运价水平也比普通货物运价优惠很多。

(3)等级货物运价(代号S)。等级货物运价是指在国内航线上运输下列指定的特种货物而实行的运价,这些货物包括急件、生物制品、珍贵植物和植物制品、活动物、骨灰、灵柩、鲜活易腐物品、贵重物品、枪械、弹药、押运货物等特种货物。其运价水平按基础运价(代号N)的150%计收(即附加了50%)。目前国内货物等级运价只有附加形式,没有附减形式。

(4)包舱包板运价。包舱包板运价是指在国内航线上货主单独包用承运人航班上的某一舱位或某一集装器/集装板的货物运价。此运价规定有最低重量限制及最低收费标准。

4. 国际航空货物运价

国际航空货物运价是指我国在国际航线上实施的货物运价。其运价的使用与货物的实际运输路线无关,但必须是填开货运单之日的有效运价。运价的公布是以始发地国家的货币为准,采用始发地国家的主要计重单位,如千克或磅。

(1)国际航空货物运价按运价的制定,可划分为协议运价(Agreement Rate)和国际航协公布运价(IATA Published Rate)。

(2)国际航空货物运价按运价的组成,可划分为公布直达运价(Through Published Rate)、比例运价(Construction Rate)、分段相加运价(Combination Rate)。公布直达运价是指公布在国际航协运价手册中的城市对间的运价。比例运价指货物的始发地至目的地无公布直达运价时,采用的用国际航协运价手册5.2中公布的比例运价与已知的公布运价相加,构成的非公布直达运价。分段相加运价是指货物的始发站至目的站无公布直达运价,同时也不能使用比例运价,则可选择适当的运价构成点,按分段相加的方式组成的全程最低运价。

(3)国际航空货物运价按货物的性质,可划分为普通货物运价(General Cargo Rate,GCR)、指定商品运价(Specific Commodity Rate,SCR)、等级货物运价(Commodity Class Rate,CCR)、集装货物运价(ULD's Rate)。普通货物运价是指公布在国际航协运作手册上的除了指定商品运价、集装货物运价以外的货物运价。国际航空货物运价,也包括基础运价和质量分界点运价。基础运价是指45千克以下的运价;质量分界点运价包括45千克以上、100千克以上、300千克以上、500千克以上、1000千克以上等多级质量分界点。质量等级越高,单位质量的运价越便宜。指定商品运价是指适用于自指定始发站至指定目的站之间的某些特定货物的运价,一般低于普通货物运价,按十大类品名编号分组,公布在国际航协运作手册上,也有多种质量等级的运价公布。等级货物运价是指规定地区范围内,在普通货物运价的基础上附加或附减一定百分比作为某些特定货物的运价。与国内航空货物运价相比,此类等级货物运价多了一种附减的运价形式。其中,运价附加的货物包括贵重物品、活动物、灵柩骨灰等;运价附减的货物包括报纸杂志、盲人读物、作为货物运输的行李等。集装货物运价是指货物从始发站至目的站装载在同一集装器内托运、运送、交付时采用的货物运价。此类运价包括公布有集装器最低计费质量(Pivot Weight)和集装器最低运费(Pivot Charge)。

由以上航空运价的分类可以看出,航空运价种类繁多,其运价的使用受具体情况的限制,有时会发生各类运价的交叉运用。与实物产品价格相比,航空运价具有以下特点:

(1)只有销售价格一种形式,没有中间价格。实物产品按其流通过程的不同阶段,有出厂价格、批发价格、零售价格、收购价格、调拨价格等。运输产品销售不伴随着所有权的转移,没有收购、调拨、批发等销售中间环节。运输产品的最初价格就是其最终价格,也就是说,运输产品的销售价格只有一种形式,即销售价格。

(2)运价的确定有比较严格的约束。运价是国家掌握的基本物价之一,运价的波动关系到整个市场物价的波动。国内运价要受国家政策法令的严格约束,各国皆然。我国国内运价由政府运输行政主管部门和物价主管部门直接控制。

三、航空运价的形式和作用

航空运价的形式大致有以下三种:

(1)国家统一定价。我国国内航空客货运输的基本价格仍由国家规定,国际空运价由有关国家政策协商议定。

(2)浮动运价。国家在统一定价的同时,规定了运价上下浮动的幅度,就使得航空公司在确定本公司运价时可以根据市场供求变化作出选择。

(3) 市场议价。对运输有特殊要求的旅客或货物,对一些季节性、时令性强且运输要求较高、难度较大的货物,在载运率、客座率较低的航线上,航空公司和用户之间按照自愿互利的原则和市场供求的变化议定运价。

从市场营销学范畴看,运输企业在市场营销中,要受多种因素制约。其中,运价对于扩大经营有着特别重要的作用,具体表现在以下三个方面:

(1) 航空运价是促进航空公司销售的重要措施。公司促销有多种方法,其中,运价起着尤其重要的作用。在航空运输市场上,不同的货主和旅客对运价的敏感程度不一,航空公司可以作一些典型调查,个别了解各种类型的旅客和货主对运价的接受能力,灵活地调整本公司的运价,以吸引购买,扩大销售量。

(2) 航空运价是航空公司间开展竞争的重要手段。在现代市场经济中,质量是市场竞争的重要手段,民航运输质量也是竞争方式之一。但是运输服务质量很难量化,优质的服务与优惠的价格相比,价格的优惠更现实、更实惠。尤其在服务质量相差无几的情况下,价格就成为竞争的决定因素。因此,那些价格较低、薄利多运的航空公司就会在竞争中取胜。

(3) 价格策略是定价依据在方式、方法上的反映。有什么样的价格策略,就可确定什么样的价格。价格策略是市场营销组合策略的重要组成部分,在确定不同的营销组合策略时,价格策略在其中起重要作用。例如,企业准备提高服务质量,增加客舱等级需要改变客舱座位布局开设公务舱,就需要考虑:这些改变经济上是否合算?企业应采用什么样的价格策略来制定公务舱的价格?中国民用航空局规定:我国国内客运头等舱票价是普通舱票价的150%。按国际惯例,公务舱票价应低于头等舱。假定公务舱票价定为普通舱的130%,而一个公务舱客座所占的客舱面积却要等于头等舱客座面积,即至少要大于普通舱客座面积的150%,同时还要增加使公务舱的客人能够办公的设施和条件,这样看来,开设公务舱是无利可图了。但是,考虑到普通舱的客座率较低,把一小部分普通舱改为公务舱而客人总数不减少的话,使原先乘普通舱的公务旅客改乘公务舱,公司的总收入还是可以增加。同时,在有运价协定,随意降价被认为是"倾销"的情况下,推出公务舱票价实质上是一种变通的降价。所以,开设不开设公务舱,开设公务舱对公司的信誉有提高,但对公司的赢利是否有影响,公务舱的票价应定在什么档次上,要综合考虑公司的营销组合策略。归根到底,要视市场的供求状况,当市场供不应求时,用3个普通舱座位换取2个公务舱座位,不光收入减少而且客票更紧张,消费者意见更多,但当普通舱供大于求时,公务舱则是可取的。

第二节 航空运价的构成和影响因素

影响价格形成的因素通常是商品的成本和价值、消费者对商品价格的反应、市场供求状况和竞争、国家政策,以及消费者的行为尤其是心理行为等。

航空运价与其他运输价格都属国家管制价格的范畴。各国政府和政府间协定在制定和管制航空运价时虽然要体现国家的政治和经济政策,但价格的确定毕竟不是凭空产生的,总是要依据相应的要素来确定。企业在遵守国家管制的条件下,仍可以按本企业的特点、目标和条件来制定本企业的价格。航空运价构成是指组成运价的各要素在价格中的组成情况。政府管制航空运价时,航空运价构成的规范性和公司制定企业运价时航空运价构成的灵活性是本节讨论的要点。

一、航空运价构成中成本的灵活性

航空运价的构成,采取运输成本加合理利润和法定税金的原则。即:

$$航空运价 = 航空运输成本 + 合理利润 + 税金$$

合理利润要考虑两个因素:①以什么为基础,即是以成本利润率、资金利润率还是以投资利润率为基础。②利润率定多少为合理。针对第一个因素,从航空运输产品的获利能力的评价出发,主要是根据资金利润率水平来评价。资金利润率是一个综合性指标,可以通过很多指标综合反映出来,这里运用产品的销售利润率和资金周转次数来表示,即:

$$资金利润率 = \frac{利润}{资金} = \frac{利润}{销售额} \times \frac{销售额}{资金} = 销售利润 \times 资金周转次数$$

至于第二个因素,航空运价由政府制定出规范的销售利润率后,企业的销售利润率不超过其上限为合理,政府不必要也不应该规范企业的资金周转次数。这样在同样的销售利润率的情况下,资金周转次数高于平均水平的航空公司就可获得较高的资金利润率。企业运价中销售利润率为零或为负是否合理合法,视具体情况而定。在民航运输价格改革方案中规定,航空运输企业在一个运输年度内,全部经营航线平均人公里票价收入,如低于运输企业社会平均成本的,有关部门应进行重点核查,并根据核查情况提出处理建议。

上述航空运价公式中,航空运输成本确定时首先要考虑以变动成本为航空运价的最低限(即销售利润率为负数)是否合法。因为,在市场不景气或企业经营不善时,其运价大于变动成本,便可以弥补一部分固定成本。此时企业为求生存而制定的特别低价是否会被认为是"非法倾销"而被禁止。目前我国的空运市场正处于逐步放松管制的阶段。而在20世纪70年代,美国的空运市场也处于管制状态。但由于美国是联邦制国家,权力较为分散,所以有这样一种现象,即如果一个航空公司在某一个州的疆域内飞行,它的商业运行就可以不理会联邦法律,即不受美国民航局(CAB)的管制。由此,给了当时还是刚刚成立的以低成本战略为生的美国西南航空公司一个自由的空间——在美国得克萨斯州州内的"金三角"航线上可以自由定价。在美国西南航空公司众多的低成本战略的招数中有最著名的"双十(Double Ten)"战略:10分钟的转场时间(Turn over time)和10美元的非高峰期价格(Off peak fare)。其10美元的票价运用在非高峰期航班(如夜航航班)和周末航班上,尽管不能涵盖其每座的平均成本,但已超过每座的变动成本,使整个公司的运营实现了赢利。

航空运输成本的确定在正常情况下应当是完全成本。但规范空运完全成本有很多不确定的因素。空运成本是完成周转量成本,简称运量成本。影响完全运量成本(以下简称运量成本)的两个因素是运力成本和载运比率。

$$单位完全运量成本 = 单位运力成本 \div 载运比率 + 单位变动运量成本$$

运力成本是指飞机飞行时的各种耗费的总和。影响运力成本的因素有机组人员费用、燃料费用、起降费用、维修费用、保险和折旧等。决定(单位)运力成本高低的重要因素是飞机利用率。对于国外成功的低成本航空公司来说,其能保持低成本状态的关键,在于采取了多种低成本的战略。可概括为八大招数:①快速的转场时间和高效的飞机利用率;②单一的机型;③单一的舱位布局;④机上服务简单化;⑤没有联程票;⑥避开拥挤的大机场;⑦营销渠道与众不同,不断加强直销力度;⑧充分利用高科技来降低成本。

飞机是航空公司的主要资产,对于价值昂贵的现代化飞机来说,飞机的折旧是运力成本的重要组成部分。折旧费用高低由飞机利用率决定。按日历时间折旧的飞机折旧额是一个定值,飞机在日历时间内飞行的时间越长,则单位运力分摊的折旧费用越少。只有当飞机在不断地飞行运营而不是停在机场待命时,才能有效地降低航空公司的运力成本,同时加快资金周转速度。以美国西南航空公司为例,一架 B737 的利用率,平均每天为 11.5 小时,其他航空公司平均为每天 8.6 小时,而现在我国国内航空公司的平均日利用率为 8.5 小时。如果我国的航空公司能将 8.5 小时提高至 11.5 小时,对于一个由 10 架 B737 组成机队的航空公司来说,每年的飞机成本就会下降 900 万美元,相当于 8000 万元人民币。此外,对于某一航线的运力成本来说,还与两个航空港之间的航路选择有关。国航开辟的北京至纽约国际航线,一直以来选择的航路是跨太平洋经停旧金山或技术经停安克雷奇,全程飞行需 17 小时。2002 年 8 月 18 日,国航 B2472 飞机首开北极航路,由北极上空直飞纽约,全程 11700 公里,空中飞行时间 13 小时。可见,北极航路比太平洋航路节省了近 4 小时的空中飞行时间,同时带来的是燃料费用的大大降低以及机上服务费用的缩减。

载运比率是指完成周转量与提供运力的比率。售出的运力即完成周转量。已发生的运力成本全部由完成周转量分摊。也就是说,运力成本不随销售量的变化而变化,只要飞机飞行耗费就发生,甚至不飞行也耗费,因为飞机要折旧。如果公司的运力销售不出去,则费用耗费照旧而收入为零,无完成周转量也无运量成本,所有的运力成本都是空耗。运量成本趋向无穷大。因此,载运比率越高,运量成本越低,公司收益越高。但另一方面,载运率越高,则买不到机票的旅客越多,公司损失的生意越多,公司的信誉也会受损。公司的营销目标应在高收益、高信誉或单位收益高但总收益少与单位收益不高但总收益多之间进行平衡或决策。运力成本÷载运率是运量成本的固定部分,占完全运量成本的 80%~90%。

变动运量成本是伴随着客票销售、旅客登机旅行而发生的费用。包括因多载一位乘客而多耗的燃油、机舱供应品和售票、离港、候机等发生的费用,占完全运量成本的 10%~20%。在运力成本由高端客票弥补的情况下,低端客票以高于变动运量成本为起点,可以与地面交通的客票价相竞争。这又派生出两个问题:①政府主管部门是否会认为恶意竞争而禁止;②实施者怎样进行有效的收益管理,防止高端客票乘客流向低端客票。

航空运价因航线而异,各航线间每人公里或吨公里的运价不同。单位周转量(即人公里或吨公里)运价称运价费率。航线运价等于航线运价费率乘以航线距离。航线运价费率的基础是航线单位运力成本。航线运力成本因素中有的项目如起降费用和因起降次数而异的飞机损耗与维修费用不受航线距离的影响。将这部分费用按航线距离分摊到每公里的运力成本上,则航线距离越长,每公里分摊额越少。另外,单位运力成本还因飞机大小而异,机型大,单位运力成本低,而大型飞机又往往用在长航线上。所以,单位运力成本随航线距离的递增而递减,相应地,航线运价费率也因航线距离的递增而递减。

政府管制航空运价的形式是规定费率。在规定费率时除需因航线距离递增而递减外,还要考虑标准的飞机利用率和载运比率。例如,美国联邦航空管理局(FAA)每3个月规定一次定期航班的普通运价的费率。其内含的载运比率为62%,飞机日利用率为9小时,投资报酬率为10.5%。其余的变化影响因素是通货膨胀率和燃油价格。

载运率大于62%或飞机日利用率大于9小时或投资报酬率大于10.5%的航空公司在运价竞争上就有较大的优势和潜力。政府规定的费率仅适用于普通运价,而且允许各航空公司以此为基础在国内航线上在上涨10%到下降50%的范围内变动,因而,航空公司有很大的自主定价权,使运价成为市场营销竞争的重要手段。

美国政府不限制头等舱的定价。大公司富商等为显示自己的地位和实力不屑于乘坐普通舱。头等舱的乘客需求的是气派,是知名度的提高,是虚荣心的满足等。头等舱类似于威望产品,可以按需求定价而不必按成本定价。

二、航空货物运价成本的确定和需求的价格弹性

航空货物运输价格的构成和影响因素比旅客运输复杂得多。定价理论的各种论点归纳起来有以下两方面。

1. 关于确定航空货物运价时所使用的成本

航空货运成本首先可以分为运力成本和非运力成本两部分。运力成本是指飞机运送货物的飞行成本,其影响因素如前已述。非运力成本是指货物运输耗费在地面托运受理、仓储保管、搬运装卸的费用。怎样确定航空货运的运力成本有两种不同意见。第一种意见持有者是一些客货兼营的航空公司,特别是那些没有全货机的航空公司,他们投入航线运输的是客货两用机,按客运需求投入定期航班,不管有无货物甚至不管有无旅客,定期航班都得定期准点运行,运力成本都得耗费。因此,这类承运人认为客运是其主要产品,应承担全部运力成本,货运是其副产品,不必分担运力成本,或者至多分担一些客货两用机应载货而多耗的燃油费用。按照这种航空货运成本理论,能够定出与地面货物运输进行价格竞争的很低的航空货运价格。另一种意见持有者是专营货运业的航空公司。他们没有客运产品,其全部运力成本都由货运承担,以此成本定出的航空货运价必然比地面货运价高得多,无法与航空货运是副产品的理论定价进行竞争。因此,他们主张航空货运是航空运输正产品的一部分,客货兼营公司的货运也应分摊运力成本。事实上,客货兼营公司即使不得不分摊客货运力成本,分摊的比例和方法又是个复杂而灵活的问题,并直接影响到客货运输成本的高低。

2. 关于航空货物运价与需求弹性

航空货物运价的高低升降对需求有没有影响?特别是,当各个方向上航空货运需求不平衡,或与客运需求不一致时,应客运需求而投放的客货两用机的货载运力没有货源而不得不浪费。此时是否可用方向性的低价来刺激需求吸引货主,以便能够把即将被浪费的货运能力销售出去。

客货兼营航空公司认为航空货运的需求是有价格弹性的,而且比较大,因此,他们认为上述方法可取。

批评方向性低价的人认为:航空货运需求者把服务质量看得比运价更为重要,航空货运的需求不受运价高低的影响。首先是因为运输费用仅占贵重货物价值的很小部分,货物运送的速度和安全状况比运价更为重要才需要空运;其次,紧急货物的托运根本不考虑运价。所以,

航空货运需求无弹性,降低运价只会减少收入。

市场调查证明,两种情况都是存在的。美国洛克希德公司对 38 家托运人和收货人的 81 种货物的抽样调查得到:37% 的货主认为运价重于服务;22% 的货主认为服务与运价同样重要;41% 的货主认为服务重于运价。说明航空货运的市场需求可以是有弹性的,也可以是无弹性的。道格拉斯公司的一篇调查分析报告的结论是:航空货物运价降低 10% 会导致航空货运周转量增长 13%。

此外,影响货物运输的成本和需求从而影响运价的因素还有一次托运的货物的批量和货物的种类。

三、从运输市场的供求关系和运输费用对比航空服务和运价

空运市场是运输市场的一部分,运输服务各种运输方式可以相互替代,消费需求可以在各种运输方式之间转移。把消费者需求放在整个运输市场考察运价,就会有不同的策略和选择。

旅行者考虑的是从出发地到目的地之间旅途所有的费用,而不是哪一种交通工具单独的票价。托运人计算支出的货物运输费用是指整个运输过程的总费用,包括长短途各种衔接运输的运费、装卸费、包装费、保险费、合理运输损耗等。巴西和秘鲁之间海运发达,机器笨重也适合海运。巴西一位制造商欲将一批机器运往秘鲁。空运费 1267 美元,海运费 302 美元,仅是空运费的四分之一。但是这位托运人却选择了空运。因为,海运漂洋过海,海水腐蚀性强,防腐包装费需 350 美元,而空运包装费仅 35 美元;海运风险大,保险费 341 美元,空运保险费 106 美元;海港比机场离城市远,地面运费到海港 269 美元,到空港 119 美元;空运交货时间比海运可缩短 23 天,尽快收回货款所借周转资金的利息由 868 美元降为 69 美元。各项费用相加,海运共需 2130 美元,空运需 1596 美元,节约了 534 美元。空运的效果不仅是节约运费,而且使秘鲁进口商提前收到机器,马上安装投入运行,几乎比竞争对手早一个月把产品投入市场,抢先占领市场获得很大收益。秘鲁方对巴西出口商很满意,双方进一步巩固了贸易伙伴关系。

四、市场竞争和均衡价格

航空运价虽然在很大程度上受到国家政策法令、国际公约和双边多边协定的制约,但只要空运市场和运输市场存在着竞争,供求关系对运输价格仍起决定性的影响。在英国伦敦希思罗和盖特维克两大机场大约有 95 家定期航班公司在经营,在德国的法兰克福大约有 80 家定期航班公司和 40 家包机公司在经营。市场竞争十分激烈,运价仍是重要的竞争手段。

从需求方看,尽管航空需求的价格弹性差异大,一部分旅客需求的是及时和舒适,要求随时能买到客票而不在乎票价的高低,一部分货主需求的是所运货物的安全和快速而不在乎航空运价的高低,但大部分的旅客和货主仍对运价的变化很敏感。降低运价可以促进销售量。

从供应方看,两点之间位移的运价不是僵硬不变的,供应方可以提供不同的运价。航线和航班的各种组合、座位的各种等级、中间商(代理人、旅游组织者、包机经纪人、货运经纪人等)的各种活动、各种定价理论和运价结构组成、各种优惠折扣等,使航空运价种类名目繁多,计算复杂。对运价的管制和协定对此也往往变得无能为力。例如,欧洲 13 个主要城市间有 650 多种定期航班折扣票价,这些折扣票价比规定的经济票价低 10%~60%。又如,伦敦和法兰克

福之间有6种不同的费率和7种不同的折扣。再如,乘坐从克利夫兰飞往迈阿密航班的乘客,有11种票价可供挑选,精明的乘客从东航、联合和其他飞行这条航线航班的航空公司的激烈竞争中得到益处,这11种票价是瞄准不同的细分市场的,它们是:头等舱218美元;标准经济舱168美元;晚间二等舱136美元,周末短途旅行134美元;工作队义务工作者130美元;周中短途旅行128美元;小组短途观光旅游118美元;军事人员112美元;青少年机票112美元;周末机票103美元;租机95美元。

供求决定价格,价格又决定供求。供大于求时价格下跌,价格下跌是企业竞争的手段,目的是促进需求。价格下跌又使企业无利可图而收缩生产规模减少供给。需求的价格弹性是有条件的,即有的商品价格有弹性或弹性较大,有的商品价格无弹性或弹性较小。供应的价格弹性则是绝对的,价格下降生产商的供应量必然减少。供应减少到不能满足需求时,价格上涨,又会促使企业扩大生产增加供给。这种供给随价格的增长而增加,需求随价格的下降而增加的现象,如图8-1所示。

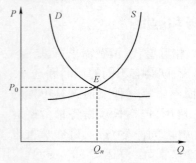

图8-1 供求规律和均衡价格示意图
P-价格;D-需求曲线;S-供给曲线;
E-供求平衡点;Q-数量

在图8-1中,供给曲线与需求曲线相交于E点,是供求均衡点,在此点供求相等。其所对应的P_0和Q_0是供求相等时的均衡价格和均衡数量。假定除供求和价格以外的其他因素不变,当某商品或某航线航班的价格高于市场均衡价格时,需求量下降,供给量上升,形成供过于求的买方市场。所谓买方市场,是指某种商品供给总量大于其需求总量、商品滞销积压、价格下降,买方随时可购买自己需求的商品,并牢牢掌握着市场的主动权,卖主间激烈地争夺销路的市场状况。当价格跌落到均衡价格以下时,需求量上升,供应量减少,形成供不应求的卖方市场。所谓卖方市场,是指某种商品供给总量小于需求总量,商品畅销、价格上升,卖方掌握着市场的主动权,众多的企业都想挤入市场的市场状况。而价格上升到超过均衡价格时又会出现买方市场。商品的供求与价格在这种无休止的相互影响、彼此制约的过程中,市场供求从不平衡到平衡,又从平衡到新的不平衡……如此往复。平衡是相对的、暂时的,不平衡是绝对的、长时间的,价格也在这个过程中不断变动。价格的均衡是相对的,变动是绝对的。价格就是这样在市场供求变化和市场竞争中形成和变化。

第三节 定价目标、方式和策略

企业定价目标和定价方法是企业选择定价策略的主要依据,定价策略是定价方法的具体反映,是实现定价目标进而实现企业经营目标的重要手段。

一、企业定价目标

每个企业在具体定价时,要有明确的定价目标。企业的定价目标取决于企业的经营目标。企业具体经营目标有:求得生存、迅速占领某一市场、扩大销售量增加市场占有率、获取合理利润、争取最大利润等,这些都可以作为定价目标,也需要通过定价目标得到实现。企业所处的市场营销环境、自身条件和营销目标不同,企业定价目标则大不相同。同一企业在不同时期也可能有不同的定价目标。企业应权衡各个目标的依据和利弊,慎加选择。

1. 保生存

如果公司遇到供应能力过剩而市场竞争剧烈或需要刺激消费者需求时,要把维持生存作为主要目标,利润比之生存要次要得多。此时必须制定一个低价,并希望市场需求对价格是敏感的。价格可以低到完全成本以下,能够收回可变成本弥补一部分固定成本,能够维持住企业,并保持企业活力即可,以图渡过难关,东山再起。

1992年,美欧各航空公司展开激烈价格战以求招揽乘客摆脱困境。一季度尚盈利2000万美元的秘鲁美洲航空公司刚进入4月即宣布了所有提前14天预定本公司机票的平均减价8%的新票价结构。已在破产保护下的美国环球航空公司随即也作出票价下跌的决定,票价大战全面揭开。5月26日,一季度已亏损4450万美元的美国西北航空公司推出在夏季旅游季节"买一送一"的优待办法,即成人买票可免费带一小孩乘机。第二天"财大气粗"的秘鲁美洲航空公司棋高一着,宣布把度假客最多的美国国内航线在9月13日前使用的航班票价全部减半。美国达美航空公司(Delta)接着宣布,该公司飞往欧洲36个城市的航班票价降低46%。与此同时,在新加坡—伦敦航线上,英国航空公司首先发起买一送一,票价2929新加坡元。此票价虽比协定的最低票价2605元要高,但也可看成是1464元一张票。在这条航线上经营的新加坡航空公司和快达航空公司不甘示弱,相继推出廉价机票,分别是1300元和1600元,看中途是否经停而定,以此招揽乘客,以渡过难关。

2. 当期利润最大化

许多公司想制定一个能达到最大当期利润的价格。他们估计需求和成本,并据此选择出较高的价格,这个价格将能产生最大的当期利润、现金流入量或投资报酬率。追求当期利润最大化的公司,强调当期财务效果胜于长期效益。

追求利润最大化作为定价目标,会使企业急功近利,行为短期化,给消费者、企业本身以及社会都带来严重的后果。后来,美国管理学家西蒙提出"合理利润"的概念,美国企业目前的税后利润一般为投资额的20%。民航运输业是低利行业,一般为10.5%。

3. 市场份额领先地位

更多的公司想取得控制市场份额的地位。他们相信待本公司赢得最大的市场份额后将享有最低的成本和最高的长期利润。因此,他们定出尽可能低的价格来追求市场份额的领先地位。这个目标的演化是追求一个特定的细分市场的市场占有率的增长。例如,英国莱克航空公司的"天空列车"票价和美国西南航空公司的票价。

4. 产品质量领先地位

要在市场中保持产品质量领先的地位,就要求收取较高的价格来弥补高成本。当本公司的产品质量能达到同行们难以模仿时,求名、求美心理可能会使消费者接受按需定价。例如,美国圣路易斯的第一航空公司只经营头等舱业务就是一个典型。

二、企业定价方法

企业价格高低要受市场需求、运输成本和竞争状况三个因素的制约和影响。企业定价时应全面考虑这三方面的因素,但在定价实际中往往侧重某一方面。因此,在实际工作中,基本的定价方法有成本导向定价、需求导向定价和竞争导向定价。

1. 成本导向定价

成本导向定价是指以运输成本为定价基础,在成本的基础上加上企业的目标利润,包括以下两种方法。

(1)成本加成定价法。也称加额法或标高定价法。即将单位运输成本加上一定百分比的利润,作为运输价格。售价与成本之间的差额叫"加成"。"加成"与成本的比率称成本利润率,假定某航线人公里成本是 0.5 元,加成 50%,则该航线票价费率为 0.75 元/人公里。将此费率乘以航线距离。假定 1000 公里,该航线的公布普通客票价为:

航线距离 × 单位成本 × (1 + 成本利润率) = 1000 公里 × 0.5 元/人公里 × (1 + 50%)
= 750 元/人

以此公布普通客价为基础,可以确定各种折扣票价和各种舱位等级票价。如果将加成额与客票价相比,比率为 33.3%,此比率又可称为销售利润率。这里采用的成本是完全成本,以完全成本加成定价是最基本的定价方法。

(2)目标利润定价法。在预测销售量和确定期望利润的情况下制定期望价格,其计算基础是保本分析。产品完全成本可以分解成固定成本和变动成本两部分。变动成本随产量的发生而发生,增加而增加,每有一个单位产量就发生相应的单位成本。销售收入也随产量而变动,有一个单位产量的销售就有一个单位的收入,即单价。单价减去单位变动成本的差额称为单位边际贡献。固定成本的发生不受产量的影响。固定成本的总量是定值,单位产量分摊的固定成本随产量的增加而减少。如果将期望利润也作定值,则有关指标的相互关系如下:

$$期望产量 = \frac{固定成本 + 目标利润}{期望单价 - 变动成本}$$

$$期望单价 = \frac{固定成本 + 目标利润}{期望产量} + 变动成本$$

假如目标利润为零,上两个公式分别求得的就是:在价格确定时保本产量或在产量确定时保本价格。

例如:某公司投入市场的客运能力为 10000 万座公里,期望可销售 60%,即期望产量 6000 万人公里。固定成本 1200 万元,单位变动成本 0.3 元/人公里。公司总投资 18000 万元,期望投资报酬率 10%,即目标利润 1800 万元,则期望人公里单价为:

$$\frac{1200 \text{ 万元} + 1800 \text{ 万元}}{6000 \text{ 万人公里}} + 0.3 \text{ 元/人公里} = 0.8 \text{ 元/人公里}$$

上例中,如果目标利润不变,销售率提高到 75%,即期望产量 7500 万人公里,人公里单价可降低到:

$$\frac{1200 \text{ 万元} + 1800 \text{ 万元}}{7500 \text{ 万人公里}} + 0.3 \text{ 元/人公里} = 0.7 \text{ 元/人公里}$$

降低价格促进销售,或者只要旅客能接受较高的票价,就不必再去提高客座率以保证满足需求的及时性。航空公司可在客座率 60%~75% 与客票费率 0.8~0.7 元/人公里,综合市场需求和竞争等因素作出选择。

2. 需求导向定价

需求导向定价是指不是根据成本而是根据消费者的感觉和需求程度来定价包括以下两种方法。

(1) 认知价值定价法。日益增多的公司把他们的价格建立在产品的认知价值的基础上。他们认为，作为定价的关键，不是卖方的成本，而是买方对价值的认知。企业利用市场营销组合中的非价格因素（如运输服务质量、广告宣传、品牌商标等）来影响消费者，在购买者心目中建立起"认知价值"，即购买者认为"值"的价值。企业价格就建立在捕捉到的认知价值上。购买者认为"值"的价格当然要大于现行运价。

正确估计"消费者所承认的价值"是认知价值定价的关键。估计过高，定价高于认知价，会使买者失望，购买量减少；估计过低，企业收入也会减少。

(2) 需求差异定价法。市场需求差异是客观存在的。同一产品满足这些差异消费需求所花费的成本并不都能精细地分析出差别来。例如，航空货物每千克单位运价以 45 千克以下、45 千克以上、100 千克以上、300 千克以上几个档次，但是 45 千克以下与 45 千克以上和 100 千克以上等级别的差别很难精确区分；再如，假期教师学生的优惠票价的客运成本与普通经济客舱的客运成本的差别，也很难统计和计算。用同一种产品在不同的时间、地点来满足不同的顾客不必计算成本差异，可直接按需求差异定价。在空运市场实践中就产生了收益管理系统，即航空公司将同一航线的同一航班运力，按不同旅客、不同的提前订票时间和旅行时间、不同的加成或折扣卖出不同的价格，以求航班整体销售收益最大化。

在西方，骨干航空公司十分依赖高票价的商务旅客和航空枢纽的优势求生存和发展。大体上，5%的高价航客创造了 20%的收入，高端 30%的高收益旅客贡献了 60%~70%的收入。因此，航空公司会不惜代价来保住高收益旅客。航空公司之间的价格竞争通常集中在低收益旅客市场中。对高收益旅客，航空公司则使用非价格竞争手段来吸引他们，如优惠的常旅客计划、适宜的航班频率、方便的航班时刻、豪华的休息室和个性化的服务等。高收益旅客对价格不敏感，价格竞争只会稀释收益，减少收入。再以美国西南航空公司为例，1973 年 2 月，初出茅庐的美国西南航空公司受到多家骨干航空公司的排挤，他们不惜血本在达拉斯至休斯敦的航线上将票价降到 13 美元（相当于美国西南航空公司常规票价的 50%），第二天美国西南航空公司也降至 13 美元，即只好眼睁睁地让买常规票价的老顾客所带来的收益都稀释到 13 美元的水平，这无疑是致命的打击。为了稳住高收益顾客对公司的常规票价的忠诚度，美国西南航空公司向高收益顾客提供免费的礼品，或是一个冰桶，或是一瓶葡萄酒。很快大多数商务旅客宁可支付较高的旅行费用，花 26 美元（可以报销）买一张机票并拿一瓶葡萄酒，也不愿意花 13 美元买张便宜机票。两个月后，这场价格大战以美国西南航空公司的胜利告终。如此，西方大多航空公司能向旅客提供 4 折、3 折有时甚至是 2 折的机票，因为他们能向高价位旅客收取平均运价的 160%、180%、200%或更高的价格。这一市场实践成功的关键是严格的价格限制条件、适宜的收益管理系统和理性的价格竞争。

所以，企业采取"需求差异定价"必须具备一定条件：①市场必须能够细分，而且各个细分市场要能显示出不同的需求程度；②企业按不同的价格把同一种产品或劳务卖给不同用户，付低价的用户无法将产品或劳务转销给付高价的用户；③在高价的细分市场中，竞争者无法在此以低于本公司的价格竞销；④细分和控制市场的成本费用不得超过因实行需求差异定价所得的额外收入;⑤实施差别定价不会引起顾客反感和敌意,高价市场购买者不会有不公平的感觉而放弃购买,影响销售;⑥差别定价的特定差别形式不应是非法的,即应符合国家的价格管制和各种双边或多边的价格协定。

3. 竞争导向定价

竞争导向定价是指按市场竞争者的价格制定本公司的价格。某公司的成本或需求可能变化,但其价格仍保持不变,因为,竞争者的价格没变;反之,当竞争者变动价格时,本公司也需调整价格,即使成本或需求没有变化。但须指出,"竞争导向定价"不是说把本公司的价格定得与竞争者的价格完全一样,可以略高或略低于竞争者的价格。

竞争导向定价的方法就是随行就市,即按照行业的平均价格水平来确定本公司的价格。在下列情况下企业往往采用竞争导向定价:①难以估算成本;②本公司打算与同行业者和平共处;③如果另行定价,很难知道购买者和竞争者对本公司的价格反应。

在竞争激烈的运输市场,经营同种运输的企业很难显现出本企业产品的特色,在定价时没有多少选择的余地,只能按照行业的现行价格来定价。因为,如果本公司价格偏高,消费者很容易购买他公司的产品;反之,价格偏低,其他公司也会削价竞争。即使市场上只存在少数几家大型公司,企业也倾向于采取与竞争者大致相同的定价。因为此时市场上只有少数几家公司,相互之间十分了解,购买者对市场行情也熟悉,如果各大公司的价格稍有出入,购买者就会拥向价格较低的公司。所以,寡头垄断市场的需求价格弹性的现象表现为:在某一均衡价格点以上,有弹性,即如果公司的定价高于此点,需求就会减少,流向其他公司;在此均衡价格点以下,缺乏弹性,即如果某公司定价低于均衡点,其他公司也会紧随着削价,市场总需求不会因此而增加。总之,当需求有弹性时,一个公司提价只会损失销售量,无法获利;当需求无弹性时,降价不会刺激需求,也无法获利。因此,一个公司的价格只能参照市场价格而定。

三、企业定价策略

企业定价策略是指企业根据市场各种变化因素对商品价格的影响程度采取不同的定价方法,制定出适合市场变化的价格,从而实现定价目标的企业营销战术。定价策略的宗旨在于使商品价格既能为消费者乐意接受,又能为企业带来较多的利润。

企业在确定和实施定价策略时,必须遵循如下基本原则:①必须在国家政策规定的范围内进行,必须遵守国际间有关的协定和公约;②必须以正当合法的手段进行价格竞争;③必须兼顾企业营销的近期目标与远期目标;④必须主动考虑消费者的长远利益。

定价策略很多,常用的有以下几种。

1. 新产品定价策略

航空公司开辟一条新航线航班、销售一种新的客舱等级、分析出一种新的旅客成分、承运一种新的货物种类、提供一种新的服务项目都可以视为开发出新产品。新产品能否在市场上站住脚,并给企业带来预期收益,定价起着重要作用,决定到产品的市场前景,也决定了企业的市场竞争能力。通常,新产品定价策略有以下三种。

(1)撇油定价策略。这是一种高价策略,就是新产品上市初期,价格定得很高,以便在较短的时间内就获得最大利润。这种策略因与从牛奶中撇取奶油相似而得名。

企业利用消费者求新求奇心理,以高价厚利迅速实现预期利润,同时,使产品提高威望、抬高身价,为以后广泛占领市场打下基础。新产品高价上市,必须以激烈竞争尚未形成为前提条件。在地面运输困难的城市之间首辟航线的公司可用此策略。一旦竞争加剧即应采取降价策略,掌握价格竞争的主动权,限制竞争者的加入,稳定市场占有率。

缺点是当新产品尚未在消费者心目中建立声誉时,高价可能不利于打开市场,甚至会无人问津。而一旦打开市场,销路旺盛,很容易引起竞争者的加入,竞争者加入太多,必然价格下跌,使经营好景不长。

(2) 渗透定价策略。这是一种低价策略,即在新产品投入市场时,价格定得较低,使用户很容易接受,快速打开市场。就像水倒入泥土,很快渗透。

企业利用消费者求廉心理,以价廉物美刺激消费扩大销售,逐步形成稳定的市场占有率,谋求远期的稳定利润。同时,因为价格低可以阻止竞争对手加入,有利于控制市场,所以,渗透定价策略也叫"别进来"策略。

采用这种定价策略的产品,其特点是潜在市场很大,企业生产能力也大,同时竞争者又容易加入。一般可用于以下四种情况:

①某条航线或某类旅客、某种货物的运输劳务需求价格弹性大,低价可以促进销售。固定费用的回收期长。

②运输成本、销售费用与运输量关系较大,即运输量越大,单位运输量成本和费用越低。

③潜在市场大,竞争者很容易进入,渗透定价,利润微薄,成本高者甚至无法获利。

④购买力薄弱,对航空运输不理解的地区。

(3) 满意定价策略。这是一种介于撇油策略和渗透策略之间的价格策略,是一种中间价格。生产者和用户都因此而比较满意,故得名。消费者又把这种满意价格称为"君子价格"或"温和价格"。

采用这种定价策略时,企业将社会或行业平均利润作为确定企业目标利润的主要参考标准,比照市场价格定价,避免不必要的价格竞争。通过其他促销手段扩大销售,推广新产品。

2. 心理定价策略

心理定价策略是针对消费者的不同消费心理,制定相应的商品价格,以满足不同类型的消费心理需求的策略。根据运输市场购买者的消费心理,心理定价策略包括以下两种:

(1) 分级价格策略。定价时把同种运输分为几个等级,不同等级不同价,能使用户产生货真价实、按质论价的感觉,因而比较容易接受。采用这种定价策略,等级划分不能过多也不能过少,级差不能过大或过小。否则,会使用户感到烦琐或显不出差距而起不到应有的效果。

(2) 声望价格策略。在长期的市场经营中,有些航空公司在消费者中树立了声望,被公认有安全保障、航班准点、服务优质等特色。这些信誉好、口碑佳的航空公司的定价可略高于他人,以示区别,以显声威。当然,采用这种价格策略要以高质量作保证,否则,就会大失声望。

3. 折扣和回扣价格策略

这是一种在交易过程中即时运用的价格策略。在销售时,把一部分价格转让给购买者,以此来争取更多的用户。

(1) 现金折扣。用户以现金付款或提前付款时给予一定比例的价格折扣优待。如规定提前10天付运费者给予2%的折扣,提前20天付运费者给予3%的折扣等。采用这种策略,可以促进确认成交,促使用户现金付款和提前付款,从而加速资金周转。

（2）数量折扣。用户托运货物批量大、购买客票数量多可给予折扣优惠。采用这一策略，鼓励大量购买，购买量越大折扣越大。数量折扣又分为累计数量折扣和单次数量折扣两种。

累计数量折扣是规定在一定时期内，购买量达到一定数量所给予的折扣优惠。采用这一策略，可以鼓励用户经常乘本公司航班，委托本公司运货，从而成为可依赖的长期用户。同时，有利于掌握市场需求和销售规律，扩大稳定市场占有率。

单次数量折扣是规定每次购买达到一定数量即给予的折扣。采用之，既鼓励大量购买，增加盈利，又可以减少交易次数和时间，从而节约人力物力等各项费用。

（3）季节折扣。运输生产的季节性很强，在运输淡季时给予销售折扣，刺激消费者均衡需求，以适应运输生产的供应均衡。

（4）回程或方向折扣。在回程和运力投放明显大于需求的航线航向上，给予销售折扣争取客货源，以图使原先可能放空的运力得到利用。

（5）回扣及津贴策略。航空公司根据中间商在销售和销售促进中所做的贡献，从销售款中返回一部分款项或给予一定量的津贴，作为酬谢或资助。其目的在于调动中间商的积极性，发挥其作用。

4. 调整价格策略

航空运价制定以后，主客观情况的各种变化都会影响到已定运价，需要调整价格。价格调整有主动调整和被动调整两种情况。

（1）主动调整。市场供求、成本变动等使企业感到需要调高或调低自己的运价。

调低价格策略主要适用于以下三种情况：①运力供应过于需求，飞机日利用率下降、客座率载运率低，为了摆脱困境，在采用其他策略无效的情况下，只能采取降价策略；②运输市场竞争激烈，本企业的市场占有率逐渐降低；③本企业成本降低，具有较强的成本优势，企业可利用该策略以扩大市场占有率。采用调低价格策略的优点是容易摆脱困境，提高市场占有率。缺点是调低价格会打乱企业原市场营销组合的协调，需要花大力气调整建成新的营销组合，同时，也可能导致同行竞争加剧，以致给企业带来损失。

调高价格策略适用于：①运力供不应求；②运输成本提高。成本提高可能是企业经营管理不善造成的，也可能是燃料、人工等成本要素价格上涨造成的。只有后者才能使企业调高运价。调高运价策略掌握得好，对于增加企业赢利有明显的效果。缺点是往往引起消费者的不满而抑制需求。所以，提价必须注意限制提价幅度和及时说明提价的原因。

无论采用调低还是调高价格策略，在价格调整之前必须深入调查研究，以免造成调价策略的失误。认真分析各方面的情况，确认无法采用其他措施时，再采用调价策略。在确定调价以后，要做好调价计划，包括调价的时间、幅度，以及调价后消费者和竞争者可能的反应和相应的对策等。调价后，要时刻注意分析企业的市场环境和经营状况的变化。关键是消费者和竞争者对调价的反应，以及企业市场占有率和收入利润的变化。

（2）被动调整。在竞争对手率先调价之后，本企业怎么办？必须对此作出明确反应，是抵制还是跟着调整？或者等等看。对竞争对手的调高或调低价格要区别对待作出不同的应答。正确的反应建立在知己知彼基础之上。

对竞争者调价的措施必须要调查研究清楚以下问题：

①竞争者为什么要调整价格？是生产能力扩大？成本降低或提高？经营不善？

②竞争者调整价格是临时措施还是长期方针？
③率先调价者的经济实力如何？其成本优势的持久性如何？
④本企业对率先调价者作出任何一种反应后，竞争者和其他企业又可能会采取什么样的措施？

对本企业以下情况进行研究分析：
①本企业的经济实力和优势劣势；
②消费者对本企业产品价格的敏感程度；
③本企业如果跟随调价以后对企业的经营会产生什么影响等。

经过对竞争者和自身情况认真对比分析后，就可能作出比较正确的对策。一般来说，对调高价格的反应较容易。竞争者具备某些差别优势或专业化优势，考虑到提价带来的不利，没有把握不会提价。本公司也具有相似的优势，原已考虑提价，现别人率先提价，正好跟进。如本公司不具差别专业优势，则不易紧随，待大部分公司都提价后，本公司再提价较妥。对于竞争者率先降价，本公司反应要慎重。通常反应有三种：①置之不理，这在竞争者降价幅度较小时采用；②价格不变，但增加销售服务内容和销售折扣，这在竞争者降价幅度稍大时采用；③跟着降价，降到与竞争者相同的价位，这在竞争者的降价幅度较大时采用。

总之，由于是被动调整，很难不影响企业利益。为了在被动中争取主动，就必须在调查研究的基础上，作出正确判断性预见，以便在被动对策中取得较好的效果。

四、航空公司收益管理系统

航空市场的需求价格弹性差异很大，一部分旅客对于票价十分敏感，另外一些旅客追求的是及时和舒适，对于票价的高低并不在乎。那么具体采用需求差异定价的时候，航空公司以何种方法来区分这些具有不同需求的旅客，为票价敏感的旅客提供低价格的机票，提高航班座位利用率，同时又能避免本愿意出高价的旅客向低舱位转移呢？20世纪70年代末美国航空客运市场的管制开放使得航空公司能够自由地增减飞行线路并自由地浮动票价，同时也导致了各航空公司之间前所未有的激烈竞争，为了摆脱困境，美国航空公司于1985年元月首先开发使用了第一个收益管理系统，利用航班上空余的座位，向部分旅客提供较低的票价。根据该公司1997年统计，当年仅由于使用收益管理系统所增加的额外收益就高达10亿美元。因此，收益管理的理论对我国航空公司来讲，无论是改善经营管理还是参与国际航空市场的激烈竞争都有重要的借鉴和指导作用。

1. 航空公司收益管理系统的含义

当旅客在飞机上，有时会发现他的票价比邻座贵了许多！这是怎么回事呢？很大程度上是收益管理系统在后面运作的结果。收益管理系统，又称产出管理系统，是根据收益管理原理设计开发的一种计算机辅助决策管理系统。它综合运用了微观经济、企业管理、数理统计、数学优化等知识，在准确地预测未来顾客需求和产品供给趋势的情况下，以持续增长企业经济收益为目标，合理制定最佳产品价格，并动态地调控产品的供给以满足顾客的需求。系统根据实际的订票量和需求量，实时调整机票价格，使得航空公司能够最大限度地获取利润。收益管理系统是一种指导航空公司在合适的时间，以合适的价格，将合适的座位销售给合适的旅客，以实现航班收入最大化的现代科学管理方法。

2. 航空公司收益管理系统的主要功能

航空公司收益管理系统的主要功能就是在航空市场需求预测的基础上防止座位贱卖和座位虚耗，实现航班收益最大化。

（1）市场需求预测。收益管理必须根据预测进行座位优化与动态定价，最后进行调整，从而使收益最大化。那么收益管理中的一个基本功能就是预测，准确的市场需求预测也是成功实施收益管理的前提。收益管理的目标就是通过最优化的利用现有资源，实现总体收益的持续增长，而准确的市场预测，正是这种资源最优化配置的前提和基础。

基于计算机订座、离港系统和结算系统，航空公司可以非常迅速、准确地建立旅客数据库，通过对航班不同票价或者不同旅客类型的消费行为分析来制定航班销售策略；通过分析旅客的流向，为选择伙伴航空公司进行合作（如代码共享等）提供辅助决策的依据；通过分析旅客订座取消、持票不上机等数据，对旅客的登机率进行预测，为超售计算提供依据；通过提供准确的旅客信息，实时的销售收入信息，向公司管理层提供经营统计报告数据，从而为航空公司的收益管理等运营决策分析系统提供数据源。

准确的市场需求预测是收益管理系统的两个主要功能——多等级票价管理和航班座位管理的前提与基础，对航空公司成功实施收益管理系统关系重大。有研究表明，预测准确性提高10%，将为使用收益管理系统的航空公司带来1%～4%的收入增长。

（2）多等级票价管理。多等级票价管理是指航空公司根据市场不同层次的需求而设置的不同票价，并规定其执行不同票价时的适用条件，并对其实施管理的过程。它包括不同舱位的设置和设计及多等级票价使用的限制条件。

舱位设置是指根据不同层次的需求在订座系统中设置不同的可调的销售舱位，而不仅仅是旅客通常理解的头等舱、公务舱、经济舱的概念。按照这个概念，航空公司的销售舱位可达十多种甚至几十种，不同的销售舱位有不同的票价。对此，航空公司需要对现存的舱位设置的各种信息进行分析，并依据分析结果，按照每个座位收益多少来划分舱位等级，制定按舱位等级分配的新的票价结构。这样收益管理系统就有可能使一架飞机上的收费种类多于座位的种类，充分利用航班上空余的座位向部分旅客提供较低的票价。当然，在划分价格层次时，应该确保每一层次都有足够多的客源，使航空公司有可能控制每一层次的客流量。在实施的过程中，必须保持对各层次票价的客源进行监控，当发现某一价格层次很少被用到时，应考虑对其进行重新划分。

设计多等级票价使用的限制条件就是规定执行不同票价时的不同适用条件。航空公司要想建立旨在促进收益增长的多等级票价结构、实施收益管理，就必须给不同运价配之以使用的限制条件，以阻止高收益旅客向低舱位转移。尤其是在完全相同的产品出现高低两种价格以后，只有限制条件才能阻止承受能力较高、理应购买高票价的旅客不去购买便宜票。为此，航空公司必须精心设计多等级票价使用的限制条件，如在购票时间、更改、签转、退票、里程累计等方面的不同限制，票价越低，限制条件越苛刻，票价越高，限制条件越宽松，以此来严格限制折扣票价的使用。例如，航空公司在极力推行的"预售票机制"，在一个航班起飞前较长时间，一般开放低舱位（票价低），随着航班起飞日期的临近，低舱位逐步关闭，只开放高舱位。这样，对时间及灵活性敏感的旅客可以给航空公司带来相应的高收益，而机上空余的座位可以较低的价格卖给对价格敏感的旅客，提高座位利用率。

(3) 航班座位管理。航班座位管理是指航空公司对不同航班中不同的票价等级可利用的座位数量的分配和管理。也包含两个方面的内容：折扣舱位的分配数量和管理及座位的合理超售。

折扣舱位的分配数量和管理的目的在于确定各票价等级所应当分配的座位数量，使票价等级与座位数量达到最佳的组合，以期使航班的总收益最大化。航班的座位总数是固定的，在从低到高不同舱位等级之间进行分配，低舱位的座位多了，势必会减少高舱位座位的数量，影响航空公司的最终收益；但是高舱位座位数量过多的话，又有不能全部卖出的风险，造成的低客座率又会使收益很难实现最大化。因此，根据不同的销售季节，根据历史数据、预测及考虑竞争对手的情况下，制订出最佳的折扣舱位分配数量的方案对航空公司实现收益最大化十分关键。

座位合理的超售是指由于顾客需求的不确定性，大多数航空公司收益管理系统提供了超售。超售表现为机票售出量大于航班的实际容量，它是为了缓解买了机票的乘客不出现或退票给航空公司带来的压力而设定的。根据收益管理系统，航空公司可以通过预测和预先优化，接受比航班实际座位数多的订座，以期望座位虚耗降到最低。如果航班在离港时，确实发生了一些旅客取消订座、退票、改签或误机的情况，而这时超售的座位正好全部被利用上，那么超售的全部意义就显示出来了，超售增加的效益也显而易见。

座位的超售是把双刃剑，它既是一种增加收益的好方法，同时也是一种冒险，超售的数量及比例是难于掌握的。保守的超售使航空公司仍存在较高水平的座位虚耗，没有达到收益最大化的理想状态；激进的超售会使航空公司出现"拒载"的现象，损害航空公司的信誉和形象，造成旅客满意度的降低和对航空公司忠诚度的减弱。因此，科学确定合理的超售量，对航空公司实施收益管理也是非常重要的。

总之，收益管理系统是以历史订座和离港数据为基础，对航班收入实现预测和优化的决策支持系统。它改变了航空公司传统的思维和管理方法，特别是对价格和座位的管理方法，使航空公司的价格和座位管理科学化、系统化和现代化。收益管理的实施对我国航空公司树立先进的市场营销观念、提高市场竞争能力都有着非常重要的现实意义。

思考题

1. 什么是民航运价和定价策略？
2. 简述航空运价的种类、特点和形式。
3. 航空运价国家要控制，国际公约要制约，为什么同一航线上仍有各种各样的价格？
4. 怎样确定航空运价构成中的成本因素？
5. 航空货运价格的制定要考虑哪些因素？
6. 航空运价与整个运输市场供求有什么关系？
7. 什么是定价目标？定价目标有哪几种？
8. 定价方法有哪些？
9. 常用的定价策略有哪些？
10. 怎样对新产品定价？

11. 为什么要对已定运价进行调整？怎样调整？
12. 什么是均衡价格？
13. 为什么说供求关系决定价格，价格又决定供求关系？
14. 你认为民航运输价格听证会有必要举行吗？为什么？
15. 民航运价改革方案具体包括哪些方面？说明了什么问题？
16. 航空运输价格改革中引入多级票价制度，对空运市场的细分有何积极意义？
17. 国际航空货物运价按货物的性质，可分为哪些种类？
18. 航空运输企业的国内空运价格是怎样受到政府和法令的约束的？
19. 什么是资金利润率？资金利润率对于航空运输有何意义？
20. 简述航空运价的组成。其中合理利润要考虑哪些因素？
21. 航空公司的低成本战略可从哪些方面着手？
22. 影响运力成本的因素有哪些？
23. 什么是航空公司收益管理？航空公司收益管理的主要功能是什么？

CHAPTER

航空服务营销策略

有市场必然有竞争,有竞争就有市场营销。在知识经济的背景下,当传统的价格策略导致航空企业的两败俱伤,服务策略作为基本的竞争策略之一,必然成为企业竞争的核心手段,成为航空公司吸引顾客、保留顾客,创造竞争优势的法宝。

第一节 航空服务概述

航空公司提供给市场的产品是服务。航空服务产品不仅具备服务的一般特征,而且还具有有别于其他服务的特殊性及其特定的质量要求。

一、航空服务的一般特征

1. 无形性

服务的无形性是指航空服务产品是一种绩效或行动,而非实物,顾客在购买服务前,看不见、摸不着、听不见,顾客很难感知和判断服务的质量与效用,只有当服务发生时顾客方能检验其质量。因而服务中心内容是向顾客提供效用,而不是转移某一商品的所有权,从而增加了不确定性和风险性。无形性是服务产品的最基本特征,其他特征都是从这一特征派生出来的。

对此,服务营销的目的在于以服务的有形展示作为其营销策略,通过服务环境、服务设施、服务人员、宣传资料、营销渠道、价格等有形线索来降低不确定性,使顾客在心理上较易把握;其次,通过品牌效应的建立也可以达到类似效果。

1) 有形展示

由于服务的无形性,航空公司应尽可能提供具体的、物质的证据使服务过程"有形化",向顾客表达和传递信誉、安全、快速、方便和舒适,来展现航空服务的魅力,体现自身的特点和优势,达到吸引顾客的目的。比如宣传一个旅游航班,与其空洞地夸耀豪华的设施,不如向潜在的旅客显示坐在机舱里的舒适感。

有形展示是指在服务市场营销管理的范围内一切可以帮助顾客感觉服务产品的特点及优点的有形组成部分。肖斯塔克的分子模型(图 9-1)认为,服务越是趋于无形,就越有必要向顾客提供有关服务特色和质量的有形线索以供识别。他认为,航空公司的无形要素包括运输服务、服务效率和起飞前、飞行中和降落后的服务,而用于服务的飞机和提供给旅客的食物等都是有形的。

从不同角度,对有形展示可以有不同的分类。

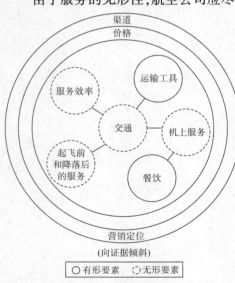

图 9-1 肖斯塔克分子模型

按照有形展示能否为顾客所拥有,可分为核心展示与边缘展示。前者是指在购买与享受服务中不能为顾客所拥有但对顾客购买决策起主导作用的展示(当其符合顾客需求时),例如航空公司的级别(是大型知名国际航空公司,还是小型地方航空公司)、形象(是否安全、舒适,是以商务客人为主,还是低成本航空公司,飞机的型号如何)。后者主要是指能够实际拥有但很少或根本没有什么价值的部分,如客票和货运单、客舱服务中的餐饮、点心、纪念品和宣传资料。

从有形展示的构成来分,主要有以下三个组成部分:

(1)环境因素。主要由背景、设计和人员因素决定。

背景因素是指候机楼及客舱的气温、温度、湿度、气味、气压、噪声及音乐的选取、气氛、整洁度等环境因素。一般而言,它是顾客默认的必要组成部分,良好的背景环境并不能促使消费者购买。然而,较差的背景环境却会使顾客退却。因此,售票处、货运受理处、候机楼、值机处、客舱等一切旅客接触得到的环境都要精心安排。

设计因素是指艺术设计(机场与航空公司的标识,候机楼的外观、风格、结构、规模、颜色、风景、停车场等)因素与功能设计(候机楼的布局、照明、顾客操作的自助服务设施及其他设备、客舱的座位设置、舒适程度等)因素。设计因素的目的是提高服务产品的包装,突出服务的功能,建立有形的服务产品形象。

人员因素是指服务环境中参与并影响服务的一切人,包括服务人员与其他人员。服务人员,既包括面对面直接接触顾客的服务人员,也包括以通信方式与顾客接触的服务人员。现场服务人员的人数、仪态仪表、语言行为会影响顾客的决策。其他人员是指在服务过程中遇到的其他旅客。

(2)信息沟通。从大众媒体中的新闻故事(评论报道)到广告,从顾客口头传播到企业标志,从销售资料(目录、宣传册、指导手册、广告传单、录音录像等)到机场广播,从正式信件到面对面的投诉,这些不同形式的信息沟通传送了有关服务的线索,使服务和信息更引人注目,从而强化企业的市场营销战略。

(3)价格展示。价格作为体现服务质量与水平的有形展示手段,可为顾客提供服务质量的判断依据,提高或降低服务期望。

2)建立品牌

品牌是借以辨认不同销售者的产品或服务,并使之同竞争对手区分开来的一种名称、术语、标记、符号的设计或是其组合。现代意义上的品牌已成为企业形象、文化、个性的象征,成为顾客感受价值利益、形成忠诚度与购买倾向的心理根源,具有识别、增值、促销及竞争的效用。一个富有声誉、具有良好形象的品牌,是企业的一份巨大的无形资产。尤其在以网络为特征的知识经济的条件下,"注意力经济"起着越来越重要的作用,企业的成功与否,很大程度上取决于其在公众心目中的知名度与美誉度。据联合国工业计划署的调查,占所有产品品牌3%的名牌的销售额,却占整体产品销售额的50%左右。

航空公司建立品牌,需做好品牌的知名度、美誉度和忠诚度三个逐级上升层次的管理。知名度是以提示记忆为基础,依赖媒体传播;美誉度是对品牌持有好的观点与印象的程度,主要依靠人际传播;最高层次的忠诚度必须建立在顾客直接使用经验的基础上。品牌销量一般符合20/80定律,即品牌的20%的忠诚顾客的消费量占整个品牌销量的80%。

2. 差异性

服务是无形的,无法大批量生产,服务内容也无法像有形产品那样标准化。同一服务,由于服务人员自身素质的不同,由数人操作,品质难以完全相同,即使同一人做同样的服务,每次服务的品质也不尽相同。另一方面,每位顾客都有独特的需求,也会产生异质性。再者,由于服务过程中顾客与服务人员的相互作用以及伴随着这一过程的所有变化因素,服务的差异性更是在所难免。正因为服务因时间、地点、人员等因素的不同而具有差异性,因而建立与确保一定的服务质量是一个关键问题,加强服务人员的选拔、培训,以尽量减少服务人员提供服务的异质性。

3. 同步性

同步性是指服务的生产过程与消费过程同步进行,即服务人员提供服务时,也正是顾客消费服务的时候,在时间上不可分离,因而整个服务过程就是顾客与服务人员互动与沟通的过程,服务效果也是双方共同作用的结果。另外,服务过程中顾客之间一般也会有互动作用,影响彼此的体验。服务质量和顾客满意度将在很大程度上依赖于"真实瞬间"发生的情况。顾客不仅是服务的消费者,而且是服务的协作生产者,这一客观事实强化了服务营销的特殊性。这要求航空服务产品的管理应扩展到服务过程和顾客的管理,加强双方的沟通,有效引导顾客的正确角色定位,设法控制顾客在此过程中的作用。同时,要提高服务人员的素质,明确顾客所购买的产品实质上就是服务人员的技能和技巧,服务提供者本身就是一种服务。

4. 易逝性

服务的使用价值如不及时享用就会消失。这种过剩的能力在航空界称为闲置生产力成本,它只会增加成本而不会增加利润。当一架客机起飞时,如果机票未售出,就永远失去了销售的机会。对航空营销者而言,面临的主要挑战就是服务的不可储存。不可储存性是供给与需求矛盾的来源,因而充分利用需求预测并制定有创造性的计划的供应管理与同步营销就成为航空企业的一项十分重要的工作。例如,在需求高峰时,应考虑资源外取和外包(通过与战略联盟合作的超售手段)。在需求疲软时,可考虑通过出租生产能力的手段。航空产品也可通过恰当的差别定价维持需求稳定和实现利润最大化。当然,一个完善的预定系统与正式排队系统也是控制需求的有效手段。再者,服务一般不能退回或重售的事实也表明,必须制定完善的补救战略,防止差错的出现。

二、航空服务的系统性

所谓系统,是指同类或相关事物按一定的内在联系组成的整体。完成一次航空服务,即一次航班的安全、准点飞行需众多部门的合作。航空公司完成营销过程,需要机场、航空代理机构、航行管制机构、航空公司的资源供应部门、相关服务部门、乘客乃至整个社会环境的配合。

1. 航空公司各部门及代理人的配合

航空公司用安全准点的航班飞行服务于顾客。航空公司的飞行、销售、维修部门人员的服务质量直接影响了航班飞行的正常。一个航空公司不可能在公司内部完成始发、经停、到达的所有业务,只能委托各种代理人来完成上述工作。但是,各代理人服务质量的高低,由航空公司承担。

2. 机场、航行管制、燃油供应等部门的配合

机场为航空器提供起飞、降落服务，为乘客提供候机、登机服务。同时，还可为航空公司代理机票销售和飞机维护、旅客离港等工作，其服务质量直接关系到旅客对航空公司的评价。

航行管制局是提供航空信息和航空气象，指挥空中交通，为航空器导航，维持空中交通秩序。同时，还可为航空公司代理飞行签派。其工作质量直接关系到飞行安全和准点。航班飞行的每一次起飞都需添加航空油料。国际航班乘客和货物还需经过海关、边防和卫生防疫检查，这些都影响到航班准点。因这些相关部门的服务质量而引发的航空公司的乘客和货主的怨愤，其直接的承受者仍然是航空公司。

3. 旅客的配合

作为民航服务对象的旅客，理应得到航空公司的优质服务，然而，旅客在享受权利的同时，也必须遵守民航法规，约束自己的行为，配合服务人员的工作。旅客的不配合甚至过激行为也会影响航空服务的正常进行。在目前客运航班不正常率居高不下的状况下，其中不少是因为旅客不配合值机、安检或其他人为原因造成的。

4. 社会环境的配合

社会环境的配合主要是指企业及附近居民对净空环境及相关法律的重视。例如，各种商业性的气球广告、动力伞和升空彩球常常飘至机场主降方向上空或飞机必经的航路，严重危及航行安全；机场附近的农民燃烧麦秆，就会影响飞机起飞的能见度要求；机场附近的寻呼台严重干扰地对空通话，航空电磁环境不容乐观。

三、航空服务的特定质量要求

什么样的航空服务称得上是优质的服务？一般来说，衡量航空服务质量的标准有安全、准点、舒适、方便、经济等因素。其中安全和准点又是最重要的因素。

1. 安全

所有的旅客和货主在乘机和空运货物时，都希望能够安全抵达目的地。因此，安全不仅是旅客最基本、最重要的需要，也是民航运输生产服务质量好坏的重要标志。

在安全性方面，危及安全的因素主要包括：

（1）"人"的因素。主要是空勤、航空器维护、空中交通管制、飞行签派、航行信息、通信导航、气象、机场、油料、运输等与航空器运行有直接关系的人员。

（2）"机"的因素。包括航空器和保障飞行的各种设备的设计、制造、维修和器材供应。

（3）环境因素。分为自然环境因素和人工环境因素两类。前者是指自然现象，后者是指机场布局、航路结构、空中交通的繁忙程度及各项设施。

（4）法的因素。主要是指各种规章制度，航空器和保障安全生产设备的维护、操作、使用手册等。

（5）其他因素。如恐怖袭击、蓄意破坏、暴力行为及鸟撞等。

针对上述不安全因素，航空公司实行本质安全化管理，即操作者在操作失误时，航空器和设备及机上人员仍能保证安全；航空器和设备发生故障时，能够自动排除、切换或安全地停止运行并保证机上人员的安全。

因此，从根本上消除事故隐患，形成最佳的安全保障体系，通常应做好下述三点：

（1）对安全事故的基本因素和触发事件采取措施，从根本上消除事故发生的致因或消除事故触发事件，形成"绝对"安全的条件。同时，应有应急处置措施，以备一旦发生事故时，能够限制其蔓延扩大，最大限度地保证旅客与操作人员的安全。

（2）采取一切技术措施，提高航空器和设备的安全性、可靠性。针对"机"的要素，主要加强航空器和其他技术设备的适航性与完好性，关键设备部件双重多重冗余设置，防止人的能力不能克服的故障发生。而环境要素则要求机场、航路、通信、导航、气象等条件与人的技术水平、航空器和设备的性能要求相匹配，也就是说，生产环境要适合于人和生产工具、设备的要求，尤其是航空器与设备的"自保"系统，应当始终处于完好状态。在"法"的要素方面，要重点考虑作业方法、范围、负荷、操作规范尽可能适合于人和航空器及设备的技术水平和技术性能，防止作业方法不当或劳动强度过大而危及航空器和设备的完好及人的健康。

（3）充分发挥"人"的能动性。事实证明，大量的事故是由于人的因素造成的。一种是有意识的明知故犯的渎职行为，另一种是无意识的失误行为。失误行为是造成不安全的主要因素，从历年世界空难事故的统计结果可以看到，人为过失原因直接导致飞机失事的约占2/3。降低人为差错，一方面要考虑人的诸如思想、作风、技术、身体等心理与生理特点，防止人的意识中断，或者"意识迂回"时产生的危险动作。即防止麻痹大意、粗心疏忽、走神等所导致的错、忘、漏等事故。同时，关键在于发挥生产第一线人员的主观能动作用。生产一线人员是指飞行人员、工程机务人员、航行管制人员、机场和航路为飞行提供服务的人员，也包括指挥人员。任何先进的飞机和设备，任何科学的管理方法和规章制度，都要通过他们的参与和操作，才能发挥应有的作用。因此，抓安全管理，绝不能仅仅把他们当作被管理的对象，而要把他们当作参与管理的动力。分析安全存在的问题，制订预防飞行事故的措施，都要吸收他们参加，既发挥他们在长期实践中积累起来的丰富经验和聪明才智，又使预防事故的措施具有广泛的群众基础，使职工自觉地做好安全工作。

在"人"的管理中的任何问题，都可能造成十分严重的后果。随着中国民航进入高速发展期，各大航空公司大量引进飞机，同时伴随着通用航空等市场的崛起与竞争，飞行员供需矛盾突出，据国际航协预测，我国将在2022年超过美国，成为世界最大的民用航空市场。据美国波音公司预测，至2035年，我国需新增7000架民用客机，需要的新增机长人数为2.8万~5.6万人，以及数量更庞大的副驾驶员和学员。按中国民用航空局飞行标准司发布的《中国民航驾驶员发展年度报告（2019年版）》统计：截至2019年12月31日，中国民航航空器驾驶员有效执照总数为67953本，其中运动驾驶员执照（SPL）1173本、私用驾驶员执照（PPL）4352本，商用驾驶员执照（CPL）35329本，多人制机组驾驶员执照（MPL）193本，航线运输驾驶员执照（ATPL）26906本，民用无人驾驶航空器系统驾驶员执照总数为67218本。

截至2018年底，全行业持照机务人员55243名，比2017年增加3076名；持照签派员7643名，比2017年增加950名。2019年中国民用航空局提出了"以最强担当压实安全责任、以最高标准防范安全风险、以最严要求实施安全监管、以最实措施确保平稳可控"的"四最"要求，在全球率先作出停止波音737MAX-8机型商业运行的决定，及时对国泰航空有限公司发出重大安全风险警示并采取有力措施等，安全工作经受住了前所未有的考验，保持了航空安全形势的总体平稳。全行业共完成运输飞行1230.9万小时、496.5万架次，实现运输航空持续安全飞行112个月、8068万小时的安全新纪录，连续17年7个月实现空防安全零责任事故。

2. 准点

旅客为什么要选择航空运输而不是地面运输？一个重要的原因是航空运输能提供比地面运输更为快捷的服务。在确保安全的前提下，快速是旅客和货主的一个重要需求，即按时快捷地把旅客和货物运到目的地，其中航班准点是航空公司提供快速服务的重要保障。美国联合航空公司有一项"10 5 0"的准点出发计划，其中数字的含义代表：起飞前10分钟，乘客须登机就座；起飞前5分钟，机舱门已关上；起飞前0分钟，飞机驶往跑道，准备起飞。其目的在于保障航班的准点起飞。

如何保证航班的准点？航班准点是一项系统工程，航空公司内外各相关部门和人员的服务态度、工作质量都直接关系到准点。具体内容包括：

(1) 航班计划的制定和实施。航空公司在制定航班计划时必须留有充分的备份运力（一般是本公司运力的20%左右）。

(2) 严格遵照执行《班期时刻表》，不得随意变更、取消。

(3) 飞行和各飞行保障部门要严格按照航班计划做好各项工作，保证航班的正常飞行。

(4) 航班座位管理和销售。不准虚定座位，不准乱空座位，适当超售，防止客票错开。

(5) 办理乘机手续。航空公司对宽体飞机必须提前2小时，小型飞机提前1.5小时开始办理乘机手续，做到不堵塞、不排长队。对出港国际航班，在飞机起飞前30分钟停止办理乘机手续后，航空公司要及时将旅客人数通报边防和海关。对迟到的旅客，如航空公司能够接收，应主动通知联检单位办理有关出境手续。对出港国内航班，旅客在机场办理候补票，原则上应在飞机起飞前30分钟停止办理乘机手续前进行。值机人员在办理乘机手续时，要将每一位旅客交运行李的件数、重量和行李牌号在办理乘机手续的表单上注明，以备必要时查对；要在旅客登机牌上填明航班号、登机口号、日期、座位号、起讫站，并提醒旅客注意航班的起飞时间和候机地点，以便旅客能够按时登机。

(6) 配载工作及时，不发生差错。

(7) 候机楼服务工作。问询服务热情、耐心、准确、清楚。登机时，服务人员要做好引导、清点工作。如发现旅客缺少时，应立即通知广播室，并积极主动地查找。

(8) 货运工作。按规定严格收运，做好装机准备。

(9) 装卸搬运工作。在出仓、装车时，做到不错装、漏装。在装卸飞机时，要做到准确、安全、迅速，防止碰撞和损坏飞机，做到装载平衡、码放捆绑牢固，在飞机起飞前5分钟装卸完毕。

(10) 机上供应品工作。应在旅客登机前10分钟装放完毕，并办妥交接手续。

(11) 其他工作。如乘务员要按时做好上客前的各项准备工作，旅客登机时，要做好人数清点工作，清洁人员保证飞机到站立即上岗，并不得迟于旅客登机前10分钟完成机上清洁卫生和加水工作。

2017年1月1日《航班正常管理规定》正式实施，将航班延误分为普通航班延误、航班出港延误、航班机上延误。普通航班延误是指航班到达后挡轮挡的时间晚于计划的时间15分钟以上；航班出港延误是指航班实际出港撤轮挡时间晚于计划时间15分钟以上；航班机上延误是指旅客登机后在滑行或者落地后旅客在舱内等待时间超过滑行计划时间。《航班正常管理规定》的出台，为航空公司在制定相关赔偿标准方面提供了依据，也为旅客维护自身合法权益提供了依据。

更为重要的是,对于航班延误,各航空公司需要有完善的航班延误应急预案与危机处理能力。2013年1月5日,昆明长水国际机场发生了大面积航班延误,共440多个航班取消,更为严重的是,此次航班延误导致了严重的群体性公共危机事件,很多旅客寻衅滋事,社会影响恶劣。原本是因为大雾天气导致的航班延误,由于航班延误应急预案尚不完善,加之机场刚通航不久,缺乏危机处理经验,旅客服务方面做得也不到位,旅客心理主观上对航空公司缺乏信任,不满情绪很高,最重要的是在信息传递方面不及时,导致后面的群体性事件的发生,教训可谓深刻。

针对航空服务的一般特点与特殊性及特定质量要求,航空服务营销应建立以顾客满意度、服务人员忠诚度及过程管理的互动式营销为支撑点,以技术为依托的新型营销管理模式(图9-2)。

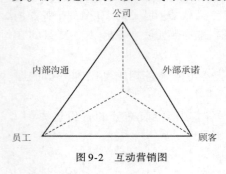

图9-2 互动营销图

第二节 顾客满意度

"只有让顾客满意的服务,才称得上是优质的服务",因此建立顾客满意度与忠诚度是航空服务营销策略的一个重要方面。

一、顾客满意的内涵及层次

1. 顾客满意的含义

顾客满意度是顾客对产品或服务的消费经验的情感反映状态,是航空公司赢得新市场,留住现有顾客的有效途径。

进而言之,顾客满意既表现为对一种服务结果的满意,也表现为一种对服务过程的满意,即服务满意包括技术质量与功能质量两方面。

世界航空公司客户关系协会(WACRA)研究表明,90%的不满意旅客不会直接向有关公司抱怨,但会将他们感受到的劣质服务告诉其他旅客或潜在的旅客。也有研究表明,1个满意的顾客会引发8笔潜在的生意,其中至少有1笔会成交,1个不满意的顾客会影响25个购买意向。"千里之堤,溃于蚁穴",顾客满意是航空公司的生命线。

2. 顾客满意的层次

顾客满意包括三个逐次递进的层次。

(1)物质满意层次。它是指顾客对企业产品的核心层,如服务的功能、质量、品种、个性化的设计方面等所产生的满意。

(2)精神满意层次。即顾客对企业产品的形式和外延层,如有形展示等所产生的满意。

(3)社会满意层次。即顾客在对企业产品和服务的消费过程中体验到的社会利益维护程序,主要指顾客整体的社会满意程度。它要求对企业产品和服务的消费过程中,要具有维护社会整体利益的道德价值和生态价值。

3. 顾客满意度的决定因素

顾客满意度主要涉及顾客预期价值、感知价值、让渡价值等因素。

(1) 顾客预期价值。通过顾客对以往服务消费经验(包括广告与口碑等非亲身经历信息)的评价来表示,代表了顾客对服务提供者未来服务的预测。服务表现在一定的条件上。顾客预期价值的高低决定了顾客满意的程度。

(2) 顾客感知价值。顾客所感受到的相对于所付出价格的服务质量水平。当顾客的感知价值超过预期价值时,顾客就感到满意,否则就不满意。

(3) 顾客让渡价值。顾客获得的总价值与顾客为之付出的总成本之间的差距。顾客总价值是指顾客购买航空服务产品时所获得的全部利益,它包括服务价值、产品价值、人员价值和形象价值等。顾客总成本是指顾客为购买航空服务产品所耗费的货币成本、时间成本、体力成本与精神成本。顾客在购买产品时,总希望以最低的成本获得较大的利益。顾客所获让渡价值越大,其满意度就越高。

4. 顾客满意度与忠诚度

企业的最终目的是持续盈利,吸引顾客、留住顾客,顾客的忠诚度则是企业利润的源泉。因为,公司为忠诚顾客提供服务时,成本较低,忠诚顾客是企业服务与产品的大量使用者,忠诚顾客会将新顾客引荐给企业,因此它是企业获得持续竞争力的最关键的因素。而顾客忠诚度来自企业始终不渝地向顾客提供高质量的服务,来自服务人员解决顾客不满的及时性与迅速性,来自对航空服务感到满意的顾客的口碑。顾客满意度是产生顾客忠诚度的前提条件。

二、服务流程与"真理一刻"

顾客满意不仅是一种结果的满意,同时更是一种服务传递过程的满意。一般航空服务流程见表9-1。

一般航空服务流程　　　　　　表9-1

预售	预售后,运输前	运输中	运输后
电话咨询 机票预出票	行李托运 机票检验 发登机牌 提醒登机门 机场广播质量 候机环境质量	登机时欢迎 入座辅助 行李堆放辅助 准点起飞的可靠性 空中服务的体贴程度 餐饮质量 机上娱乐设施质量 客舱通告 飞机运行的安全性与舒适性 快速中转	行李认领 抵达机场信息易获性 丢失行李的处理

航空服务流程表明,航空服务是一种涉及航空公司、旅客、货主与服务人员的三维的高度接触服务。每一次的接触,既是航空公司吸引顾客、展示服务能力、获得竞争优势的良机,也是顾客通过动态交互过程形成对航空公司总体服务质量评价的最终时刻。它是决定顾客满意度、长期忠诚度的关键因素。在服务过程中,顾客无论与谁接触,与什么接触,他都会把服务失

败的原因归罪于该服务的公司。换句话说,当一个顾客被员工粗暴对待,他会认为是在与一个恶劣的公司打交道,而不会考虑他是与该公司的一个粗暴员工接触;当顾客坐在一个不干净的等候区,他看到的是一个脏的公司,而不是一次服务失败;当服务人员没有在预定的服务中出现,顾客就会得出结论:该公司不可靠。航空公司在这一接触瞬间,只有很少时间给顾客留下好印象,却有很多机会出错而失去顾客。而一个不成功的服务遭遇有可能损害与客户间建立起来的长期关系。凯维尼在对838个导致顾客转向竞争者的关键事件的调查中发现,34%的回答者认为,失败的服务接触是仅次于核心服务故障(44%)而导致顾客转向的原因。导致顾客对航空公司满意或不满意的关键事件涉及下列方面:雇员对服务传递系统的故障未作出反应;得不到服务;不可理解地迟缓;其他核心服务故障;雇员对顾客需要和要求未作出反应;有"特殊需要"的顾客(如医疗、饮食、心理、语言);已表达的顾客偏好;允许顾客发生的错误;其他可能制造混乱的需要和要求;没有得到激励和教育的雇员的语言行为;对顾客的关注;偏离规范的雇员行为。

正如北欧航空(SAS)公司的前首席执行官卡尔松所言,服务接触是一种把北欧航空公司从一个以生产为导向的企业转变为一个以顾客为导向的航空公司的关键时刻、真理一刻。"我们有1000万名顾客,他们中的每个人要同近5名北欧航空公司的雇员发生接触,每次接触的时间平均为15秒,这样相当于一年'生产'出了5000万个北欧航空公司,每15秒'生产'一个。正是这5000万个'关键时刻'最终决定了北欧航空公司作为一个企业是成功还是失败,正是在这些'关键时刻'我们必须向顾客证明,北欧航空公司是他们最佳的选择。关键时刻转瞬即逝,做得好,顾客下次还会来,做得不好,他们便会离你而去"。

因此,作为航空服务提供者,必须制定周密的服务传递计划,抓住从旅客到达机场至提取行李离开机场的每一个"真理一刻",避免出现服务失败,用完美的服务过程来提升服务质量与顾客满意度,锻造顾客忠诚度。

三、服务增值与服务创新

1. 服务增值

上面已经提到,顾客的期望是判断服务满意度的一个标准。而顾客的期望有两种水平:渴望的水平和满意的水平。前者体现了顾客希望得到服务,后者则是顾客认为可以接受的服务状况。容忍区是顾客认为满意的服务执行的范围,容忍区之上会增强顾客的忠诚度,反之,则起削弱作用。服务合格度(MSA)=感觉到的服务-满意的服务,服务优秀度(MSS)=感觉到的服务-渴望的服务,这是评定顾客期望的两大指标。显而易见,当MSA与MSS皆为正值时,提供该服务的航空公司就是旅客与货主的首选。所以,提供增值服务是最有效的竞争手段。同时,随着航空业竞争加剧和行业趋向成熟,运输服务作为核心产品迟早会成为一件商品,竞争优势势必转移到增值的附加服务中来。

旅客希望把包括货币成本、时间成本、精力成本、心理成本等降到最低限度,同时又希望获得更多的实际利益,包括服务价值、个人价值、形象价值等,这就对航空公司提出了更高的要求。

美国联合包裹运送服务公司(UPS)在除了提供传统的综合包裹递送外,还提供诸如装运监督、条形码包裹跟踪系统、国际航空加速服务、向对时间敏感的产品配送提供快速可靠的物流支持(存货控制、配送和报告)服务、作业点设施出租、顾客通过电话收取当天航空服务、收货人运费支付的管理与引导等多项增值服务。

服务增值必须建立在以下两个基点上：

（1）增值服务必须建立在核心运输服务优异的基础上。因为核心服务是关系企业生死存亡的关键。如果某个航空公司经常发生旅客与货物不能正确及时到达目的地，旅客发生人身伤害，货物毁损等对航空业来说最基本的工作，再好的附加增值服务也没有用处。美国联邦快递公司高度的客户忠诚度主要来自快速的包裹递送及先进的库存、仓储、分销等后勤管理的优质服务，而非纯粹源于良好培训和充分授权的电话应答员及高科技的在线跟踪系统等增值服务。

（2）增值服务应与市场定位、核心优势相匹配。作为航空服务营销者应该明确：一种具体的增值服务是否适合特定的细分市场，是否在该市场能形成有价值的竞争优势。

2. 服务创新

（1）服务创新的必要性。

服务创新是竞争的要求。竞争意味着发展，发展意味着变化，变化意味着创新。在市场开发之初，竞争的焦点是特色。当竞争者蜂拥而入，成本与价格相去不远时，竞争的领域就转入服务。只有服务不断创新，才是服务行业制胜之宝。

服务创新是消费者的必然要求。由于现代技术突飞猛进的发展，服务产品多样化，服务市场细分化，而消费者收入逐步提高，生活品质不断改善，消费者"与众不同""标新立异"的个性化消费日趋成为时尚。在航空领域，顾客虽然同其他顾客共享服务设施，但是仍然希望得到某种个体的承认和个别的待遇。

（2）服务创新的形式。

航空产品的创新可以是产品线的扩展（开辟新航线）、技术创新，业务重大创新（在快递领域，联邦快递公司是最早在全美国范围内实施隔夜包裹传递与计算机服务的公司）、形式创新（飞机、客舱颜色的更改，新制服的配备）等多种形式。美国西南航空公司被视为美国航空业的创新者与黑马。在价格策略上，当美国航空业界在民航主管当局的同意下，一致采取高价政策时，美国西南航空公司则认为低价与优质服务会激发许多新的市场，从成立之初，该公司就以低成本为其基本的竞争武器。而且在追求航班的高客座率时，还开创了民航史上最被广泛学习的营销策略——全面的旺季与淡季票价。英国航空公司则通过自动读取乘客的体温从而自动调整座椅的温度，并通过自动测出乘客的身高和体重来自动给空气囊充、放气，以符合乘客体形，保持最大的舒适度。这种智能座椅还能自动存储和下载旅客信息，达到每次旅客乘飞机时，能够及时调整座椅，实现个性化量身定制的目标。

同时也必须认识到，有时候顾客由于害怕变化和缺乏技能，对于服务创新会有所抵触。航空公司推出的自动售票机、自动值机、自助行李托运恐怕也会遇到类似的问题。所以，对于顾客应该进行正确地引导，辅之以适当的激励，让他们感知新系统、适应新系统并且乐于使用新系统，这是一个成功的服务创新的核心所在。

四、服务承诺与服务补救

1. 服务差距的存在

通过服务流程分析可以明白，由于不了解旅客与货主的期望、服务实施不规范，对顾客需求反应不及时等内外因素,导致顾客不满意的质量缺陷与差距是存在的。据统计,航空公司的投诉包括不正常航班服务、票务服务、行李服务、办理乘机与登机手续、超售、空中服务、特殊旅客服务、货物等。从理论上而言,服务差距主要包括以下五个方面:

(1) 顾客期望与管理层对顾客期望的感知间的差别。对于顾客可能是信息获取过程出现偏差,而对于航空公司管理层而言,则可能是过于自信地认为已经把握顾客的需求(表9-2)。

顾客期望与管理层对顾客期望感知间的差别　　　　　　表9-2

乘客比管理层更重视的要素	管理层比乘客更重视的要素
应迅速提供飞机晚点信息	机舱服务人员应该彬彬有礼
航空公司应对航班晚点向乘客负责	应准时起飞
应有足够的放腿和膝盖的空间	应进行安全广播
座位要舒适	短途航班上也应提供饮料服务
座位应预先分派	餐饮服务应迅速
航班不应停顿	

(2) 由于资源缺乏等原因使管理层在将顾客期望感知转化为服务设计过程出现偏差。

(3) 设计的服务与实际提供的服务间的差别。如保证准时起飞与由于某些客观原因造成航班晚点。

(4) 实际提供的服务与营销沟通形式的问题。如不实宣传导致的期望落空。

(5) 顾客期望与实际服务间的区别。

而通过服务补救则可以将服务失败转化为服务惊喜,创造新的"真理一刻"。

2. 服务补救

1) 服务补救的含义

服务补救是指组织为重新赢得因服务失败而已失去的顾客好感而做的努力。服务失败所导致的顾客流失的成本十分巨大。因为填充一位流失顾客的成本比保留一位忠实顾客的成本要高3~5倍。服务补救应视为航空公司塑造企业形象的良机和有效途径。据统计,通常对服务不满意的顾客中只有4%会直接对公司诉说,而4%抱怨的顾客却比96%不抱怨的顾客更有可能继续购买公司的服务。但如果问题得到了解决,那些不满意的顾客中将有60%会继续购买公司的服务,而尽快解决的话,这一比例将上升到95%。当然避免服务失误,争取一次成功是企业应该追求的首要目标。因为如果第一次事情就做好,那么服务补救就没有必要了。最有效的手段是全员质量管理(TQM)和"零缺陷"行动。

2) 服务补救的方法

(1) 利用投诉等各种系统手段,明确服务失败的根源。造成目前服务迟缓的根源有两个方面。一方面,从顾客角度来讲,由于不了解企业投诉机制、害怕受到不公正待遇、不相信公司能适当解决问题及不愿花费时间、精力等因素,许多顾客选择了沉默,使企业无从了解服务接触中的缺陷。然而,顾客的口碑作用却能将负面影响传递给更多的顾客。另一方面,航空公司客户快速响应系统和投诉系统不完备,致使许多问题没有得到妥善的解决,服务补救缺乏及时性与针对性。

所以,航空公司管理层应完善内部体制,明确责、权、利关系,建立与维护良好的顾客与产品的数据库,详细记录与保存顾客的服务情况,通过深入的分析来发现深层次的根源,做到事事有着落,件件有回音,提高回应速度。2019年3月15日,我国民航服务质量监督电话12326

正式开通。截至 2020 年 1 月,41 家国内航空公司、131 家外国及地区航空公司、235 家国内机场已经完成与 12326 集中受理平台对接,"保证旅客遇到问题时找得到门、找得到人、找得到答案"。

（2）加强与顾客的沟通。服务失败后,加强与顾客之间的沟通无疑是很重要的。例如,一个没有料到的情况发生了——由于机械故障航班被迫推迟。旅客失去了对形势的控制,不满情绪迅速膨胀。如果航空公司能够迅速谦恭地表达歉意,向正在等候的旅客提供一些信息,或许这些信息也是负效的,但在当时的情况却能得到极大的补救。如果旅客得知还需等候 2 小时,即使他们不情愿,也比一点消息都得不到要满意一些。补救措施当然不仅仅意味着告诉旅客潜在的危险,还应该为旅客寻找新的可接受的方式而努力,至少也要使旅客在当时的情形下精神尽可能放松一些。

（3）建立快速响应机制。①必须建立快速补救的系统和程序,以及授权员工,以使问题在发生时就得以解决。②航空服务提供者应运用各种激励机制来鼓励顾客参与企业经营管理,让顾客了解企业问题处理机制,建立顾客的信任,这是最为行之有效的方法。

（4）从服务失败的经历中学习经验,服务失败有助于改进客户服务,获取规范性信息,进行过程改进,避免未来的失误,逐步消除服务补救。

3. 建立服务绩效指标,重视服务承诺

服务承诺是一种保证,一种销售工具,也是一种定位手段。服务承诺的优点在于:既为服务人员设立工作标准,迫使企业以顾客为中心;也为顾客确定质量评判指标,便于对失败的服务进行及时弥补,可以建立顾客忠诚度。防止顾客流失是一项好的服务承诺的基本目标,在于通过为企业提供与顾客建立牢固关系的机会来培育重复购买。它必须简洁、准确、现实、无条件、有意义。具体而言,它必须要涵盖顾客认为有价值的内容,并且能抵消顾客全部或大部分不满。也是易于理解与沟通的,顾客知道可以期待什么,员工明白做什么,在承诺援用和赔付过程中不可附加条件与阻力。

服务承诺的前提是服务质量标准的建立。根据美国国家航空研究院开发的航空服务绩效指数,质量标准应该包括下述 12 项:准点航班、事故次数、飞行中的问题、飞行员的失误、超额订出机票、行李处理失误、公正投诉、常客奖励、其他投诉、退票投诉、服务投诉、机票投诉。

五、将新技术引入航空服务领域

民航不是传统的运输业,民航属于新兴的信息产业。

21 世纪是一个以信息、网络技术为核心的"数字经济"时代,全球生产总值中,已有 2/3 以上产值与该行业有关。高新技术日新月异的迅猛发展,已广泛、深刻地影响社会生活的各个领域,从社会形态、生产生活方式到价值观念。从某种程度上说,信息与计算机运用的广度与深度决定了一个企业在行业中的发展地位。民航是高新技术的行业,今天,网上订票、电子商务正改变着航空企业的运作方式,也决定着明天的胜利者。同时,加入世界贸易组织（WTO）,融入国际化竞争既为民航带来空前的机遇,也面临经济全球化带来的重大挑战,为了内部整合、外部抗压,满足个性化服务与降低成本的需要,航空服务产品的提供商寻求业务运营和管理的信息化的要求超过历史上任何一个时期,信息等高新技术已成为企业建立自己的营销渠道与竞争优势的必经途径。

荷兰航空公司将人工智能嵌入了其客户关系管理系统，因为用户希望自己的提问能够立刻得到答复。"如果我们想确保每名旅客在 1~2 分钟内收到回复，我们可能需要 1000 名或 2000 名工作人员，这并不是一种可持续的商业解决方案。"荷兰航空公司商务电子社交媒体总监梅耶尔如是说。荷兰航空公司已经就 6 万个常见问题对人工智能进行了培训，它能为工作人员提供回复建议，而工作人员在必要时会对此进行完善，从而让整个系统变得更智能。换言之，它不是只能回答 6 万个问题，而是能基于受到训练回答更多的问题，大幅提高首次回应的反应速度，加快整个谈话过程。

2019 年，中国民航开展"民航服务质量重点攻坚"专项行动，进一步提升民航服务品质，打造"中国服务"品牌，通过促进民航"无纸化"服务提质升级，鼓励人脸识别、自助值机、自助托运、智能问讯等系统建设，探索人工智能、生物特征识别等新技术与民航安保工作的融合，推进行李全流程跟踪系统建设，提升中转旅客服务体验，提高旅客对机场餐饮服务的满意度等服务措施，让旅客、货主有更多的真情服务获得感。同时，面对 OTA 与高速铁路兴起对民航业带来的冲击，国内航企应充分利用人工智能（AI）这一新技术打造新的营销平台、新的销售配置方案、新的资源配置以及新的人机交互式体验，实现精准营销，以积极的心态去拥抱技术变革带来的机遇和挑战，通过新技术革命，更好地满足人民群众日益增长的对美好生活的需要。

然而，新技术也是一把双刃剑，新冠肺炎疫情期间被广泛使用的视频会议、云协作等远程办公技术或将影响一部分商务人士未来的航空出行需求，航空公司需注意应对。

六、全面核算顾客期望价值、顾客满意度与成本

一项新的航空服务创新与增值产品的投入其成本十分高昂，而不同的航空细分市场对航空服务产品的期望价值与各项成本的重视程度是不同的。例如，商务旅客对航班时间、航班舒适性最为重视，而对货币成本则较少考虑。反之，休闲旅客则愿花较多的时间成本去寻求较低的货币成本。因而航空企业应根据不同细分市场的不同需求，提供有针对性的服务产品，从而获得顾客满意、企业成本节约的双赢效果。进一步而言，在有限的资源下，航空公司不仅应该根据市场定位选择"合适"的顾客，而且应该选取那些可能建立长远利益关系的忠诚旅客，而不一定是短期内有利可图的和最容易吸引的那部分顾客。

同时，不应鼓励为了竞争片面追求"顾客让渡价值"最大化而不计成本地盲目主义与冲动主义，让渡价值的大小应以能够达到实现企业经营目标的经济效益为原则，即"让渡价值"所带来的利益应覆盖由此而增加的成本费用。

总之，在对服务进行设计时，应以"向每一个目标市场的顾客提供一个在价格限定范围内满足他们的绩效和价值期望的产品和传递系统，从而获得一种合理的利润"为目标，建立起"承受得起的卓越"。

七、构筑航空服务的"无缝隙"

在航空服务竞争"白炽化"的今天，"无缝隙"的零缺陷服务成为航空公司竞争的新形式。所谓"无缝隙服务"，包括以下三个方面的含义。

1. 服务提供主体的无缝隙

服务主体不仅指航空公司与航空战略联盟要提供一致优质的服务，而且包含着为航空公

司提供服务的相关企业与单位的优质服务,如销售代理、机场等。在战略联盟中,不停留在航空公司之间,而包括诸如酒店、银行、旅行社的跨行业联盟主体。任何一个主体的服务缺陷,都不可能为顾客提供真正无缝隙的服务。

2. 服务运营流程的无缝隙

服务运营流程的无缝隙不仅体现了单个航空企业内部从旅客计划出行到安全离开机场的服务过程的各业务部门的无缝隙,更强调从全球网络尤其是战略伙伴关系间航线网络的顺畅便捷。其核心是强调中转服务和地空服务的有效衔接。更进一步讲,是航空服务整个供应链体系一体化服务。只有整合了整个运营体系的流程,才是真正的零缺陷。运营流程还应包括信息流程的有效传递。

3. 航空服务的个性化

航空服务的无缝隙,不仅体现在有形航空旅行的无缝隙,更是旅客多层次心理需求满足的无形衔接。个性化服务是更高层次无缝隙的本质要求。

美国联邦快递公司认为,有98%的顾客满意还不够,虽然只有2%的顾客不满意,但这2%的不满意顾客在公司里就意味着每天会有64000个包裹丢失。2%的过失对航空公司而言可能没有什么关系,但对单个的顾客来讲却是100%。在顾客满意度方面,美国联邦快递公司通过每季度2400项顾客调查进行广泛的市场调查,倾听顾客的意见,以充分测试与理解顾客的满意度。在互动营销方面,直接提供服务的服务人员诸如驾驶员、前台服务人员,业务后勤人员都明确达到100%的互动式营销,实现"服务过程中每一次的无懈可击"是他们的目标;作为经理人,他们也知道"每一次与顾客接触都是展示公司形象的关键时刻"。在技术方面,美国联邦快递公司被《商业周刊》认为是最有可能利用网络技术向顾客提供新型服务的领先型公司。

2019年底新冠肺炎疫情暴发以来,民航服务测评(CAPSE)做了5417份问卷。结果显示,疫情下旅客更需要服务,但需要的是不一样的服务。有80%的旅客希望在机场商店和售卖机买到消毒用品,有68%的旅客希望能够花钱买下边上的空座,有66%的旅客需要航班延误和取消保险,有60%的旅客需要接送机服务。即在特殊时期,服务热情不热情、温馨不温馨可能不再那么重要,安全、私密、减少感染风险才最重要。

第三节　员工忠诚度

服务质量是一种"感觉"的质量,因此,在服务营销中,"人"是最关键的因素,它取代了"产品"本身而成为整个生产经营活动中的主角。因此,还必须理顺内部员工关系,培养员工的忠诚度,用积极的营销方式激励员工,使他们的工作表现体现"一切为了顾客"的职业态度、服务意识和顾客导向,促使员工提供更好更优质的服务。

一、员工忠诚度的必要性

企业的有效运作与盈利能力源自顾客的忠诚度,而顾客忠诚度则来自顾客的满意度,顾客的满意度则来源于企业提供的服务价值。而服务价值的提供者则是企业员工(图9-3)。由于服务人员与顾客在服务过程中的密切联系和互动影响,他们不仅是优质服务的提供者与保障者,而且是发现顾客需求、提出服务质量改进方案的主要信息来源,更是航空公司品牌形象的缔造者。顾客主要通过员工的服务态度、服务素质来评估服务质量。员工在企业中待得越久,学得越多,其业务就越娴熟,他们对于企业的价值就越大。一个员工高流动率的企业,其经济潜力不可避免地会被削弱。毕竟与顾客直接打交道,老员工比新员工能更好地为客户服务,一旦他们离开,不仅增加培训新员工的费用,而且某种程度上切断了与顾客已建立起来的信任与期望的纽带。对于服务性企业来说,拥有优秀的员工是赢得和留住顾客的关键,拥有忠诚的雇员是吸引满意的顾客的前提。员工忠诚度上升,工作自豪感与责任心就会加强,这就又会加强顾客忠诚度,提高劳动生产率,降低管理成本。所以,对员工尤其是一线员工的内部公关,以增强其满意度、忠诚度是保证服务运作成功的重要因素。正如美国西南航空公司首席执行官Herbert Kelleher 所说:"那些仅仅用易于量化的因素来看待事物的人并没有真正理解,商业的本质和核心其实就是人。"新加坡航空公司的高级管理层认为:"在所有的事务当中,最基础的是服务,那是很难复制、模仿的,最终显示区别的是机舱的工作人员和服务人员。"

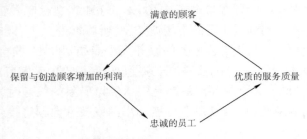

图9-3 企业利润、顾客满意度与员工忠诚度的互动关系

二、员工忠诚度的培养

航空公司针对由员工组成的内部公众,运用态度管理和沟通管理,开展一系列积极的、协同的活动,激励员工,培训员工,培养以服务导向和关心顾客为行为准则的服务文化,并促使员工更好地向顾客提供全方位的服务。同时根据服务的特点和服务过程的需要,合理进行公司内部人力资源组合,合理调配好一线队伍和后勤工作人员,后勤为一线服务,为一线员工创造良好的工作条件,建立员工对公司的忠诚,进而实现为顾客服务的热忱,通过较高的服务质量赢得顾客对公司的忠诚。

1. 树立正确的员工理念

对于企业的内部员工,公司管理层的正确理念是必要的。他们应该明确:组织中的任何人都有他或她必须为之效力的服务对象。"营销是每个人的事情",营销管理者必须认识到,所有的服务员工都同等重要。或许那些与顾客直接接触的一线员工对顾客的感知影响最大。但是,那些幕后员工的活动,虽在顾客视线之外,但同样不能小视。比如行李工把行李箱送错了地方,那么其前台同事就会相当焦虑。后台工作的技能水平,会影响到顾客的服务体验;其次,在员工最终有效地为最终顾客服务之前,他们必须像对待最终顾客一样服务于内部各部门的同事并以此为乐。

2. 正确处理顾客与员工的关系

顾客是企业的服务对象,是企业的利润之源,以顾客为导向的市场营销是十分关键的。而内部员工则是企业赖以实现战略目标的主体因素。

作为管理者应该明确:顾客并不总是对的,他们的行为也并不都是可接受的。在为顾客提供全方位优质服务的同时,也要防止对员工的职业心理伤害。航空服务领域确实也存在"问题顾客"和"错误顾客"。前者涉及违反法规和公共秩序的顾客(如携带违禁品上飞机的旅客)、对服务人员进行口头和身体侮辱与侵犯的顾客(尤其是在航班发生延误时)、不合作的顾客(如不愿意接受安全检查的旅客)和提出过分要求的顾客(如非贵宾要求在候机楼贵宾厅休息、经济舱客人无特殊原因要求升舱、持折扣票的客人却希望得到航空公司的全面服务)。后者是指那些尽管没有不良表现,但可能并不能成为与公司有良好关系的顾客。这是因为他们不符合公司目标市场的标准,难以与服务提供者的服务特色、工作作风相匹配。对于类似于美国西南航空公司这样的低成本航空公司,要求舒适奢华运输服务的商务客人很大程度上是"错误旅客",同样,英国航空公司对于价格敏感性较高的旅行者而言,恐怕也是不合适的。如果一味强调顾客永远是对的,有时会挫伤员工的积极性与创造性。对于前者,世界航空界已不再一味退让,尤其对待空中狂暴问题,初步商定值得称道的方法是拘留并惩罚肇事者。国际航协的263个成员在1999年颁布了第一个处置肇事旅客规则,要求各国航空界制定相关对策,包括冲突解决办法培训及学会用法律手段依法起诉肇事者。现在许多航空公司正在就如何控制不听话乘客问题进行培训。譬如,机上服务人员应该学习如何观察过量饮酒,而这正是许多冲突事件发生的原因。荷兰皇家航空公司已实施了一项特别培训计划,训练他们的11000名机组成员以及地面服务人员。英国航空公司已开始在飞机上对以暴力攻击旅客及服务人员的乘客和无理取闹者实施"黄牌"制,警告内容为:"再不老实,我们马上落地算账"!甚至建议编撰国际乘客的黑名单,各航空公司一律拒绝其登机。对民航而言,且不论设立旨在奖励那些受到旅客无理攻击和侮辱而"骂不还口,打不还手"工作人员的"委屈奖"的必要性,但如果对个别旅客的野蛮行为不采取必要措施予以制止,而是一味地迁就退让,那么在客观上就导致了纵容的结果,对绝大多数的旅客而言,也会失去安全感。同时,也会降低员工对自己本职工作的热情,影响优质服务质量与民航形象。所以,走出误区,依法服务是民航的必由之路。对民航而言,旅客就是上帝,民航有责任不断改善旅客的乘机环境,为其提供尽可能周到的服务。因而,在控制太多与控制太少间恰到好处地把握平衡,是出色顾客管理的本质特征。

留住员工是留住与吸引顾客的关键,顾客保有率的提高能迅速补偿因留住员工而制定的高工资和其他激励成本。

3. 适当授权与及时的现场支持与监控

授权是指与一线员工共享信息、回报、知识和权力的管理实践,它能使一线员工更好更快速地对顾客需求和期望做出反应;也有利于在发生错误时迅速地采取补救措施,及时地对不满意的顾客做出反应;同时员工会提高其对工作的满意度,毕竟,大多数员工不希望成为机器人,满意的员工自然会更热情周到地对待旅客。当然,授权是在员工具有授权范围的知识与能力前提下对某些条条框框的减少。斯堪的纳维亚航空公司曾大刀阔斧地删减了员工手册,诸如空中服务人员如何帮助乘客抱婴儿的注意事项。美国联邦快递公司由于适当授权而拥有了乐观、积极主动的员工,使其不仅有责任,也有权利对顾客需求给以及时满足和快速、友善、热情的反应。

同时,当员工处理有些问题超出一线员工的职权范围时,更高管理层在现场的适时出现与工作协同,既有利于问题的及时解决,也使员工有信心处理好工作中的问题,因为他们知道,公司与他们在一起。对员工的支持还包括提供必要与合适的技术与设施。斯堪的纳维亚航空公司就改进了工作地点与工作站设计的方法。他们在设计公司总部办公室时,把办公室设计成开放式空间以利于开会,在办公室之间安装内置窗口以鼓励经常进行相互沟通,这样就实现了团队工作和内部沟通。新加坡航空公司通过内部杂志来达到与员工和外部顾客的及时沟通。

4. 品牌建设,深化企业内部管理

在现代社会,光靠高工资来留住员工是不够的,一个拥有强势品牌的企业才更有可能。因为品牌是企业战略目标与愿景的最佳阐释,它能够培养员工的自豪感,提高其对企业的忠诚度,从而使企业能够以较少的成本吸引并留住优秀的员工,进而创造竞争优势。在品牌的创建中,行之有效的管理水平是非常关键的。在近年层出不穷的飞行员跳槽事件中,尽管有资资矛盾(国有航空公司与民营航空公司对飞行员的争夺)、培养机制、法律因素(合法权益缺少专门的法律保护)、个别员工职业道德等原因,但不可否认我国航空公司管理水准特别是人力资源管理上的滞后。飞行员把航空业内的问题归结为:航空公司长期忽视飞行员的劳动权益,超时飞行、强迫劳动;航空公司对待飞行员反映的问题不闻不问,漠不关心;航空公司对待飞行员采取强势的"打、压、拖",激化了矛盾;各航空公司贯彻执行《中华人民共和国民法典》合同编不及时、不认真、不到位;中国民用航空总局缺少对飞行员与各航空公司之间劳动纠纷处理解决的指导性规定;各航空公司缺乏以人为本的企业文化和依法管理企业的理念。各航空公司只有不断提高内部管理层次,才能真正留住其优秀人才。

思考题

1. 什么是航空服务?其一般特性有哪几项?
2. 航空运输与其他服务相比,有哪些区别?举例说明。
3. 航空本质安全化的要求是什么?
4. 准点率对航空公司意味着什么?航空各部门如何保证航班的准点率?
5. 什么是顾客满意度?它包括哪些层次的要求?
6. 为什么要采取服务补救?服务补救的措施有哪些?
7. 什么是服务创新?为什么要进行服务创新?
8. 怎样真正做到航空服务的无缝隙?
9. 如何正确对待顾客满意度与服务成本的关系?
10. 如何正确理解美国西南航空公司"员工第一,顾客第二"的理念?

CHAPTER

第十章

航空货运与现代物流

作为空运市场研究对象的一个部分,航空货运的发展在日渐成熟的现代物流环境中起着越来越重要的作用。提供高效、准时、周到、灵活的货运服务,迅速抢占并牢牢守住货运市场的有效份额,是当前航空货运企业追求的目标,那么如何确保达到这些目标,航空运输企业又如何通过空运市场的营销策略,将航空货运与现代物流紧密联系,并不断拓展航空货运的延伸服务,使自身在空运市场中不断提高竞争力,是本章需要阐述的主要内容。

第一节 现代物流概论

一、现代物流的概念

"现代物流"在经济全球化和信息技术革命的带动下,正以令人震惊的速度向人们显示着它的勃勃生机。"现代物流""第三利润源""整合""零库存""供应链"等物流名词也在21世纪到来之际成为最热的名词。随着经济全球化进程的不断深入,物流行业也不断向全世界开放。著名的境外物流公司纷纷看好中国,并以寻找合作的方式进入中国市场。物流热在我国全面兴起。那么,什么是"现代物流"呢?

物流是由"物"和"流"两个基本要素组成。"物"是指物质资料世界中同时具备物质实体特点和可以进行物理性位移的那一部分物质资料,不论它们处于哪个领域、哪个环节。"流"是指物理性运动,由于运动的结果产生了空间位移,以满足不同消费群体的需要,所以物质资料的这种"流动"以及如何"流动"就显得尤其重要。而"物"和"流"概念的简单叠加,还不是完全的物流概念。物流的概念具有更深广的含义。

目前流行的国内外的关于物流的概念和定义有:

美国物流管理协会(CLM)1998年给出了对物流的全新定义:即物流是供应链过程的一部分,是为了满足客户需求而对商品、服务及相关信息从原产地到消费地的高效率、高收益的流动及储存进行的计划、实施与控制过程(Logistics is that part of the supply chain process that plans, implements, and controls the efficient, effective flow and storage of goods, services, and related information from the point of origin to the point of consumption in order to meet customers' requirements)。

日本物流系统协会(the Japan Institute of Logistics System, JILS)专务理事稻束原树1997年在《这就是"物流"》一书中的定义为:"物流"是一种对于原材料、半成品和成品的有效率流动进行规划、实施和管理的思路,它同时协调供应、生产和销售各部门的个别利益,最终达到满足顾客的需求。

我国《物流术语》(GB/T 188345—2021)中给出了物流的定义:物流是指根据实际需要,将运输、储存、装卸、搬运、包装、流通加工、配送、信息处理等基本功能实施有机结合,使物品从供应地向接收地进行实体流动的过程。

据有关统计,产品的直接制造成本约占总成本的10%,产品的制造时间约占从原材料投入至到达消费者手中的总时间的5%。如果假借成本含义,则时间成本可定义为,产品从原料采购、投产至到达消费者手中所消耗的全部时间。那么,产品其余所对应的90%的价值成本及95%的时间成本,是在储存、装卸、运输、包装、销售等作业过程中消耗掉的。实践证明,利用物流科学用心地处理这一过程,是可以大大降低产品的价值成本和时间成本的。

现代物流以系统理论为出发点,考虑各因素的互动影响,通过"物流八最原则"(最适合的运输工具、最便利的联合运输、最短的运输距离、最合理的包装、最少的仓储、最短的时间、最快的信息、最佳的服务)的策划及操作,实现商品低成本高效率的位移结果。

而"物流八最原则"的实施需社会的多方合作。所以,除物流运作的核心企业之外,物质生产部门及国家和各地方政府颁发的各种规范物流发展的政策法规,组成了日益成熟的现代物流环境。

二、现代物流的构成

从现代物流的定义可知,其构成要素除了实现物质空间移动的运输以及调节供求时间变化的储存这两个中心外,还有为使物流顺利进行而开展的储存、装卸、搬运、包装、流通加工、配送、信息处理等要素。下面对现代物流的构成要素加以介绍。

1. 运输

运输是人和物的载运和输送。即在不同地域范围内,如两个城市、两个国家等之间,以改变人和物的空间位置为目的,对人和物进行空间位移。对于货物运输来说,其中包括集货、分配、搬运、中转、装入、卸下、分散等一系列操作。

1)运输在现代物流中的地位

运输是物流的主要功能要素之一。物流的最终结果是进行了有效的空间位移,来满足不同区域消费者对物质的需求,并从中得到延伸的经济效益和社会效益。而这种结果的产生,其主要任务就由运输来承担。一直以来,有一种误解,认为物流就是货物的运输,这是因为仅仅看到了物流最直观的那一个主要部分。

运输是社会物质生产的必要条件之一。货运业则是国民经济中不可缺少的独立的物质生产部门,是商品经济发展的产物。运输业的价值,体现为商品价值的追加部分。运输是国民经济的基础和先行,又被看成是物质生产过程的继续。它不创造新的实物产品,不增加社会产品数量,不赋予实物产品以新的使用价值,而通过对物质进行的空间位移,使物质的使用价值得到实现,并使其被追加了一部分商品价值。

运输可以创造"场所效用"。"场所效用"的含义是:同种"物"由于空间场所不同,其使用价值的实现程度不同,其效益的实现也不同。由于改变场所而使其实现更大程度的使用价值,最大限度地提高投入产出比,这就是"场所效用"。通过运输,将"物"运输到场所效用更高的地方,就能发挥"物"的潜能,实现物质资源的合理优化配置。

运输是"第三利润源"的主要源泉。除了人力、资源两大利润源外,运输可称得上是第三利润源泉。在物质产品的成本构成中,90%的价值成本和95%的时间成本是在储存、装卸、运输、包装、销售等过程中消耗的。而在这些环节中,运输又是重中之重。对于承担着长距离位移任务的运输来说,其可能耗费的时间越长,距离越长,消耗成本的绝对数量也越大,这就有了节约其成本的空间。同时,从耗费的费用来看,运输费用占全部物流费用最高的比例,通过一般综合分析的计算，其占用的比例接近50%，所以有效地节省运输费用也就意味着利润的增加。

2）运输的功能

在现代物流运作中，运输提供着两大主要功能：

（1）产品位移。无论物质产品处于何种形式，是原材料、半成品、加工所需的零备件，还是产成品，无论在企业生产部门内部各车间，还是在不同地理位置的企业之间，或者在生产者和不同的消费者之间，产品的移动和实现使用价值均离不开运输。运输利用的是时间资源、财务资源、环境资源。为了配合物流的供应链战略，尽可能地减少制造和配送中心的存货，运输必须做到准时化、快速响应化，这是运输涉及的时间资源。运输的进行，同时还离不开运输从业人员的劳动报酬、运输工具的运行费用，以及一系列的其他相关费用，如行政费用等，这些是运输涉及的财务资源。在使用环境资源方面，运输一方面是能源的主要消费者，如电力、天然气、柴油、汽油、航空煤油等；另一方面，运输同时也造成了交通拥挤、空气污染和噪声污染等，由此产生了大量的环境费用。运输的目的就是要以最低的时间、财务和环境资源，将产品从原产地运至规定的地点。

（2）产品储存。由于运输产品必须具备必要的运输工具，而运输工具在执行运输任务时，自然就充当了产品的储存设施。这是极为短暂的。当然，从整个物流运作过程来看，这个短暂的储存过程也可适当延长。如在仓库空间有限或短期内无法找到适宜的储存环境的情况下，将原本要发生的装卸费用和仓储费用转移到运输费用上去，当这种转移的费用由大化小时，从物流的总成本的角度来看，此时的物流方案不失为一个可取的好方案。

3）运输方式的特点

现代化的运输方式分为五种：铁路运输、公路运输、水路运输、航空运输和管道运输。各种运输方式的产品具有同一性，可以相互替代。而对运输方式的选择，则是物流合理化的重要问题。通常，为了取得最佳的物流方案，低成本高效率地完成运输任务，可采用一种运输方式，也可采用多式联运的方式。

2. 储存

储存是包含库存和储备在内的一种广泛的经济现象。任何物资，不管处于何种形态，在没有生产加工、消费、运输等活动之前或在这些活动结束之后，总是需要储存。和运输的概念相对应，储存是以改变"物"的时间状态为目的的活动。

储存在物流环节中是静态的环节。在这个环节上，物质实体在化解其供求之间在时间上的矛盾的同时，也创造了新的时间上的效益（即时令的价格差异）。因此，储存功能对于物流来说，既有缓冲与调节的作用，也有创值与增效的功能。

3. 装卸搬运

装卸是物品在指定地点以人力或机械装入运输设备或卸下。搬运是指在同一场所，对物品进行水平移动为主的物流作业。装卸搬运在物流运作中的基本作业有装卸、搬运、堆码、取出、分类、集货。

为了有效地节省物流费用，在装卸搬运作业中，需遵循以下原则：

(1)提高机械化水平。

(2)减少无效作业。

(3)集装单元化。

(4) 提高机动性能。
(5) 利用重力和减少附加质量。
(6) 各环节均衡、协调。
(7) 系统效率最大化。

4. 包装

包装是指为了在流通过程中保护商品、方便储运、促进销售，按一定技术要求采用的容器、材料及辅助物等盛装货物的总称。在社会再生产过程中，包装处于生产过程的末尾和物流过程的开头，既是生产的终点，又是物流的起点。在物流运作中，包装有保护物品的功能，也有集装化的功能，如为了材料搬运或运输的需要，有时为了运费的需要，使用托盘、集装箱、货架等的运载单元。另外，包装还有一定的促销功能。美观的商品包装、精致的商品包装材料、流行的图案和色彩都可以引起消费者的购买欲，从而起到促销的功能。包装的规格，在运输、装卸搬运等过程中与托盘、集装器等关系密切，所以应考虑尺寸标准化，并能有可以采用条形码的识别管理系统。

5. 流通加工

流通加工是指物品在生产地到使用地或流通地的过程中，根据需要施加包装、分割、计量、分拣、刷标志、拴标签、组装等简单作业的总称。流通加工的对象是进入流通过程中的商品，大多进行的是简单加工，其目的在于完善商品的使用价值。

在现代物流中，流通加工有效地完善了流通，同时又是一个重要的利润源。流通加工是一个低投入高产出的加工方式，往往以简单加工解决大问题。根据我国近年来的实践，流通加工仅向流通企业提供利润这一点，其成效不亚于从运输和储存中挖掘的利润。此外，通过流通加工，可以提高原材料的利用率，并且通过初级加工，方便用户，通过流通加工，提高加工效率及设备利用率。

6. 配送

配送是指在经济合理区域内，根据用户要求，对物品进行拣选、加工、包装、分割、组配等作业，并按时送达指定地点的物流活动。

在物流运作中，对服务对象而言，最有直观感受的是对配送的评价。只有在客户所希望的时间内，以他所希望的方式，配送到达他所需要的物品，客户才会认同整个物流过程，所以配送质量对整个物流系统价值的体现意义重大。配送完善了输送及整个物流系统，提高了末端物流的经济效益，并且通过集中库存，可使企业实现低库存或零库存。

成功的配送活动具备三方面的重要功能：①准确而又稳定的配送活动可以在保证供给的同时，最大限度地降低生产企业或流通企业对商品的库存量，从而降低销售总成本。②集中而高效的配送活动可以在简化流通程序、缩短流通渠道的同时，提高物流系统本身的效率及服务水平，这是赢得消费者的有效手段。③合理而通畅的配送活动，可以提高运输工具的利用率，节约能源，降低成本，减少交通拥挤和城市污染，与此同时，也可以降低物流系统的单位成本。

7. 物流信息

物流信息是指反映物流各种活动内容的知识、资料、图像、数据、文件的总称。在物流活动的管理和决策中，如运输工具的选择、运输路线的确定、每次运送批量的确定、在途货物的跟踪、仓库的有效利用、最佳库存数量的确定、库存时间的确定、订单管理、如何提高顾客服务水平等，都需要详细和准确的物流信息。

物流信息不仅指与物流活动有关的信息,而且包含与其他流通活动有关的信息,如商品交易信息和市场信息。在现代经营活动中,物流信息与商品交易信息、市场信息相互交融,有着密切的联系。例如,零售商根据对消费者需求的预测以及库存状况订货计划,向批发商或直接向生产厂家发出订货信息。批发商在接到零售商的订货信息后,在确认现有库存水平能满足订单要求的基础上,向物流部门发出发货配送信息。如果发现现有的水平不能满足订单要求,则马上向生产厂家发出订单。生产厂家在接到订单以后,如果发现现有库存不能满足订单要求,则马上组织生产,再按订单上的数量和时间要求向物流部门发出发货配送信息。

总之,物流信息不仅能起到连接整合从生产厂家,经过批发商和零售商,最后到达消费者的整个供应链的作用,而且在应用现代信息技术(如电子数据交换 EDI、电子订货系统 EOS、互联网、电子商务等)的基础上能实现整个供应链活动的效率化。在现代营销环境中,建立物流信息系统,提供迅速、准确、及时、全面的物流信息是现代企业获得竞争优势的必要条件。

三、现代物流的分类

在社会经济领域中,物流活动无处不在,由于物流对象的不同、物流目的的不同、物流范围的不同等,形成不同类型的物流。从不同的角度,有以下四种分类。

(1)按实用价值分为宏观物流和微观物流。宏观物流是指社会再生产总体的物流活动,从社会再生产角度认识和研究的物流活动,如社会物流、国民经济物流、国际物流等。微观物流是指消费者、生产者企业所从事的实际的、具体的物流活动。它是整个物流活动之中的一个局部、一个环节的具体物流活动,如企业物流、生产物流、供应物流、销售物流、回收物流、废弃物物流、生活物流等。

(2)按作用分为供应物流、销售物流、生产物流、回收物流、废弃物物流。供应物流是指为生产企业提供原材料、零部件或其他物品时,物品在提供者与需求者之间的实体流动。企业的流动资金大部分被购入的物资材料及半成品等所占用。供应物流的严格管理及合理化对于企业的成本有重要影响。销售物流是指生产企业、流通企业出售商品时,物品在供方与需方之间的实体流动。通过销售物流,企业得以回收资金,并进行再生产活动。销售物流的效果关系到企业的存在价值是否被社会承认。生产物流是指生产过程中,原材料、在制品、半成品、产成品等,在企业内部的实体流动。生产物流合理化对工厂的生产秩序、生产成本有很大影响。回收物流是指不合格物品的返修、退货以及周转使用的包装容器从需方返回到供方所形成的物品实体流动。如作为包装容器的纸箱、塑料筐、酒瓶等,建筑行业的脚手架等一类物资的流动。废弃物物流是指在经济活动中失去原有使用价值的物品,根据实际需要进行收集、分类、加工、包装、搬运、储存等,并分送到专门处理场所时形成的物品实体流动。如开采矿山时产生的土石、炼钢生产中的钢渣、工业废水等。对此类物资的处理产生的废弃物物流,是没有经济效益的,但具有不可忽视的社会效益。

(3)按物流活动的空间范围分为地区物流、国内物流、国际物流。地区物流是指按不同的划分如按行政区域、按经济圈、按地理位置划分的区域性物流。地区物流系统对于提高该区域内企业物流活动的效率,以及保障当地居民的生活福利环境,具有不可缺少的作用。国内物流是在一个国家内的物流系统。它是国民经济的一个重要方面。国际物流是指不同国家之间的物流。当前世界的发展主流是国家与国家之间的经济交流越来越频繁,任何国家不投身于国际经济大协作的交流中,本国的经济技术就得不到良好发展。跨国公司、商业联盟遍布各大洲的经济活动需要国家之间、洲际的原材料与产品的国际物流运作。

(4)按物流系统性质分为社会物流、行业物流、企业物流、其他物流。社会物流是指企业外部的物流活动的总称,是指流通领域所发生的物流,是全社会物流的整体。行业物流是指同一行业中的物流。在同一行业中,竞争对手常常互相协作,共同促进物流系统的合理化。如在大量消费品方面采用统一的商品规格、统一法规政策、统一托盘规格、陈列柜和包装模数化等。行业物流系统化的结果使参与的各个企业都得到相应的利益。企业物流是指企业内部的物品实体流动。其他物流还有绿色物流、军事物流、第三方物流、定制物流、虚拟物流等。绿色物流指在物流过程中抑止物流对环境造成危害的同时,实现对物流环境的净化,使物资得到充分利用。军事物流是用于满足军队平时与战时需要的物流活动。第三方物流是指由供方与需方以外的物流企业提供物流服务的业务模式。定制物流是指根据用户的特定要求而为其专门设计的物流服务模式。虚拟物流是以计算机网络技术进行物流运作与管理,实现企业间物资资源共享和优化配置的物流方式。

四、现代物流的供应链管理

供应链(Supply Chain,SC)是指相互间通过提供原材料、零部件、产品、服务的厂家、供货商、零售商等组成的网络。具体来说,是指围绕核心企业,通过对信息流、物流、资金流的控制,从采购原材料开始,制成中间产品以及最终产品,最后由销售网络把产品送到消费者手中的一个整体的功能网链结构模式。供应链管理(Supply Chain Management,SCM)则是对供应链中的信息流、物流和资金流进行设计、规划和控制,从而增强竞争实力,提高供应链中各成员的效率和效益。供应链是确保顾客满意的一个主要环节,即保证在正确的时间把正确的产品/服务送到正确的地方。

SCM 的根本目的是增强企业竞争力,最终提高顾客的满意程度。即做到将合适的产品或服务(Right Productor/Service),按照合适的状态与包装(Right Condition and Packaging),以合适的数量(Right Quantity)和合适的成本费用(Right Cost),在合适的时间(Right Time)送到合适的用户(Right Customer)的合适地方(Right Place),即"7R",并使总成本为最小。所以,最好的供应链管理不是将财务指标作为最重要的考核标准,而是密切注视产品/服务进入市场的时间、库存水平和市场份额这一类情况。供应链管理的作用是在提高顾客满意度的同时实现销售的增长(市场份额的增加)、成本的降低以及固定资产和流动资产更加有效的运用,从而全面提高企业的实力。

第二节 航空货运销售

一、国内外航空货运市场

1. 世界航空货运的发展

在早期的航空运输中,重客轻货的思想一直延续到第二次世界大战。那时,航空货运仅从事邮件及急救物资的运输。第二次世界大战的爆发,中断了民航发展的正常进程,为了更加适应战争的需要,军用飞机在升限、载量、速度上不断加强设计,改进性能,因此带来了在6年的战争中航空技术的飞速发展。第二次世界大战后,至1958年期间,民用航空运输经历了恢复和大发展时间,现有的机群转向了主要的商业领域。机型的改进,加大了航空货运的载货能力。20世纪60年代,海上货运的高增长率,诱使许多航空公司开辟了全货运航线参与竞争,逐渐使其成为一种独立的业务。到了70年代,B747 F(波音747全货机)的问世,标志着航空货运完全结束其从属客运的地位,世界航空货运依托着机型的发展取得了大约年增长10%的进步,比客运增长高出2.3%。

在世界航空货运领域,航空货运周转量排名在前有美国联邦快递公司、汉莎航空货运、大韩航空、美国联合包裹运送服务公司、法国航空公司、新加坡航空公司等。主要的航线集中在北大西洋航线和欧亚航线,货运收入占到总收入的1/4多。北大西洋航线是连接欧洲与北美之间的最重要的国际航线。它集中分布于中纬地区的北大西洋上空,来往于欧洲的伦敦、巴黎、法兰克福、马德里、里斯本和北美的纽约、费城、波士顿、蒙特利尔等主要国际机场之间,是目前世界上最繁忙的国际航线。欧亚航线是横穿欧亚大陆连接大陆东西两岸的重要航线,又称西欧—中东—远东航线。它对东亚、南亚、中东和欧洲各国之间的政治、经济联系起到重要作用。

2. 我国国内航空货运的发展

我国的航空货运在1973年以前发展很慢,以后稍有改善。从1983年起,发展速度加快,到1993年的十年间,年增长率达到19.6%。但由于航空货运起点低,基数小,在国内航线上货运收入仅占国内客货运收入的7.8%。

近年来,随着改革开放的进一步深入,我国航空货运得到了快速发展,主要体现在以下三个方面。

1) 整体发展稳步增长,但业务量的增速持续放缓

随着我国经济的稳速增长,大众消费结构出现了转型升级,航空货运市场的需求也日益增长。相关统计数据显示,"十三五"期间,我国航空货邮运输量年均增速为4.6%,高于全球平均水平。航空物流市场的需求在不断扩大,电商、快递、冷链等现代物流的高速发展引起市场的结构性变化,我国已经进入了由传统航空物流向现代航空物流转型发展的关键时期,是产业转型升级和跨境电商的"双轮驱动"式增长的新时期。2020年,新冠肺炎疫情对全球民航业造成巨大冲击,但中国民航在全球率先触底反弹。全年全行业累计完成货邮周转量240.2亿吨公里,恢复至2019年的91.3%;完成货邮运输量676.6万吨,恢复至2019年的89.8%,如图10-1所示。

2) 国内航空公司货运发展水平不一,但航空物流快递企业发展较快

从图10-2可以看出,2020年,国航、南航、东航分别完成货邮运输量122.3万吨、120.7万吨、110.4万吨,但增速均出现两位数的下降。我国内地前十大航空公司中,仅3家航空公司实现正增长,分别为顺丰航空有限公司、川航、中国邮政航空有限公司。其中,顺丰航空有限公司是前十大航空公司中货邮运输量增长最快的航空公司,2020年完成货邮运输量81.5万吨,同比增长52.2%。川航、中国邮政航空有限公司分别同比增长1.9%、14.3%。

从近5年的货邮运输量看(图10-3),三大航始终是国内排名前三位的航空公司,但年均

增速均为负数。从近5年的整体市场份额看,前十大航空公司的整体市场份额近年来一直占到全行业货邮运输量的85%左右。市场份额始终保持在15%以上的分别为国航、南航、东航,但三大航空公司的市场份额呈现出逐年下降的趋势。

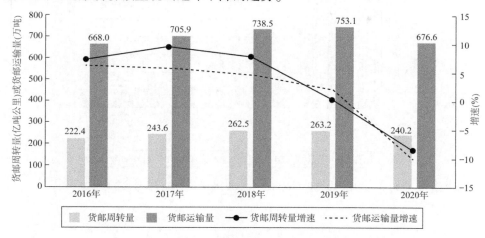

图 10-1　2016—2020 年我国航空货运主要发展指标

数据来源:2021 年民航工作会议。

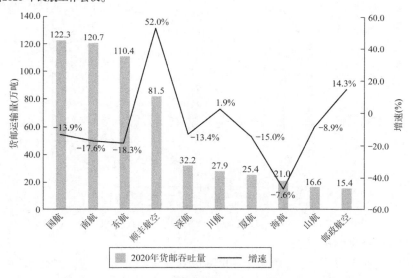

图 10-2　2020 年我国内地前十大航空公司的货邮运输量及增速

数据来源:国际航协。

注:顺丰航空为顺丰航空有限公司简称,邮政航空为中国邮政航空有限公司简称,下同。

3)各大机场业务量整体稳定,但十大机场占比达七成

根据图 10-4 显示,2020 年,上海浦东国际机场完成货邮吞吐量 368.8 万吨,同比增长 1.5%,是国内唯一的货邮吞吐量达到三百万吨级的机场。郑州新郑国际机场完成货邮吞吐量 63.9 万吨,同比增长 22.5%,是 2020 年前十大机场中增长最快的机场。广州白云国际机场、北京首都国际机场、成都双流国际机场、西安咸阳国际机场,分别完成货邮吞吐量 175.9 万吨、121.1 万吨、61.9 万吨、37.6 万吨,同比下降 8.4%、38.1%、7.9%、1.5%。

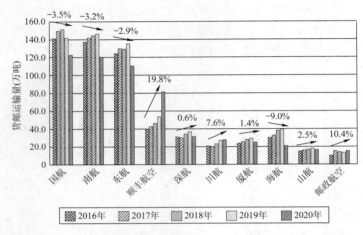

图10-3　2016—2020年我国内地十大航空公司的货邮运输量及年均增速

数据来源：国际航协。

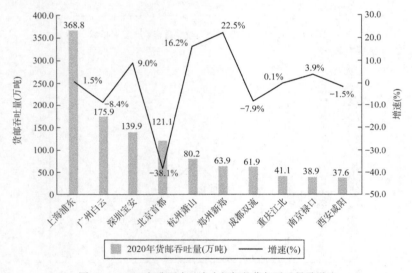

图10-4　2020年我国内地十大机场的货邮吞吐量及增速

3. 我国国际航空货运的发展

在世界航空运输大发展之际，1920年，我国也开辟了第一条航线。1949年，中华人民共和国的民航事业随着"两航起义"和"八一开航"的步伐正式起步。改革开放以来，航空货运得到了快速发展。

从1990年起，我国与欧洲（欧盟加上瑞士、挪威和冰岛）的航空货运量年均增长率按吨计算已超过20%。同期我国与北美的航空货运增长率只稍微低一点，为19%。目前我国在亚洲—北美航空货运量中所占份额按吨计算已经达到19%。我国拥有丰富的劳动力、自然资源、对商业有利的政策，以及对外国直接投资的总体吸引力。因此，有关航空货运专家预言，在未来20年中，我国将继续成为国际航空货运市场增长的领头羊。从美国波音公司对亚太地区货运机队的需求预测数据来看，整个亚太地区将需要369架新货机，其中158架将是747级别的大型飞机，另外71架将为767级别的中型宽体机，7架将为标准机身货机，133架将为小型机。到2021年,亚洲内部航空贸易的年增长率将达8.4%,同时亚洲—北美、亚洲—欧洲市场的年增长率将分别达到7.5%和7.0%。而我国加上香港特别行政区、日本、韩国和新加坡将是航空贸易增长的主要策源地。

二、航空货运经营及销售模式

目前,在全球范围内,航空公司经营货运主要有四种模式:

(1)全货运航空公司经营定期或不定期航班,如美国联邦快递公司、中外运敦豪公司、美国联合包裹运送服务公司、中国货运航空公司、中国国际货运航空有限公司等。

(2)客货兼营航空公司经营全货机,如大韩航空、国航、东航、南航等。

(3)客货兼营航空公司经营"COMBINE"(康比)机型,即上舱半截货机型(主要是B747),如国航、荷兰皇家航空公司等。

(4)客货兼营航空公司使用客运航班飞机从事腹舱载货。目前,国内航空公司在深圳开展货运业务所选用的经营模式就是这种。

此外,还有的航空公司使用"QC"(快速拆装)机型,根据市场需要临时拆装座椅,"一机两用",如汉莎航空。

以上四种经营模式其实并不相互排斥。在国外,各家航空公司很少将自己经营范围局限在某一种单一模式。由于航空货运和客运之间存在着从航空公司整体营销战略目的到航班安排的很多根本性不同,如何经营货运特别是采用哪一种模式从事货运几乎是每一个航空公司必然面临的实际问题。

在航空货运运力销售模式中,除了现今航空公司自营的驻机场货运部门外,还存在中性航空货运站,这是一种新型的航空货物装机处理站。它不属于任何航空公司,但服务于所有航空公司;它不属于任何货运销售代理人,但又服务于所有货运销售代理人。中性航空货站是介于航空货运销售和货物承运之间的,集经营性和服务性于一体的企业化属性的经济实体。中性货站的模式,在国外民航机场中早已被广泛采用。在国内,作为一种新型而有效的组织形式,也已逐渐被认识和采纳。目前,我国的中性航空货运站比较成熟的有上海浦东国际机场货运站。

航空公司货运销售模式主要有两种:航空公司货运营业部直销和通过航空货运销售代理人分销。航空公司货运直销又有传统的货运点销售和网上货运直销两类。航空货运销售代理分销有航空货运销售代理人和其他航空公司货运销售代理分销两类。据有关统计资料显示,目前在航空货物运输销售市场上,航空公司自销与代理销售的比例将近2∶8。航空公司自销系统的部门设置一般如图10-5所示。

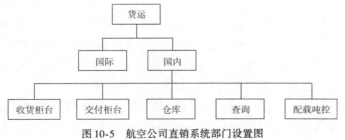

图10-5 航空公司直销系统部门设置图

除按以上的硬件设置分设部门外,规模大的航空公司还设有货运市场开发部、业务规章办公室、货物理赔办公室、货运信息系统开发中心等。而航空货运销售代理人又有纯空运销售代理人及国际货运代理人业务部门设置的空运部,不管是何种形式,其货运部的部门设置一般如图 10-6 所示。

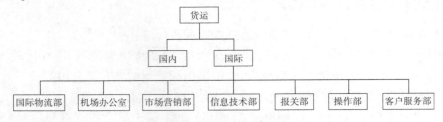

图 10-6 航空公司货运部门设置图

货运销售代理从其能提供的代理业务范围来看,包括承接空运、海运、快运、国际快件及代理揽货、订舱、配载、报关、报检、口岸交接、货品仓储、中转、票务、集装箱装卸、拼箱业务及其他储仓、物流服务,提供相关信息与咨询。尤其在国际货运代理运作中,代理的分销优势体现得尤为明显,如集运商和分拨代理人的出现。航空货运代理人是指以托运人的名义或者以本代理公司的名义,为托运人办理与航空运输业务相关的业务的人,其身份也是根据具体情况确定的。当货运代理人以本代理公司的名义,从不同的客户手中接受零散货物,并将这些零散货物集中起来,以本代理公司的名义与航空公司签订运输合同时,相对于其零散客户而言,他是承运公司的代理人,相对于签订运输合同的对方当事人(航空公司)而言,他是托运人,即货物集运商,航空公司是承运人。在货物运送的目的地点,货运代理人还可以本代理公司的名义,或委托目的地的合作伙伴接受这些散货,成为航空运输合同指定的收货人,即海外的分拨代理人。分拨代理人在目的站将集运货物分开交付给不同的收货人。分拨代理人除了安排货物的报关,或根据零散收货人的要求将货转给其他货运代理人外,还负责向收货人或其代理人收取目的站发生的其他费用,并将其交给始发站货物集运商。当货运代理人从不同的托运人手中接受货物,以托运人的名义与航空公司签订运输合同时,货运代理人是托运人的代理人,即航空公司直销系统中的托运代理人,而航空公司是实际承运人。

可见,航空货运代理公司作为货主和航空公司之间的纽带和桥梁,可以是航空公司的代理,代替航空公司向货主办理收运或交付货物的手续,此时出具航空公司的货运单;也可以是货主的代理,集中收运和分拨零散货物,并向航空公司办理托运和提取货物,此时出具本单位的分运单之后与航空公司签订主运单。

三、航空货运与航空快递

随着现代经济和信息技术的飞速发展,时间已成为影响产品价格和企业资本的重要因素,人们越来越清醒地意识到,付出高额的航空运费能换来多得多的产品或服务,以及无法用金钱来衡量的社会效益。因此,从 20 世纪 70 年代开始,在航空货运领域,航空快递以高时效性和高服务质量的独特优势逐渐在货运市场风行起来。这项业务已相当普及,并成为航空货运的一项重要业务。航空快递(Air courier)是指具有独立法人资格的企业将进出境货物或物品从发件人(Consignor)所在地通过自身或代理的网络运达收件人(Consignee)的一种快速运输方式。经营这项业务的航空公司、机场等有关业务部门或专门经营此项业务的航空货运代理公司、中国邮政航空有限公司等,派专人用最快的速度在快递发件人、航空公司(或航空货运代理公司)及快递收件人之间运输和交接货物。航空快递,又称航空快件、航空快运或航空速递。从所发运快件的内容看,航空快件主要分成快件文件和快件包裹两大类。快件文件以商务文件、资料等无商业价值的印刷品为主。其中也包括单证、合同、照片、机票等。快件包裹又叫小包裹服务,指一些贸易成交的小型样品、零配件返修及采用快件运送方式的其他一些进出口货物和物品。

航空快递就其业务性质和运输方式看,与普通航空货运有很多相同之处,所以航空快递可视为是航空货运的延续和发展。办理快递的手续与普通航空货物运输相同,都必须向航空公司办理托运手续,并凭航空货运单作为交接货物的依据。而除了航空公司对快件作飞行承运之外,其全程运行必须置于快件公司的操作和控制之下。这样提高了运送速率,减少了差错,为跟踪查询提供了条件,使航空快递较之于普通航空货运在服务水准上有了质的提高。

综合航空快递业务的特点有运输速度快捷,服务安全可靠,送交均有回音,查询快、有结果。这些特点是其他任何运输方式所不及的。办理航空快递业务的主要形式有三种:

(1)从门到机场服务(Door to Airport)。这种方式所提供的运输服务只能到达收件人所在城市或附近的机场。快件到达目的地机场后,当地快递公司及时将到货信息通知收件人,收件人可自己办理清关手续,也可委托原快递公司或其他代理公司办理清关手续,但需另外缴纳清关代理费用。采用这种方式的快件大多是价值较高,或是目的地海关当局有特殊规定的货物或物品。

(2)门到门服务(Door to Door)。这种方式是指发货人需要发货时通知快递公司,快递公司接到电话后,立即派人到发货人处取货。快件公司将取到的所需发运的快件根据不同的目的地进行分拣、整理、核对、制单、报送,并直接送交航空公司利用最早航班(或快件公司自己的班机),将快件运往世界各地。发件地的快递公司用电传、Email 或传真等形式将所发运快件有关信息(航空运单、分运单号、件数、质量等内容)通知中转站或目的地的快递公司或代理人。快件到达中转站或目的地机场后,由中转站或目的地的快件公司负责办理清关手续、提货手续,并将快件及时送交发件人指定的收件人手中,货物送达后立即将货物交接时间及签收人姓名等送达信息反馈给发件地的快递公司及发件人。

(3)专人派送(Courier on Board)。这种方式是指快递公司派专人携带快件在最短的时间内,采用最便捷的交通方式,将快件送到收件人手里。此种方式一般在一些比较特殊的情况下,为了确保货物安全、确保交货时间而采用的。

四、我国航空物流企业发展现状

近年来,航空快递运量增长迅速。在我国,有每年高达 50 亿元产值的速递市场,这无疑是国际速递巨头们纷纷看好并奋力争夺的巨大蛋糕。2002 年,国际速递巨头以从未有过的力度增资扩点、创新服务,加快了抢占我国市场的步伐。美国联合包裹运送服务公司、美国联邦快递公司、中外运敦豪公司等速递巨头在我国的业务量近几年增长率均超过 30%,中外运敦豪公司的业务增长速度更是每年达到 40%,营业额跃升 60 倍之多。2002 年由中美共建的上海亚太经济合作组织(APEC)通关示范工程在上海浦东国际机场建成,全球速递业四大巨头——中外运敦豪公司、美国联邦快递公司、美国联合包裹运送服务公司及荷兰天地快运公司入主现代化的联合快递中心，它们在此各自建起了口岸作业中心。

自我国物流市场全面开放以来，国际物流巨头纷纷进入，国内也涌现出不少优秀的物流企业，比如顺丰速运有限公司、菜鸟网络科技有限公司、京东物流及"三通一达"等。

1. 顺丰速运有限公司

作为国内物流业"领头军"企业，顺丰速运有限公司以地面配送服务起家，目前拥有64架货运飞机，在深圳、宁波、杭州等地设有转运中心和物流基地，已形成拥有"天网+地网+信息网"三网合一、可覆盖国内外的综合物流服务网络。顺丰速运有限公司不断在国际业务上发力，物流和快递服务已涉及欧、美、亚三大洲。其中，南亚片区网络覆盖范围已超过90%。

顺丰速运有限公司在传统快递业务中保持龙头地位，并已形成了快递、重货、冷链、供应链、同城急送，以及国际业务等为一体的物流版图。今后，顺丰速运有限公司将依托天网、地网、信息网的底盘资源，切入大物流市场，提升综合物流解决方案能力，完善整个生态体系的建设。同时，通过科技的能力，实现降本增效和提升客户服务体验。

2. 菜鸟网络科技有限公司

"阿里系"的菜鸟网络科技有限公司核心则专注于物流信息系统和数据整合，致力打造智能物流骨干网并联合以淘宝货物为主要货源的"三通一达"物流企业，以枢纽转运中心和扁平的终端加盟网络为基础，为客户提供最具性价比的物流服务。

菜鸟网络科技有限公司计划首期投资人民币1000亿元，希望在5~8年的时间，努力打造遍布全国的开放式、社会化物流基础设施，建立一张能支撑日均300亿元（年度约10万亿元）网络零售额的智能骨干网络。这张网不仅是电子商务的基础设施，更是中国未来商业的基础设施。中国智能骨干网将应用物联网、云计算、网络金融等新技术，为各类B2B、B2C和C2C企业提供开放的服务平台，并联合网上信用体系、网上支付体系共同打造中国未来商业的三大基础设施。菜鸟网络科技有限公司不会从事物流，而是希望充分利用自身优势支持国内物流企业的发展，为物流行业提供更优质、高效和智能的服务。2018年6月，马云在2018全球智慧物流峰会上代表菜鸟网络科技有限公司宣布，未来智慧物流将实现国内24小时必达、国际72小时必达。

3. 京东物流

京东集团2007年开始自建物流，2012年正式注册物流公司，2017年4月25日正式成立京东物流集团。京东物流以技术驱动，引领全球高效流通和可持续发展为使命，致力于将过去十余年积累的基础设施、管理经验、专业技术向社会全面开放，成为全球值得信赖的供应链基础设施服务商。

截至2020年9月30日，京东物流在全国运营超过800个仓库，包含云仓面积在内，京东物流运营管理的仓储总面积约2000万平方米。目前，京东物流已投入运营的30座"亚洲一号"智能物流园区以及超过70座不同层级的无人仓，形成了目前亚洲规模最大的智能仓群。京东物流大件和中小件网络已实现大陆行政区县近100%覆盖，90%区县可以实现24小时达，自营配送服务覆盖了全国99%的人口，超90%自营订单可以在24小时内送达。同时，京东物流着力推行战略级项目"青流计划"，从"环境（Planet）""人文社会（People）"和"经济（Profits）"三个方面，协同行业和社会力量共同关注人类的可持续发展。京东物流的优势体现在：

1）全网覆盖——拥有全球唯一高效协同的六大物流网络

京东物流是全球唯一拥有中小件、大件、冷链、B2B、跨境和众包（达达）六大物流网络的企业。截至 2020 年 9 月 30 日，京东物流在全国运营超过 800 个仓库，包含云仓面积在内，京东物流运营管理的仓储总面积约 2000 万平方米。目前，京东物流已投入运营的 30 座"亚洲一号"智能物流园区以及超过 70 座不同层级的无人仓，形成了目前亚洲规模最大的智能仓群。京东物流大件和中小件网络已实现大陆行政区县近 100% 覆盖，90% 区县可以实现 24 小时达，自营配送服务覆盖了全国 99% 的人口，超 90% 自营订单可以在 24 小时内送达。

2）全景智能——推动物流成为科技创新最佳应用场景

作为技术驱动、数据智能的科技物流企业，京东物流已经搭建起软硬件一体智能物流体系，在数字化仓储、运输、配送等全环节实现 AI 驱动、智能规划、高度协同和高效履约，提供全渠道＋全链条的数字供应链服务。同时，京东物流在无人机、无人车、无人仓、人机交互等智能物流设施上进行了大量的前瞻性布局，用创新驱动物流智能化迭代，推动物流成为人工智能、大数据、IoT、5G 等技术最佳的应用场景。

3）全链共生——携手全球合作伙伴共同发展

京东物流已经与全球 200 多家行业领军企业达成共生战略伙伴关系，通过开放、融合、协同发展的行业生态，建设包括商家、行业和整个社会在内的共生价值体系，共同提升物流服务能力，为社会全面创造价值。

4）全球互通——逐步构建全球"双 24 小时"通路网络

京东物流将通过在全球构建"双 24 小时"通路，实现中国 24 小时通达全球，并提升世界其他国家本地物流时效，实现当地 24 小时送达，帮助中国制造通向全球，全球商品进入中国。

五、航空货运的信息系统

航空货运在现代运输方式中，以货物运达的高时效性和安全性赢得了越来越多的市场份额。随着市场的不断扩容，尤其是独立的航空快递业务的兴起，航空货运的信息系统建设在现代物流的热潮中显得尤为重要。依靠货运信息系统的各项功能，拓展航空货运的延伸服务，加速航空货运融入现代物流的供应链一体化运作，是目前空运市场营销的一大亮点。

航空货运信息系统（Cargo Community System，CCS）是指为参与航空货物运输的各个业务部门提供货物信息自动传递的系统。我国民航计算机信息管理中心在建设计算机旅客订座系统的基础上于 20 世纪 90 年代初期开发出了 CCS。经过几年的市场推广及技术支持工作，设在北京的民航计算机中心货运系统已经拥有中国南航、厦航、东航云南分公司、东航西北分公司，以及上海虹桥国际机场、深圳宝安国际机场、广州白云国际机场等一批用户。国航、东航则租用了总部设在伦敦的 SITA 货运系统。而众多的货运销售代理人目前仍然多数采用手工操作，基本没有与任何货运信息系统联网。

航空货运作为现代物流环境中的一个重要环节，其信息系统 CCS 的开发，主要包括以下内容：

（1）供应链管理（Supply Chain Management，SCM）；

（2）企业资源计划（Enterprise Resource Planning，ERP）。

供应链管理不是代理仓库的库存管理系统,也不是仅仅针对某个航空货运站的内部作业管理信息系统或航空公司内部信息系统,而是能够对各个供应链之间的货物流动进行信息管理。确切地说,是利用计算机网络技术全面规划供应链中的商流、物流、信息流、资金流等,并进行计划、组织、协调与控制。

供应链管理信息系统必须具备以下功能:

(1)信息和通信协议的转换功能。CCS 是一个利用网络技术手段搭建起来的信息交换平台,是将某一区域的各个供应链组合在一起,实现远程查询和信息交换。比如,各货运代理人将需要托运的货物的运单号及相关属性录入本单位的信息管理系统中,接受委托的货运站或航空公司通过信息交换平台,将该运单的信息复制到本单位的信息管理系统中,航空公司通过信息交换,得知需要运输的货物信息,从而制定相应的货物发运及配载计划。

(2)确保数据传输的保密性,同时降低通信传输费用。信息系统通过与 SITA 系统的连接,实现本区域内的各个供应链与海外相关单位进行报文信息交换,本区域内的各个供应链无须单独与 SITA 系统连接,降低各个供应链的信息系统建设费用。

(3)对所有上网用户保持中立和开放,以提供一个公平的竞争环境。任意供应链通过系统能够对本供应链之后的货物流动进行全程跟踪,能够及时掌握上游供应链对本供应链提供的资源或提出的服务请求,使本供应链能够及早进行必要的准备,并制定出相关的作业流程计划,如航空货运的航班需求计划、配送需求计划(Distribution Requirements Planning,DRP)、配送资源计划(Distribution Resource Planning,DRP)、企业资源计划等。

(4)系统与海关的信息系统实行有效连接,实现电子报关及"电子卡口"。各个供应链,特别是各个货运代理,可通过货运信息系统进行海关电子报关,加快报关速度。海关监管仓库可通过系统,实现进出"电子卡口",提供快速通道电子口岸的功能。信息系统与本区域内的航空公司信息系统连接,各个供应链(特别是货运代理)可将收集的货物信息传递给航空公司,也可随时获得航空公司对自己的货物是如何安排的信息。航空货运站可随时获得航班配载指令或配载变更信息,也可将预配、装机信息反馈给航空公司。

(5)财务结算功能。系统具备各个供应链之间的财务结算功能,正确计算并分摊国内外各供应链环节的收取费用,包括航段运费分摊、活动汇率计算、各货运代理服务费用、机场服务费、库存滞留、各种配载耗材费用、代收的运费等,实现网上及时结算,加快企业的流动资金周转速度,并逐步实现电子商务。

企业资源计划系统主要是辅助航空货运供应链上各个企业内部生产管理的信息系统,如航空公司企业生产管理、航空货运站内的业务管理信息系统、代理人企业的生产管理等,企业资源计划系统的主要职责是根据上游供应链的作业请求,进行生产,并使整个物流网络体系畅通无阻,做到准确无误、快速有序。

企业资源计划系统应具备以下功能:

(1)能够与供应链管理信息系统连接,通过供应链管理信息系统,与海关、各航空公司、其他供应链进行信息交换。

(2)对企业内部各种物流作业(Logistics technology)信息实施管理,包括收运计重、各种柜台(营业厅)作业、货物存储、组板、ULD 分解、进出港文件处理、预配计划、配载、出港出库、临时加拉货处理、退运处理、提货出库等,并能有效地对货物进行跟踪。作业过程中,支持自动读取电子秤质量读数,如果需要,还应当支持无线网络数据传送和读取条形码数据。

（3）能够根据航空货运作业规范,对操作或信息流程进行控制。例如,没有通过安全检查的货物不能被配载。

（4）能够根据各作业信息,产生出港拉下货物信息、出港临时加货信息、进港不正常货物信息、各种报文文本。

（5）具备丰富的查询统计功能,满足生产管理的需求。满足客户对某票货物的全程物流跟踪查询,满足电话语音查询、满足在互联网络上进行查询。能够进行各种生产分析,为企业市场决策提供分析数据。

（6）能够在库区出港出口或提货出口,运行海关的"电子卡口"系统。

（7）具备收益管理、财务管理、成本管理、计价和运费管理等,具备市场和营销管理、代理人、客户管理等。

由于各个供应链环节上各企业的规模不同、分工不同、经营模式不同,因此,各个供应链应根据自己企业的具体条件,对上述功能进行必要的剪裁,建立适合自己的企业资源计划系统。比如,代理人企业一般就不需要出港拉下货物信息、出港临时加货信息、进港不正常货物信息。

中国民航对于 CCS 系统的开发,意味着中国的航空货运正逐步摆脱从属于航空客运业的地位,并利用现代通信网络的优势,进一步体现出航空货运是现代物流运输方案的首要选择。对所有上网用户来讲,这个中立的开放的系统带来了以下一些好处:

（1）与国际上其他货运网络相连接,从而成为航空公司扩大空运市场的重要手段。

（2）通过与世界上其他 CCS 的连接,及时获得货物信息,从而提高其服务水平。

（3）由于采用统一的 EDI 界面,可以与海关、货运代理自己的机器进行联系,从而直接迅速地查询信息,自动监测货物的状态,实现真正意义上的无纸贸易和自动通关。

（4）由于实现了信息的自动交换,可以避免数据的重复输入,既可以防止数据的不一致性,还能降低劳动成本,提高劳动效率。

第三节　航空货运与现代物流的关系

航空货运与现代物流有着密不可分的联系。作为运输的一种方式,航空货运是现代物流的一大主要功能。虽然航空货运也存在着一定的缺点,如大多货主最敏感的是运价居高不下,但其运费的有限增加与能在希望的时间内所获得的经济价值与社会效益相比,只是微不足道的一小部分。因此,在注重供应链一体化运作、讲求物流方案总成本的今天,通过大力开发航空货运延伸服务来向第三方物流靠拢有现实的经济意义。

一、现代物流给航空货运的启示

现代物流的七个环节的功能,包括运输、储存、装卸搬运、包装、流通加工、配送、信息处理。在物流运输的方案选择中,航空货运有一定的优势:如现代物流要求可行的物流方案能有效地降低物品的库存水平,而航空货运的高速性使得长距离的物品运送可以在短时间内完成,因而使降低库存成为可能,库存投资和保管费用也可以相应节约,提高了资本的周转速度。在节省包装费用方面,航空货运的安全性好,可简化货物的运输包装,节省包装材料、劳力和时间。对小批量物品而言,还可节省运杂费。因为航空运输的运费以千克为计算单位,轻泡货物每6~7立方米折合1吨,而海运货物运输费用是1立方米折合1吨计算,所以少量货物采用空运反倒有利。在物流的方案评估中,运输方面还有一个评价指标:物品损坏率。采用航空货运,振动、冲击小,温度、湿度等条件适宜,加之运行中与外界没有接触,因此发生货损、货差事故的可能性大大减小。在物品性能和式样变化越来越快的今天,为了适应市场的快速变化,把握商机,需要利用航空运输完成物品的迅速补给,特别是季节性强、销售期比较短的物品。另外,由于国际市场竞争激烈,市场行情瞬息万变,为了在国际贸易中能及时地把握商机,争取最好的利润,时间因素往往至关重要,所以航空运输在国际贸易中被普遍采用。现代物流的标准化还要求,在物流系统中,需要各环节的标准化配合,如在运输、储存、包装、装卸环节等。随着航空市场货运机型的不断增大,货机机舱内以能装集装箱、集装板等标准化设备的货舱布局为主,各机场现有的现代化装卸设施的装卸兼容性好,为物流方案中标准化的要求提供了条件。此外,现代物流的信息化处理是现代物流得以生存及推广的重大支柱。而航空货运中已开发的航空货运信息系统已初具规模,只是在具体深层功能的开发上,以及与各供应链的信息连接上需进一步加强。

因此,航空货运要适应现代物流的需求,发挥航空货运安全、及时的长处,转变重客轻货观念,加大宣传促销力度,敢于创新并主动与公路、铁路展开竞争,创航空货运品牌。航空货运是现代物流的一个重要环节,需要对此做十分准确的定位,要突出航空货运在物流业中的地位。现在许多航空运输企业已认识到货运对企业利润的贡献,并组建了专门的货运公司,如中国货运航空公司、中国国际航空货运公司、扬子江快运等。随着新一轮的行业重组兼并,唯有将货运做大,才能形成网络化运营,降低运营成本,使其更适合现代物流方案的最佳运输选择。

二、现代物流中航空货运的切入点

航空货运和快递业务是航空公司新的市场机遇,航空货运是建立现代物流体系的基础。所以要坚持按物流服务体系的标准,把物流服务体系运用到航空货运当中,发掘航空货运市场潜力,不断提高航空公司的货运竞争能力。

现代物流中航空货运的切入点,可从以下三个方面考虑:

(1)利用航空货运的优势,适时发展冷链物流产业。在美国有专门从事冷链物流运作的物流商,其最近完成的调查显示,全球每年航空运送鲜活易腐货物(包括花卉、海鲜和蔬果等)达到33亿6000万千克,但其中由于冷链物流链运作不恰当,导致35%的货物因未能准时运到目的地而变质,显示冷链物流具有庞大的潜在市场空间。总部设在迈阿密的专门从事冷链物流运作的物流企业Teqflor,其总裁亚拉阳认为,令温度敏感货物变质的主要原因是在物流操作上出现温度转变,例如将货物由一个温度的环境移到另一个温度的环境,货物会因此出现脱水、凝结、溶化和腐烂等结果,导致货物本质破坏。如何把冷链物流链处理恰当,减少温度转变和货物暴露,成为值得关注的课题。他说,处理易腐货物运送,供应链运作成本可能较普通货物多运送70%~80%。由于冷链物流链成本一向较高,令这些货物的生产者,例如花农和渔民等,亦要承受多出来的运费,最高使他们的收入减少20%~30%。可见,有效的冷链物流链可减少运费,同时令货物本质得到最佳保障。据该公司的统计,全球以空运方式运送鲜活易腐货物占所有空运货物的 14%~16%,而且这个比例还以每五年增加 4% 的速度增长。可见,利用航空货运的优势,能有效提高冷链物流的服务质量,这也是航空运输企业加入物流运作的一个最佳切入点。

(2)集装化运输的操作。集装化运输在全世界范围内被广泛采用。目前,物流运作中存在的一个问题是各种运输方式中采用的集装设备规格不一。海运大多采用国际标准集装箱,如 20 英尺箱、40 英尺箱。公路、铁路采用集装箱规格不一,以 20 世纪 50 年代的 1 吨、2 吨、5 吨为起步,1988 年开始实行多式联运以来,集装箱的使用有所统一。但航空用集装箱仍以航空专用箱为主,轻便小巧,形状各异。这在一定程度上阻碍了物流运作中整箱货的操作,航空货站也因此付出大量的拼箱拼板的劳力和时间。因此,在航空专用集装箱设计时引入物流中的模数概念,将集装箱分隔成一个联运标准箱单位的一定比例,便于若干个集装设备的及时拼装,是航空公司抢先融入现代物流的一个契机。

(3)增强开展第三、四方物流服务。目前,我国航空货物运输方式与现代物流服务的运作方式相差甚远,仍然是由托运人交货、由收货人取货的传统模式,基本没有实现物流的全程服务,多式联运也很少。这种航空运输方式所追求的目标,是货物运输量的最大化,主要考虑航空运输企业的生产要求,阻隔了物流服务与航空货物运输服务的有机联系,制约了物流服务体系的发展。航空快递企业办理的快件服务应属于第三方物流服务。他们的经营特点基本是"门到门"的全程服务,而且比较快捷。但这类企业刚刚起步,规模小,网络也不健全,加之适用于物流服务的运输工具不足及物流配套设施不全,以及在物流方案的设计和物流信息系统的功能完善上还有所欠缺,所以有待今后进一步发展。而第四方物流,依靠强大的信息技术可以提供整体的供应链解决方案和流程优化方案,可以高效地掌握供应链运作的每个环节。第三方物流、技术服务商、管理咨询商与第四方物流的协同合作,可以实时同步信息并及时有效地沟通,减少多方介入带来的管理不便,提供高效的供应链管理。根据第三方物流的运输反馈,第四方物流调整和更新优化方案,帮助企业提高物流的效率。

三、我国航空物流企业发展方向

面对货运市场的机遇和竞争,航空公司经营者可综合评估本公司的经营优势和机会成本。如欲在航空货运市场上有所作为,则在决定本公司的发展策略时可考虑如下问题。

(1)确定航空货运在本公司发展的战略地位,研究和制定货运发展的中长期规划。在研究货运市场的基础上,积极完善货运网络,做好货运基地布局。

(2)充分利用现有货舱吨位,根据市场需求逐步增加货机,并改装一部分客机。在增加货邮运输能力的同时,加强建设货运设施,扩大仓库容量,完善地面货运设施的功能。增加牵引车、集装设备等,提高装卸、搬运机械化和自动化程度。

(3)研究有利于货运发展的价格政策。利用民航运输价格改革的契机,制定适合本公司的多级货运价格制度。通过对航空货运市场的细分,根据不同航线、季节和货物种类实行不同的价格。采取多种价位,调节货运供求。

(4)采用先进的航空货运计算机管理系统和网络,充分利用 CCS 的现有功能,增强货运销售和机场货运离港系统的功能,并提供准确、及时的货运信息、舱位预订、信息跟踪和信息服务。

(5) 发展货运销售代理,广开货运渠道,广聚货源,培育和开发货运市场。如通过与外贸部门合作,更多地承运国际货物。加强货运的销售管理,控制好货舱吨位,合理、科学、经济配载。在充分利用货机的同时,搞好客机载货,提高航班载运率。

(6) 从公司的实际出发,适时适度地发展航空快递和邮件运输业务,为公司的航空货运尽早切入现代物流一体化运作或发展第三方物流做好准备。

虽然国内物流企业发展迅速并取得了显著的成绩,但是在综合物流、服务能力等方面与国际物流巨头还是存在一定差距,其主要表现在:

(1) 国际网络通达性有待进一步提升。国内航空物流企业在国际网络运输上缺乏明显优势,航空线路密度不高,互联互通性不强,没有形成覆盖全球的海外网络;航空物流转运中心、海外仓和跨境物流配送体系都还处于初级建设阶段,大部分货物出关之后要依靠海外物流企业承运分拨,部分只能提供区域性服务功能,不具备全球网络递达能力。国际网络通达性需要海关联检、机场等信息数据互通的支持,由于物流技术水平和信息水平不足,海外海关联检单位与机场、客户、代理、航空公司等主体的数据信息交互端口连接依然存在困难,缺乏统一的通关信息平台,通关便利化能力仍需增强。

(2) 运行可靠性有待进一步加大。全球综合物流服务商的可靠性需要高效的供应链物流体系支撑。例如,UPS 不仅拥有完善的航空网络、转运中心,还有完善的海运和道路运输体系,海运空运及陆运相互补充,为客户提供可靠放心的物流方案。目前,我国航空物流企业的体量与国际巨头相比相对弱小,综合运输服务体系尚不完善,供应链管理尚待加强,先进物流信息技术开发应用相当滞后,物流过程中的许多重要决策问题如最佳运输路线选择、货物调配等还处于人工或半人工状态,运输各个环节协同效率不高,企业之间难以形成高效、灵活的互动格局,不能很好地为客户提供安全、可靠的服务。

国际航协研究表明,航空货运连通性提高1%,将带来贸易额近6%的增长,由此可见,高效可靠的航空物流对经济拉动的作用十分显著。而为了提升我国制造业的产品竞争力,除了制造业自身的努力外,我国的航空物流企业也需要通过创新来提高物流服务链中的运输保障能力。因为可靠的运行体系是航空物流发展的基础,要充分利用云计算、大数据、物联网、移动互联和人工智能等新兴技术与航空物流服务的业务流程实现全面深入融合,加快形成航空物流运输全流程的信息化、自动化和无人化,创新服务产品和运营模式,提升物流服务效率和服务质量,降低运输成本和信息传递成本,保证运输服务的安全性和高可靠性。

思考题

1. 简述现代物流的概念。
2. 现代物流由哪些要素组成?
3. 运输与现代物流的关系是怎样的?
4. 如何理解运输是"第三利润源"的主要源泉?
5. 现代物流有哪些分类?
6. 我国国际航空货运的前景如何?

7. 航空公司经营货运的模式主要有哪几种？
8. 航空快递有哪些特点？其主要形式有哪几种？
9. 开发和利用航空货运信息系统有何意义？
10. 现代物流管理给航空货运带来哪些启示？
11. 现代物流中航空货运的切入点可有哪几个方面？
12. 航空公司发展航空货运市场可从哪几个方面进行考虑？
13. 什么是第三方物流？什么是第四方物流？第四方物流与航空货运之间有何联系？

CHAPTER

第十一章

机场营销

20世纪80年代以前，人们普遍认为机场是天生的垄断企业，无须通过市场营销来影响其目标市场的决策。随着航空业的发展，许多国家的运输市场逐步解除管制，机场竞争的存在这一观点得到更多人的认同，机场营销的作用和重要性也被更多的机场意识到。

第一节 机场营销概述

一、机场的基本概念

1. 机场定义

《中华人民共和国民用航空法》中的"民用机场"是指专供民用航空器起飞、降落、滑行、停放及其他保障民用航空活动的特定区域，包括附属的建(构)筑物和设施。本书所讨论的机场均是指民用机场，不包括临时机场和军民合用机场。

机场的基本功能简单说包括三个方面：一是供飞机起飞、降落；二是供旅客到达(进港)、出发(出港、离港)；三是供货物运入、运出。机场承担旅客和货物地面运送的全部任务，既是地面运输和航空运输的交接面，又是旅客、货物运输的集散点。机场是航空运输生产场所，是航空运输生产的一个重要环节。

2. 机场定位

机场作为民航运输市场体系中的一个重要组成部分，是衔接民航运输市场供给和需求的纽带。明确机场的市场定位是机场经营运作的前提和基础，同时对提高机场的经营效益，加强民航业政府监管也具有十分重要的现实意义。民用机场在社会、政治、经济活动中的定位可分为两类：公益性定位与经营性(收益性)定位。

(1)机场的公益性定位。

民用机场公益性定位是国家与行业为了经济发展的需要，从改善交通与经济发展环境的角度出发，突出机场作为一项国家基础设施的社会功能，并将机场作为公益设施进行管理。

民用机场的特点是由政府负责投资，产权归政府所有，由政府直接管理或组织机场管理部门对机场进行管理。机场不以赢利为目的，仅仅为航空公司和公众提供公正良好的竞争环境和服务，机场亏损由政府进行补贴。

我国的机场，以公益性定位为主。随着社会的发展和经济水平的提高，我国的机场管理制度经历了多次变革，自1949年设立民航局，一开始是由人民革命军军事委员会管辖，1980年由空军代管变革为国务院领导，1985年又有了管理体制改革，1987—1994年，又分设了地区管理局、航空公司和机场。1994—1998年，改革进一步形成三种模式，民航、地方还有民航与地方联合建设、管理机场。到了2004年，除了北京首都国际机场(及天津滨海)和西藏自治区内的机场以外，其他机场都属于地方政府管理。政企改革后，政府也从以往的行政命令和直接干预转变成法律手段和经济手段，辅助一定而宏观调控和行政手段。长期以来，我国绝大部分机场都归属民航局管理,按事业单位运营,亏损由民航总局补贴,这种政策造成机场"等、靠、要"的思想,机场经营积极性不高,航空业务收入是机场的主要收入或唯一收入,机场亏损严重。多年来,我国民用机场的亏损面高达80%。

(2)机场的经营性(收益性)定位。

2002年中国民用机场开启属地化管理改革以后,政府在机场建设运营中也不断引入民间资本,一方面是为了缓解机场建设巨额投资的压力,另一方面也是为了引入市场的活血,提高经营效率。机场在企业化定位的大环境下,开始学习国外同行,利用机场的资源,进行多元化经营,注重非航空性业务的开发,取得了一定的成绩,机场逐步从公益性转变为经营性机场。

机场运营管理的发生变革,引进多元资产结构,对机场进行大规模的投资,按商业企业的形式组织和经营,加大机场自身的经营自主权和财务自主权。改变了机场许多的运营政策,目标是让机场更有效运营,并且建立以消费者为导向的服务目标。

我国不同机场也在探索新的经营管理模式,提高机场的运行效率和经济效益。厦门国际航空港集团有限公司、上海国际机场股份有限公司、北京首都国际机场股份有限公司、广州白云国际机场股份有限公司、深圳市机场(集团)有限公司、海南美兰国际机场有限责任公司陆续上市。珠海机场与香港机场进行特许专营合作;西安机场接受法兰克福机场的投资;杭州萧山国际机场和香港机场成立合资公司,负责机场业务;上海机场集团有限公司和香港机场成立合资公司,为上海虹桥国际机场提供管理服务。同时机场也开始引入多种经营模式,如特许经营、BOT(Build-Operate-Transfer)模式。机场逐步放开管制,由社会福利最大化机场偏向市场化运作。2018年2月23日,中央同意建立湖北鄂州民用机场"顺丰机场",顺丰速运有限公司也成为国内第一家拥有自己机场的快递公司。

(3)我国机场的定位。

民航总局《关于深化民航改革的指导意见》中明确指出机场是公共性基础设施,要推行机场的分类管理,引导地方政府对具有赢利能力的大型机场实行企业化管理,对中小型机场则按照公益性企业的要求管理。

对于收益性机场,明确其企业型定位,赋予其更大的经营自主权和财权。在建设投资方面,主要通过引导民间资本投入或机场自我融资进行建设,机场的一般维护建设财政不再投入资金,但机场飞行区等公益性建设可申请政府投入。在运营方面,鼓励和帮助收益性机场从传统运营模式向现代运营模式转变。如通过规章或其他法律形式,明确机场专营权概念。但是对航空器地面服务和航空食品,由于其涉及航空公司的生产运营环节,不应包含在机场专营权范围内;对航油加注领域,由于我国机场现有航油储存、供应系统都由航油集团公司建设,在当前体制下也不宜纳入机场专营权范围。

对于公益性机场,主要由政府进行公益性投资并承担经营责任,这类机场不以盈利为目标,机场管理机构的职责是维护机场的正常运转。为实现普遍服务的目标,政府应对这类机场的运营亏损进行补贴。

二、机场营销发展概述

机场营销这一理念是在机场经营发展过程中逐渐形成的,其形成路径与营销这一概念的产生路径基本一致。机场发展初期，许多机场归政府所有，经营和管理由政府掌控。因为机场为当地提供了快速通达外地的便利，许多政府积极推进机场的建设的目的，是为了城市的对外形象和带动地方经济的发展。因此，绝大多数机场，无论规模大小以及所有权归属，传统上都只关注机场的运营能力，以保证飞机、人员以及货物的安全有效运输。机场并不是以客户为导向的或是以盈利为目的的。奈杰尔·哈尔彭的《机场营销》一书中指出，全球机场行业于20世纪70年代后期开始步入市场导向的时代，直到20世纪80年代整个行业真正发生变化。在一项由全世界不同规模的100多个机场参与的调查中发现，94%的机场，无论其规模大小以及所处地区，都积极向航空公司推销自己。直接接触等方法是最常用的营销方法，包括参加航空公司和机场航线开发大会和航空公司与机场直接在办公室约谈。20世纪80年代，新加坡樟宜机场等国外大型机场采取市场化运营模式，参照航空公司的营销方式并且结合机场自身的特点制定相应的营销策略。此后，随着机场之间的竞争越来越剧烈，管理者认识到机场营销的重要性。

一直到20世纪80年代，我国的民用机场仍依据其特有的地理垄断性进行被动经营。很多机场的观点是"航空公司通过营销策略把旅客吸引到机场就可以，机场不需要制定关于旅客的营销策略"，因此很多机场没有制定针对旅客的营销策略来吸引和维护更多的旅客。此后，随着我国航空市场由卖方市场转向买方市场，市场在航空资源配置中起着越来越重要的作用，这就迫使机场不能仅仅依赖于政府的支持和有限的地理垄断性进行经营。

2002年，民用航空总局根据国务院的6号文件规定，将民航总局直接管理的机场下放到所在省进行管理，并且从2003年正式实施属地化改革。属地化改革过程中出现了以下几点重要的变化：第一，民航总局将机场移交地方政府管理，建立机场自主经营、管理、发展的机制，由原民航总局直管的政策性盈亏单位转变为地方政府管理的独立经营、自负盈亏的企业。这样就发挥了机场主体的积极性，使机场积极开拓市场；第二，机场属地化改革后，国内许多机场进行股份制改造，实现投资主体多元化；第三，机场属地化改革使机场的经营管理理念发生了显著变化，机场对企业内部的组织机构进行重组和文化的重建，提高管理水平和服务水平，从"经营型"向"管理型"转变。第四，属地化改革要求地方政府参与机场的经营和管理，更加明确了机场作为公共基础设施的定位，突出了机场的公益性职能。属地化改革的完成使机场具有了企业的性质，这就要求机场要加强同其他机场、高速铁路和高速公路之间的竞争，激烈的竞争必然提升了机场营销在机场经营管理中的重要性。

机场营销是机场企业根据自身发展需要，以市场为导向，对民航市场进行调研分析后，确定目标市场和客户（即营销侧重点，包括航空公司、旅客、政府等），并通过一系列的经营管理方式为客户提供所需的机场服务和机场资源，从而为机场以及整个社会带来效益的过程。

机场本质上是服务的提供者，而营销在服务型企业中所扮演的角色不同于纯粹从事有形商品交换的企业。机场提供有形的产品，例如为航空公司提供的基础设施和设备（跑道、滑行道、停机位等），与有形商品交换不同的是，客户在支付费用后，对于机场的有形产品并没有所有权。民用机场产品的基本特点：航空性产品是一种比较特殊的产品和服务，因此，航空性产品具备服务类产品的特性。即产品的不可储存性、需求随时间波动性较大、变动的需求和不变的生产能力、生产和销售一体、顾客直接感知等特性。表11-1总结了机场提供产品的特点和对机场营销的影响。

服务的特点和对机场营销的影响　　　　　　　　　表11-1

服务特点	对机场营销的影响
密不可分：机场产品通常是通过机场、其他服务提供商和最终用户之间的互动而同时产生和消费的	机场与其他服务提供商和最终用户之间必须发展和保持密切关系，因为互动决定了服务成效
所有权不能转移：机场客户通常不能个人或无限制访问他们所支付的产品和服务	机场有必要强化品牌形象并鼓励消费忠诚度
无形产品：机场产品和服务通常不能以实物呈现；产品与服务不可见、触碰	机场有必要开发一些有形产品，让客户切实感受到服务的实惠（例如航站楼硬件设施）
不同质性（非标准化）：机场产品和服务的质量通常取决于时间、地点、交付方式以及交付人	机场必须对质量控制进行投入（例如员工培训和管理系统）
易逝性：机场产品和服务通常不能存储以供以后销售或使用	机场需要对未来需求进行预测和计划，并通过组合其市场影响不同元素来影响和应对供需的变化

三、机场营销的分类和特点

1. 机场营销的分类

机场的业务一般分为两类：航空性业务和非航空性业务。航空性业务即机场的主业，是指与飞机、旅客及货物服务直接关联的业务。航空性业务营销主要包括航线营销和航班营销。营销的直接对象是航空公司。航线营销主要指机场管理机构针对地方经济发展需求，以及自身在全球航线网络中的特点和定位，以推进目标航线网络建设、提供符合市场需求的航空客货运输产品为目的而开展的营销，紧紧围绕机场航空主业展开。机场通过航空公司增加航线、航班等基础业务，以此增加机场的业务量，提高收益。机场营销的终极对象是旅客、货主、旅行社、航空货运代理等，目标是为机场带来更多的客、货流量，以吸引航空公司开设航线，维持和推动航班量的增长。机场的规模效应十分明显。航线越多，航班密度越大，收益越多；同时，航班密度大，旅客、货物可选择的航班、航线越多，机场越具有吸引力。

机场的辅业，又称机场的非航空性业务，是机场航空性业务的伴生性业务，是伴随着人、货、飞机而来的业务，如地面服务、航油、商业、物流、广告、机务、地面运输等。该类业务虽不属于主营业务，却很大程度影响着客户对机场的印象，从而潜移默化地影响着旅客、航空公司的选择。机场非航空性业务营销的对象是航空公司、商户、广告公司、物流企业、旅客、货主，有时候还包括员工和附近社区居民。航空性业务和非航空性业务的划分，各机场不完全一样，有些机场将地面服务等列入航空性业务。

民用机场营销的侧重点是与机场有合作关系或者服务关系的客户，其中主要有7个营销侧重点，分别是航空公司、旅客、租户/服务提供商、政府、其他机场、周边社区居民及工作人员等。

（1）对航空公司的营销策略：首先，需要对机场和航空公司之间的关系有一个清晰的认识：机场和航空公司虽然是两个相互独立的经济体，但是它们因为共同为旅客提供航空运输服务这一目标而联系在一起,机场和航空公司互为最重要的客户,只有相互依存才能共同发展,当航空公司的业务量大了,对应的机场的客货吞吐量才会随之增大,市场才会越来越宽广,进入良性循环的境界,从而实现机场和航空公司的合作共赢。

对航空公司的营销策略主要是市场推荐和机场推荐。市场推荐指的是航空公司在选择某条航线时会先对当地的航空市场进行充分的调研和评估,以确定是否有利可图。但是,当航空公司没能注意到机场所在地的时候,机场管理部门就应该主动出击,利用自己是东道主的优势去替航空公司分析本地市场。主要内容包括经济、政治、文化、人口和出行方式的习惯等来确定航空市场的范围、航空市场的环境、航空市场的现状及发展前景。机场推荐主要内容是机场向航空公司推荐其基础设施的保障能力、安全设施的保障能力、配套设施的保障能力、收费的条件及依据等,还有重要的一点是当地政府及机场方面的补贴条件及类型。

(2)对旅客的营销策略:这一部分客户的身份比较特殊,他们既是民用机场营销的重点同时,也是航空公司的营销对象。因此,机场在制定营销策略时要充分与客户航空公司进行合作。营销策略主要是介绍航空公司和机场所能提供的服务、相关的配套服务能力、推出常旅客计划、提供优惠服务、兼顾不同消费者不同层次的需求和旅游产品的设计参考方案等。

(3)对租户/服务供应商的营销策略:对租户/服务供应商的营销能够提高机场的资源利用率,最直接的表现就是在"经济性"上使机场能够获取更多的收入。研究表明,在很多大型机场,非航空性业务的收入已经超过了航空性业务的收入。因此,机场管理结构越来越重视对这类客户的营销。营销策略主要是对机场管辖范围内各种资源的推荐、以合理的方式选择客户、与客户保持良好的互动、为客户创造更大的价值等。

(4)对政府的营销策略:机场作为地方的公共基础设施,其规划、建设和发展都离不开政府机构的支持。营销策略主要是介绍机场可以提供的服务以及条件、让政府了解机场为当地的社会经济带来的效益、向邻近的政府推荐机场、向相关国家的外交和商务机构推荐机场、主动介绍民用机场以及整个民航业的发展动态以及民航局的支持政策。

(5)对其他机场的营销策略:目前,随着我国机场建设速度的加快,全国范围内机场密度不断提高,导致机场与机场之间的竞争越来越激烈。但是,必须清楚地认识到机场之间最重要的关系是合作而非竞争。因此,机场在制定营销策略时要充分考虑与其他机场的合作。营销策略主要是相互交流本机场的发展战略、提供开辟目标航线的相关资料、建立良好的沟通渠道和协调机制。

(6)对周边社区及工作人员的营销策略:这部分客户是长期生活在机场周边的人与一般的旅客相比,应该获取他们的理解和支持,为机场创造良好的经营环境。营销策略主要是对机场动态进行及时准确的通报、对一些敏感问题的通告及解释、介绍机场可以提供的服务及价格、介绍机场可供开发的资源及其有利条件。

2. 机场营销的特点

(1)客户较多、收益多样化。民用机场所面对的营销客户比较复杂,有航空公司、旅客、政府、非航空性客户、其他机场、周边社区及工作人员等。各个客户群之间相互交织在一起,因此,机场获得收益的来源比较广泛。从民用机场的"经济性"角度出发,以各个客户群与机场的相互关系为例分析得出民用机场可以通过直接和间接两种方式进行盈利。航空公司和非航空性客户(向机场购买或租赁商铺、土地、广告等资源)是机场的直接客户,而旅客是通过航空公司的运输能力间接成为机场的客户,同时这部分旅客也成为在机场商店、酒店等场所的主要消费者。机场的收益可以从这几部分中取得:首先,从航空公司和相关资源承租人直接获得如停机费、起降费、廊桥使用费和租金以及管理费等;其次,由于旅客的到来刺激了机场商业的繁荣,旅客在机场内的消费越来越多,这直接带动了机场的非航空性业务的收入;最后,随着机场非航空性业务的不断繁荣,促进了机场周边社区及机场工作人员在机场消费,这样就形成了一个良性的循环。

(2)间接效果。民用机场通过对各个客户群进行营销,最直接的表现形式是民用机场取得了相应的收入主要体现在"经济性"上。但是,由于民用机场具有"公益性"的特性,当从民用机场的"公益性"角度分析时,发现机场营销具有间接效果更加明显。根据国际民航组织对机场"公益性"所带来的间接效果的测算,民航的投入和产出比率为 1∶8,民用机场旅客吞吐量每超过 100 万人次,就可以带来 18.1 亿元的社会经济效益,提供 5300~7000 个就业岗位。

四、机场营销环境

营销环境是指在营销活动之外,能够影响企业营销活动时建立并保持与目标顾客良好关系的能力的各种客观的外在因素和力量。营销环境既能提供机遇,也能造成威胁。欲获得成功,企业必须持续不断地观察并适应变化着的环境。

营销环境由微观环境和宏观环境组成。微观环境指与公司关系密切、能影响公司服务顾客能力的各种因素——供应商、销售渠道、竞争对手及顾客。宏观环境指能影响整个微观环境的广泛的社会性因素——人口、经济、自然环境、技术、政治和文化因素。在空运市场上,航空公司作为供应者有多个,相互之间有激烈的竞争。机场作为供应者的供应者,在一个特定的区域内都是独家经营,本书第三章所作的对空运市场需求分析更适用于机场。这里再补充讨论影响机场发展的经济环境、政治环境和技术因素。

经济环境:经济发展状况决定了整个社会的经济结构和物资流通量,决定了社会收入和消费标准,相应地也就决定了对空运的需求。党的十九大指出,中国特色社会主义进入新时代,我国经济已由高速增长阶段转向高质量发展阶段,提出要推动国有资本做强做优做大。2019年全国民航工作会议提出,要以新发展理念为引领,推进新时代民航高质量发展。中国民用航空局印发了《中国民航高质量发展指标框架体系》,进一步引导行业深化改革,从"发展理念新、发展目标明、发展动力足、发展路径清、发展效益好"五个方面,对实现什么样的高质量发展、怎样实现高质量发展进行了全面阐释,提出了明确思路。

政治环境:民航业是关系到国计民生的国家支柱行业,因此受到国家和地方二级政府、行业主管部门的高度重视。我国在中华人民共和国成立初期,机场属国家所有,并且由规范民航高质量发展工作。机场作为民航发展的重要基础设施,势必要实现机场资源的品质化经营,确保机场资源价值最大化。从 1978 年改革开放以后,整个民航业的改革也逐步展开,机场与航空公司分离,成为独立经营的实体,并且在 2002 年,实行机场的属地化改革,将大多数机场下放到地方,自负盈亏,并允许机场实行集资、股改上市等多元化融资渠道,通过机场所有权和管理体制的改革,来优化机场的运营效率及生产力,进而提高机场的经济效益。这一改革还会继续深入进行,用来推动机场生产效率的提高和核心竞争力的生成,促进整个民航业的全面发展。在此实践基础上,2009 年的《民用机场管理条例》正式承认了经营权转让的做法。在 2016 年 12 月召开的中央经济工作会议上,习近平总书记在谈及深化国企改革的相关论断中,提出国有企业要以提升资源使用效率和市场竞争能力为发展目标,不断完善建立高效运转的市场化经营机制和科学制衡的公司法人治理机制。习近平总书记特别强调,进行混合所有制改革是国有企业深化改革非常重要的突破口,混合所有制改革要遵循完善治理、强化激励、突出主业、提高效率的原则要求,在军工、民航、铁路、电力、电信、石油和天然气等领域迈出坚实步伐。通过混合所有制改革有助于提高民用机场的运营效率,降低运营成本,提高竞争能力。

技术环境:技术环境通常是营销环境中变化最快的特征,技术在航空工业中一直发挥着重要作用。飞机技术的进步和新型飞机的出现极大地影响了航空公司提供服务的类型以及与这些服务相关的可靠性和成本。下一代中性长途飞机,例如,波音 787 和空中客车 350,可能会给区域和小型机场直接全球联系提供更多机会,从而服务更长、更疏松的航线,而这些航线以前从经济的角度上来讲是不可行的。这可能有助于长途包机或者休闲旅游航线的运营,也有利于低成本航空公司开发长途航线航班。为了充分利用新机型带来的机遇,机场必须做好应对新机型飞机的准备。

还有许多与机场和空域基础设施有关的其他技术发展,可能会提高运营效率、长期降低成本,并有助于减少航空对环境的负面影响。例如机场协同决策(A-CDM)系统,新一代机场智能运行协同决策系统,用大数据和人工智能技术,通过对航班运行相关数据的收集、分析和智能决策,帮助机场建设大数据中心,从而提升机场地面运行效率,提高航班正点率。在完善数据收集的基础上,结合机场资源和人员调度,还包括机位智能分配系统、智能地服调度系统等,通过人工智能,自动对资源和人员进行调度和优化,提升机位、廊桥、车辆等地面资源和人员的利用率。

航站楼内应用很多新技术用于改进地面服务流程,提升旅客体验。自助服务得到了普及,自助值机、自助登机、自助行李托运,采用生物识别技术将使自助服务实现跨越式发展。未来,人工智能、大数据、5G 这些技术都将在民航业包括机场得到更广泛的应用,改变传统的航空运输方式。

第二节　机场市场竞争发展战略

一、机场的客户细分

机场的业务非常多元化,每个业务的客户都有特定要求,机场需要提供有形或无形的产品和特色服务来满足客户的不同需求。下面分别分析机场的不同客户类型。

1. 航空公司

航空公司是整个航空运输市场的运力提供者,如果他们不提供合适的产品,旅客和货物托运人将不会选用机场。因此航空公司是机场的关键客户。航空公司在选择机场时,通常会考虑以下四点因素。

(1)机场所在城市或地区的航空运输市场的规模和性质。客源的数量、出行特征和购买力、航空货运的需求等都是航空公司要考虑的因素。

(2)机场的基础设施能否满足航空公司的需要。包括机场飞行区等级、容量、运行效率和安全水平等因素。

(3)航空公司的运行成本。这里主要是指和机场相关的影响航空公司运行成本的因素,包括航空性业务收费水平。在我国,一些机场和地方政府的营销力度也很大,年投入资金规模上亿。例如,设立专项基金或财政补贴,给予航空公司大比例的收费折扣或开展针对性的设施改造等,以推动和奖励航空公司开通或优化机场航班航线。

(4)对于货运枢纽机场来说,运行成本是航空公司或者货运代理人重点考虑的因素,同时还包括了机场夜间运营的能力、快速通关时间、良好的天气记录和方便的地面交通,以便于整个供应链高效完成。

2. 旅客

旅客在选择航空运输服务的时候,票价、航班时刻等是关键因素,机场只能通过向航空公司营销来间接影响这些因素,旅客在很多时候更关心出行成本而不是机场。例如,他们可能会选择使用一个通常不会成为他们首选的机场,以获得更低廉的机票价格。对于本地机场无法提供的长途航班,旅客在选择中转机场的时候,也会有不同的考虑因素,这也是机场应该更多了解的旅客信息。一些相关调查研究表明,影响旅客选择的关键因素是机场的距离和便捷性。这和机场地面交通设施的运行效率紧密相关,旅客希望可以用合理的成本,便捷地进出机场。机场的航线覆盖率、航班频率、机场服务和设施、出行成本等也是旅客可能考虑的因素。

3. 租户/服务提供商

不同的企业机构会考虑不同的因素。例如,餐饮、零售商会重点关注机场是否有足够的交通吞吐量、旅客对企业所提供产品/服务的购买意愿以及旅客的平均停留时间,租金水平、营业场所的空间大小也是重要的因素。对于这一类客户来说,机场航空主业的发展都是一个重要的考量因素。

4. 非旅行者——其他个人客户

非旅行者包括员工、接送机的访客。有时候,周边社区居民和游客也会被吸引到机场。

例如,英国曼彻斯特机场有"跑道公园"。游览内容包括参观协和飞机、观景山丘、以航空为主题的儿童游乐区、航空商店和机场轨道自行车道。德国慕尼黑机场的游客公园包括电影院、航空商店、机场旅游、历史悠久的旧飞机和机场展览等。机场的体育、文化、娱乐和会议设施、商业园区和购物中心,这些非旅行者同样是潜在的顾客,他们往往不会在不同机场之间做出选择,但会将机场的产品与附近(市区)的其他类似产品进行比较,根据一般因素(价格、质量、便利性)做出选择。

对于机场来说,要进行市场细分,需要确定机场关键客户的变量。表11-2总结了机场主要客户的常用的细分变量。

关键机场客户的细分变量 表 11-2

客　户	变　量	例　子
航空公司	类型	客运、货运、通用航空
	航线的性质	国内、国际
	客运商业模式	网络、包机、低成本航空公司、支线
	货运商业模式	组合、全货运、综合性承运商
	联盟成员	星空联盟、寰宇一家、天合联盟
旅客	旅行特点	目的、转机或直达重点、团体人数、停留时间、季节性、地面到达模式
	旅客特征	国籍、收入、年龄、性别、生活阶段、教育和职业
	旅行行为和态度	对机场的忠诚度、产品偏好和需求、旅行频率
	购物行为	价格敏感度、产品和质量偏好、消费倾向、购物动机和平均停留时间
商业服务提供商	产品类别	免税、专业零售、餐饮、停车场
	位置	空侧、陆侧、出口
	大小	平方米
	客户类型	到达、离开、转机
	产品用途	必需品、纪念品、即兴购买

二、机场市场目标及定位策略

机场作为公共运输基础设施的节点，其功能的发挥必须依托于航线网络，而航线网络构建需要航空公司使用飞机执飞航班将不同机场连接起来。机场的经济价值高低取决于其自身的外部连通性，即其航线网络连接的机场数量和航班频次。机场要根据自身所处地理位置、本地区经济的发展前景、未来客货流量增长潜力等因素，对自身的发展战略目标作出相应的选择：建立枢纽机场或建设支线机场。

根据发布的《国家综合立体交通网规划纲要》，国家综合机场体系是国家综合立体交通网的重要组成部分，由国际航空（货运）枢纽、区域航空枢纽、非枢纽机场和通用机场有机构成。要着力优化布局结构，巩固北京、上海、广州、成都、昆明、深圳、重庆、西安、乌鲁木齐、哈尔滨等国际航空枢纽地位，推进郑州、天津、合肥、鄂州等国际航空货运枢纽建设，加快建设一批区域航空枢纽，建成以世界级机场群、国际航空（货运）枢纽为核心，区域航空枢纽为骨干，非枢纽机场和通用机场为重要补充的国家综合机场体系。

1. 建设枢纽机场

所谓枢纽机场，简单地说，就是航空旅客和货物的大型中转站或集散地。枢纽机场一般是规模较大的民用运输机场，处在某一经济发达区域的核心位置，作为航空运输枢纽，辐射多条航线，在一个时间区段内，把各条没有实现直航的航线衔接起来，将从始发地抵达枢纽机场的乘客和货物进行重新分流、组合，通过联程值机等服务手段，让旅客换乘赴目的地的航班，完成下一段航空旅行，并将货邮行李同时处理运抵目的地机场。

航空公司从提高企业自身效益的目标出发，将自己的基地机场建设成枢纽机场，形成轴心辐射结构的航线，有较多成功的事例。美国机场业可以说是相对成熟发达的，其最大的特点就是枢纽化。

航空枢纽是国家综合交通枢纽系统的重要组成，是民航基础设施的核心节点，起引领带动作用。截至2019年底，我国十大国际航空枢纽和29个区域航空枢纽承担了全国84%的客运量和95%的货运量，在航空运输网络中发挥了核心骨干作用。总体上，我国航空枢纽已具备了较好的发展基础，但与全球领先发展的航空枢纽相比，依然存在基础设施容量偏低、运行效率不高等问题。

根据国家"十四五"规划，要建设京津冀、长三角、粤港澳大湾区、成渝世界级机场群，实施广州、深圳、昆明、西安、重庆、乌鲁木齐、哈尔滨等国际枢纽机场和杭州、合肥、济南、长沙、南宁等区域枢纽机场改扩建工程。面向未来，要加快以枢纽机场为核心的世界级机场群建设，着力提升枢纽机场保障能力和运行效率。统筹机场群基础设施布局建设、航线网络规划、地面交通设施衔接，完善机场间快速交通网络，优化航权、时刻等资源供给，形成优势互补、互利共赢的发展格局。

2. 建设支线机场

按中国民用航空局的划分，目前我国内地200多个民航机场中，有170个左右的支线机场，占比约72%，且还在上升。支线机场往往旅客少，年吞吐量低于50万人次，或者虽然吞吐量大，但是地理位置较为偏远，航线以国内短程为主，其主要功能是为当地枢纽机场输送旅客和货物。这些机场往往处于非首都、非省会或非自治区首府城市，在可预见的中枢航线网络中暂不会成为枢纽的机场。根据市场需求，客货流量小的机场可以将建设支线机场作为自身的发展战略目标，为枢纽机场集散客源，成为干线航空的有力支持。支线机场可以和枢纽机场实行各种方式的合作，实现"共生""双赢"的局面。

与大型机场不同的是，由于支线机场的客货吞吐量低，造成其自身公益性要远远大于其自身的商业性。现在的机场正在逐步走向市场化，其营销策略正由传统的公益性为主向寻找公益性与商业性的平衡点转变，机场发展是以获取利润为内在动机。因此，要明确支线机场所处的战略环境，进行清晰的市场定位。当前我国支线机场所处环境比较复杂，在经济和民航高速发展的背景下，支线机场面对前所未有的机遇与挑战，具体表现如图11-1所示。从图11-1中可以看出，高速发展的民航业为支线机场的发展带来机遇，同时也会带来新建机场分流的威胁，使得原本客流量就少的机场，其经营变得更加困难。机场应当明确所处的战略环境，从传统的公益性经营模式中跳出，兼顾公益与商业的双重性质，大力发展非航空性业务，提升机场的营业能力。从服务、价格、产品、营销渠道、所处区位、人员等方面，分析内在差异性，找准市场定位。发挥区位优势，将机场营销和地方产业相结合，推出创新性产品。多数经营困难的支线机场，虽地处偏僻地区，但是却有着秀丽的自然风光，拥有丰富的旅游资源。机场应当主动出击，促成当地旅行机构与航空公司签订战略协议，发展旅游包机服务，发展客源。此外，有些地方因自然因素，能够生产出具有市场竞争力的产品，如新疆阿克苏盛产糖心苹果，以前采购商都是从成都坐飞机到乌鲁木齐再到阿克苏，航空公司航线规划部门发现这一规律积极开辟了阿克苏至成都的航线，获取了良好的收益。航空公司开辟航线众多，主要注意力放在了枢纽机场和干线机场，支线机场应该主动出击，积极分析具有潜在客源的新航线，向航空公司推荐，以便获得发展的先机。紧跟市场方向，制定灵活的营销价格体系。

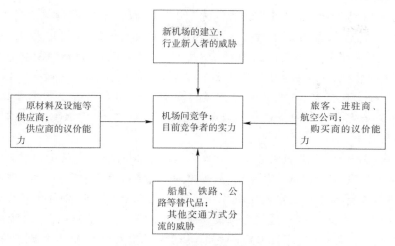

图 11-1 机场波特五力竞争模型

【案例】日照机场——打造国内一流支线机场

日照山字河机场自 2015 年通航以来,按照民航局"两翼齐飞"发展战略,围绕打造"国内一流支线机场"的目标,结合实际,日照机场确立了支线运输、通用航空、航空产业"三位一体"的发展定位,即依托日照机场,实现支线运输、通用航空、航空产业三者良性互动、和融共进,以支线机场带动通航发展,以通航作业弥补支线机场运力不足,以机场为平台集聚航空产业发展。

日照机场围绕服务地方发展,聚焦客货运输主业,按照"公商务为主,兼顾旅游"思路,重点开通与日照市公商务来往密切的城市航线,逐年提升运行品质,已累计开通 28 个城市 31 个通航点的航班,基本覆盖了我国主要枢纽城市,日照机场已成为日照对外交流的"空中桥梁"和招商引资的"靓丽名片"。通航 5 年以来,旅客和货邮吞吐量快速增长,年旅客吞吐量突破百万人次,4 年年均增长 36%。2019 年飞机起降 12.6 万架次,位列全国 239 个运输机场的第 27 位,其中,通航飞行架次突破 10 万。通过精细化收益管控,持续降低航线人均补贴,2016—2019 年,人均航线补贴下降 38%。发展速度、发展质量走在全国同类机场前列。

特色化发展,构建现代化通用航空生态体系在航空运输主业取得迅猛发展的同时,日照机场引入通用航空,让支线机场"闲置"的空域资源、保障资源充分发挥功能。确立统一规划选址、统一设计建设、统一管制指挥、统一运营管理、统一产业布局的"五统一"通航运营管理体系;创新打造"1+N"通航发展模式,即建立以日照机场为中心"1",以涛雒、岚山等通用机场、起降点为"N"的支线带通用、通用带起降点的通航网络,日照通用航空在"换道超车"中开启了"腾飞"模式。争取空军划设 15 块、面积 12500 平方公里的低空飞行空域,是日照市陆地面积的 2.3 倍,保障通航能力逐步夯实。功能协调、兼容互补的通航联动网络,让"运通融合"成为现实,通用机场无法开展的夜航、仪表等飞行训练科目,全部依靠日照机场空管、通信、导航、气象等设施设备来完成。日照机场航班繁忙时,将通航训练调剂到各通用机场开展目视飞行,电子飞行包(EFB)、低空目视航图、气象"1+N"信息共享等项目,提高了运行效率和安全裕度。目前日照机场已吸引九天飞院、南山飞院、锐翔飞培、锐翔通航、如意通航 5 家通航企业、57架通航飞机驻场飞行,通航飞行连续保持120%的增速,2019年通航飞行达到11.6万架次、3.2万小时,飞行时长占山东省的1/3,成为山东省最大的通航训练基地,年培养飞行员300多名,通航发展质量明显改善。2020年10月26日,"环鲁飞"短途运输首条航线济南—日照航线在日照成功首航,通用航空从"原地飞"向"联网飞"过渡,由"飞起来、热起来"转向"好起来、强起来"。平台化集聚,日照航空产业集群发展态势初步形成以从零开始、敢于后来居上的勇气,日照机场充分利用中小机场的辐射和溢出效应,搭平台、做支撑、增动能,努力成为航空产业链聚集高地。

日照市划设107平方公里的空港经济开发区,建成综合保税区、岚山通航产业园和市北通航产业园,聚焦通用飞机、无人机、发动机、关键零部件、维修改装、应急救援、航空研学教育等产业,发展临空高端制造业和航空现代服务业。飞奥无人机发动机公司年产发动机6000台,日照山太飞机公司为支线、公务、通航飞机提供定检、维修、喷漆等业务,年维修波音737、空客A320系列飞机100余架,雏鸽(CH2000)、美国奥德赛航空发动机租赁项目落户日照,已经开展相关业务,航空产业链条初步形成。日照华翼蓝天的空客A320D级模拟机研发成功并取得民航局CCAR-60部D级认证,填补技术空白,打破国外垄断,生产基地落户日照高新区,将在日照生产销售,以此为依托设立的中国民航管理干部学院山东基地推进顺利,项目筹建办已经成立,各项工作统筹推进。为了更好地发展航空产业,日照机场建立8名院士进驻的日照航空院士工作站,成立日照职业技术学院通用航空学院(设有飞行器维修技术、飞行器制造技术、通用航空航务技术、定翼机驾驶技术、空中乘务等专业),加强技能型人才培养,为航空发展提供智力支撑。此外,还设立了2050万元的通航人才专项基金,建立新旧动能转换基金投资通航产业项目库,为相关产业提供高效便捷的服务。

三、机场营销策略组合

1. 产品策略

机场产品包括机场提供的设施和服务,以满足不同客户的需求。机场产品包括有形元素,如物质基础设施,以及无形元素,如提供服务等。将有形产品分为空侧基础设施(跑道、滑行道、助航设施)、陆侧基础设施(航站楼、停车设施、地面运输设施)、机场地面服务设施(飞机维修、航班餐饮服务、机场安保设施)以及免税区和临空经济区等。无形产品指组织、机构和操作等方面,例如,国家政策、机场运营(空中交通管制、机场安全和安检)、机场维护,以及监管和环境等外部因素。针对航空公司和旅客的机场产品分别如图11-2、图11-3所示。

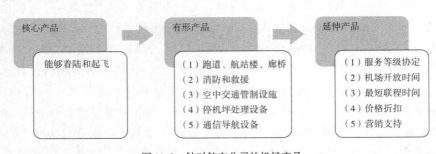

图11-2 针对航空公司的机场产品

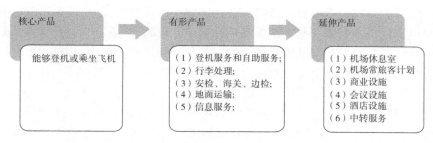

图 11-3　针对旅客的机场产品

机场希望吸引航空公司,就要确保能够满足航空公司需要的所有实际机场基础设施相关要求和能力。包括足够的跑道长度和承载力、适当的空中交通管制、仪表着陆系统、照明和天气监测系统,以及足够的停机坪空间和登机口数量。

机场的核心业务是:为航空公司提供确保安全的专业性服务,为旅客提供优质、舒适的过程性服务。二者在本质上都是为用户服务。那么机场应当提供什么样的产品(服务)去满足市场需求,这就是机场的产品策略。

1) 优质服务策略

提供优质的服务是机场赢得客户信赖的重要方式。提供安全、快速、健康、舒适、实用、方便的服务是机场优质服务的重点。

(1) 保障安全服务:优质服务首先应是安全的服务。对航空运输服务而言,这是优质服务的核心成分。确保安全是航空运输服务最显著的特性,没有安全,就没有一切,安全一直都是服务竞争的一个重要品牌,是衡量航空服务质量的一个重要指标,是优质服务的主要内涵之一,是顾客价值的最大体现。安全是旅客最基本的、同时也是最重要的需要,所有的旅客都希望能够安全抵达目的地。机场服务要确保旅客在旅行、饮食、购物、娱乐过程中生命不受到危害,健康和精神不受到伤害,货物和财产不受到损失。因此,改进机场的安全功能是提供优质服务的基础。完备安全措施,完善安全设备,做好旅客和设施的安全检查,注意食品和环境卫生,多环节安全控制及高水准安全管理,实现机场安全零缺陷。"安全第一"是航空运输永恒的主题。

(2) 提供快速服务:优质服务,还应该是迅捷的服务。这是航空服务最基本的特点,是体现顾客价值的最基本方面。迅捷服务,不仅仅是指拥有较高的准点率,还包括从购票、办理乘机手续都要求提供更大的方便、更简易的程序,以及与顾客更快更有效的交流。时间对于服务行业来说至关重要,对于民航运输来讲更是如此。因此,机场必须能够提供及时、准时、省时的服务。一方面要保证航班准点,不断强化航空服务的准点意识,注意培养全体员工的敬业精神和责任感,理顺工作环节,加强现场管理,改进航班的信息管理,避免人为的航班延误。另一方面,要注意服务工作的省时和高效,避免拖拉。2020 年 12 月 12 日,随着 MU2121 的经济舱旅客凭刷脸依次通过闸机门,东航北京分公司正式启动首见乘务员服务模式。就此开始,旅客在大兴机场只需"一张脸"或"一个证件",便能实现值机、托运、登机的全流程自助化,静候在客舱的乘务人员,即可成为旅客在出行中首位进行服务的工作人员。

(3) 加强信息服务:机场应该能保证信息流动通畅。如候机楼的标识应该简单、明了,易于识别,方便旅客了解信息,如登机口、电话、卫生间、免税店的具体位置。使用符合国际规范的各种公共信息图形符号,以方便来自世界各地的旅客。设置问讯处,满足部分旅客的特殊信息要求,也可以在候机楼安装一些电脑多媒体触摸信息设施,方便旅客自助查询。航班信息应该能够通过大屏幕显示、广播等准确地传递给旅客。近年来随着国内民航业的快速发展,航站楼规模也随之扩大,需标识的信息也更加复杂与多样,传统标识标牌的设计也越来越复杂,无形中增加旅客的寻路难度。尤其是在关键节点的寻路,旅客往往需要对多个方向进行识别。通过专门开发的旅客智能指引 App 可更好地解决此问题,旅客可在航站楼内导航,对于寻找登机口、卫生间、商店等设施十分便捷。部分机场的 App 还具有协助停车、提示航班信息、提示安检排队时间、餐饮购物、电子登机、AR 导航等多项功能。

2)特别服务策略

(1)特殊旅客服务:特殊旅客是指在接受旅客运输和旅客在运输过程中,承运人需给予特别礼遇,或需给予特别照顾,或需符合承运人规定的运输条件方可承运的旅客。包括重要旅客、无人陪伴儿童、病残旅客、孕妇、婴儿、犯人以及受承运限制的旅客。

对于重要旅客服务(VIP 服务)要高度重视,确保安全可靠及万无一失的同时,保证重要旅客受到应有的礼遇,还要注意做好保密工作,如建立重要宾客档案,贵宾室要设施专用、设备齐全、典雅舒适。对于无人陪伴儿童,可以准备一些儿童读物、玩具和饮料糖果等,尽量照顾到小乘客的生活习惯,密切注意小乘客的安全。其他的特别服务如病残旅客服务、婴幼儿服务、老年旅客服务,机场需要准备轮椅车、担架车、婴儿车等专用车,并设立幼儿游乐园区、母婴室、专门休息室等,并给予热情照应,帮助解决他们的困难。

(2)不正常航班服务:由于各种原因造成飞机不能按时起飞,或未按时将旅客和货物送至目的地或经停地的航班,称为不正常航班。不正常航班的直接结果是造成航班延误。虽然保证航班准点是各大航空公司、机场工作的重点,但航班延误仍是一个世界性难题,是不可回避的客观现实。出现了航班延误,机场要和航空公司密切配合,做好对航班延误全过程的统一领导、协调和监督工作;充分尊重旅客的知情权,保持信息渠道的畅通;用坦诚相待和真情服务赢得旅客的谅解,做好延误航班后续工作。

(3)其他特别服务:对于一些有特殊需求的旅客,机场也可以提供相应的特别服务。对于公务旅客可以考虑设立功能齐全的室内商务中心,通信设施齐备,以满足他们的特别需要。对于观光游客的服务可以设立旅游服务台,专门解决旅游景点介绍、联系饭店、旅行社等问题。

3)品牌服务策略

由于机场提供的服务产品具有无形性,和有形产品相比,服务的特色及组成服务的元素,甚至使用服务后的利益都很难被顾客所觉察。将机场服务品牌化,是顾客鉴别机场服务和可靠性的一个重要方面。

4)有形展示策略

机场的建筑本身往往是一个城市的形象和标志,是一种无价的有形展示,这只是有形展示的表象性。其实航空港内部的实体环境,如装潢、颜色、陈设乃至音乐,为旅客提供服务的实物装备,如推车、柜台、电梯,以及广告标识等都会对旅客的消费产生一定影响。现在越来越多的机场开始注重机场环境的绿化和美化工作,就是对有形展示重视的结果。

法兰克福国际机场顺应大空间设计的趋势,体现了宽敞明亮的特色,利用更多的地毯、天窗和大玻璃墙来美化环境,让旅客有广阔的视野。

走进我国的北京首都国际机场、北京大兴国际机场、杭州萧山国际机场、广州白云国际机场,艺术的造型、明亮的空间、清新的空气、错落有致的景观,也同样让顾客感到心旷神怡。体现了世界上最先进的航站楼建设理念的北京大兴国际机场,融合了中国传统经典建筑元素。位于指廊端部的外部"空中花园"分别以"丝园、茶园、瓷园、田园和中国园"为主题,呼应"丝绸之路",为旅客带来中国园林式的候机体验。

5) 创新服务策略

新加坡樟宜机场连续十几年被英国《商务旅客》杂志评为世界最佳机场,其成功的做法就是长期注重开发,服务中力求创新,不断提供新的设备和服务,使顾客每一次光顾都觉得特别,留下难忘的印象。变革、创新和开发是一股不容回避的时代浪潮。现代化的航空港,核心在于通过开发创新,逐步丰富航空港的功能,提供更为周到、更具特色的服务。创新服务可以是开发新的市场,提供新的服务产品,或是服务手段的创新。

新加坡樟宜机场曾经推出免费身体检查这一颇具新意的服务。为乘客提供简单的身体检查服务,包括测量血压和体重指数(Body Mass Index),适应当今社会关注健康的新潮流。配合免费健康检查活动,新加坡樟宜机场将设小型保健展区,展出保持身体健康的小贴士。

2. 价格策略

机场的定价既有主营业务产品的定价,又有非航空性业务产品的定价。机场确定价格策略时应考虑以下因素的影响:经营目标、成本、市场需求、市场竞争、政府政策及国家经济情况等。

1) 实行需求差异定价

定价是机场利用价格杠杆达到服务目的的经济因素,影响到机场开通航线数量的多少及航班密度的高低,只有航线数量多、航班密,才能吸引大量的客源。目前,我国受定价制度的影响,计划性、政策性定价多,灵活性、市场性定价少,甚至没有操作空间。现在的起降费是按飞机质量计价,和使用机场的时间段无关,而民航航班的载客率与航班的时段直接相关,因而航空公司宁愿多付一定的附加费来保证航班在高峰时间到达或出发。因此,作为机场一方,不同时段的使用费用应该是不同的:提高黄金时段收费标准,夜间或不佳时段降低收费标准,以鼓励航空公司夜间飞行,避开白天高峰期的航班起降拥挤状态。一方面可减轻高峰时间的拥挤,另一方面使资源利用更为合理。目前,有些国外机场采用拍卖时间段的办法,就是利用经济手段调节高峰流量,同时增加一部分收入,这对于我国机场制定合理的价格体系可以借鉴。另外,还可以根据不同飞机、不同航线(冷热航线)、直达或经停等情况实行需求差异定价,使机场资源得到充分利用。

此外,机场候机楼有大量的商业面积对外出租,也应该根据人流、区位等因素合理规划,根据不同需求和价格弹性分别定价,同时按照市场目标和利润目标原则,选择适当定价方式。如VIP室可采取声望定价策略;中转隔离区可采取渗透定价策略;到达厅可采取成本定价策略;国际厅可采取差别定价策略;国内出发厅采取数量定价策略等。

2) 实行有竞争力的价格策略

(1)降低机场收费是提高机场竞争力,吸引航空公司飞机停靠的有力措施之一。比如以一架 B747400 型机降落需支付的费用为例,日本成田机场和关西机场的收费最高,在 10000 美元以上,香港国际机场收费为 5740 美元,上海机场收费为 5000 美元,新加坡机场约为 2760 美元，曼谷机场是 2500 美元，马尼拉机场收费为 2180 美元，吉隆坡机场只收约 1200 美元。因此，降低运营成本，提供有竞争力的价格无疑是机场面临的一大课题。当然，按照中国民航现有的管理体制，国内机场的收费标准实行全国统一定价。但是随着民航市场化改革的深入，提供灵活的收费体系无疑是提高自身竞争力的有力措施。

例如，面对新加坡和马来西亚等邻近国家和地区不断改善服务和降低国际机场费用的压力，泰国政府降低国际航空公司使用曼谷等机场的费用，以便继续吸引外国航空公司使用曼谷作为欧洲和亚洲间的中转枢纽。

(2) 降低候机楼商品价格是吸引客流量促进机场商品零售的重要方式。如新加坡樟宜机场、马来西亚吉隆坡国际机场实行机场商品的"低价保证"，吸引了广大消费者。目前国内很多机场也采取了一些措施一改以往"机场高价"的服务形象，使机场物价的标准逐步达到市区大型商场的水平，一次来吸引旅客在机场商业设施的消费。

3. 促销策略

促销的实质是增加企业和服务对象之间的了解和交流——相关信息的双向沟通，以达到扩大销售的目的。现代信息技术的广泛使用，为机场市场促销提供了广阔舞台，应该用信息化促进市场化。

促销包括广告、人员推销、销售促进、宣传公关等各种市场沟通方式，以达到树立良好的公众形象，实现品牌效应和服务的目标。机场的促销主要以广告和公共关系为主。

1) 广告策略

广告的最大优点就是广而告之，能在同一时间内向广大目标顾客群传递企业信息、服务或商品信息，是促销组合中使用最为广泛的方式。机场的广告应选择合适的广告媒体，注重长远效果，能够传递企业的形象，建立品牌优势。

与航空公司相比，以下有关航空业的告示广告和公益广告由机场做非常合适：

(1) 告知公众本地区航空运输的发展情况。如完成的吞吐量、开通航班的城市、新开辟的航线、节假日高峰期本港投入的运力等。

(2) 向对航空旅行常识了解不多的社会公众进行普及宣传。如购票、候机、登机的手续、程序、注意事项、可携带物品、不可携带物品、不适宜乘机的身体状况、不能为陌生人看管携带物品等。

(3) 用适当的时机和方式宣传航空旅行是所有运输方式中最安全的，以及航空旅行的舒适性、经济性等。

此类广告不仅可以加强与顾客之间的信息交流，使顾客加深对航空运输的了解，更从另一方面无形地提升了机场的市场形象。

2) 销售促进

销售促进的主要目的是能在短期内吸引消费者的注意，提高机场的客流量。

新加坡樟宜机场从 2010 年开始，每年举办长达 6 个月的商铺大促活动——"樟宜百万富翁(Be a Changi Millionaire)"。作为年度活动而言，"樟宜百万富翁"因其持续时间长，加上有时还与设计师合作推出纪念品，因而吸引了不少游客参与。在机场商铺内消费 30 新元、50 新元，旅客就有机会参与每月的抽奖。有机会的话，旅客还可以参与最终大奖抽奖，大奖按惯例是 100 万新元，或者一辆汽车。

3）公共关系策略

机场作为城市和社区的一部分，拥有大量的土地，又有众多的商业活动，大的机场有如一个小型城镇，这些构成了机场独特的社会公众关系。有效的公共关系，有助于机场公司充分利用资源优势形成核心竞争力。新加坡樟宜机场公共关系部卓有成效的工作，是航空港做好公共关系工作的实际范例。机场企业开展公共关系活动，可以从以下六个方面着手。

（1）与政府、社区的关系。机场的地位通常由所在地区的经济发展实力决定，任何一个国际性城市都必须拥有一个现代化的机场，机场与城市高度依存关系要求城市为机场的发展提供土地资源和政策保护，反过来机场要处理好与政府和社区的关系。噪声污染是其中一个比较突出的问题：繁忙的机场对周围区域有很强的噪声污染，特别是处于飞机起飞和下降航道下的区域，受到噪声的影响更为严重，如英国机场的扩建计划就遭到周围居民的强烈反对。机场应采取一定的措施降低噪声，如建设噪声防护墙或防护林、征用噪声敏感区的土地、实行宵禁等。

（2）与新闻媒介的关系。机场要通过新闻媒介向公众传递企业及其服务产品的有关信息，扩大企业的知名度。机场可以创设一些有价值的新闻并将其公布给新闻媒体，也可以召开记者招待会，邀请记者参观企业，举办一些专题活动如各种庆典活动、竞赛活动吸引媒体的注意力，在互联网时代，机场可以利用App和公众号传播信息，宣传机场，以增进与公众之间的交流和相互了解。

（3）与用户的关系。航空公司是机场的主要用户，是它的主要收入来源，因而机场必须用主要设备、人员、资源来满足公司的要求，与航空公司建立长期的稳定关系以利于共同的发展。一个高度发达的机场必然有一个强大的驻港基地航空公司与之形成利益共同体。站在航空公司角度，机场是它整个航线网上的一点，它需要机场提供一定的设施和服务。由于各航空公司的规模不同、机型不同、航线不同及变动，要求机场能提供适应它们要求的设施和服务。如发生航班延误或危机事件，机场应该协助航空公司共同做好工作，不应推卸责任。

旅客和货主也是机场的重要用户，努力在他们心目中树立良好形象也是机场公共关系不可忽视的方面。

（4）与机场内服务性企业的关系。机场作为一个社区，有大批服务性企业进驻机场；如饭店、旅店、商店、出租车站、停车场等，机场要向这些企业收取租金费用，它们也是机场的用户，同时也要对它们进行有效管理。这些企业经营业绩、服务质量对机场的声誉有很大影响，同时也是机场收入的重要组成部分。因此，搞好与服务性企业的关系对机场企业休戚相关。

（5）员工关系。在机场服务的工作人员是机场服务的主体因素，在顾客看来其实就是服务产品的一部分。大部分一线工作人员担当着服务表现和服务销售的双重任务，服务人员的言行、仪表和态度对服务质量、消费者享受服务的满意程度、企业的信誉等都有极大的影响，从而对实现企业目标有着举足轻重的作用。因此，员工关系也是机场公共关系的一个重要组成部分。机场应该在对员工的感情投资、解决员工的实际困难、提供员工良好的个人发展空间、员工持股利润分享等方面做出努力，以增强企业的凝聚力。如广州白云国际机场本着以人为本的思想，积极为员工办实事、办好事，解决职工的后顾之忧。在住房建设、生活后勤、医疗、福利、保险等方面不断加大投入，关心职工的业余文化生活，关心下一代的成长，从政治上、生活上关心离退休人员,开展"送温暖"工作,使企业文化建设真正成为调动广大职工积极性,发挥他们主动性和创造性的有效途径。

(6)积极参与社会公益活动。机场要积极参与社会公益活动,提高在公众中的形象。如赞助社会公益事业、体育事业、文化影视事业,参与环保活动等。如香港机场管理局和香港青年协会合办的"机场大使计划":香港机场管理局安排超过100名年龄在15~24岁的青少年,在香港国际机场担任"机场大使",负责接待及协助旅客。这项"机场大使计划"获得香港劳工处全力支持,属该处的青少年见习就业计划。机场大使首先会接受一星期的课堂培训,香港机场管理局将委派专职人员与他们分享待客之道,并教导他们执行其他职务。这是一项创新的就业培训计划,目的是协助本地青年积累工作经验,加强服务意识,增加机场的美誉度和亲和力,培养未来的忠诚顾客。

第三节　发展机场非航空性业务

机场的业务可以分为航空性业务和非航空性业务。航空业务指与航空运输密切相关的业务,如飞机的起降、停场、地勤、机务及候机楼和货站地面服务等服务。非航空性业务指与航空运输不直接相关的业务,主要包括商品零售、餐饮、停车、汽车租赁、广告、商务中心、会员俱乐部、贵宾休息室、业务用房、场地出租、通信、酒店、其他商业延伸、增值服务等。机场主要的航空性与非航空性业务见表11-3。

机场主要的航空性业务与非航空性业务　　　　　　　　　　　　　　　表11-3

航空性业务	非航空性业务
起降服务	地面服务
停场服务	航油
客桥服务	延伸的商业、物流服务
旅客及行李安检服务	其他非航空性业务
货邮安检服务	—
旅客过港服务(基础设施相关)	—

机场在航空业务领域为整个流程的参与各方提供场地和设施,但并不拥有航空业务的主导权,机场主要是通过提高资源利用效率,保证服务质量与服务安全来促进业务收入的增长。在非航空性业务领域,机场也是一个场地提供者,但不同的是,机场拥有非航空业务的控制权,可以通过更好的商业规划和多种灵活的特许经营等方式来增加业务收入。机场的商业零售、餐饮、住宿等业务一般都具有较大的发展空间,并且还能根据一个地区的文化传统、生活习惯发展除本地机场的特色。机场非航空性业务的收入水平可以相差很大。经营管理好的机场,其非航空性业务收入甚至可以超过航空主业收入。在越来越激烈的市场竞争中,机场在大力发展航空性业务的同时,大力发展非航空性业务,加强非航空性业务营销,着力提高机场收入水平,无疑是正确之策,是机场发展的必然趋势。

一、非航空性业务类型和经营模式

1. 非航空性业务类型

机场非航空性业务,有狭义和广义之分。狭义的非航空性业务可以归为两大类:与航空主业相关的业务和纯粹的财务性收益业务。与航空主业相关的业务包括候机楼商业、停车场、酒店等;纯粹的财务性收益业务是指像地产之类的与机场主业并无多大关联的业务。广义的非航空性业务还包括围绕机场建立的经济区中发展起来的相关优势产业,也就是临空产业。常见的有航空保税产业、高新技术产业及其零部件产业、现代园艺农业、商务会展业等。

目前机场主要的非航空性业务主要包括:

(1)地面交通集散地。一般多为停车场收入,近几年来物流园区也开始贡献更多的价值。

(2)候机楼商业资源。大多是采用招标的方式选定的候机楼内的商店、餐厅、酒吧以及机场内的酒店、汽车租赁、航空配餐、行李分拣公司、货运代理等的租金。

(3)办公用房租赁。包括商铺以及为航空公司和其他办公单位提供的办公室、会议室和商务活动所使用的办公用房。

(4)贵宾厅。在机场除了有航空公司为头等舱和商务舱的客人提供服务的贵宾厅外,部分机场也会为所有旅客提供有偿服务的贵宾厅。

(5)广告。广告收入在中国机场非航空性收入中占有相当大的比例。

(6)IT资源。大部分的机场内企业都可能需要租用专门IT公司开发的系统进行管理。

2. 非航空性业务经营模式

机场非航空性业务可能采取的基本经营模式大体可分为七种,分别为自营、劳务外包、租赁、特许经营、全资公司经营、控股公司经营和参股公司经营。多数机场并不仅仅只采取一种方式来经营其非航空性业务,往往采取以一种模式为主导或者多种模式并举的经营方式。

(1)自营。自营是指机场自身开展非航空性业务。通过投入固定资产、运营资金和人力资源来经营。其经营所得全归机场,但所有成本也将由机场全部承担。这种模式下的非航收入与相应的成本费用有很大关系,通常机场会采取一系列控制成本的方式来提高其自营的收入,但这样控制成本有可能带来一定的服务方面或者旅客体验方面的下降,因此存在一定的风险。另外,机场自营也存在一个经营经验不足及业务扩展和分布不广的问题。倘若自营模式发展得好,其一定程度上也会成为机场的优势业务,带来可观的收入。

(2)劳务外包。劳务外包是一种自营模式的扩展。在这样的模式下,其经营所得仍然全归机场。机场同样要承担全部的成本,只是相对应的劳务成本以合同的方式外包给其他公司。这样一种方式经管不一定能很好减少经营成本,但外包的方式省去了很多管理方面的成本和时间,并且外包承担公司往往具有较高的对业务的熟悉程度和管理能力,这会使得劳务外包业务具有更良好的服务,而这一点是机场自营较难达到的一点。

(3)租赁。租赁通常指的是机场将其资源租给其他公司使用,以此来收取租金。这种模式,收入比较稳定,但一般收益率不高。

(4)特许经营。特许经营是指机场对于业务项目通过公开招标或其他方式,与选定的各业务项目的运营商签订特许经营协议,受许人即取得某业务项目的经营权,并通过协议明确特许经营权限、特许经营收费标准及机场与受许人之间的权力义务关系等。这一模式是近年来机场较为普遍采用的经营模式。机场往往将一部分或全部航站楼的零售、餐饮、等业务交给专业的公司来运营。这样的模式机场所承担的风险较小,也可以取得良好的收益,因为被广泛采用。

二、机场非航空性业务发展规律和策略

1. 机场非航空性业务发展规律

唐少勇、苏欣、任新惠在《管理型机场视角下非航空性业务发展的路径探究》一文中总结了非航空性业务发展的规律及特点。根据旅客年吞吐量的不同把机场的发展分为五个不同特点、不同形态、不同模式的发展阶段。

当旅客年吞吐量在 0~1000 万人次时,是机场的航空性主业的开发阶段,该阶段机场主要发展的航空性主业,并不重视非航空性业务的发展,其中的餐饮、物流、地面服务等非航空性业务只是为了辅助航空性主业的运行。

当旅客年吞吐量在 1000 万~2000 万人次时,是机场内商业开发阶段。机场的非航空性商业经营范围不断扩大,经营方式也逐渐转变,部分业务出现了特许经营的模式,非航空性业务的质量也有所提升。

当旅客年吞吐量在 2000 万~4000 万人次时,是机场物流园阶段。机场内航空货运有了一定的规模,机场内的商业经营和设施设备均采用特许经营模式,外包给专业的公司及航空公司自主运作。

当旅客年吞吐量在 4000 万~5000 万人次时,机场进入地产开发阶段。机场内形成公平竞争的环境,不同层次的旅客需求能得到很大程度的满足,机场的商业管理趋向于成熟。周边形成商圈、临空经济区,出现了集旅游、购物、酒店、医疗、教育资源为一体的大型综合体保障服务,此时机场地产发展成为主业。

当旅客年吞吐量在 5000 万人次以上时,为综合体发展阶段。机场的管理趋于成熟,除机场的核心业务或重要航空资源由机场自主经营外,其他业务均采用特许经营、BOT、合资等多种经营管理模式实现专业化管理。

2. 机场非航空性业务发展策略

(1) 结合条件,寻找发展模式。

机场发展非航空性业务,没有一个固定模式。各机场要结合自身情况,寻找发展模式。如很多机场会采取特许经营这一模式来运营发部分的非航空性业务。但有些机场,如厦门机场,其非航空性业务是通过成立不同的公司自营的。很多服务,如航食,不仅服务于机场、航空公司,还向社会提供服务。

(2) 多头并举,推行多元化发展。

多元化发展是指机场在传统的非航空性业务,如客货运代理、餐饮、零售、休闲等以外,尽可能多地去发展其他业务。通过多元化的发展,以求得更好的收益。例如,广州白云国际机场,出发展传统的非航空性业务外,还涉足金融业。又如机场会议服务,相比于其他专营租赁会议场所的地方来说,机场提供的价格具有很强的竞争力。因此无论从经济角度或者时间角度来说,机场会议服务都具有一定的优势。

(3)体现特色,促进顾客消费。

很多机场会邀请全球知名的零售或餐饮品牌入驻,但这并不是唯一的选择,有时凸显当地特色的品牌,也很受旅客的欢迎。如旧金山国际机场举办的纳帕农场美食市场、明尼阿波里斯—圣保罗国际机场推出的 Surdyk 葡萄酒吧、西雅图塔科马国际机场推出的 Beechers 手工奶酪产品等都很受旅客欢迎。机场需要考虑在国际、国内品牌和当地特色之间找到一个合适的比例。

(4)技术领先,线上线下共进。

互联时代,信息领先。机场非航产业线上线下共推至关重要。App/公众号的作用可以不仅仅局限于查询航班信息、引导旅客路径等,也可以用来促进旅客消费。App/公众号也可以做成一个社交平台模式的软件,定期发布一些和机场零售相关的优惠信息,或者机场各家餐饮的评价信息。旅客可以在 App/公众号上查到自己想购买的商品/服务,也可以看到当前的促销信息。这样通过一个简单的 App/公众号,便可以起到刺激消费的作用。而作为机场的管理者,也可以根据 App/公众号反馈的评价来调整机场商业的分布和商户的组成。大数据时代的来临,相信对于机场非航空性业务而言,是一个很大的机遇。

(5)加强互动,促进临空产业建设。

机场非航空性业务的发展,归根结底取决于地区经济活力。而临空产业的发展,将为机场非航空性业务的发展带来新机遇。广义来讲,临空产业本身,就是一个非航空性业务。加强与相关部门的互动,促进临空产业发展,无疑是机场的明智之举。

三、机场非航空性业务的成功经验和发展趋势

1. 国外机场发展非航空性业务的成功经验

虽然各国机场在非航资源管理上各具特色,但也有相似之处。

(1)重视旅客体验,强调以旅客为中心的人性化服务。

随着经济发展和社会进步,旅客消费者对旅途中轻松、便捷、舒适的服务要求越来越高。非航空性业务发展得很成功的机场都在致力于为旅客提供流程更为便捷、商业、餐饮、休闲娱乐等更为全面的全方位的服务体验,力求旅客的愉悦感在各方面得到提升。在旅客满意度升高的过程中,推动非航空性商业的可持续发展。

(2)品牌效应强,价格合理,为旅客营造放心的购物环境。

消费者在购买活动中物美价廉是一个重要的考量因素,过高的商品定价不仅会降低消费者的购买欲望,而且会造成消费者的"恐惧"心理,也影响机场在旅客消费者中的整体印象。例如,免税商品直观地让消费者认为"更实惠",也因此能够收到更多消费者的关注和青睐。以上国际先进枢纽机场在价格策略上都给予了消费者很大优惠,极大地引起了消费者的消费意向,同时依靠机场的品牌效应,为消费者在消费时心理上营造了安全可靠诚信的形象保障,提升了消费满意度。

(3)营销活动有较强针对性,消费者黏度高。

虽然机场商业消费者流动性强,但有些机场通过举办有较强针对性和节日特色的营销活动和有效的客户关系管理,保持与部分旅客消费者的联系,留住部分固定客户,提高了消费者黏度。

2. 机场非航空性业务的发展趋势

随着互联网及信息技术的飞速发展,越来越多的领域披上了"智慧"之冠,重新焕发出新

的活力与发展潜力,如智慧交通、智慧城市等。国内智慧机场的提出也基于这一背景。在机场1.0版本,机场以运营为导向,为旅客提供最基本的服务,以及必要的安全设施设备,以维持航空运输业务的运作。在进入机场2.0版本后,则转向以机场商业为导向,整合利用机场内各功能单元,合理规划提升机场内各模块的协作。而当下,机场迎来了3.0版本,机场将以旅客体验为导向,结合信息技术的运用,着力解决旅客的需求痛点,这也正是"智慧"的体现。然而,人们在出行方式的选用上也随着城市交通工具的不断更新和优化而竞争激烈。旅客从曾经的"能怎么走"的出行选择,上升到现如今"想怎么走""怎么走便捷、怎么走舒适"的更高级需求层次。在中国经济快速发展的今天,人们的生活节奏随着社会进步的步伐日渐加快,高速铁路凭借着旅客安检流程速度快、候车时间相对短的特点赢得旅客青睐。民航在众多交通工具的竞争中,作为"高端""舒适"的交通工具代表,需要在机场3.0时代以"智慧服务""智慧出行"作为竞争优势,注重旅客体验,以期实现全流程的智能化管理机场服务。

机场非航资源运营管理发展趋势主要有以下几个方面:

(1) 以旅客体验为导向。

引领机场服务进入以旅客为核心的、以信息技术为竞争力的新时代的是个性化的移动互联网技术。在这个移动通信无处不在的"互联网+"时代背景下,旅客希望能够通过连接各种信息来源,通过大数据分析,获取各式各样的具有个性化需求的信息,并与各自的社交网络保持联系。

(2) 智能化的营销服务。

在移动互联网飞速发展的今天,机场需要利用大数据、云平台等信息技术手段,有效地分析描绘每个旅客的需求画像,为旅客推荐其可能感兴趣的商品。据统计数据显示,Amazon的销售额中35%都来自推荐。与此同时,利用这些新技术平台,机场可以为旅客出行提供方便并且高效率的数据信息和资讯,提升旅客对信息技术平台的体验感,同时也可通过平台增进对旅客的了解程度,从而提升对旅客数据的获取与分析能力。

(3) 围绕主体多元协同。

机场为了能够降低运营成本、提高运行效率,在未来的发展建设中需要做好飞行区、航站区、公共区、物流货运区等业务核心相关区域的协同运作,并对运行情况进行前瞻性分析,同时做出态势变化预测,以便及时调整运行细节,避免特殊情况的发生或降低已发生特情的影响范围。通过这种相关联运体系创建的信息共享数据平台,尽可能及时、准确地提供关键信息资讯,使各业务参与方能够形成协同合力。"协同能力"可以延伸到机场外部,与过多的利益相关方,如政府、监管局、民航局、城市交通接力工具等,最终在城市中形成广泛的协同机制,对服务对象的全过程提供关联。这种协同决策的信息共享数据平台需要结合信息技术手段加以实现。

综上所述,民航业作为传统的交通运输行业,非航资源运营管理发展更需要借助信息技术在各方面实现创新与突破。

【案例】香港机场新模式变革

香港国际机场作为世界级机场,曾多次获得Skytrax公司评选的全球最佳机场,其作为一个著名的中转枢纽型机场,中转的便捷性和舒适性是旅客体验的影响十分巨大,香港国际机场在流程设置和商业服务方面有着丰富的经验。截至2017年,航站楼店铺出租和广告的收入已经占到了机场总收入的40%,整年的总体收入高达194亿元,比上海浦东国际机场(81亿元)和北京首都国际机场(96亿元)加起来还要多,非航空性业务能力十分优秀。香港机场2017年非航收入结构见表11-4。

2017年香港机场非航空性业务收入结构　　　　　　　　　　　表11-4

非航空性业务名称	比例(%)
禁区专业服务	24.8
特许经营权	64.2
其他商业服务	11.0

香港机场的商业布局相比于传统模式上有明显进步,从修建T2航站楼开始就有了明确的商业构思。一方面有意识地分流旅客群体,将部分廉航公司柜台布置在新的T2楼,配置了中低端消费的商业体,甚至为长时间候机旅客提供通宵休息场所。另一方面采用了紧凑的机场总体设计,提供了同样便利的交通工具,使T2航站楼内的旅客不至于损失更多时间。最后,T1和T2特殊的连接方式,使T2楼内各层回廊两侧拥有了大量的广告位,提高了机场集团的直接收入。T2航站楼整体设计以简约为主,而采光更是将舒适度得到了较好的提升。与此同时,雕塑与鲜花的布置更是为机场带来了较多的人文气息与艺术氛围,从而使客户紧张心情得到有效缓解的同时,也间接提升了旅客的商业消费倾向。在机场商业设施方面,香港国际机场为不同的旅客提供了多种消遣方式。

其一是免税店。香港原本就是一个以免税闻名世界的城市,利用这一本土吸引力为机场创收能事半功倍。香港机场航站楼内的商品价格与市区相差无几,很多品牌和纪念品甚至更加便宜,大量旅客为此选择提前到达航站楼购物,乘机与消费不再那样充满矛盾,机场也能以此吸引更多的旅客、商户和广告,赚取更多的利润,再依靠收入提供更多更好的服务,达成良性循环。

其二是电影院。位于翔天廊的UAIMAX影院,拥有20米×13米的巨型银幕,号称是亚洲最大的千尺4D巨幕,对于大部分到港观光消费的旅客来说,本就拥有巨大的宣传点和吸引力,配合两小时的电影,能为旅客提供一个舒适愉悦的候机体验。

其三是展馆观景。在相对宽敞的T2航站楼二楼,专门设置了一个与航空相关的主题博物馆,在此花费15元港币,就能登上skydesk机场展望台。香港机场依靠填海扩建,机场背景山海相连,景色优美,是摄影爱好者们的绝佳选择。

其四是儿童游乐区。对于儿童来说,动辄两三小时的候机时间过于漫长,容易引起他们的烦躁不安,进而影响到整个公共区域的秩序。针对这一点,两个航站楼内共设置了八个游乐区,提供了玩具、游戏和卡通片。

其五是大型餐饮区。在T1航站楼的第五进港区和第七层离港区都设立了餐饮区,在T2航站楼的登楼同样设立了更大面积的餐饮聚集区。较有特色的是提供沐浴。旅客可凭登机牌,到指定区域免费领取洗浴用品进行沐浴。沐浴能充分缓解身心疲惫,放松的心情和充满活力的身体,能充分激发旅客们的消费欲望。

对上述几种传统业态的合理布局,离不开建立在数据分析之上的正确运营决策。近几年来,香港机场并不满足于传统的线下商业运营和浅层次的数据决策分析,开始使用智能化设备优化流程、采集数据。比如采用基于指纹识别的职能自助通关技术,将过关时间从75秒减少到20秒。试点SPEED客运流程计划,让旅客通过网上操作,能够一次性办理机场、航空公司、政府部门的各项手续,极大地简化值机、托运、安检等手续。

思考题

1. 简述机场的概念和定位。
2. 机场的服务对象有哪些?你是如何理解的?
3. 机场的有形资源有哪些?
4. 机场如何取得竞争优势?
5. 机场的产品策略有哪些?
6. 谈谈对机场的价格策略的理解。
7. 试为××机场设计一则广告(广告语、广告信息内容)。
8. 机场的公关活动可以如何开展?试收集你所熟悉的机场的公关实例。

综合练习题

一、辨析题

1. 市场是各种社会关系的总和。（　　）
2. 在市场学中是以产业性质和产品用途把市场划分为消费市场和工业市场。（　　）
3. 市场学是站在政府的立场上，以管理市场交易行为的角度来分析、理解、研究市场。（　　）
4. 现代市场学研究的是企业流通领域内的市场销售活动。（　　）
5. 市场营销观念具体表现为："消费者需要什么，企业就生产什么，营销什么"。（　　）
6. 卖给顾客他想买的是销售，卖给顾客你想卖的是推销。（　　）
7. 任何企业的产品有没有市场取决于购买者、购买力和购买意愿三个因素。（　　）
8. 直接销售是大部分服务市场的唯一销售途径。（　　）
9. 服务市场属于消费品市场。（　　）
10. 在已实现的市场交易中分为"现实交换"和"潜在交换"两种情况。（　　）
11. 企业发现并满足消费者现实的需求是开拓市场在竞争中获胜的重要保证。（　　）
12. "潜在交换"的概念使市场学冲出流通领域的局限，走进企业生产管理大门。（　　）
13. 运输按提供运输劳务者与接受运输服务者是否同一，可分为商业运输与非商业运输。（　　）
14. 工农商企业用自备货运车运输本企业采购的原材料配送产品属于商业运输。（　　）
15. 运输企业进行的运输是营销性运输，又称商业运输。（　　）
16. 一般地说，只要在运输过程中不发生事故，运输完成后增加了被运输对象的实物量和价值量。（　　）
17. 迄今为止运输方式有五种，各种运输方式各有特点，市场竞争只能在各运输方式内进行。（　　）
18. 航空公司和出租车提供的客运服务都属于商业运输。（　　）
19. 运输企业的销售过程就是运力所有权转移的过程。（　　）
20. 货运市场兼有工业品市场与服务市场的特征。（　　）
21. 货运是一个重要的物质生产部门，货运市场具有工业品市场的一般特征。（　　）
22. 在货运市场上，集装箱运输的形成与发展同样是运输企业为满足市场需求的产物。（　　）
23. 生产性消费的客运需求的价值补偿来自旅客个人收入。（　　）
24. 生产性消费的客运需求，运费的价格弹性可能作用不大。（　　）
25. 运输市场的供应能力，取决于机场的吞吐能力。（　　）
26. 运输市场的供应能力，取决于运输企业的运输工具的运载能力。（　　）

27. 运输市场是运输劳务交换的场所,也是运输企业生产的场所。（   ）
28. 运输线是运输企业投放运力的具体市场。（   ）
29. 营销因素组合是企业可以控制的因素。（   ）
30. 航空运输企业的每笔货物的托运受理都是按零担运的要求进行的。（   ）
31. 影响航线单位收入的决定因素是客票费率或货运价费率。（   ）
32. 无差异市场策略的实质是不需要细分市场。（   ）
33. 旅游是非定居者的旅游和暂时居留而引起的现象和关系的总和。（   ）
34. 旅游客流是游客在客源市场与旅游消费市场之间的有规律的运动。（   ）
35. 消费者购买的心理动机具有一定的习惯性和相对稳定性。（   ）
36. 弹性系数是两个相关因素的比例系数。（   ）
37. 消费者需求的"异质性"是市场细分的内在依据。（   ）
38. 市场细分是按照产品的不同进行细分的。（   ）
39. 客运的消费需求可区分为生产性需求和生活性需求两种情况。（   ）
40. 航空运输的需求,实质上是对时间节约的需求。（   ）
41. 空运市场上的购买力,与消费总支出中用于交通和娱乐支出的比例有直接关系。（   ）
42. 不同的运输企业在进行市场细分时,应根据自身的实际情况,采用不同的细分标准。（   ）
43. 在同质市场上,不同的竞争者向市场提供的商品和使用的销售策略大致相同,竞争的焦点主要集中在价格上。（   ）
44. 差异市场策略的实质是不需要细分市场。（   ）
45. 一条航线就是一个细分市场。（   ）
46. 一条航线上旅客货物的构成是影响航线单位收入的决定性因素。（   ）
47. 产品的自然属性因运输而引起的变化,除若干例外,是一种不可避免的祸害。（   ）
48. 按市场学的观点,新产品必须是新发明的产品。（   ）
49. 从供应方定义:产品是人们通过购买(或租赁)所获得的需求的满足。（   ）
50. 产品的核心是产品能够满足消费者需求的功能,也即是产品的效用。（   ）
51. 航空公司开航航线的多少反映了公司产品组合的深度。（   ）
52. 对航空公司而言,开辟了一条新航线就是开发了一种新产品。（   ）
53. 航空公司接待了新旅客运输新货物种类,即开辟了新市场。（   ）
54. 凡是能够给消费者带来新的利益或新的满足的产品都可以被认为是新产品。（   ）
55. 创新产品是销售观点的核心思想,满足消费者不断变化的需求和具体体现。（   ）
56. 低成本廉价推销是销售观点的核心思想,最大限度地满足消费者利益的具体体现。（   ）
57. 空运市场的产品寿命周期因地区航线而异。（   ）
58. 从产品投入使用到磨损是产品的市场寿命周期。（   ）
59. 成熟期企业营销重点主要集中在促销和价格两方面。（   ）
60. 介绍期企业营销重点应放在保持自己产品的份额上。（   ）

61. 市场成熟期是指产品已为市场消费者所接受,销售量迅速增加的阶段。（   ）
62. 运输生产者和实物生产者相比,不需要销售渠道。（   ）
63. 按中间商在流通过程中的功能不同,中间商可划分为经销商和代理商。（   ）
64. 空运市场中间商的主要类型是代理。（   ）
65. 代理商和经销商都拥有商品的所有权。（   ）
66. 销售代理实际上是生产企业的全权独家经营和代销商。（   ）
67. 零售商是把商品直接销售给消费者作生活消费的中间商。（   ）
68. 包机包舱者承担包机包舱后来使用运力的损失。（   ）
69. 计算机订座系统最初是航空公司内部使用的提高生产率的工具。（   ）
70. 运输产品销售和运输市场中间商的特点决定了运输企业应采用短而宽的渠道策略。（   ）
71. 实物产品销售过程实质上是实物商品所有权转移的过程,产权责任明确。（   ）
72. 经销商是从事商品流通业务但不拥有商品所有权的中间商。（   ）
73. 公共关系研究的是树立企业的良好形象,推销企业的形象。（   ）
74. 扩散影响公众是公共关系工作的重要对象。（   ）
75. 公共关系90%靠自己做得对,10%靠宣传。（   ）
76. 公共关系的信息是双向交流,这种双向交流是由公众来推动的。（   ）
77. 代码共享的实质是转让航线经营权和航班品牌使用许可权。（   ）
78. 只提供航班号和公司机票而不实际飞行的公司称为营运共享公司。（   ）
79. 在代码共享航班中,实际投入运力并负责运送旅客的公司称为非营运共享公司。（   ）
80. 代码共享的另一个市场效应是"光环效应"。（   ）
81. 事实上已与公司有关系但尚未意识到的公众称为非公众。（   ）
82. 杂志媒体的优点是:对象明确针对性强,保存期长传阅率高,印刷精美印象深。（   ）
83. 航空公司的广告主要用于货运的促销。（   ）
84. 广告的促销效果具有滞后性,并不要求"唤起购买"起立竿见影之效。（   ）
85. 公众是指任何因面临某个共同问题而形成并与社会组织的运行发生一定关系的社会群体。（   ）
86. 在民航旅客运输中,客票售出以后,意味着销售的结束。（   ）
87. 决定运力成本高低的重要因素是飞机利用率。（   ）
88. 单位运力成本随航线距离的递增而递增,航线运价费率因航线距离递增而递减。（   ）
89. 航空货运成本可以分为运力成本和非运力成本两部分。（   ）
90. 客货兼营的航空公司认为货运是其副产品,也要分摊运力成本。（   ）
91. 航线运力成本与两个机场之间的航路选择无关。（   ）
92. 民航运输价格是民航旅客运输劳务和货物运输劳务的销售价格。（   ）

93. 航空运输价格按航线而定因航线距离而别,运价费率递远递减,运价递远递增。
（　　）
94. 民航运价的含义在运输经济学和运输市场学中是不完全相同的。（　　）
95. 单位运力成本随航线距离的递增而递增,航线运价费率因航线距离递减而递减。
（　　）
96. 头等舱类似于威望产品,可以按需求定价而不必按成本定价。（　　）
97. 轴心辐射式航线结构可以提高机场的使用效率,节省机场投资费用。（　　）
98. 实施收益管理系统就必须给不同运价配之以使用的限制条件,以阻止高端旅客向低舱位转移。
（　　）
99. 在价格与供求的关系中,供求关系起决定作用。（　　）
100. 正确估计"消费者所承认的价值"是认知价值定价的关键。（　　）
101. 政府管理航空运价的形式是直接规定航线运价。（　　）
102. 空运市场上的包机和部分包座业务类似于批发销售。（　　）
103. 航空公司的市场占有率就是航空公司航空运力投入率。（　　）
104. 航空公司在市场投入以销售竞争的是航线航班运力。（　　）
105. 机场的服务对象就是航空公司、旅客和货主。（　　）

二、单项选择题

1. 市场学在美国创立的发展历程中,1931年（　　）。
   A. 大学经济系开设市场学课程　　B. 第一部以"市场学"命名的教科书出版
   C. 成立了市场学和广告学教师协会　　D. 成立了美国市场协会
2. 对企业而言,市场大小通常意味着（　　）。
   A. 产品种类多少　　B. 产品市场需求量的大小
   C. 产品交易场所的大小　　D. 产品市场范围的大小
3. 运输企业销售人员销售的是运输企业的（　　）。
   A. 产品　　B. 位移
   C. 运力　　D. 周转量
4. 按市场学的分类,汽车属于（　　）。
   A. 消费品　　B. 工业品
   C. A、B 都是　　D. A、B 都不是
5. 消费品市场上的消费者与工业品市场上的购货企业相比,显著不同的特点是（　　）。
   A. 对售后服务要求很高,重视长期业务关系
   B. 对产品有专门且详尽的了解
   C. 广告对买者的购买决策影响很大
   D. 较少受价格变动的影响
6. 恩格尔系数的分母是一个家庭的消费总支出,分子是（　　）。
   A. 购买食物的支出　　B. 购买衣物的支出
   C. 购买食物和衣物的支出总和　　D. 生活消费品支出

7. 航空旅行的个人支出,应从(　　)中支出。
   A. 个人收入　　　　　　　　　　B. 个人可处置收入
   C. 个人可任意处置收入　　　　　D. 都可以
8. 旅客选择航空旅行的基本心理动机是(　　)。
   A. 求速心理　　　　　　　　　　B. 求实心理
   C. 求廉心理　　　　　　　　　　D. 求名心理
9. 一般来说,恩格尔系数越高表示(　　)。
   A. 生活水平越低　　　　　　　　B. 生活水平越高
   C. 总消费支出越低　　　　　　　D. 总消费支出越高
10. 美国西南航空公司在空运市场竞争中的成功策略是(　　)。
    A. 低成本策略　　　　　　　　　B. 差异化策略
    C. 专营性策略　　　　　　　　　D. 灵活性策略
11. 某企业是一家资源力量有限的地方航空公司。对该企业来说,采用哪一种目标市场的涵盖策略最有利?(　　)
    A. 无差异策略　　　　　　　　　B. 差异性策略
    C. 集中性策略　　　　　　　　　D. 不能确定
12. 企业成本优势的战略价值取决于其(　　)。
    A. 差异性　　　　　　　　　　　B. 低廉性
    C. 持久性　　　　　　　　　　　D. 即时性
13. 产品组合的广度是指(　　)。
    A. 产品线的数目　　　　　　　　B. 产品项目的总数
    C. 产品线中产品项目的数目　　　D. 产品线之间的关系
14. 航空运输与陆路运输之间是一种(　　)。
    A. 替代关系　　　　　　　　　　B. 互补关系
    C. 不相关关系　　　　　　　　　D. (A+B)
15. 某航空公司的客运能力为10000万人公里,期望客座率为70%;公司的固定成本为2100万元,单位变动成本为0.3元/人公里,则保本价格应为(　　)元/人公里。
    A. 0.5　　　　　　　　　　　　　B. 500
    C. 0.6　　　　　　　　　　　　　D. 600
16. 某公司投入市场的客运能力为10000万公里,期望销售率为60%,运力成本1800万元,单位变动成本0.3元/人公里,公司总投资12000万元,期望投资报酬率10%,则期望人公里单价为(　　)。
    A. 0.6元/人公里　　　　　　　　B. 0.7元/人公里
    C. 0.8元/人公里　　　　　　　　D. 0.9元/人公里
17. 上题基本条件不变,目标利润不变,如果单价定位0.7元/人公里,则期望的客座率为(　　)。
    A. 65%　　　　　　　　　　　　B. 70%
    C. 75%　　　　　　　　　　　　D. 80%

18. 某航空公司在其开航的 XY 航线上投入运力 10 万座,XY 航线距离 1000 公里不设经停站,航线运力成本 1500 万元。航线客票 600 元,单位变动成本 300 元,则该航线客票价 600 元时的保本客座率为(   )。
    A. 40%   B. 50%
    C. 60%   D. 70%

19. 上题如该航线期望目标利润 1700 万元,航线客座率提到 80%,则航线客票卖多少元可以实现?(   )
    A. 600 元   B. 700 元
    C. 800 元   D. 900 元

20. 企业把新产品的价格定得较低,以吸引大量顾客,提高市场占有率,这种定价策略叫作(   )。
    A. 撇脂定价   B. 渗透定价
    C. 目标定价   D. 加成定价

21. 运力成本确定后,影响运量成本高低的因素是(   )。
    A. 飞机利用率   B. 销售率
    C. 市场占有率   D. 市场投入率

22.《航班时刻表》公布后,是(   )。
    A. 要约的邀请   B. 要约
    C. 承诺   D. 运输合同

23. 航空公司投放市场以待销售的是(   )。
    A. 吨公里   B. 航线航班运力
    C. 周转量   D. 航班座位

24. 空运市场上运输能力的供应者只能是(   )。
    A. 空运销售代理商   B. 机场
    C. 空中交通管理局   D. 航空公司

25. 空运市场的价格需求弹性(   )。
    A. 较大   B. 较小
    C. 差异很大   D. 没有弹性

26. 对销售渠道的选择起决定作用的因素是(   )。
    A. 产品因素   B. 市场因素
    C. 企业自身因素   D. 中间商因素

27. 头等舱定价方法属于(   )。
    A. 认知定价   B. 成本导向定价
    C. 招徕定价   D. 满意定价

28. 航线航班动态组合的第一原则是(   )。
    A. 微调策略   B. 巩固策略
    C. 收缩策略   D. 扩展策略

29. 产品销售额达到最大是在产品生命周期的哪个阶段?(   )

A. 介绍期 B. 增长期
C. 成熟期 D. 衰退期

30. 对新产品的传播影响力最大的是（   ）。
   A. 逐新者 B. 早起采用者
   C. 中期采用者 D. 晚期采用者

31. 影响商品销售渠道的因素有很多,其中起决定作用的是（   ）。
   A. 产品因素 B. 市场因素
   C. 企业自身因素 D. 中间商因素

32. 产品寿命周期中,哪一时期产品面临最为激烈的市场竞争？（   ）
   A. 介绍期 B. 增长期
   C. 成熟期 D. 衰退期

33. 英国航空公司别出心裁地用各种手段来促进销售：旅客在伦敦著名的哈罗德商店有奖购物、免费地铁观光、赠送剧场入场券、免费去苏格兰古堡游览等,以吸引旅客乘坐英国航空公司的班机。全世界约有 1000 多家旅行社纷纷为之动心,在它们的游说下,旅行社几乎包销了一大半的英国航空公司机票。此项活动属于促销方式中的（   ）。
   A. 人员推广 B. 广告
   C. 营业推广 D. 公共关系

34. 机场的最大用户是（   ）。
   A. 航空公司 B. 航空旅客
   C. 货运客户 D. 销售代理

35. 国外一些机场根据不同的时段对航空公司收取不同的使用费用：提高黄金时段收费标准,夜间或不佳时段降低收费标准。这采取的是（   ）。
   A. 成本导向定价 B. 反向定价
   C. 需求差异定价 D. 竞争导向定价

三、简答题

1. 低成本航空公司的成本优势来源于哪里？
2. 请简要分析航空运输中商务旅客和休闲旅客的需求,比较两者的相同点和不同点。
3. 说一下你印象最深刻的成功的产品广告词,并分析它迎合了消费者的什么心理需要。
4. 航空货运的经济意义体现在哪几个方面？
5. 旅游业对航空运输的影响,主要体现在哪些方面？
6. 按照购买商品的用途,市场可以分为消费品市场和工业品市场。空运市场属于哪个市场,为什么？
7. 如何理解"一条航线就是一个细分市场"？
8. 请简述代码共享的概念和表象。
9. 根据产品生命周期的通用形态分析在哪个阶段利润最大化？成本最低化？销售量最大化？
10. 以航空公司为主体,你认为航空公司的公众有哪些？

11. 请简要说明如何对航线的赢利能力进行评价。
12. 航空运输的主要特点有哪些？
13. 轴心辐射式航线结构有什么特点？其先行条件有哪些？

四、论述题

1. 美国西南航空公司的特点是提供短航程、高频率、低价格、点对点直航，目标市场锁定在短途航线市场。试分析中国的空运市场如此细分是否有效。
2. 为了适应我国的市场营销环境，你认为航空公司应采取怎样的市场营销组合？结合所学知识，谈谈你的观点。
3. 为某一航空公司设计广告信息内容，或者策划一个营业推广活动。
4. 航空公司进入一个新的航线市场，拟以低价购买市场份额，针对这样的入侵者，该航线上原有的航空公司可以采取什么策略？为什么？
5. 航空服务营销策略应注意些什么？
6. 试从市场营销角度（如竞争策略、目标市场选择策略、产品策略、定价策略、促销策略等）分析你所熟悉的一家成功企业（如美国西南航空公司、英国 BAA 等），为什么会获得成功？
7. 为什么说常旅客计划是现代航空公司营销组合的综合体现？
8. 如何在淡季实现增收是历年来航空业面临的"老大难"问题，请利用市场营销的相关知识，做一份具体的营销策略设计，以提高航空公司在淡季的经济效益。

五、案例分析

案例1：行李托运不再"一刀切"

2021年3月《公共航空运输旅客服务管理规定》（以下简称《规定》）正式颁布，《规定》将于2021年9月1日正式实施。

为了加快职能转变，把本该市场主导的事情放还给市场，充分发挥企业自主性和释放市场活力。本次修订将以往对企业服务规定过细、管得过死的条款进行了较大幅度的删减和调整。以行李运输为例，《规定》删除了关于行李尺寸、重量、免费行李额、逾重行李费等"一刀切"的规定，航空公司可根据企业经营特点自行制定相关标准并对外公布，以充分释放市场活力，为旅客提供多元化、差异化的航空服务产品。《规定》取消对于行李老旧规定，充分体现了民航行业管理的"放管服"和更好地发挥市场在资源配置中的决定性作用。在很大程度上响应了低成本航空、支线航空以及未来通航短途运输对行李运输的差异化需求，为航空公司基于行李运输标准差异化的辅助性服务及相关付费服务打开的政策窗口。

问题：案例中提到的新政策对航空公司经营会带来哪些影响？

案例2：海南首条第七航权航线将开通

2021年4月13日柬埔寨吴哥航空与海口市政府正式签署合作协议，将运营"第七航权"航班。柬埔寨吴哥航空计划在新冠肺炎疫情结束后，开辟海口至东北亚、俄罗斯远东地区和东盟主要商旅城市的"第七航权"航班。柬埔寨吴哥航空公司董事及中国区总裁湛大卫表示，公司计划在5年左右的时间投资近5亿美元,在海口投放约10架飞机,建立海口基地并探讨成立中柬合资航空公司。湛大卫指出,"试点'第七航权'展现海南自贸港的开放姿态。航线开辟利于将柬埔寨的欧美游客导入海南。"

2020年6月1日,中共中央、国务院印发了《海南自由贸易港建设总体方案》,明确支持在海南试点开放第七航权,允许相关国家和地区航空公司承载经海南至第三国(地区)的客货业务。2021年6月3日,民航局配套出台《海南自由贸易港试点开放第七航权实施方案》,方案指出,中国民航局在现有航权安排之外,鼓励并支持指定的外国空运企业在海南省具有国际航空运输口岸的地点经营第三、四、五航权以及试点经营第七航权的定期国际客运和/或货运航班,第七航权航班每条航线客、货总班次最高每周分别为7班。海南省已开放的第三、四、五航权航班无班次限制。这是我国民航首次同时试点开放客运和货运第七航权,标志着海南成为我国大陆地区首个开放客运第七航权的省份。

问题1:什么是第七航权?

问题2:根据材料分析这一政策对海南省、海南省的机场、中国的航空公司和国外航空公司及乘客带来的影响。

案例3:

2019年5月,日航和全日空的夏威夷线展开攻防大战:作为攻方的全日空,刚刚投入全新交付的海龟涂装A380,试图以飞机体量优势抢占新增市场;而作为守方的日航,则强化了和夏威夷航空的联营,试图以班次数量优势保卫市场份额。

根据夏威夷观光局的报告显示,东京—夏威夷的旅客构成如下:

- 第一次来的只占38.2%,重复旅客占61.8%;
- 69%的旅客买了套餐,31%的旅客是自由行;
- 商务客人仅占19%,旅客客人占81%;
- 24岁以下的青少年和60岁以上的老人家各占19%,中年人占62%;
- 女性占58%。

问题1:根据上述材料,分析东京—夏威夷航线的旅客构成情况,并分析其中度假旅客的需求特点。

问题2:针对其中的度假旅客,给航空公司的营销部门提一些你的建议。

案例4:东航推车"前程万里"——收款以航线距离计价产品

2021年4月6日,东航"前程万里"航空旅行产品正式上线,这是国内首款推出的以航线距离计价的全新产品,可以帮助旅客锁定未来的旅行成本,享受全时段(不限节假日)、全舱位使用的最佳"灵活性",实现"里程在手、飞遍神州"。据介绍,该产品以1万公里为销售单位,每次出行扣减该次航线距离,用户购买后可在有效期内预订东航和上航实际承运的任一国内机票,呈现的"六大显著特点"在原有航空产品上实现新的突破,重新定义并拓展了航空旅行产品的创新维度。

特点一,灵活性强。产品不限节假日,全时季通用。用户购买后在所持产品的有效使用期内,只要航班有座位销售即可预订所需航班和舱位的机票,无特殊日期限制,春节、周末、小长假均可使用。

特点二,全舱兑换。产品不限舱位等级,头等舱、豪华公务舱、公务舱、超级经济舱、经济舱均可兑换。

特点三,时限够长。连续持有多个产品,有效期可连续计算,最长时限达 2.5 年。"前程万里"使用人可持有一个或连续持有多个产品(不论规格),单个产品自启用之日起一年有效,在前序产品有效期内启用第二个产品,则连续产品合计有效期两年;持有三个及以上产品,连续有效期最晚可至 2023 年 12 月 31 日。

特点四,自由度高。多档产品可选,订座取消灵活。为适配不同用户的使用习惯,"前程万里"产品根据订座换票的最晚时限(早于航班起飞日期的天数)不同,分为 D30、D14、D07、D03 和 D00 五种规格,售价各不相同,较普通公布运价有较大的价格优势,适用于有较高频次出行需求且出行计划性较强的人士。五种规格产品对应的取消规则不尽相同,在产品订座最晚时限前(D00 产品不得晚于航班起飞前 3 天取消订座)均可免费办理,在最晚时限后取消的则需扣减一定里程,越早办理里程损耗越小。

特点五,会员礼遇。乘机人可享受常规会员礼遇,累计"东方万里行"会员定级里程、会员定级消费金额并发放会员积分,但不累计会员定级飞行次数。

特点六,儿童同享。产品持有人可以固定一名 2~16 周岁的少年儿童在同行时使用等额产品里程进行订座换票,从所持产品的里程余额中扣减。

此外,该产品目前只针对东航、上航实际承运的国内(不含港澳台)航线航班,国际及地区航线航班订座视疫情情况开放。购买后如未在规定期限内启用,可获全额退款。产品明确,购买后未在 15 天内绑定乘机人或绑定后 90 天内未订座兑票的,产品将失效,款项将自动退还购买人。

问题:请通过和东航之前推出的"随心飞"产品比较,分析"前程万里"产品的特点。

案例 5:东航"首见乘务员"服务模式

2020 年 12 月 12 日,随着 MU2121 的经济舱旅客"刷脸"依次通过闸机门,东航北京分公司正式启动首见乘务员服务模式。就此开始,旅客在北京大兴国际机场只需"一张脸"或"一个证件",便能实现值机、托运、登机的全流程自助化,静候在客舱的乘务人员,即可成为旅客在出行中首位进行服务的工作人员。

首见乘务员的启动并不等同于没有地服人员直面服务旅客,在保持为两舱与卡类等高端旅客提供人工服务的同时,值机区与登机口的工作人员有了更多的时间和精力为"老弱病残孕"等特殊旅客带来温暖贴心的服务,在旅客有需要的时候就会及时提供帮助。此举既体现了北京大兴国际机场"以人为本"的人文理念,还优化了人力资源配置,提高了东航在北京大兴国际机场生产运行的质量与效率。目前,东航已联手北京大兴国际机场,在上海、广州、深圳、武汉四条航线使用自助登机设备,开展了首见乘务员服务模式。当日从大兴飞往广州 MU6625 的旅客刘女士在登机口兴奋地说:"这是我第一次从北京大兴国际机场坐飞机,'一张脸走遍机场'这种在科幻大片中才会出现的场景没想到在我身上真的发生了,只靠'刷脸'我就能顺利登上航班。"

问题:试结合本案例进行分析,谈谈你对航空公司自助服务发展方向的一些看法。

案例6：华夏航空——坚持支线航空发展道路

华夏航空自2006年成立以来就明确了支线战略定位，截至2020年底，公司拥有54架客机、执飞165条航线。国内涉足支线航空且机队规模在50架以上的，除了华夏航空以外，还有天津航空、成都航空和长龙航空，而后面这三家航空公司的商业模式更趋向于"干支结合"，且天津航空主要以干线为主。从这个角度来看，目前深耕支线的只有华夏航空。

2018年4月，华夏航空进驻新疆，在库尔勒机场设立过夜基地，探索串飞、环飞新模式，使用CRJ900机型架设南北疆空中互联通道，完善东西穿梭网络，构建横跨南北、贯穿东西的"云上公交"。

由于乌鲁木齐历来是疆内主要的对外进出通道，各家航空公司都压重兵在此，华夏航空为了避免过于激烈的竞争而选择了库尔勒和克拉玛依机场作为过夜机场，而且基于库尔勒在疆内的中心地理位置，华夏航空希望通过这里连接疆内所有的支线机场，把疆内的支线出行需求集中到库尔勒，再从库尔勒飞往全国各地，从而将库尔勒打造成新疆的第二个枢纽机场，形成乌鲁木齐、库尔勒双通道的格局。从2020年的冬春航季航班来看，华夏航空在库尔勒机场有12条疆内航线、4条进出疆航线，分别占比32%和50%；每周疆内始发航班76班次、中转航班6班次，出疆航班17班次，库尔勒这个次级枢纽已经初具规模。

针对我国以枢纽为主导的航线网络结构、部分旅客通过购买两段航班来从城市A到城市B（枢纽）中转然后到达目的地城市C，从而节省出行费用的情况，华夏航空于2017年推出了"华夏通程航班"这一产品。通程航班的运作模式是华夏航空承运城市A到城市B航段，然后由合作航空公司承运城市B到城市C航段，同时为旅客提供"一票到底、行李直达、专人引导、免费退改、免费隔夜住宿"等服务。与普通的中转航班相比，通程航班的价格要低20%~25%，而与旅客自行购买两段航段的做法相比，行李可以直挂，无须重新托运。

目前，华夏航空已与国内超过半数的航空公司合作。2020年上半年，其通程航班出行人次达23.6万人，同比增加27%，占比接近10%。

问题1：结合案例，分析华夏航空公司为什么选择库尔勒作为航空公司在新疆地区的基地。

问题2：通程航班产品的特点有哪些？

问题3：支线航空公司运营的主要困难有哪些？

案例7：厦航的促销活动

民航资源网2020年5月30日消息：5月29日20:00，厦航联合飞常准，在厦航官方抖音号、飞常准小程序同步开启直播，邀请广大网友与厦航空姐一起云赏天际。此次直播，厦航以乘务特色服务场景展示为核心内容，同时首次开启特惠商品直播抢购，更为广大观众准备了丰厚礼品。直播间人气爆棚，共吸引超过12万人次观看，收获超35万点赞，抖音直播间更是收获11.8万音浪。直播现场，厦航精心准备了多重惊喜好礼回馈广大网友，包括乘务Timmy小熊、联合梦想号飞机模型、免费机票、海量白鹭积分、666元国内机票优惠券等超多奖品，通过精心设计的互动环节送出，让直播间观众们惊喜连连。同时，厦航也特意为广大网友准备了"注册积分礼"，直播期间通过厦航官网、App、官方微信、小程序渠道注册白鹭会员，均可享受

1000白鹭积分的注册奖励,做到"人人有福利",得到了广大网友的一致好评。作为此次直播的重头戏,厦航空中乘务员们将天际服务品牌从客舱带进直播间,用讲解和现场演示的形式一一呈现"天际酒廊""天际茶道""天际悦读"等特色服务场景。

厦航空中侍酒师、茶艺师等天际品牌服务大使通过服务氛围和客舱场景的打造,让直播间观众仿佛置身在万米高空的航班客舱,体验心灵的愉悦和放松,拥有一段充满品味的悠闲时光。主持人全程与直播间观众保持高频互动,回答网友们感兴趣的问题,直播间氛围十分活跃。后续,厦航计划开启会员日定期直播,不断创新直播形式。邀请旅游达人、航空大V、普通旅客等嘉宾参与直播,设置更加贴近日常生活的直播主题,为广大网友带来机票、抵扣券、白鹭积分、旅行套票等价格更低、权益更多的产品,也将准备更丰富多样的精美礼品回馈粉丝。

问题1:促销的方法有哪些分类?上述案例中的促销方法属于哪一类?该类促销方法有怎样的特点?

问题2:你知道哪些新媒体?你认为航空公司应该如何利用新媒体进行营销传播?

案例8:厦航上线品牌运价

为满足旅客更加多元化的出行需求,厦航在官网、App、微信公众号、小程序等线上直销渠道同步上线了品牌运价体系。

本次厦航上线的品牌运价体系打破传统子舱位等级划分习惯,通过细分服务、差异化定价将经济舱分为基础经济舱(待用)、标准经济舱、便捷经济舱、优享经济舱四个品牌层级,不同品牌层级享有不同乘机权益。在目前厦航开通的试点航线上,以不同的退改服务条件区分各品牌层级。

基础经济舱定位"低票价,轻权益",满足旅客基本位移需求;标准经济舱与便捷经济舱拥有一定的旅客权益,变更、退改服务松紧度不同;而优享经济舱价格高于其他品牌,执行宽松退改政策,允许退票及免费变更,适合旅行时间灵活的旅客。通过将机票价格、价差及权益清晰直观的展示,方便旅客根据个人喜好和需求选择适合的机票产品。

目前,厦航品牌运价在厦门、福州始发至新加坡单向点对点航线,以及中国(除港澳台地区)至欧洲双向航线上进行试点实施。后续将扩展至东南亚航线,并逐渐覆盖厦航实际承运所有境外航线。

后续,厦航计划在退改服务差异的基础上,把传统机票运价捆绑的其他服务拆分并重新组合。结合旅客所需,把积分、升舱、选座、行李、餐食、登机顺序、贵宾厅等纳入差别服务项,实现机票位移服务与增值产品可选菜单式销售,让旅客真正享受从容自在的出行体验。厦航也将继续坚持从旅客体验与产品价值角度出发,进一步完善产品和运价,构建有深度、有广度、有温度、兼具内容与内涵的品牌运价体系,为旅客提供更加便捷舒适的出行服务。

问题:试分析厦航推出品牌运价产品的原因是什么?

案例9:新加坡樟宜机场的商业经营理念

机场是什么场所?很多人会不假思索地回答,就是乘坐飞机的地方。如果在前些年,这个答案是正确的。因为在过去,机场就是以提供民航服务为主的基础设施,是一个冰冷的旅客、行李和航班业务的处理器,有着烦琐的登机手续,严格的安检措施,而又远离市区。如果不是搭乘飞机,谁也不会想到去飞机场。因此,在人们的传统理念中机场就是坐飞机的地方。

但是,如果你走进新加坡的樟宜机场,就会发现这个答案是不准确的。

在新加坡樟宜机场,除了航空服务设施外,触目可及更多的是商店、餐饮和各种各样的娱乐服务业。根据新加坡民航局提供的数据,新加坡樟宜机场的商业店面超过110家,餐饮处超过50家,服务专营商家超过45家,总营业面积近30000平方米。

在零售业方面,这里有全世界最著名的品牌专卖店,如 BOSS、MONTBLANC、MERCEDES-BENZ;在饮食业方面,这里有肯德基、麦当劳,也有中餐、日本料理、韩国料理;在娱乐服务业方面,电影院、酒吧、网吧、游泳池、健身房。在这里,不同语言、不同肤色的乘客或享受购物的快乐,或品尝佳肴的美味,或专注于网络办公,如果是去机场迎接亲朋好友,除了购物娱乐外,你还可以去二楼专门的观景台坐下,静静欣赏带有各国航空公司标记的飞机起飞降落,那又是一番享受。

作为新加坡樟宜机场的乘客,你再也不会说,机场就是一个坐飞机的地方,反之,你会感到,它是一个舒适、优雅、乐趣横生、静动结合、极富吸引力的购物、娱乐和休闲天堂!

问题1:你认同把机场当作商场来经营这个观念吗?为什么?

问题2:结合本课程的知识点,你认为怎样的措施会增加旅客在机场的消费欲望?

参 考 文 献

[1] 胡进.国际航空业百年经营演变与七大创新研究[J].空运商务,2019(10).
[2] 老毕.疫情下航司服务再"降级"坚守高端有多难[N].民航资源网,2020-03-25.
[3] 王柏学,周恒.通用航空市场需求分析[J].航空动力,2019(6).
[4] 陈文玲.基于通用航空发展现状的通用航空产业体系研究[J].经济研究导刊,2019(5).
[5] 邵文武,刘畔,黄涛.我国通用航空市场增长动力分析[J].沈阳航空航天大学学报,2019(1).
[6] 曲元镱.浅谈现阶段如何让通用航空"飞得顺畅"[J].空运商务,2019(02).
[7] 中国民用航空局.2017年民航行业发展统计公报[R].2018.
[8] 中国民用航空局.2018年民航行业发展统计公报[R].2019.
[9] 戚自钢,等.新技术对航空公司营销的挑战和应对[J].民航管理,2018(2).
[10] 乐美龙.航空运输营销[M].上海:上海交通大学出版社,2018.